融媒体版

高等院校学前教育专业融媒体教材

学前教育学

第2版

赵红芳　崔爱林 /主编

XUEQIAN
JIAOYUXUE

北京师范大学出版集团
BEIJING NORMAL UNIVERSITY PUBLISHING GROUP
北京师范大学出版社

图书在版编目(CIP)数据

　学前教育学/赵红芳，崔爱林主编. —2版. —北京：北京师
范大学出版社，2021.9(2024.6重印)
　ISBN 978-7-303-26451-3

　Ⅰ.①学… Ⅱ.①赵… ②崔… Ⅲ.①学前教育－教育理论－
教材　Ⅳ.①G610

　中国版本图书馆 CIP 数据核字(2020)第 218461 号

图书意见反馈：gaozhifk@bnupg.com　010-58805079
营销中心电话：010-58802181　58805532
编 辑 部 电 话：010-58808898

出版发行：北京师范大学出版社　www.bnup.com
　　　　　北京市西城区新街口外大街 12-3 号
　　　　　邮政编码：100088
印　　刷：鸿博睿特(天津)印刷科技有限公司
经　　销：全国新华书店
开　　本：787 mm×1092 mm　1/16
印　　张：19
字　　数：380 千字
版　　次：2021 年 9 月第 2 版
印　　次：2024 年 6 月第 11 次印刷
定　　价：49.00 元

策划编辑：罗佩珍　　　　　责任编辑：陈　倩
美术编辑：焦　丽　　　　　装帧设计：焦　丽
责任校对：康　悦　　　　　责任印制：陈　涛　赵　龙

丛书编委会

主 编

郭 健

副主编

田宝军　范明丽

编 委

（按姓氏拼音排序）

柴志高　董顺英　盖春瑞　苟增强　郭建怀
胡保利　蒋国新　李玉侠　刘永利　麻士琦
庞彦强　宋耀武　王冬岩　王国英　王艳玲
王英龙　吴宝瑞　薛彦华　姚　春　袁　铸
张成起　张景亮　张丽娟　赵春兰　赵宗更

本书编委会

主 编

赵红芳　崔爱林

副主编

刘秀红

参 编

（按姓氏拼音排序）

曹世敏　范明丽　郭 捷　何春月　姜 东
荆于丽　李 昕　刘志慧　田蕊敏　王丹阳
张淑芳　张业影　郑丽娟　左丽丽

第2版丛书修订说明

自 2015 年策划、2017 年出版以来，本套由河北省高等学校教育学教学指导委员会组编的教材已经出版了近 20 个品种。因其实用性、时效性等特点，受到广大院校师生的普遍欢迎。

2017 年 10 月，为了贯彻落实党的十九大精神，推进教师教育质量保障体系建设，规范引导师范类专业建设，提高师范类专业人才培养质量，教育部印发了《普通高等学校师范类专业认证实施办法（暂行）》，开始进行普通高等学校师范类专业认证工作。2018 年 1 月，中共中央、国务院颁布了《关于全面深化新时代教师队伍建设改革的意见》，这是自中华人民共和国成立以来，党中央出台的第一个专门面向教师队伍建设的里程碑式的政策文件，对新时代教师队伍建设做出了全面的决策部署。

针对近几年学前教育领域的政策变化，尤其是师范类专业认证对学前教育专业的培养目标、毕业要求、课程与教学等方面的具体规范，以及广大院校在教育教学改革过程中出现的关注实践、注重能力培养、倡导理论与实践相结合的发展趋势及其在数字资源建设等方面的需求，我们启动了第 2 版教材的修订工作。

在修订过程中，本套教材严格遵守 2019 年 12 月教育部印发的《职业院校教材管理办法》和《普通高等学校教材管理办法》，适度吸纳一线优秀教师、园长等参与教材编写或审读，注重跨校、跨区域联合编写，力求遵循教育教学规律和人才培养规律，体现创新性和学科特色。

本次修订的重点为以下几个方面。

第一，注重数字资源建设，增添与教材内容相关的视频、微课等资源。读者可以扫描教材中的二维码观看、学习。

第二，补充教学大纲、试题库、教案、多媒体课件等配套教学资源，形成了更加多元、丰富的教学资源库，有助于教师的教与学生的学。

第三，关注实践，增补新的教学案例或相关研究成果等，倡导理论与实践相结合，注重对学生岗位入职能力的培养。

第1版丛书序

2010 年 7 月，中共中央、国务院颁发《国家中长期教育改革和发展规划纲要(2010—2020 年)》，提出了到 2020 年全国基本普及学前教育的战略目标。2010 年 11 月，国务院发布《国务院关于当前发展学前教育的若干意见〈国发〔2010〕41 号〉》(简称"国十条")。此后，中国学前教育事业进入了史无前例的快速发展时期。全国各地为解决学前教育师资问题，纷纷开设学前教育专业，不同层次的学前教育专业如雨后春笋般地涌现出来，学前教育专业在校生规模急剧扩大。然而，学前教育专业人才培养质量良莠不齐，状况令人担忧，引起社会广泛关注。学前教育专业改革呼声日益高涨。

2011 年 10 月，教育部颁布《教师教育课程标准(试行)》，并发文要求各地要"按照《教师教育课程标准(试行)》的学习领域、建议模块和学分要求，制订有针对性的幼儿园、小学和中学教师教育课程方案，保证新入职教师基本适应基础教育新课程的需要"。为了推进《教师教育课程标准(试行)》的实施，教育部要求，"加强教师教育课程和教材管理"。同年，全国教师资格考试政策也进行了重大调整，教师资格考试由各省自主组织改为全国统考，河北省于 2012 年成为首批改革试点省份之一。

在全国学前教育大发展的背景下，在《教师教育课程标准(试行)》和教师资格考试改革政策的实施过程中，学前教育改革与发展显然跟不上时代步伐。例如，学前教育专业课程既无法满足《教师教育课程标准(试行)》的要求，也无法有效应对学生参加教师资格考试的需要，修订课程方案和教材势在必行。

为了适应我国学前教育发展改革趋势，有效整合地方学前教育资源，提升地方高校学前教育专业整体发展水平和人才培养质量，2015 年 4 月，河北省高等学校教育学教学指导委员会和北京师范大学出版社在充分调研的基础上，联合启动了河北省学前教育专业"十三五"规划教材建设工作。教材编写成员主要来自河北省内开设学前教育专业的各所高校，同时也吸收了部分幼儿园一线教师和省外高校教师参与。教材编写品种包括《学前教育学》《学前心理学》《学前儿童卫生与保育》《幼儿园健康教育与活动指导》《幼儿园社会教育与活动指导》《幼儿园语言教育与活动指导》《幼儿园科学教育与活动指导》《幼儿园数学教育与活动指导》《幼儿园美术教育与活动指导》《幼儿园音乐教育与活动指导》《幼儿园教育活动设计与实施》《幼儿游戏与指导》《幼儿园组织与管理》《学前教育研究方法》《幼儿园一日活动指导》《幼儿园教育评价》《幼儿园环境创设与玩教具制作》《舞蹈基础》《美术基础》《音乐基础》《钢琴基础》《声乐基础》等。

为了保证教材编写质量，我们设立了丛书编写委员会，实行主编负责制，并确立了以下编写原则。

第一，以本科教育层次为主，兼顾其他层次。目前，我国幼儿园师资的培养一般包括中职中专、高职高专和本科教育三个层次。此外，还有五年制专科、专接本、专升本、专业硕士研究生等。本套教材主要面向全日制四年制学前教育本科专业，同时兼顾其他层次培养所需。

第二，全面系统与灵活性相结合。本套教材涵盖学前教育专业人才培养基础课程，注重教材之间的衔接和统一，注重基础理论、专业实践和基本技能等内容的交叉与协调。同时，根据地域、院校特点，为各校开设选修课程保留了较大的自主发挥空间。

第三，理论与实践相结合。本套教材强调深入落实《教师教育课程标准（试行）》中的"实践取向"和"能力为重"的精神，注重实践性的教学内容及环节，关注解决教育实践问题。在板块设计上，有正文的理论阐述，同时还辅以导入案例、案例分析、实践练习题、建议的活动、想一想、做一做等实践板块，引导学生将所学理论运用到实践中。本套教材旨在让学生不仅知道怎样做，还知道为什么这样做，而且还要具备进一步去探索、发现并提出新问题、新理念和新方法的基础能力。

第四，基础性与时代性相结合。本套教材坚持呈现各学科领域的基本概念、基本知识、基本理论，为学生搭建一个全面而扎实的知识体系。在此基础上，本套教材紧密结合《教师教育课程标准（试行）》《3—6 岁儿童学习与发展指南》《幼儿园工作规程》等最新的国家政策文件的精神，吸纳教育学、心理学、学科教学的最新研究成果，同时根据教师资格考试改革需要设置了专门的学习模块，确保教材内容与时俱进。在教材的呈现方式上，我们也谨慎采用了一些信息化的新媒体技术，以适应全媒体时代的学习方式。

经过大家一年多的共同努力，首批教材即将付梓。作为丛书主编，我对参与教材编写工作的所有人员致以诚挚的谢意，特别要感谢丛书副主编田宝军教授以及各分册主编付出的辛勤劳动。感谢北京师范大学出版社编辑罗佩珍女士的精心策划、积极协调。当然，由于时间比较仓促，教材在体系建设、内容选择等方面肯定存在着不足与疏漏，欢迎广大学界同人和读者朋友不吝赐教，多提宝贵意见。

郭健

2016 年 6 月 30 日

前　言

　　人生百年，立于幼学。学前教育是基础教育的重要组成部分，对人的发展十分重要，关系亿万儿童的健康成长，关系千家万户的幸福和谐，关系国家发展和民族未来。近年来，中央对学前教育做出全面系统重要部署，党的十八大报告中提出要"努力办好人民满意的教育""办好学前教育"，党的十九大报告中明确表示要在"幼有所育"等民生问题上不断取得新进展，党的二十大报告提出要强化学前教育普惠发展。2018年，《中共中央　国务院关于学前教育深化改革规范发展的若干意见》印发，这份文件对我国学前教育的发展具有里程碑意义，充分彰显了党中央对亿万学前儿童的亲切关怀和办好学前教育的坚定决心。教育大计，教师为本。优秀的幼儿教师，是实现"幼有所育"的重要保障。新时代对广大教师落实立德树人根本任务提出了新的更高要求，《新时代幼儿园教师职业行为十项准则》中提出：幼儿教师应坚定政治方向，自觉爱国守法，传播优秀文化，潜心培幼育人，关心爱护幼儿，遵循幼教规律等。这就要求广大承担幼儿教师培养工作的院校、机构，坚持德技并修、育训结合，把德育融入课堂教学、技能培养、实习实训等环节，促进思政课程与课程思政有机衔接。

　　学前教育学是学前教育专业的专业基础课，是专门研究学前教育现象、揭示学前教育规律的一门课程。本教材以习近平新时代中国特色社会主义思想为指导，坚持落实立德树人根本任务，注重知识传授与价值引领相结合，立足于学前教育专业学生的特点和未来实际需要，着眼于学前教育的基本理论，基于学前儿童的基本特点，既阐述托幼机构的基本教育活动，也反映国内外学前教育理论的研究成果，力求打造培根铸魂、启智增慧、适应时代要求的高质量教材。通过学习这门课程，学前教育专业的学生和幼儿园在职教师可以了解在各种教育活动中怎样对学前儿童施加教育影响，了解促进学前儿童健康发展的规律；掌握学前教育的基本理论和实践技能；了解学前教育研究的基本方法，培养独立思考能力，提高分析问题和解决问题的能力，提高学前教育科研素养。

　　本教材共分为十二章：第一章是绪论，主要介绍了学前教育的历史发展，学前教育学的研究对象、研究内容和研究方法。第二章阐述了学前教育的理论基础，分别介绍了心理学、社会学和生态学的基本理论和研究范畴，以及这些学科对学前教育研究的启示。第三章主要介绍了学前阶段儿童的发展特点与教育。第四章主要论述了幼儿园教师的概况与修养要求，如基本素质、权利、义务、职业特点、儿童观、教育观、师幼互动以及专业化发展。第五章主要对托幼机构的环境进行了分析。第六章论述了学前教育课程，主要包括学前教育课程的含义与特点、编制以及模式。第七章介绍了学前儿童游戏，包括学前儿童游戏的含义与功能，学前儿童游戏的理论流派，影响学前儿童游戏的因素以及学前儿童游戏的特点、指导策略与评价。第八章阐述了学前儿童德育，主要包括学前儿童德育的含义与目标、任务与内容、原则以及途径与方法。第九章阐述了托幼机构与家庭、社区的联系，论述了托幼机构与家庭、社区联系的意义与内容、方式与途径以及合作的原则。第十章阐述了幼小衔接的内容，分析了幼小衔接的意义与任务，内容、方式与原则，以及幼小衔接存在的问题与对策。第十一章主要介绍了国内外学前教育理论流派。第十二章介绍了国内外学前教育政策与法规。

本教材第1版于2018年1月出版发行。2018年11月，《中共中央 国务院关于学前教育深化改革规范发展的若干意见》发布，意见中明确提出要"大力加强幼儿园教师队伍建设""提高幼儿园保教质量"，为我国学前教育发展指明了方向。根据相关政策文件的指导思想和总体精神，结合这几年教学使用情况，编写组启动了教材的修订工作，在修订中，编写组力求贯彻党的十九大精神和党的教育方针，遵循学前教育规律，正确把握学前教育发展方向，打造培根铸魂、启智增慧、适应时代要求的精品教材。

修订后的教材具有以下特色。

1. 基于核心价值观，注重立德树人。本教材坚持以社会主义核心价值观为导向，落实立德树人根本任务。根据学前教育专业对幼儿园教师的培养目标和毕业要求，在不同模块的内容选择上，本教材注重学生师德践行能力和反思性实践精神的培养，强调遵循师德规范与涵养教育情怀，潜移默化地培养新时代"四有"好老师。例如，"绪论"学习目标设定中提出"了解学前教育的历史演变过程，增进对本学科的了解和认同感"；通过二维码补充的很多资料中，既有幼儿园活动的真实场景，也有幼儿教师上课的实录，能带给学生直观的感受和体验。

2. 坚持理实一体，融合"课岗赛证"。在内容选择上，注重理实一体化，融合"课岗赛证"的不同需求。一方面，教材从幼儿园教师的工作岗位需求出发，以课程知识为主线，贯穿学科素养、教学能力等方面的培养，除了来自幼儿园的案例以外，学生还可以通过扫描二维码看到幼儿园现场的活动实录，直观感受幼儿园教育教学和活动场景；此外，教材还为学生掌握学前教育学知识提供了丰富的案例材料和资料链接。另一方面，教材还有机融入幼儿教师资格考试的内容，既有考试真题再现，又有考点预测，为学生考取幼儿教师资格证书提供了指导。

3. 创新体例设计，提升教材的可读性。 在体例上，每章除了系统的理论知识以外，还设计了"学习目标""学习导图""导入案例""资料链接""案例分析""拓展阅读""幼儿园教师资格证考试·考点预测""幼儿园教师资格证考试·真题再现"等板块，从多角度、多方面呈现学习内容，方便学习者灵活掌握与运用。"导入案例"的设计，便于学习者从实践出发，进行理论知识的探究，在具体情境中实现理实一体化。"学习目标"和"学习导图"，为学习者提供了系统的知识体系，将零散的信息、资源等整合为一个系统，便于学习者形成系统学习的思维和习惯。"资料链接"和"拓展阅读"从多角度、多方面呈现学习内容，方便学习者灵活掌握与运用。"考点预测""真题再现"则将所学与教师资格证考试相结合，帮助学生提前备考。

4. 提供丰富资源，满足教与学的需求。 此次修订，编写组结合教材内容，用二维码的形式来实现资源补充和拓展，增加了相关图片和视频，视频既有幼儿园的活动记录，如陶瓷制作的过程、陶瓷商店的体验活动以及小班绘画、画脸谱、化妆等活动，也有幼儿园教师上课的完整视频以及参加赛课的精品课视频，还有对教材知识点的微课讲解。这些都增强了教材的实用性、指导性、可视性。此外，本教材依托出版社的资源平台，补充了与教材配套的教学大纲、教学 PPT、教学设计、教学题库等内容，方便教师教学、学生学习。

5. 坚持多元合作，优化编写团队。 为了编写出更优质的教材，本教材在修订时注重多元合作，吸纳不同院校、不同类型单位成员的参与，既有高校学前教育专业的教师，又有幼儿园资深园长、骨干教师等，确保了教材既有理论的高度，又接实践的地气。活动设计、视频录制等配套素材，尽可能从幼儿园工作实际出发，为教材使用者全面展示幼儿园教育活动的开展情况，丰富多彩的微课讲解和活动视频、图片，既有理论的支持，又体现了与实践的对接。

本教材由赵红芳和崔爱林主编，参与编写的人员有（排序不分前后，按照各章顺序介绍）：保定幼儿师范高等专科学校何春月、泊头职业学院张业影（第一章），河北大学崔爱林（第二章、第三章），保定幼儿师范高等专科学校何春月（第四章），四川眉山中铁史蒂芬森幼儿园郑丽娟（第五章），河北大学范明丽（第六章），北京师范大学实验幼儿园新校区幼儿园田蕊敏（第七章），唐山市第四幼儿园姜东（第八章），保定学院张淑芳（第九章、第十章），保定学院赵红芳（第十一章、第十二章）。唐山市第四幼儿园刘秀红、姜东负责幼儿园图片和视频等资源配置，河北大学郭捷、刘志慧、荆于丽、李昕、左丽丽、王丹阳、曹世敏负责教材拓展阅读部分、教材校对和教材所附资源配置等内容。

在本教材编写过程中，北京师范大学出版社的罗佩珍老师多次给予了非常专业的指导，并提供了有力的支持，特此表示感谢！

由于水平有限，在编写过程中难免出现疏漏，望广大读者批评指正，并欢迎提出宝贵意见！

《学前教育学》编写组

目　录

第一章 绪 论

1. 了解学前教育的历史演变过程，增进对本学科的了解和认同感。
2. 掌握重要的学前教育理论，理解教育家的教育思想及其内涵。
3. 明确学前教育学的研究对象、研究内容和研究方法。

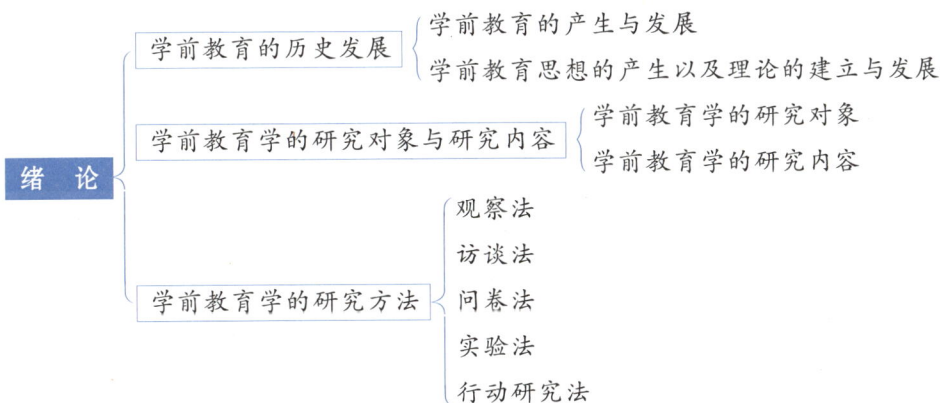

陶行知当校长的时候，有一天看到一个男生用砖头砸同学，便将其制止并叫他到校长办公室去。当陶行知回到办公室时，那个男生已经等在那里了。

陶行知掏出一颗糖给那个男生，说："这是奖励你的，因为你比我先到办公室。"接着他又掏出一颗糖，说："这也是给你的，因为我不让你打同学，你立即住手了，说明你尊重我。"

那个男生将信将疑地接过第二颗糖。陶行知又说道："据我了解，你打同学是因为他欺负女生，说明你很有正义感，我再奖励你一颗糖。"

这时，那个男生感动得哭了，说："校长，我错了，同学再不对，我也不能用砖头砸同学。"于是陶行知又掏出一颗糖，说："你已经认错了，我再奖励你一颗。我的糖发完了，我们的谈话也结束了。"

这个小故事蕴含着陶行知的教育理念——民主与宽容，也渗透着教育的智慧。了解孩子，就能更好地开展教育，这就是教育的魅力所在。

第一节　学前教育的历史发展

什么是学前教育？我国学者近些年对这一概念基本达成了一致的意见，认为学前教育主要是指对0～6岁儿童，也就是从胎儿期到进入小学前的儿童所进行的教育和施加的影响。

学前教育有广义和狭义之分。广义的学前教育指所有能影响幼儿身体成长和认知、情感、性格等方面发展的活动，如看动画片、做家务、同伴交往和旅游等；狭义的学前教育专指托幼机构(早教机构、幼儿园)对幼儿实施的有目的、有组织、有计划的教育。

学前教育在我国属于学校教育系统，具有家庭教育、社会教育所没有的优点，如组织性、规划性和系统性等。学前教育虽属于我国学校教育系统，但其教育对象又有别于其他教育阶段的教育对象。学前教育阶段的儿童有其特殊需要，他们与家庭、社会紧密相连。正因如此，从广义和狭义两方面全面把握学前教育的含义显得尤为重要。

学前教育的发展程度和速度与当时的社会背景密切相关，因此不同的生产力背景下的学前教育呈现出不同的教育形态。

一、学前教育的产生与发展

在不同的生产力发展水平、不同的社会背景的影响下，学前教育的发展水平也不同。本部分将立足于原始社会、古代社会和现代社会三个不同的社会发展阶段来展示学前教育的发展情况。

(一)原始社会的学前教育

在原始社会中，人们的主要生活方式是群居。这一阶段的生产力水平低下，生产工具低级，人类的生存受到自然灾害的巨大威胁。在与自然界斗争的过程中，人类积累了一些生存经验。为了使后代能够迅速掌握这些经验，部落里的妇女和年长者根据需要对儿童进行教育，形成了最初无意识的教育形式。我国古代文献中记载的最早的学校"成均"，就是原始氏族部落堆放货物、举行祭祀仪式、宣布重大决定等的专门场所，后来逐渐演变为氏族部落进行教育活动的场所。

在原始社会中，婚姻制度尚未建立，因此儿童一出生就是整个部落的财富。原始社会的教育形式和内容极为简单，主要任务就是保证人类的存活。因此，教育是没有阶级的，每个儿童受到的教育都是平等的。

(二)古代社会的学前教育

随着生产力的不断提高，社会上开始有了剩余产品，并出现了脑力劳动和体力劳动的分工，人类社会进入了阶级社会，教育发展为独立的社会实践活动。

统治阶级为了维护自己的政治利益，就要让子女接受全面的教育，以便把他们培养成未来的统治者或官吏，因此就需要有专门的场所和专门的教师来进行教育，学校教育应运而生。由于当时只有上层阶级和贵族子弟才可以接受学校教育，平民的子女没有受教育的权利，所以他们只能跟随父母学习各种劳动知识和技能，教育出现了等级性。

社会科学文化的发展需要一批为统治阶级服务的人，因此出现了专门的学校。幼儿教育的内容逐渐丰富，除了包括与生产、生活相关的知识、经验外，还包括道德、宗教、艺术等方面的知识，但学前儿童的教育仍然在家中进行，因而出现了学前教育与学校教育的分期。古希腊哲学家柏拉图提出了对3～6岁儿童进行公育的设想，即从学前期起国家对儿童进行集中管理，不分男女，但这种主张由于受到社会生产力的制约而未能实现。

(三)现代社会的学前教育

现代社会主要指资本主义社会和社会主义社会两个阶段，是学前教育飞跃式发展的时期，也是学前教育的实践从非正规化到正规化的一个阶段，它使学前教育的发展上了一个新台阶。

现代社会之前，儿童的教育主要在家中进行，尽管有相应的宫廷学校，但接受教育的儿童仅限于皇家子弟，学前教育机构的数量和接受教育儿童的数量都是非常有限的。进入资本主义社会后，大工业生产的迅速发展瓦解了小作坊式的家庭生产模式，妇女迫于生计从家庭走入工厂，导致孩子无人照料，由此引发了严重的社会问题，教养孩子的需要被提了出来。大工业生产改变了小农经济的生产制造方式，有效提高了劳动生产率，为社会创办幼儿教育机构提供了所必需的物质基础，因此幼儿学校和幼儿园的普遍成立成为这一时代的主要特征。世界上第一所"幼儿学校"（后改名为"性格形成学园"）是由英国空想主义者罗伯特·欧文在他自己的工厂中创办的。他把1～6岁的儿童集中起来进行教育，开启了现代学前教育的先河。最初出现的这些托幼机构都是由一些慈善家、工业家创办的，其实质还是慈善性质的社会福利机构。

以上内容简单勾勒了幼儿教育产生和发展的历史轨迹。从中我们可以看出，托幼教育的发展与社会生产力的发展水平密切相关，受社会政治、经济的制约。因此，没有大工业生产就没有托幼机构的出现，托幼机构是近代大工业生产的产物。

幼儿园教师资格证考试·考点预测

独立的托幼机构出现在（　　）。

A. 原始社会　　　　　　　　B. 奴隶社会

C. 封建社会　　　　　　　　D. 资本主义社会

【解析】D。在资本主义社会，生产力极大发展，生产的社会化带来了学前教育的社会化，出现了独立的托幼机构。幼儿社会教育机构是近代大工业生产的产物。

二、学前教育思想的产生以及理论的建立与发展

从远古时代到现代社会，人类关于学前教育的思想不断深化、发展。随着托幼机构的产生，学前教育理论也不断发展。另外，学前教育的实践经验不断丰富，促进了学前教育思想的产生，推动了学前教育理论的建立和发展。

(一)学前教育思想的产生

学前教育思想最初出现在古代欧洲一些哲学著作之中。古希腊是西方学前教育思想的摇篮。例如，柏拉图在其著作《理想国》和《法律篇》中论述了学前教育的相关问题。他把学前教育分为三个阶段——胎教、0～3岁的婴儿教育和3～7岁的幼儿教育，并且提倡儿童公育制度。卢梭是法国启蒙思想家、哲学家、教育家，他在前人经验的基础上提出了"自然教育"的思想，这一思想集中体现在其著作《爱弥儿》中。卢梭指出，儿童生来是善的，正确的教育必须遵循儿童的自然发展顺序，符合儿童的天性，因此他主张自然教育，使儿童回归人的自然状态，遵循人的自然倾向。亚里士多德是古希腊哲学家，其学前教育观点主要体现在《政治学》《伦理学》等著作中。他认为学前教育可以分为三个阶段——出生前的胎教、0～5岁的婴幼儿教育和5～7岁的幼儿教育。他非常重视优生优育、游戏的体验和良好行为习惯的培养。

随着社会的发展，学前教育思想集中体现在一些教育家的教育论著中。例如，古罗马雄辩家、教育家昆体良的《雄辩术原理》是西方第一部专门以教育为题材的教育学论著。他认为教育应该尽早开始，教育内容应该以字母、书写和阅读为主，同时重视家庭和环境对幼儿的影响。他还指出，教师应该德才兼备，注意学习的劳逸结合，将游戏转化为娱乐与学习相结合的教育活动形式。又如，捷克教育家 J. A. 夸美纽斯的《大教学论》是西方第一本独立形态的教育学，被看作系统教育理论产生的标志，其著作《世界图解》更是世界上第一本图文并茂的儿童读物。瑞士教育家 J. H. 裴斯泰洛奇在其著作《林哈德和葛笃德》《葛笃德是怎样教育她的子女的》《母亲读物》中指出，教育要遵循儿童的自然成长规律，一切教育都应以感官教育为基础，儿童学习的最好方式就是操作，母亲是儿童最好的老师。

(二)学前教育理论的建立与发展

自古希腊时期到现代社会，教师和教育家对学前教育的价值给予了较高的评价，并在学前教育实践过程中积累了丰富的经验，形成了丰富多彩的学前教育理论，促进了社会性托幼机构的发展。

1. 国外学前教育理论的建立与发展

(1)国外学前教育理论的孕育期(远古时期至 17 世纪初)

古希腊时期，柏拉图最早论述了学前教育问题。其后，亚里士多德发展了柏拉图的学前教育思想。之后，这些教育思想通过昆体良、洛克等人的继承及传播，扩散到世界各地，对后来学前教育理论的形成与发展产生了直接影响。总体来说，这一时期的学前教育思想散见于各种哲学、政治学和社会学等著作中，未形成一门独立的学科。

柏拉图是古希腊著名的哲学家，被认为是西方教育史上最早论述学前儿童教育问题的学者。他在其代表作《理想国》中论述了学前教育的相关问题，提出了优生、教育从幼儿开始和儿童公育的理念。他主张，学前教育的主要任务是对儿童施加合适的影响，注重对儿童的道德熏陶，为儿童奠定良好的人格基础，从而促进其发展。

亚里士多德是古希腊百科全书式的学者，被誉为"人类的导师"。他在《政治学》《伦理学》等著作中提出了教育与人的自然发展相适应的观点，并指出要按儿童年龄划分教育阶段。他指出，人的自然生长发育按每七年为一阶段可以划分为三个时期，分别为 0～7 岁、7～14 岁(青春期)、14～21 岁。他探讨了各个不同时期的教育重点与方法，并对幼儿教育做了具体论述。他指出：要重视优生优育，控制人口过度增长；通过游戏进行适宜的身体锻炼，保护幼儿的身体健康；重视习惯培养，避免不良环境的影响。

昆体良是古罗马著名的雄辩家、教育家，是西方最早的教学法学者，同时也是西方教学论的奠基人，其著作《雄辩术原理》是西方第一部专门论述教育问题的系统著作，在教育史上占有极其重要的地位。他重视早期教育，主张在儿童刚会说话的时候就进行智育和德育。同时，他主张学校教育优于家庭教育，要为幼儿谨慎挑选看护者，并对教师的专业素质提出了严格要求。他认为，教师必须具备一些基本条件：首先，不仅要热爱儿童，还要善于观察和了解儿童；其次，要具备因材施教和启发诱导的教学能力，善于把握儿童的理解能力，所教内容要通俗易懂、深入浅出；最后，应具备正确运用批评和表扬的能力，强烈反对对幼儿实施体罚。

(2)国外学前教育理论的形成期(17 世纪初至 19 世纪末)

17 世纪初至 19 世纪末是学前教育思想发展的重要时期，其间出现了影响深远的学前教育思想。

夸美纽斯是捷克卓越的教育家。他在教育专著《母育学校》中系统论述了新兴资产阶级对学校教育的多方面要求，为近代资产阶级教育理论体系奠定了基础，并对以后的学校教育产生了广泛而深远的影响。他在历史上第一次把学前教育纳入其具有民主色彩的单轨学制，并构建了学前家庭教育的完整体系。他重视早期教育，指出教育要符合幼儿的身心发展特点，提出要重视游戏的作用，认为学前教育的内容应包括胎教、体育、智育、德育四个方面。这些思想对近代学前教育的发展产生了重要影响。

18世纪是教育思想大变革、大发展的时期。卢梭提出了"自然教育"的思想，倡导教育儿童要遵循自然规律，尊重儿童的天性，按照儿童的不同发展阶段进行教育。卢梭的观点对其后的很多教育家都产生了重要影响。福禄培尔是18世纪上半叶德国著名的教育家，是近代学前教育理论的奠基人，被誉为"幼儿教育之父"。他提出了系统的学前教育理论，促使学前教育学成为教育领域的一门独立学科。他创立了世界上第一所幼儿园，设计"恩物"指导幼儿游戏。他认为学前教育要遵循儿童自我活动的原理，幼儿园的任务是"为儿童的全面发展提供全面的引导"。他重视游戏对幼儿身心发展的作用，提倡教育方式要注意游戏化。

（3）国外学前教育理论的发展、改革期（19世纪末至今）

19世纪末至20世纪初，欧美出现了教育革新运动，对幼儿的心理、行为等方面开展了深入而细致的研究，这极大地推动了学前教育的发展。自20世纪中叶以来，各种发展心理学理论被引入学前教育领域，主要有精神分析学派、蒙台梭利教育思想、行为主义学派和认知发展学派等。这些理论的创立，极大地推动了学前教育事业的改革和发展。

①精神分析学派的学前教育理论

以弗洛伊德和埃里克森为代表的精神分析学派非常重视儿童人格的发展，强调婴幼儿阶段的生活经验为人格的形成和发展奠定了基础，认为儿童的发展历程是由其生理欲望和社会期望相冲突的一系列阶段构成的。具体来说，弗洛伊德将人格的心理发展分为五个阶段，分别为口腔期（0～1岁）、肛门期（1～3岁）、性器官期（3～5岁）、青春潜伏期（5岁至青春期）、生殖期（青春期）。[①] 埃里克森把人格发展过程分为八个时期，即信任对怀疑（0～1.5岁）、自主对羞怯（1.5～3岁）、主动对内疚（3～6岁）、勤奋对自卑（6～12岁）、角色统一对角色混乱（12～18岁）、亲密对孤独（成年初期）、繁殖对停滞（成年中期）、完善对绝望（老年期）。精神分析理论认为应按照儿童不同发展阶段的需求进行教育，应满足儿童每一阶段的基本欲望，尤其要重视早期经验和亲子关系，教学活动要符合儿童的兴趣与能力，以培养他们的想象力和创造力。

②蒙台梭利的学前教育理论

蒙台梭利是20世纪杰出的教育家。她创办了"儿童之家"，创立了独特的幼儿教

---

① 杨汉麟、周采：《外国幼儿教育史》，373～374页，南宁，广西教育出版社，1998。

育方法，其著作有《蒙台梭利方法》《童年的秘密》《儿童的发现》等。她在特殊教育和学前教育理论研究与实践方面取得了卓越成就，被誉为世界学前教育史上自福禄培尔以来影响最大的现代幼儿教育家。蒙台梭利的学前教育思想对 20 世纪初期的学前教育产生了重要影响。

首先，蒙台梭利强调尊重儿童的心理发展特点。她指出："在儿童心灵中有着一种深不可测的秘密，随着心灵的发展，它逐渐展现出来。这种隐藏的秘密像生殖细胞在发展中遵循某种模式一样，也只能在发展的过程中才能被发现。"①其次，蒙台梭利强调儿童的实际生活练习。蒙台梭利创办的"儿童之家"每天都把一系列实际生活练习作为一天活动的开始。再次，蒙台梭利强调环境的教育作用。蒙台梭利认为，离开适宜的环境，幼儿的发展是不可能实现的，学习最好是在"有准备的"环境中进行。最后，蒙台梭利强调感官教育，包括视觉、听觉、嗅觉、味觉及触觉的训练。

③行为主义学派的学前教育理论

以华生和斯金纳为代表的行为主义学派认为，学习是环境的刺激与学习者的行为反应之间的联结过程。在外部刺激与人的反应之间，行为主义学派既注重学习的外部条件对学习的影响，又注重学习者对环境的行为反应，认为教育者应了解每个儿童的兴趣爱好，注意观察儿童的行为，正确运用表扬与奖励等强化手段，及时强化期望儿童出现的行为。在这些观点的基础上，斯金纳提出了操作性条件反射理论和强化理论，即某一操作行为一旦受到其行为结果的强化，该行为发生的概率就会提高，而强化是操作性行为产生的中心环节。因此，他主张要谨慎运用批评与惩罚等强化手段，以获得教育者期望的效果。

总之，行为主义学派认为，每个儿童的行为发展模式不同，对其运用的强化手段也不应相同。教育者在教育过程中应重视环境与教育的作用，运用适当的刺激及合理的强化手段对儿童进行教育。在对儿童本身的看法上，行为主义学派把儿童看作消极被动的学习者，强调环境对儿童发展的作用，忽视儿童的主观能动性。②

④认知发展学派的学前教育理论

认知发展学派的学前教育理论以瑞士心理学家皮亚杰和苏联心理学家维果茨基的认知发展理论为基础，强调儿童与经验、儿童与文化、儿童与环境的主动建构，蕴含着教育内容与幼儿学习活动交互作用的思想。

认知发展学派的集大成者皮亚杰认为，儿童的认知发展分为四个阶段，分别为感知运动阶段(0～2岁)、前运算阶段(2～7岁)、具体运算阶段(7～12岁)、形式运算阶段(12～15岁)。他指出，学习内容的选择应以儿童发展的阶段特点为依据。学

---

① ［意］玛丽亚·蒙台梭利：《童年的秘密》，马荣根译，34页，北京，人民教育出版社，2005。
② 牟映雪：《学前教育学》，57页，海口，南海出版公司，2010。

习过程是认知的重组过程，是总结个人经验并不断重构个人对知识的理解和问题解决的过程。可见，他的认知发展理论虽然集中关注个人发展，但并不否认社会性交互作用的价值。他认为，学习者在与其环境（无论是物理环境还是社会环境）的交互过程中，将自身置于社会场景中，不断地丰富经验，并通过动作、话语等方式进行建构。

苏联的心理学家和教育家维果茨基曾经对人类的种系发展和个体发展两个方面做了出色的研究。他和皮亚杰一样，相信儿童是通过自己建构知识的，而不是被动地接受别人传递给他们的东西，但他强调社会和文化对儿童建构知识起到了重要的作用。维果茨基从社会历史和文化的角度阐述了儿童的学习和发展。在维果茨基的理论中，最近发展区理论对学前教育理论和实践影响深远。他认为，儿童的发展具有两种水平，一种是现有发展水平，另一种是可能的发展水平，这两种水平之间的差距就是最近发展区。教学应着眼于儿童的最近发展区，帮助儿童在可能的发展空间内获得最大限度的发展。同时，他认为儿童的发展并不完全取决于认知成熟，儿童与成人或年长伙伴的互动以及社会文化环境也是影响儿童发展的重要因素。

幼儿园教师资格证考试·考点分析

熟悉相关教育家、心理学家关于学前教育的理论观点。

幼儿园教师资格证考试·考点预测

埃里克森提出"主动对内疚"是（   ）儿童面对的心理危机。

A. 0～18 个月　　　　　　　B. 18 个月～3 岁

C. 3～6 岁　　　　　　　　D. 6～11 岁

【解析】C。埃里克森认为"主动对内疚"是 3～6 岁儿童应解决的心理危机。在此阶段，教育者应激发儿童的进取心，并且培养他们的责任感。

幼儿园教师资格证考试·真题再现

2019 年下半年《保教知识与能力》真题

菲儿把一颗小石头放进小鱼缸里，小石头很快就沉到了缸底，菲儿说："小石头不想游泳了，想休息了。"从这里可以看出，菲儿思维的特点是（   ）。

A. 直觉性　　　　　　　　B. 自我中心

C. 表面性　　　　　　　　D. 泛灵论

【解析】D。本题考查的是皮亚杰认知发展阶段理论的相关知识。A 选项"直觉性"指的是幼儿在思考事情时依靠自身的直接经验进行思维，不会考虑事物之间的逻辑关系，与题干表述不符，故 A 选项错误；B 选项"自我中心"指的是幼儿凡事以自我为中心，不能站在他人的角度思考问题，与题干表述不符，故 B 选项错误；C 选项"表面性"指的是幼儿在思考事情时往往过于表面化，不能深入地理解事物的深层次含义，因此在生活中常常会出现听不懂反话等现象，与题干表述不符，故 C 选项错误；D 选项"泛灵论"认为天下万物皆有灵魂。皮亚杰的认知发展理论认为，2～7 岁的儿童处于前运算阶段，这一时期儿童的思维有"泛灵论"这一特征。这一阶段的儿童还不能很好地把自己和外界事物区分开，认为外界的一切事物都是有生命、有感知、有情感、有人性的。题干中的菲儿说"小石头不想游泳了，想休息了"，这说明她认为小石头也是有生命的，这是"泛灵论"的特征，故本题选 D。

2. 国内学前教育理论的建立与发展

我国的学前教育理论是随着整个社会的发展及我国学前教育实践活动的普及而不断丰富与完善的。我国近现代意义上的学前教育已走过百年历程，经历了模仿、复制到实验探索的过程，到 20 世纪末初步形成了具有中国特色的学前教育理论体系。[①]

(1)国内学前教育理论的孕育期(15 世纪以前)

在我国古代历史文化发展过程中，教育成为人类社会生活不可或缺的一部分。尽管当时的学前教育主要在家庭中实施，并没有专门的学前教育机构，但我国悠久的古代文化遗产中蕴藏着丰富的学前教育思想。我国一些古书中很早就有关于学前教育的记载。例如，西汉的贾谊(公元前 200—前 168)在《新书》中记载了公元前 11 世纪周成王的母亲注意胎教之事。《大戴礼记》与《礼记》中也记载了一些学前教育思想。《大戴礼记》的《保傅篇》中曾有对殷商统治者如何注重胎教、如何为太子选择保傅人员的记载。《礼记》的《内则篇》中提出了小儿出生后选择保姆的要求以及从儿童能食能言时便进行教育的思想。魏晋南北朝时，颜之推著有《颜氏家训》，在《教子篇》和《勤学篇》中论述了对幼小儿童的家庭教育。他提出要注意胎教，应从小教育儿童的思想。他批评"无教而有爱""恣其所欲"的做法，认为这样做会导致"逮于成长，终为败德"。南宋的朱熹也非常重视胎教，认为孕妇应该注意"一寝一坐、一言一念、一视一听"，以使胎儿能够"气禀正而方理全"[②]。这些都说明，我国古代就有一些思想家总结了胎教和儿童出生后家庭教育的实践经验，提出了一些学前教育思想，这

---

① 牟映雪：《学前教育学》，57 页，海口，南海出版公司，2010。
② 黄人颂：《学前教育学》，6 页，北京，人民教育出版社，1989。

些都是非常宝贵的教育遗产。

(2)国内学前教育理论的萌芽期(15世纪至18世纪前期)

在这段时期,蒙养教育(七八岁到十五六岁)有所发展。例如,明王守仁(1472—1529)提出"教童子,必使其趋向鼓舞,中心喜悦"的思想。唯物主义思想家王廷相(1474—1544)认为:"童蒙无先入之杂,以正导之而无不顺受……壮大者已成驳僻之习,虽以正导,彼以先入之见为然……故养正当于蒙。"明吕得胜作《小儿语》,提倡寓教育于歌谣之中。他指出:"儿之有知而能言也,皆有歌谣以遂其乐,群相习,代相传……"①这些教育思想对我国学前教育的发展具有重要影响,使我国的蒙养教育思想得到进一步发展。

(3)国内学前教育理论的初创期(18世纪后期至20世纪前半期)

20世纪20年代,以陈鹤琴、陶行知和张雪门等人为代表的教育家进行了一系列探索,如进行了以鼓楼幼稚园为代表的幼儿教育科学化实验、以开办乡村幼稚园和设立乡村幼稚教育研究会为代表的平民化实验,他们在实践中逐步形成了以学前教育的目的论、课程论和方法论为一体的中国化学前教育理论体系。在教育目的方面,他们认为教育要为社会和国家服务,同时要培养有创造力的儿童;在课程论方面,陈鹤琴等教育家提倡儿童多接触自然,以培养探索精神,同时要在社会中学习基本习惯与技能;在方法论方面,他们从"知行学说"的哲学基础出发,提出了以"做"为中心,以"做、教、学"为一体的教育方法论。该理论体系注重事物间的相互联系,符合幼儿在行动中进行思考的特点。

(4)国内学前教育理论的发展期(20世纪中期至今)

20世纪50年代以来,我国学前教育理论的建设进入一个崭新阶段。教育家们在总结我国学前教育经验的基础上,以马克思主义理论为基础,学习苏联以及其他国家的学前教育理论和经验,并对下列学前教育基本问题进行了研究:学前教育必须为人民服务,促进学前儿童身心健康发展;学前教育的任务、内容和方法必须和我国社会主义现实相联系,与学前儿童身心发展特点相结合;儿童的发展是生物因素和社会因素相互作用的结果,并且是主动的发展;从出生开始就应对儿童进行有目的的系统的教育等。②

新科技革命时代所出现的"知识爆炸"既为儿童的发展创造了良好的条件,又对儿童的发展提出了新的要求。当前教育变革已成为世界性的趋势,学前教育工作者要进一步探索和研究当前教育改革中的重要理论问题,如幼儿园结构严密的分科课程理论与强调各科联系的综合课程理论的比较研究;发展学前儿童的主动性和教师指导作用的研究;集体教育与因材施教的研究;发展学前教育潜力,培养学前儿童

---

① 黄人颂:《学前教育学》,9页,北京,人民教育出版社,1989。
② 黄人颂:《学前教育学》,17页,北京,人民教育出版社,1989。

的独立能力及创造力的研究等。① 总之，在这种时代背景下，学前教育工作者应结合中国国情，努力探索有中国特色的学前教育发展道路。学前教育理论的发展具有明显的时代特点，为 21 世纪中国学前教育的变革与发展提供了借鉴。

第二节 学前教育学的研究对象与研究内容

一、学前教育学的研究对象

不同的学科研究不同的领域，每门学科都有自己特定的研究对象。教育科学是研究教育现象并揭示教育规律的学科。根据年龄段来划分，教育分为学前教育、初等教育、中等教育、高等教育四个阶段。各个教育阶段都有具体的内容、规律和特点。学前教育学是教育学的一个分支，是专门研究学前教育现象、揭示学前教育规律的一门学科，其对象包括胎儿、0～3 岁婴幼儿和 3～6 岁幼儿。

二、学前教育学的研究内容

学前教育学以教育学、心理学为理论基础，研究的内容主要包括以下几个方面。

(一)学前教育学的基本问题

学前教育学的基本问题包括学前教育的历史发展，以及学前教育学的研究对象、研究内容、研究方法。

(二)学前教育的理论基础

相比于其他教育阶段，学前教育的研究对象具有独特性。从多学科的角度探讨学前教育原理及其理论基础，是现代学前教育研究的方向。学前教育还探讨心理学、社会学、生态学与学前教育之间的关系，以在理论上拓展学生的思维。

(三)学前阶段儿童的发展特点与教育

研究学前儿童的发展特点是学前教育各项工作的基础。学前教育主要探讨 0～6 岁儿童各年龄段的生理和心理特点，并在此基础上提出学前儿童的一日生活规律，以及如何科学合理地安排儿童的日常生活。

(四)幼儿园教师

在学前儿童的发展过程中，教师起着非常重要的作用。幼儿园教师的职业特点、应具备的素质、与幼儿的互动、专业化发展等对学前教育事业发展的影响意义重大。

(五)托幼机构的环境

环境对学前儿童的发展具有潜移默化的作用。良好的环境是学前儿童健康生活

---

① 黄人颂：《学前教育学》，18～19 页，北京，人民教育出版社，1989。

和成长的保障。在托幼机构中，科学合理地安排室内和户外环境，构建良好的精神环境等显得尤为重要。

(六)学前教育课程

学前教育课程是学前教育领域中的一个核心问题。学前教育课程的含义与特点，幼儿园各个教育领域(包括社会、语言、科学、数学、音乐、美术、健康)的目标及其之间的关系，以及学前教育课程编制的模式与评价都是课程所涉及的问题。

(七)学前儿童游戏

游戏是学前儿童的主要活动，学前儿童通过游戏学习和成长。此部分主要内容包括游戏的理论流派，游戏与儿童身心发展的关系，以及教师对游戏的观察、记录和评价。

(八)学前儿童德育

学前儿童的品德发展有自身的特点：一是他们的道德认识以感性认识为主，道德意志较为薄弱，道德行为具有较强的模仿性。二是他们的品德发展呈现阶段性特征，是从不自觉到自觉的过程。三是学前儿童德育具有长期性、反复性的特点。因此，教师在选择学前儿童德育内容以及制定原则时应根据他们的身心发展特点，并采取灵活有效的途径和方法。

(九)托幼机构与家庭、社区的联系

托幼机构与家庭、社区有着千丝万缕的联系。托幼机构只有做好家长工作，并且做好与所在社区的双向服务工作，才能使整个幼儿教育系统为促进学前儿童发展，甚至促进和谐社会的建设发挥应有的作用。

(十)幼小衔接

托幼机构与小学是邻近的教育阶段，做好衔接工作有利于儿童顺利地从一个阶段过渡到下一个阶段。教师应通过研究儿童从托幼机构进入小学所面临的新问题，借鉴国外幼小衔接的新尝试以及幼小衔接的具体实施经验，更好地促进儿童的发展。

(十一)学前教育理论流派

在学前教育学形成与发展的历程中，不同历史时期的教育家为学前教育学的创建与发展做出了不可磨灭的贡献。他们的教育思想和教育实践活动对学前教育的发展具有重要的价值。此部分内容主要介绍以陶行知、陈鹤琴等为代表的国内学前教育理论流派和以福禄培尔、蒙台梭利等为代表的国外学前教育理论流派。

(十二)学前教育政策与法规

学前教育政策与法规是为解决学前教育相关问题而制定的，受到教育改革理念等因素的影响。此部分内容主要包括中国学前教育政策与法规的发展历史和内容，以及美国、英国、日本、俄罗斯学前教育政策与法规的发展历史和内容。

> **幼儿园教师资格证考试·考点分析**
>
> 熟悉学前教育学的研究对象、研究内容。

幼儿园教师资格证考试·考点预测

我国幼儿园是对（　　）周岁以上学龄前幼儿实施保育和教育的机构。

A. 6　　　　　　B. 2　　　　　　C. 3　　　　　　D. 4

【解析】C。《幼儿园工作规程》第二条规定，幼儿园是对 3 周岁以上学龄前幼儿实施保育和教育的机构。幼儿园教育是基础教育的重要组成部分，是学校教育制度的基础阶段。

第三节　学前教育学的研究方法

学前教育学是一门具有悠久历史和独立体系的学科，是专门研究学前教育规律的科学。为更好地发展学前教育学，人们需要运用多种多样适宜的研究方法来解释、预测、控制教育现象，从而促进幼儿发展。

一、观察法

观察法是教育科学研究最基本、最普遍的方法，是收集第一手资料最直接的手段，是其他研究方法的基础。观察法是指在自然条件下，教师有计划、有目的地对所要研究的现象或行为进行观察、记录和评价的一种方法。

扫一扫，看资源

微课《观察法》

（一）观察法的特点

1. 客观性

客观性是指通过观察所获得的现象和过程能正确反映客观事实。通过观察所获得的事实材料是认识事物的依据，是科学研究的基础。科学的观察依赖于观察的客观性。观察必须在被观察者不受影响的前提下进行，这样才能得到自然条件下的真实情况，否则所得到的事实材料可能导致错误的结论。

2. 能动性

科学的观察是指具有能动性的感性认识活动，它不是简单的反射式的感觉，而是有目的、有意识的观察与研究。在观察之前，观察者应根据科研任务制订好计划，包括确定观察对象、观察条件、观察范围和观察方法，以确保观察有目的地进行。这样的观察是自觉的，不是盲目的；是能动的，不是被动的。它要求观察者在观察时充分发挥主观能动性。

3. 目的性

科学的观察应具有目的性。研究者在进行观察时，要根据研究计划、提纲或观察表，从大量的客观事实中选择所要观察的典型对象，选择具体的观察时间和地点，运用合适的方法。观察的目的性是观察顺利进行的重要前提，也是促使观察不断深入的基础和保障。

(二)观察法的类型

根据不同的划分标准，观察法可以有不同的分类。例如，根据是否借助仪器，可分为直接观察法与间接观察法；根据观察地点，可分为实地观察法和实验室观察法；根据观察结果，可分为量的观察法与质的观察法；根据观察者是否直接参与被观察者的活动，可分为参与性观察法和非参与性观察法。

(三)观察法的常用方法

在学前教育研究过程中，观察者可根据具体的研究情境采取适宜的观察方法。

1. 实况详录法

实况详录法也称连续记录法，是在某段时间内连续而详细地把观察对象在自然状态下的行为表现收录下来的一种观察方法。在运用这一方法时，观察者应注意以下三点：第一，根据观察目的确定观察的场景和时间；第二，善于借助先进的设备；第三，记录要客观、全面。

2. 日记描述法

日记描述法简称日记法，是以日记的方式记录观察对象的行为表现或教育现象的一种观察方法，它比较适用于长期跟踪观察和个案研究。

3. 轶事记录法

轶事记录法又称记事法，主要以记事为主，完整地记录观察者认为有价值、有意义或感兴趣的事件。这要求观察者不仅要及时记录被观察者的相关言行，同时还要记录事件的发生背景及与之相关的情况。

4. 时间取样法

时间取样法是指观察者在选定的一段时间内进行观察，对观察对象在这一时间段或这一时间段内的某一时刻发生的各种行为做全面的观察和记录。这种方法可以随机选取时间，也可以选择典型行为或事件发生相对集中的时间。

5. 事件取样法

事件取样法是以特定的行为或事件的发生为取样标准，记录某些预先确定的行为表现或事件发生的完整过程的观察方法。

6. 行为检核法

行为检核法也称清单法，或称查核清单法，是指观察者将观察的行为项目排列成清单式的表格，并在这些项目旁边标明是否出现两种选择，通过现场观察，检查核对这些项目是否出现，只要某一行为一出现就立刻做出标记。[1]

---

[1]　裴娣娜：《教育研究方法导论》，192～193 页，合肥，安徽教育出版社，2000。

（四）观察法的优点与不足

观察法在教育研究中有着重要的作用，它是发现问题、提出问题的前提，是产生理论假设的手段。它贯穿于研究过程的各个阶段。

1. 观察法的优点

简便易行，不必使用特殊设计的复杂仪器设备，不需要特殊条件，适用范围广；不妨碍被观察者的日常学习、生活和正常发展；对于教师来说，通过对儿童各方面的研究型观察，能更客观地了解儿童行为的各个方面及个别差异，从而正确评价儿童行为，并有的放矢地提出教育设想和方案。

2. 观察法的不足

通过观察不能解决"为什么"这一类因果关系的问题，只能回答"有什么"和"是什么"的问题；教育对象复杂，且处于不断变化中，而观察归类推论性太强，会影响研究的信度；观察研究往往取样小，观察资料琐碎，不易系统化，普遍性的程度不高；易受观察者的主观影响，难以保证信度。

案例1-1

实况详录法

幼儿行为：

丽丽慢慢地走到图书角。乐乐、冬冬和天天已经坐在那儿看书了。她坐下来，但没有和任何人说话。天天对丽丽的到来立刻做出了反应，说："丽丽，来和我一块儿读书好吗？"丽丽说："我不会读。"天天说："我们先看画吧。"丽丽慢吞吞地表示同意："好吧。"天天高高兴兴地走过去取书。丽丽没有跟乐乐和冬冬打招呼，乐乐和冬冬也没有对丽丽说什么。

天天拿了一本书回来，想靠近丽丽坐下，但丽丽却往边上移了移，与他们之间保持了一段距离。乐乐问："你们俩在干什么？"天天回答说："不用管，我们忙着呢！"丽丽却一言不发，站起身来，慢慢走向积木角。

解释与评价：

丽丽看起来是个胆怯、羞涩的孩子。她没有积极回应天天的招呼，甚至连看也没看别人一眼。她回避天天的靠近，似乎拒绝别人身体和心理上的接近。丽丽不能集中注意力进行社会交往，因为在天天暗示她一起看书时，她却东张西望，心不在焉。她的行为并没有表现出对天天的敌意或者不喜欢的迹象，她可能是缺乏丰富的情感，对与别人的交往不太感兴趣。

资料链接1-1

时间取样法研究

帕顿(M. B. Parten)是时间取样法的早期研究者之一。她于1926年10月至1927年6月开展了一项观察研究，研究学前儿童在游戏中的社会参与状况。她设计了六种反映儿童参与社会性集体活动水平的预定游戏类型来指导观察，分别为无所事事、旁观、单独游戏、平行游戏、联合游戏、合作游戏。她对每一种类型都赋予了操作定义(见表1)，并设计了观察记录表(见表2)。

表1 六种游戏类型操作定义

游戏类型	操作定义
无所事事	儿童没有做游戏，只是碰巧观望暂时引起他们兴趣的事情，如没有可关注的就玩自己的身体，或走来走去、爬来爬去、东张西望等
旁观	儿童基本上是观看其他儿童的游戏，有时凑上去与正在做游戏的儿童说话，提问题，出主意，但自己没有直接参与游戏
单独游戏	儿童独自游戏，专注于自己的活动，根本不注意别人在干什么
平行游戏	儿童能在同一处玩，但各自玩游戏，既不影响他人，也不受他人的影响，互不干扰
联合游戏	儿童在一起玩同样的游戏或类似的游戏，相互追随，但没有组织与分工，每人做自己想做的事
合作游戏	儿童为某种目的在一起玩游戏，有领导，有组织，有分工，每个儿童承担一定的角色任务，并相互帮助

表2 时间取样观察记录表

时间	儿童代号	活动类型					
		无所事事	旁观	单独游戏	平行游戏	联合游戏	合作游戏
	1号						
	2号						
	3号						
	4号						
	5号						

帕顿在规定的游戏时间内，依次观察每个儿童一分钟，根据儿童的社会参与程度、六种游戏类型的操作定义，判断每个儿童在这一分钟内的行为属于哪种类型，

并记入观察记录表。帕顿对一系列观察资料的整理分析表明，2～5岁学前儿童的社会参与程度随年龄的增长表现出一定的顺序性，即年龄越小的儿童往往越喜欢单独游戏，随着年龄的增长逐渐发展到喜欢平行游戏，再发展到喜欢社会性程度较高的联合游戏和合作游戏。

二、访谈法

访谈法是学前教育重要的研究方法之一。访谈法是由访问者根据调查研究所确定的要求与目的，按照访谈提纲或问卷，通过个别访问或集体交谈的方式，系统而有计划地收集资料的一种调查方法。

(一)访谈法的特点

1. 直接性

访谈法是访问者通过与被访者面对面的直接沟通来获取信息资料的访谈方式。访问者通常可以通过口头交谈和反复询问来了解更多、更具体、更生动的信息。

2. 互动性

访谈需要访问者与被访者相互作用和影响，通过双向交流来获取相关信息。

3. 技巧性

访谈是人与人之间的交往过程。要取得访谈的成功，访问者需要与被访者之间建立起基本的信任关系，需要引导被访者积极提供所要了解的信息，需要灵活处理预料之外的各种情况，掌控访谈过程。

(二)访谈法的类型

按研究者控制程度的不同，访谈法可分为结构型访谈法、半结构型访谈法和非结构型访谈法；根据访问者与被访者双方接触的方式，可分为直接访谈法和间接访谈法；根据被访者的人数，可分为个别访谈法和集体访谈法；按照调查次数，可分为横向访谈法和纵向访谈法。

(三)访谈法的优点与不足

1. 访谈法的优点

访谈法灵活，弹性强，应变性好。访问者可对问题进行解释，加强调查深度。由于双方面对面，且处于自发性反应状态，一般掩饰和作假相对较少，所以真实性强。在访谈过程中，访问者可以不断追问，进行引导式提问，对于复杂的问题还可以进行分层递进式的提问。访谈法适用范围广，可面向所有人群。

2. 访谈法的不足

访谈法常采用面对面的个别访问形式，成本较高，耗费时间和精力较多，故很难大规模开展。被访者在访谈过程中常常会因感到缺乏隐秘性而产生顾虑，尤其对一些敏感的问题，被访者往往会回避或不做真实的回答。访谈法对访问者的笔录速度要求高，追记和补记往往会遗漏很多信息。被访者的回答是多种多样的，没有统一的答案，这就导致对访谈结果的处理和分析的难度比较大。由于标准化程度低，访问者难以对访谈结果做定量分析。

案例1-2 👆

对家长如何看待幼儿收看动画片的访谈提纲

1. 你的孩子在家看动画片的时间是多少？

2. 你认为孩子看多长时间的动画片合适？

3. 你规定孩子收看动画片的时间吗？一般规定多长时间？

4. 你会挑选适合孩子收看的动画片吗？

5. 孩子是否会主动向你讲述动画片内容？

6. 你认为看动画片对孩子有什么影响？

[资料来源：段向琼. 幼儿园5～6岁儿童动画片喜好现状研究[D]. 陕西师范大学硕士学位论文，2008.]

三、问卷法

问卷法是研究者将所要研究的问题编制成问卷或表格，以邮寄的方式、当面作答的方式或追踪访问的方式让调查对象填答，然后收回整理、分析和研究的方法。

(一)问卷法的特点

1. 标准性

标准性是指问卷调查是一种结构化的调查，其问卷形式、内容、作答方法、发放形式等都是固定的，有一定的标准性，因此非常有利于研究者进行资料整理和分析。

2. 匿名性

问卷调查多以匿名的形式进行，从而可以减少调查对象的顾虑，以确保收集到更加真实、有效的资料。

3. 间接性

研究者不直接接触调查对象，而是以问卷为途径进行研究，这样既省时省力，又避免对调查对象造成干扰。

(二)问卷法的类型

根据载体的不同，问卷法可分为纸质问卷法和网络问卷法；根据问卷问题的不同，可分为封闭式问卷法和开放式问卷法；根据填写问卷者的差异，可分为集体施测问卷法和个别施测问卷法。

(三)问卷法的优点与不足

1. 问卷法的优点

可以在同一时间内调查许多对象，省时、省力、省经费；对调查对象的行为及心理影响小，使研究更能反映真实情况；可以进行一致性的控制，结果易于统计，适用于量化研究；不受时间、地点及情境的限制，可以随时进行，形式也比较灵活；可以收集到无法对调查对象进行长期直接观察或观察不到的东西，尤其是一些态度、体验等。

2. 问卷法的不足

编制问卷中的问题难度较大，稍不准确就会影响问卷质量；得到的回答真假难以分辨或核实，因此通过问卷得到的结论，往往不能成为最后的定论；问卷编制的问题数量不好把握。

幼儿园教师资格证考试·考点预测

一般情况下，问卷的长度应控制在(　　　)的回答时间。

A. 0～30分钟　　　B. 30～40分钟　　　C. 40～50分钟　　　D. 50～60分钟

【解析】B。在问卷设计和编制过程中，问卷编制者应考虑问题的数量和作答时间问题。研究表明，问卷项目的数量一般不能多于80个，否则效果会有明显下降，所以问卷时间控制在30～40分钟最佳。

幼儿园教师资格证考试·考点预测

提高问卷效度的关键是(　　　)。

A. 正确选题　　　　　　　　　B. 写好指导语

C. 掌握编制问卷题目的行文技巧　　　D. 设计目标体系

【解析】D。问卷的效度指的是问卷的有效性和正确性，即问卷能测量出其所欲测量特性的程度。效度越高表明越能够达到问卷测验的目的，该问卷才是正确而有效的。提高问卷效度的有效方法是设计目标体系，即问卷内容要适合问卷研究的目的。研究者应根据研究目标设计问题，编制问卷。

四、实验法

实验法是在可控的教育情境中，依据一定的理论假设，有目的地改变一些教育因素(自变量)，控制无关因素，观察记录另一些教育因素的变化，一定时间后，在统计分析的基础上，找到两类教育因素之间的内在联系并验证理论假设的方法。

（一）实验法的特点

教育实验具有教育性，是一种特殊的实验。教育实验要揭示教育现象之间的因果关系，对因果关系的预先设想是以假设的形式表现出来的。教育实验可以操纵或控制某些变量，人为地创设一定的情境。

（二）实验法的类型

根据实验场所的不同，实验法可分为实验室实验法和自然实验法；根据不同的实验设计系统操纵自变量的程度和内外效度的高低，可分为前实验法、准实验法和真实验法；根据实验揭示变量之间质和量的关系的不同，可分为定性实验法和定量实验法。

（三）实验法的优点与不足

1. 实验法的优点

实验法是教育科学研究中建立因果关系的最好方法。实验者通过实验可以能动地控制各种变量，获得在自然条件下不能遇到或难以遇到的情境；可重复实验，反复验证，从而提高研究的准确性和精密性。

2. 实验法的不足

实验法需要花费较多的人力，有时往往受到实验准备以及其他实验条件的限制。它对实验对象和环境的控制难度大，对进行实验或参加实验的人员都有一定的要求，研究结果存在适切性问题。

幼儿园教师资格证考试·考点预测

论述题：

教育研究中往往会出现多种多样影响研究结果的无关变量，试论述应如何控制这些无关变量。

【答案要点】控制的基本原则是尽可能减少无关变量对自变量和因变量的干扰。具体方法有以下几种。

第一，消除。控制无关变量最彻底的方式是不让无关变量介入研究情境中，将其完全排斥在自变量和因变量的对应关系之外。

第二，恒定。对于有些无法排除的无关变量，研究者可以在研究过程中使其保持恒常不变，即所有的被试都接受相同的无关变量，把变量变为常量。采用恒定方式控制无关变量通常包括以下几点：对实验条件的控制，同一时间、同一地点、同一主试进行；对研究对象的控制，选择智力、性别、年龄、程度相同的被试进行；对实验过程的控制，按照同一研究程序、同一研究步骤进行。

第三，均衡。当无关变量无法消除，也不能保持恒定时，研究者可以采取均衡的方法来控制无关变量。通常的做法是设置实验组和控制组，让无关变量产生的作用对实验组和控制组一致，保持平衡。

第四，抵消。在有些实验研究中，被试需要在各种不同的实验条件下接受重复测量。由于重复测量，练习、迁移、干扰、疲劳、热身等作用会影响因变量的测量效果。研究者可以采用抵消的方式来控制这类无关变量。

第五，随机。随机是科学研究必须遵循的基本原则。随机控制是研究者最常用的控制无关变量的方式，也是最有效的控制无关变量的方式。随机化是指被试的随机取样、随机分组、随机分配实验处理等。随机化方式的运用可以控制大量的无关变量，可以把研究中的很多差异平均分配到每个个体身上去，从而创造均等化。

第六，盲法。主试之间和被试之间存在的个别差异都会对研究结果造成影响，因此研究者要严格进行控制。盲法是指采用隐蔽手段，控制实验参与者的偏差或期待的一种控制无关变量的方法。在实验中，如果被试不知道自己在参与实验或正在接受某种实验处理，那么这种情况被称为单盲；如果主试和被试都不知道哪些人接受实验处理，哪些人没有接受实验处理，也不知道实验设计者的真实意图，那么这种情况被称为双盲。

五、行动研究法

(一)行动研究法及其特点

行动研究法是指在教育实践中，以行动为研究基础，将科研与实践结合起来的研究方式。行动研究法的焦点在于实际中的应用和行动的改进。它以解决实际问题为宗旨，主要是改善环境，改进或解决实际问题，而不是理论的发展或普遍应用。行动研究法的主要特点为：为行动而研究、对行动的研究、由行动者研究、在行动中研究、在行动中调整、在行动中综合运用。

(二)行动研究法的模式

行动研究法的起点是对问题的分析和界定，包括对计划及其实施情况的评价，并在此基础上进行改进。总体来说，行动研究法包括四个相互联系、相互依赖的环节，分别为计划、行动、观察、反思。

1. 计划

行动研究法的第一个环节是计划，它包括对问题的分析和解决问题的设想，以大量事实和调查研究为前提，制订总体计划和每一步具体行动计划。计划始于解决问题的需要，它要求研究者从现状调查、问题诊断入手。计划包括总体设想和每一个具体行动步骤，必须有充分的灵活性、开放性。

2. 行动

行动是指计划的实施，它是行动者有目的的、负责任的、按计划进行的实践过程。在行动过程中，实际工作者和研究者要协同行动。在教育研究中，家长、社会人士和儿童均可作为合作的对象。要协调各方面的力量，保证实施到位。要重视实际情况的变化，随着对行动及背景认识的逐步加深以及对各方面参与者的监督观察和评价建议的逐步深入，不断调整行动。

3. 观察

观察是指对行动的背景、过程、结果以及行动者的特点的考察。观察是反思、修订计划和进行下一步行动的前提条件。观察既可以是行动者本人借助各种有效手段对本人行动的记录观察，也可以是对其他人的观察。为使观察系统、全面和客观，研究人员可利用各种有效技术。

4. 反思

反思包括整理和描述，即对观察到的与实施计划有关的各种现象加以归纳整理，描述出研究过程和结果，然后对行动的过程和结果做出判断和评价，并对有关现象和原因做出分析解释，进而调整下一步行动计划和工作构想。①

幼儿园教师资格证考试·真题再现

2019年下半年《保教知识与能力》真题

在学前教育中进行行动研究的主要目的是（　　）。

A. 发现学前教育规律　　　　B. 解决学前教育实践问题

C. 解释学前教育现象　　　　D. 构建学前教育理论

【解析】B。行动研究法是从实际工作需要中寻找课题，在实际工作过程中进行研究，由实际工作者与研究者共同参与，使研究成果为实际工作者所理解、掌握和应用，从而达到解决问题、改变社会行为的目的的研究方法。行动研究法的基本过程大致分为循序渐进的四个环节：计划、行动、观察、反思，故本题选B。

（三）行动研究法的优点与不足

1. 行动研究法的优点

研究者可以从实际工作面临的困境中确定课题，使研究成果较快应用于实践，并改进实践中的不足。

2. 行动研究法的不足

行动研究法要求研究者的综合素质以及在观念和能力方面的水平都较高。行动研究与实践联系紧密，且研究的周期较长，这对于一些研究者来说具有一定的局限性。

---

① 牟书、宋灵青：《现代技术与教育心理学》，168页，南京，东南大学出版社，2014。

案例1-3

"提高幼儿教师自身教学能力"的行动研究

第一步，确定问题

A. 请列出教学中您期望改进的3～5个问题。

B. 作为职业教师，您的重要问题是否都在您可以解决的范围内？

C. 按问题的重要性排列顺序，并依次写下前三个问题。

D. 选择其中一个问题，用于研讨会的行动研究活动。例如，我国目前教学活动中什么问题能最大限度地使更多的儿童获益？

E. 陈述您所选择的重要问题，并解释为什么目前它对于您来说十分重要。

第二步，寻求解决途径

A. 通过回答下列三个问题开始寻求解决途径。

第一，我对问题了解了什么？第二，关于这个问题，我需要知道什么？第三，怎样寻求解决途径？寻求解决途径的方法包括请教同行、查阅参考书、研究教学案例、参加培训和计划构思等。

B. 您所发现的其他解决方法是什么？

第三步，应用解决途径

A. 其他解决方法中哪一种最合适？

B. 实施这个解决方案需要什么(资金、设备、材料，等等)？

C. 什么时候、在什么情况下您可以运用这种解决办法？

第四步，分析结果

A. 您期望得到什么样的结果？良性结果包括在下列方面的改变：态度及观点、实践活动、思维方式、兴趣、参与活动、学习积极性、知识范围和技能。

B. 您将怎样为结果收集信息？可能的收集方法包括拍照、录像、写观察日记、记录在您指导下督促儿童进行的工作、调查活动，等等。

C. 您怎样分析所收集的信息？可行性分析包括将照片或录像片段进行分类，整理日记和工作记录，将调查结果中涉及您自己的具体问题进行分类。

D. 怎样解释所收集到的信息？具有解释机制的方法包括从不同角度展示并解释照片或录像，用图表及文字来说明所进行的活动，以及它们对您最初的问题所构成的意义。

第五步，理论发展

A. 您对于自己的实践有哪些看法上的转变？

B. 在将来的实践中您会有哪些方面的变化？

C. 通过参加这次的行动研究活动，您有什么能与其他教师分享的好主意？

D. 您怎样与其他教师分享您所得到的启示和所萌发的见解？

本章小结

学前教育学是研究 0～6 岁儿童教育现象和教育规律的科学。学前教育工作者应通过系统研究学前教育学的研究对象、研究内容和研究方法，建设具有中国特色的学前教育理论体系，努力探索有中国特色的学前教育发展道路，从而促进儿童的全面发展。

在这一章中我们了解了学前教育学的基本问题，包括学前教育的产生与发展，学前教育理论的建立与发展等，同时了解了学前教育学的研究对象、研究内容以及五种主要研究方法。本章的主要目的在于引导学生对学前教育学的基本问题有一个整体的认识，为以后各章的学习打好基础。

关键术语

学前教育学　学前教育理论　研究对象　研究内容　研究方法

思考题

1. 历史上出现的有代表性的儿童观分别是什么？

2. 试论述蒙台梭利的学前教育思想。

3. 试论述认知发展学派的学前教育理论。

4. 学前教育学的研究对象、研究内容和研究方法分别是什么？

5. 在教育研究中，观察法的优点与不足分别是什么？在使用观察法时应注意什么问题？

6. 学习学前教育学有何意义？怎样才能学好它？

建议的活动

1. 设计一个学前教育实验，并写出详细的实验设计。

2. 尝试观察幼儿园中幼儿的区域活动，并详细记录。例如，设计一个主题和问题，有目的地进行观察，并进行拍照、摄像、问话等，然后进行分析研究。

拓展阅读

1. ［意］玛丽亚·蒙台梭利. 童年的秘密. 马荣根，译. 北京：人民教育出版社，2005.

本书详尽地告诉读者，儿童的成长有其内在的精神驱动和规律，儿童的成长需要依靠他们自身不断地、有意识地、自主地、独立地与外界环境进行活动（书中称为工作）来获得。成人如果想促进儿童成长，最重要的是给他们创造一个充满爱的安全的环境，尊重并理解孩子的行为，对他们的行为尽量做最少的限制和"指导"。儿童自然会知道自己想做什么、该如何做。在一次又一次的探索中，他们会逐渐成长起来。书中还讲到许多具体的观念。比如，儿童充满精力、乐此不疲地去活动，只是一种内在的心理驱动，并没有任何目的，在这种活动中其能力也得到了发展。

2. 蔡迎旗. 学前教育概论. 武汉：华中师范大学出版社，2006.

本书以幼儿教育现象与问题为研究对象，揭示幼儿教育中最普遍和最基本的规律，从生态学的观点出发，在幼儿园、家庭和社区三位一体的系统中研究幼儿教育。本书强调幼儿的活动学习、师幼互动和幼儿教师的专业成长。其内容涉及幼儿教育理论的发展历史与现状，幼儿教育与社会发展之间的相互关系，幼儿发展与儿童观的问题，幼儿教师的专业素质与成长，幼儿保教目标、内容和基本原则，幼儿体、智、德、美全面发展的教育，幼儿园与家庭、社区和小学的衔接与合作。

3. 裴娣娜. 教育研究方法导论. 合肥：安徽教育出版社，2000.

全书对教育研究方法的一般原理、教育研究的构思和设计、教育研究结果的分析与评价进行了全面系统的论述。书中广泛地吸收了当代自然科学、社会科学、思维科学方法论方面的成果，还将数学方法应用于教育科研，将定性分析与定量分析结合起来。

第二章　学前教育的理论基础

学习目标 ▶

1. 了解心理学的主要理论流派及其观点。
2. 了解社会学的主要理论流派及其观点。
3. 了解生态学的研究范畴及核心理念。
4. 运用心理学、社会学和生态学的基本理论对学前教育现象进行分析。

学习导图 ▶

学前教育的理论基础

心理学与学前教育
- 成熟理论及其对学前教育的影响
- 行为主义心理学及其对学前教育的影响
- 精神分析学说及其对学前教育的影响
- 人本主义心理学及其对学前教育的影响
- 认知心理学及其对学前教育的影响

社会学与学前教育
- 社会学及其研究范畴
- 社会学的主要理论
- 社会学理论对学前教育研究的启示

生态学与学前教育
- 生态学及其研究范畴
- 生态学的核心理念
- 生态学理论对学前教育研究的启示

导入案例 ▶

在一所幼儿园中班的建构区中，鹏鹏搭建了一座高楼。他准备给自己的高楼盖个圆屋顶，便在身旁的一堆积木中翻找出一块圆形积木，把它轻轻地放到高楼上。这时，旁边的小宇趁鹏鹏不注意，伸手将这块圆形积木拿了过来。鹏鹏见状哭着说道："我的，我的，是我的圆屋顶。"小宇说："我也想要这块，我也要搭高楼。"在餐厅游戏中，小洁先拿到了厨师的帽子，刚要戴上，红红说："今天我当厨师，你不能当了。"小洁说："不行，你把帽子给我，我要当厨师。"红红说："不行，你当服务员。"小洁"哇"地哭了，边哭边说："不让我当厨师，我就不和你玩了。"

在幼儿园的各种活动中，同伴之间的冲突时有发生。引起幼儿之间冲突的因素有很多，在具体分析时，教师如果没有相关理论的指导，很难把观察到的现象提升为理论。随着现代幼儿教育的发展，在幼儿园实践的基础上提升理论水平，已经成为学前教育发展的迫切要求。从多学科的角度探讨学前教育现象，也是现代学前教育研究发展的趋势。为此，本章选取了与学前教育研究有密切关系的心理学、社会学和生态学进行论述，阐述了各学科的研究范畴、主要理论观点以及对学前教育研究的启示，以便使学前教育工作者初步了解学前教育相关理论，并能够从多学科的视角进行研究，从而提高学前教育研究水平。

第一节　心理学与学前教育

一、成熟理论及其对学前教育的影响

成熟理论的代表人物是美国心理学家格塞尔。格塞尔认为，儿童发展是遵循一种模式的，这种模式是由机体成熟预先决定和表现的。成熟是一个由遗传因素控制的有顺序的过程，是机体固有的过程。人类的发展过程主要是由遗传因素决定的，人类的基因以系统的方式按照一定的规律发展。虽然环境会影响人类的发展，但影响的程度很有限，不可能根本改变这种发展模式。格塞尔的成熟论观点受到卢梭、霍尔和达尔文学说的影响。

(一)遗传因素的重要性

在遗传因素与环境因素的作用方面，格塞尔强调遗传因素的重要性。他把通过基因来指导发展过程的机制定义为成熟，儿童出生以后，成熟继续指导着发展。他详细地描述了儿童从新生儿到 10 岁的发展情况，确定了每一特定年龄儿童的典型特征，以此作为该年龄儿童正常发展的指标。根据一系列实验，格塞尔提出了他的"成熟优势说"理论。其中，同卵双生子的爬楼梯实验是格塞尔研究儿童发展与成熟、学习之间关系的一项著名实验。在这个实验中，双生子之一 T 从第 48 周起每日做 10 分钟的爬楼梯训练，连续 6 周。在此期间，双生子中的另外一个孩子 C 不做爬楼梯训练，从第 53 周起才开始训练。结果，C 两周后就能赶上 T 的水平。此实验结果表明，在儿童动作技能学习中，有机体各系统的成熟对于学习效率有直接影响，早于这个时期的训练是低效或者无效的。[①]

---

① 王振宇:《儿童心理发展理论》，26 页，上海，华东师范大学出版社，2000。

(二)发展的性质

格塞尔认为，成熟是通过从一种发展水平向另外一种发展水平的转变而实现的。其中，年龄是生物变化的一个很重要的指示标志。年龄本身不是发展变化的原因，但它是一个便于观察和把握的界标。

格塞尔指出，发展的本质是结构性的，只有结构的变化才是行为发展变化的基础。生理结构的变化按照生物的规律逐步成熟。心理结构的变化表现为心理形态的演变，其外显的特征是行为差异，而内在的机制仍是生物因素的控制。如果一项学习发生在结构变化之前，这项学习就不是稳固的。只有建立在结构变化上的学习，才可能是有效而稳固的。

(三)发展的机制

格塞尔通过大量的观察，指出儿童行为发展的基本原则主要包括发展方向的原则、相互交织的原则和自我调节的原则。他认为发展具有一定的方向性，即由上而下、由中心向边缘、由粗大动作向精细动作的发展。人类的身体结构是建立在左右两侧均等的基础之上的。这种对称的解剖结构保证了机体的平衡，也使得机体通过相互交织，使相互的力量在发展周期的不同阶段分别显示出各自的优势，从而达到互补的作用，最终把发展引向整合并趋向成熟的高一级水平。格塞尔认为，在儿童发展过程中，自我调节是生命现象固有的能力，儿童能自我调节吃、睡和觉醒的周期，并逐渐形成有规律的生活方式。儿童还能自我调节成长过程中的不平衡。在现实的发展中，儿童有时会出现前进以后又适度后退的现象。[①]

格塞尔的成熟理论对学前教育实践产生了较大的影响。在教育过程中，教师要充分认识到成熟规律的重要性，要尊重儿童的天性，重视儿童学习的"准备状态"，在儿童的生理发展尚未达到"准备状态"时，要耐心等待儿童的成熟，不要人为地去推动儿童的发展，也不要强行将儿童的发展嵌入成人设想的模式中。学前教育机构应注意，活动的组织和活动材料的投放不仅要基于儿童的兴趣，还要符合儿童的生理和心理发展特点。

二、行为主义心理学及其对学前教育的影响

行为主义心理学是从布伦塔诺的意动心理学和美国的机能主义心理学逐步演化而来的。华生在1913年发表了《一个行为主义者眼中的心理学》一文，宣告了行为主义心理学的诞生。行为主义心理学在其发展过程中又有早期行为主义和新行为主义之分。华生作为行为主义心理学的创始人，彻底摒弃了传统心理学上的心灵、意识等概念，把行为作为心理学的研究对象。他提出行为主义的著名公式：刺激(S)—反应(R)。他认为人和动物的全部行为都可以分为刺激和反应，思维和情绪也不例

---

① 王振宇：《儿童心理发展理论》，28页，上海，华东师范大学出版社，2000。

外。刺激决定反应,环境决定行为。

从环境决定论出发,华生反对在儿童发展问题上的遗传决定论。他说:"给我一打健全的婴儿和我可以用以培养他们的特殊世界,我就可以保证随机选出任何一个,不问他的才能、倾向、本领和他父母的职业及种族如何,我都可以把他们练成我所选定的任何类型的特殊人物,如医生、律师、艺术家、大商人或甚至于乞丐、小偷。"①

斯金纳修正了华生的早期行为主义观念,认为在环境和行为的因果关系中,反应、刺激和强化是按顺序发生的联合机制。一个操作发生后紧接着呈现一个强化物,这个操作的概率就会增加。1954年,斯金纳在其《学习的科学和教学的艺术》一文中阐述了程序教学的三个基本原则。第一,积极反应原则;第二,及时强化原则;第三,小步子原则。其中积极反应原则是核心。斯金纳的程序教学使用的教材和教学组织形式都以这三大原则为依据。程序教学的理论和实践对美国当时的教育有很大的影响。

与行为主义心理学不同,班杜拉通过创设典型的社会情境实验去研究人类的学习行为,提出了著名的社会学习理论。班杜拉及其同事在一系列实验中研究了认识活动、社会影响和行为学习之间的关系,提出了"观察学习"和"替代性强化"的概念,试图修正斯金纳操作性学习中忽视内部认知变量的缺陷。他证明,在观察学习中,人们不用什么奖励或强化,甚至也不用实践,仅通过对模式或榜样的观察就可以学习到新的行为方式。他认为,儿童的道德判断方式和行为方式就是通过对他们周围的道德榜样的模仿而建立的。这种观察学习的内部机制就是替代性强化,是通过观察他人的行为和行为的结果以及理解那些结果如何能适应于自己而进行的。

20世纪60年代以前,行为主义理论作为心理学界的主流理论,对包括学前教育在内的很多教育产生过重要影响。有些幼儿园在编制课程时依据行为主义心理学理论,从课程目标的制定、课程内容的选择到课程的评价等,都运用行为目标方法作为逻辑起点。另外,一些幼儿园教学中采用的小步渐进、及时强化、及时反馈等原则也反映了行为主义理论的思想。班杜拉强调示范榜样在人的社会化过程中的重要性。这里的示范榜样不仅指现实生活中的人,也包括文字符号、图像信息、语言描述、艺术形象等。个体思想品德可以通过榜样示范作用形成,也可以通过榜样示范作用加以改变。通过榜样习得的行为,有时候会表现出来,有时候不会立即表现出来,可能在以后某种条件下再现。班杜拉的观察学习和替代性强化理论对学前教育有很大启发。

三、精神分析学说及其对学前教育的影响

精神分析学说是19世纪末20世纪初产生于西方的一种心理学流派,对教育影

---

① 黄济、王策三:《现代教育论》,124页,北京,人民教育出版社,1996。

响较大的是其前期的代表人物弗洛伊德和后期的代表人物埃里克森。

弗洛伊德是精神分析学派的创始人。他把无意识现象和内容作为心理学的研究对象，开辟了人类认识的一个崭新的领域。他认为，人的精神过程本身是无意识的，人的一切行为都受到无意识的内容的影响。无意识的内容就是本能欲望，其中最主要的是性欲本能"里比多"。弗洛伊德在《自我与本我》一书中提出了人格结构的观点，认为整个人格由三大系统构成，即本我、自我和超我。本我是无意识的、非理性的，包括人类本能的性的内驱力和各种潜在的习惯倾向。本我追求快乐原则。自我处在本我和外部世界之间。自我根据现实的原则，使得个体能适应实际需要来控制活动方式。超我是"道德化了的自我"，由两部分组成，一部分是良心，另一部分是自我理想。超我遵循道德原则。弗洛伊德认为，个人的行为就是这三种精神过程相互作用的结果。弗洛伊德把人格的心理发展分为五个阶段，他认为如果前一阶段的性本能欲望不能得到适当的满足，就会影响儿童人格的和谐发展。在此阶段，儿童力争从父母的控制中解脱出来，建立自己的生活。[①]

埃里克森把人格的发展过程划分为八个阶段。他认为每一阶段都存在一对矛盾，这些矛盾的解决有积极的和消极的两种方式。积极的将有助于人格的和谐发展，形成良好的适应能力；消极的会阻碍人格的发展，削弱适应能力。每一对矛盾的解决标志着前一阶段向后一阶段的发展，从而形成一种新的品质。

精神分析理论对学前教育产生了一些重要的影响。根据精神分析理论，游戏是学前教育机构最主要的活动，可以消除幼儿的消极情绪。幼儿通过游戏，特别是角色游戏，能够疏解一些心理冲突。此外，艺术活动也是幼儿表达其情感和思想的工具。在艺术活动中，幼儿可以宣泄自己的不良情绪，表达自己的情感，尤其是绘画活动。另外，美国新精神分析学派心理学家霍妮指出，儿童的基本焦虑来自人际关系的困扰。焦虑就是儿童在一个陌生或者有潜在危险的环境中所出现的不良情绪。处于这种环境中的儿童应付外界的主要手段是趋众、逆众或离众。人际关系的困扰引起基本焦虑，而焦虑则导致防御策略的形成。霍妮认为，要真正解决人际冲突引起的焦虑，唯一的办法是改变存在于人格本身的导致冲突产生的条件。要认识到自己真正的价值追求，就要改变生活态度和生活方式，依赖自己健康的情感和信念与人相处。这些观点对分析儿童早期焦虑具有指导作用。

四、人本主义心理学及其对学前教育的影响

人本主义心理学诞生于20世纪60年代，其创始人是美国的马斯洛。马斯洛认为，个体成长发展的内在力量是动机，而动机是由多种不同性质的需要组成的。各种需要之间有先后顺序与高低层次之分，每一层次的需要与满足将决定个体人格发展的境界或程度。(见图2-1)

---

① 黄济、王策三：《现代教育论》，125～127页，北京，人民教育出版社，1996。

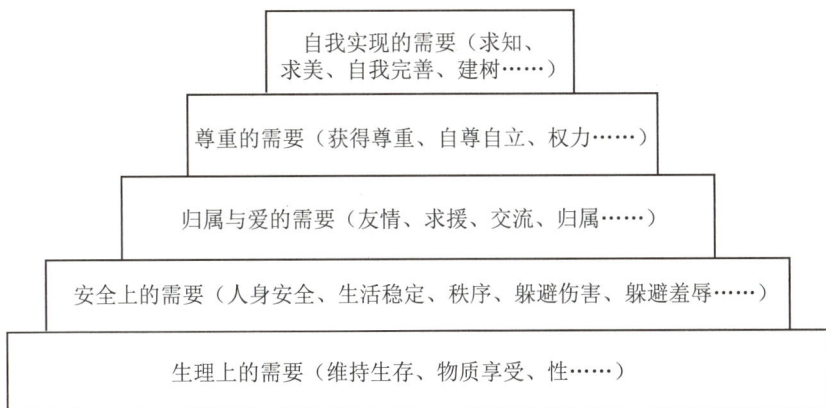

图 2-1　马斯洛的需要层次理论

如图 2-1 所示，马斯洛认为，人类的需要由低到高依次是生理上的需要、安全上的需要、归属与爱的需要、尊重的需要、自我实现的需要。一般来说，某一层次的需要相对满足了，就会向高一层次发展，追求更高层次的需要就成为驱使行为的动力。相应地，获得基本满足的需要就不再是一股激励力量。罗杰斯是人本主义心理学的另一位重要的代表人物。他和马斯洛一样，也强调人的自我实现，重视人的价值、情感和体验。他认为要实现人的潜能，必须提供自由和谐的气氛。

按照人本主义心理学的观点，教育的任务在于了解儿童的需求，并帮助他们满足不同层次的需求。为此，教师要了解儿童的不同特点和需要，给儿童提供各种机会，注重儿童的自主体验，培养儿童的主动性和创造性，要帮助儿童逐渐从低级需求过渡到高级需求。教师不仅是儿童学习过程的指导者，还是儿童学习过程中的促进者和服务者。在儿童的学习过程中，教师对儿童的情感和态度的发展起到很重要的作用。

五、认知心理学及其对学前教育的影响

认知心理学产生于 20 世纪 60 年代，此学派的大量研究主要集中在个体认识活动的产生和发展上。皮亚杰是认知心理学的主要代表人物，他关于儿童认知发展阶段的理论，对世界学前教育和中小学教育具有极大的影响。

皮亚杰认为，认识就是主体用其独特的认知结构去作用客体，并在主体和客体之间达成一种平衡状态的过程。实现这一平衡状态的心理要素包括图式、同化、顺应和平衡四个方面。图式就是指个体动作的结构或组织，是认知结构中的核心。皮亚杰认为图式是人们为了应付某一特定情境而产生的认知结构。每个人的认识过程都是从最简单的、本能性的行为图式开始的，然后通过实际动作协调与周围环境的关系，并进行不断的相互作用，从而形成主体新的认知结构。皮亚杰指出，图式的建构要通过同化和顺应两个过程。同化和顺应是主体适应外部客观世界的两种基本活动形式。同化是指把外部环境中的有关信息吸收进来，整合到个体一个正在形成

或已经形成的认知结构里。同化是一个量变的过程。顺应是指当个体不能利用原有图式接受和解释新的情境时，个体的认知结构就会因外部刺激的影响而发生改变，以适应新的情境。个体在同化与顺应的过程中使认知结构或图式的功能保持在一种相对稳定和和谐的状态就是平衡。[①]

皮亚杰将儿童认知发展依次分为四个阶段。第一，感知运动阶段(0~2岁)。这一阶段是思维的萌芽期，是儿童以后发展的基础，也是智力发展的感知运动阶段。这一阶段的儿童凭借着感觉和知觉动作来发挥个体的图式功能。第二，前运算阶段(2~7岁)。这一阶段的儿童开始以符号作为中介理解和描述外部世界，他们能使用语言表达概念，能使用符号代表实物。第三，具体运算阶段(7~12岁)。这一阶段的儿童能根据具体经验解决问题，能理解可逆性，开始理解守恒的道理。在这个阶段，儿童能进行具体运算，并有了一般的逻辑结构。第四，形式运算阶段(12~15岁)。这一阶段的儿童能按假设验证的科学法则解决问题，能按形式逻辑的法则思考问题。这时儿童的智慧发展逐渐趋于成熟。[②]

维果茨基的最近发展区理论认为，儿童的任何一个行为都具有两个水平。较低水平的行为是儿童的独立行为，即儿童能独自完成的行为；较高水平的行为是儿童在帮助之下能够完成的行为，因此也被称为帮助行为。这两个行为水平之间构成了一个区域，这个区域之内有若干程度的行为水平，这个区域就是最近发展区。维果茨基认为，最近发展区是动态的，儿童今天的某个需要帮助的行为在明天可能就会发展为独立的行为，儿童现在需要大量帮助才能完成的行为可能不久就会只需要很少的帮助就能完成。维果茨基认为，教育不要只关注儿童发展的过去，更应关注儿童发展的未来，教育要走在儿童的发展之前并能引领儿童的发展。[③]

皮亚杰和维果茨基的理论对学前教育有很大的启示。20世纪90年代以来，随着心理学家对人类学习过程及其规律研究的不断发展和深入，建构主义学习理论逐渐受到了教师的重视。在建构主义理论的发展过程中，除了哲学思潮的影响之外，皮亚杰的认知发展理论也对此起到了重要的推动作用。皮亚杰认为，学习是一种自我建构个体思维的发展过程，就是儿童在不断成熟的基础上，在主客体相互作用的过程中获得个体研究和社会经验，从而使图式不断地协调、建构的过程。许多幼儿园教师强调儿童的自主活动，强调为儿童提供实物，让他们自己动手去操作，主张教育应适合不同发展水平的儿童，教育要促进儿童自主建构知识的能力的发展。在幼儿园教育实践中，从20世纪六七十年代起，很多教育界人士也开始设计和编制以

---

① [美]谢弗等：《发展心理学——儿童与青少年》(第8版)，邹泓等译，229~230页，北京，中国轻工业出版社，2009。

② [美]谢弗等：《发展心理学——儿童与青少年》(第8版)，邹泓等译，231~254页，北京，中国轻工业出版社，2009。

③ 王振宇：《儿童心理发展理论》，256~258页，上海，华东师范大学出版社，2000。

皮亚杰理论为主要理论基础的幼儿园课程和方案[①]，如韦卡特等人的课程、凯米和德弗里斯的皮亚杰式的早期教育方案、福门等人的构建游戏学校等。20世纪80年代中后期，由全美幼儿教育协会提出的发展适宜性课程的主要理论基础也来自皮亚杰的建构主义理论。另外，维果茨基的"文化历史发展理论"强调了认知过程中学习者所处的社会、文化、历史背景的重要作用，也对建构主义的发展产生了深刻的影响。建构主义理论融合了皮亚杰的"自我建构理论"和维果茨基的"社会建构理论"，并被有机地运用到学习理论中。在教育实践中，一些教育家在运用维果茨基的最近发展区理论的过程中提出了"鹰架教学理论"。他们认为，教师为学习者在最近发展区内提供的帮助就相当于一所建筑的鹰架，使用"鹰架"可以使儿童借助别人给予的帮助和支持，使得原先要做的事情变得简单容易。当儿童的独立学习能力逐渐增强时，教师给予的帮助就会逐渐减少，"鹰架"就可以被逐渐拆除，儿童也就可以独立完成要做的事。

幼儿园教师资格证考试·考点分析

熟悉本章的相关理论流派及其观点。

幼儿园教师资格证考试·考点预测

1. 教师拟定教育活动目标时，以幼儿现有发展水平与可以达到的水平之间的距离为依据，这种做法体现的是（   ）。

A. 维果茨基的最近发展区理论　　　　B. 班杜拉的观察学习理论
C. 皮亚杰的认知发展阶段理论　　　　D. 布鲁纳的发现教学论

【解析】A。维果茨基提出了最近发展区理论。他认为，儿童的任何一个行为都具有两个水平。较低水平的行为是儿童的独立行为，即儿童能独自完成的行为；较高水平的行为是儿童在帮助之下能够完成的行为，因此也被称为帮助行为。这两个行为水平之间构成了一个区域，这个区域之内有若干程度的行为水平，这个区域就是最近发展区。

2. 按皮亚杰的观点，2～7岁儿童的思维处于（   ）。

A. 具体运算阶段　　　　B. 形式运算阶段
C. 感知运动阶段　　　　D. 前运算阶段

【解析】D。皮亚杰将儿童认知发展依次分为四个阶段，其中处于前运算阶段（2～7岁）的儿童开始以符号作为中介来理解和描述外部世界，他们能使用语言表达概念，能使用符号代表实物。

---

① 朱家雄：《幼儿园课程》（第2版），18页，上海，华东师范大学出版社，2011。

3. 班杜拉的社会学习理论认为（　　）。

A. 儿童通过观察和模仿身边人的行为学会分享

B. 操作性条件反射是儿童学会分享最重要的学习形式

C. 儿童能够学会分享是因为儿童天性本善

D. 儿童能够学会分享是因为成人采取了有效的奖惩措施

【解析】A。班杜拉提出了"观察学习"和"替代性强化"的概念。他证明，在观察学习中，人们不用什么奖励或强化，甚至也不用实践，仅通过对模式或榜样的观察就可以学习到新的行为方式。他认为，儿童的道德判断方式和行为方式就是他们通过对周围的道德榜样的模仿而建立的。这种观察学习的内部机制就是替代性强化，是通过观察他人的行为和行为的结果以及理解那些结果如何能适应于自己而进行的。

第二节　社会学与学前教育

一、社会学及其研究范畴

美国社会学家英克尔斯在他的《社会学是什么?》一书的开头，提出了确定社会学研究内容的三条可能途径。第一条是历史的途径，即通过对经典社会学著作的考察，寻求社会学作为一门知识学科最为关心和感兴趣的是什么。简言之，"创始人说了些什么"。第二条是经验的途径，即对现代的社会学著作加以考察，以便从中发现这门学科最关心的是些什么问题。简言之，"当代社会学家在做些什么"。第三条是分析的途径，即把某个较大的论题划分开，确定各自的范围，并将之分别划归不同的学科。简言之，"理性的指示是什么"。①

在社会发展的各个时期，经典社会学家们对社会学研究对象有不同见解。社会学创立时期的主要代表人物是孔德和斯宾塞。孔德认为，社会学就是关于社会的学问，是研究社会有机体各部分关系、结构和过程及其协调发展和良性运行的科学。英国哲学家斯宾塞进一步发展了孔德创立的社会学。他认为，社会学是从一种不同于哲学和其他各门社会科学的视角，即从人的活动、互动与人类群体生活及其秩序(结构)的关系上研究各种社会现象的。社会学理论则是对此的概括和解释，是由表征各种社会现象的概念、范畴和描述现象之间关系的命题所组成的社会学知识体系。社会学形成阶段的代表人物主要有齐美尔、迪尔凯姆和韦伯等。齐美尔认为，社会学只研究人们相

---

① 于海：《西方社会思想史》，6～10页，上海，复旦大学出版社，1993。

互作用的"社会形式"，即只以一定的社会关系为研究对象。他坚持认为应把社会相互作用的形式作为社会学的研究领域。他强调个人和社会之间的广泛联系。迪尔凯姆主张"社会事实"是社会学的研究对象，并认为社会学是对社会事实的总体研究。社会事实是普遍的和客观的，一切社会现象都根源于社会事实本身。社会学的真正贡献在于发现极不相同的"事实"之间的联系。因此，社会事实有多少种，社会科学有多少项目，社会学就有多少分支。在迪尔凯姆那里，社会事实就是社会上普遍存在的一切社会现象。他对社会事实的规定是相当宽泛的，几乎无所不包，而社会事实的总和又构成社会整体。韦伯是资产阶级社会学形成时期产生的"巨匠"。他指出，"社会学是一门科学，是力图理解和解释社会性行动的一门科学，目的是对社会性行动的过程和后果做出说明原因的解释"。由此观之，"社会性行动"是韦伯社会学的特定对象。[1]

纵观历史，社会学家们虽然在研究对象问题上争论激烈，但在对于什么是社会学研究的特点方面却达成了极大程度上的一致。社会学家普遍认为，社会学学科具有整体性或综合性、实证性、动态性及广泛性等显著特点。如果对以上各种定义进行简要归纳，我们可以看出他们对社会学研究对象的界定分别为社会群体、社会行为、社会关系、社会生活和社会系统整体等。

二、社会学的主要理论

(一)功能主义理论

功能主义理论是现代西方社会学中具有广泛影响的理论流派。20 世纪中期，这一理论曾是社会学的主导性的理论观点，至今仍有很大的影响力。功能主义理论把社会跟有机体做类比，认为社会是由相互依存的各部分构成的整体系统，各部分都在系统中承担一定的作用或功能。社会具有生存发展所必需的一些条件，即功能先决条件。对于社会的各组成部分来说，它们的功能就是满足这些基本生存条件。功能分析的主要任务就是解决系统的功能需要问题。这一理论学派的主要代表人物是塔尔科特·帕森斯和罗伯特·金·默顿。

帕森斯，美国社会学家，在 20 世纪 40 年代提出了结构功能主义这一名称，是结构功能主义理论的创始人。他的主要著作有《社会行动的结构》《社会系统》等。1937 年，《社会行动的结构》一书的问世，开创了美国社会学理论研究的新阶段，形成了现代社会学理论独特的理论系统。帕森斯从社会行动出发界定社会系统。他指出，当各种倾向的行动者根据他们的行动与价值取向进行互动时，他们就逐渐确立了互动的模式。这一互动模式逐渐变得制度化，这种制度化模式可以被称作社会系统。社会系统结构包括行为有机体、个性体系、文化体系、社会体系，而各个体系的功能对于维持社会系统均衡具有重要作用。[2]

---

① 张传武：《论社会学的研究对象与逻辑起点》，载《理论学刊》，1991(5)。

② 于海：《西方社会思想史》，393~394 页，上海，复旦大学出版社，1993。

在社会系统中，个体行动者之间的关系结构形成了社会系统的基本结构。社会系统为了保证自身安全存在，必须具备四项功能条件。其一，适应。确保系统从环境中获得所需资源，并在系统内加以分配。其二，目标达成。制定系统的目标和确定各目标的主次关系，并能调动资源和引导社会成员去实现目标。其三，整合。使系统各部分协调为一个起作用的整体。其四，潜在模式维系。维持社会共同价值观的基本模式，并使其在系统内保持制度化。在社会系统中，执行这四项功能的子系统分别为有机系统、人格系统、社会系统和文化系统。这些功能在社会系统中相互联系。社会系统与其他系统之间、社会系统内的各亚系统之间，在社会互动中具有输入和输出的交换关系，而金钱、权力、影响和价值承诺则是一些交换媒介。这样的交换使社会秩序得以结构化。帕森斯认为，社会系统的平衡和稳定取决于上述四项必要功能条件的满足。他说这四项功能是以从单细胞的有机体到最高级的人类文明中的所有组织及其进化的基本性质为基础的。[1]

默顿是美国的社会学家，他对功能主义理论及社会学的独特贡献主要体现在他所提出的"中层理论"观点上。默顿的"中层理论"是针对当时帕森斯倡导建立的统一的大理论而提出的，重视对经验性的具体问题的研究。他认为，社会学家的任务首先是建立具体化的理论，其次是建立综合性的概念体系，而不应急于提出宏大理论。另外，默顿在关于社会行动的主观动机和客观社会后果的分析中，提出了"显性功能"和"隐性功能"，指出显性功能有助于系统的调整和适应，而隐性功能是潜在的，没有被预料、没有被认可的。[2]

(二)社会冲突理论

社会冲突理论是20世纪50年代中后期形成的。它是针对功能主义者过分强调社会的整合，而把社会的不稳定、动乱和冲突一律视为社会的病态等问题而提出的。一些学者开始对帕森斯理论的精确性产生怀疑，他们在汲取古典社会学家，特别是马克思、韦伯和齐美尔等人的社会冲突思想的基础上，加以修正和发展，形成了现代社会学理论又一影响较大的流派，主要代表人物是德国的达伦多夫和美国的科塞。

达伦多夫的冲突理论以他的社会观及功能主义为理论基础。他针对功能主义的理论观点，提出社会现实具有两副面孔，一是稳定、和谐与共识，二是变迁、冲突和强制。社会学不仅需要一种和谐的社会模型，同样需要一种冲突的社会模型，尤其是由社会成员的对立所引发的社会变迁。所以，他认为功能主义具有乌托邦的性质，建议社会学必须走出帕森斯所构建的均衡、和谐的乌托邦，建立与功能主义相反的冲突社会学理论。他通过对资本主义工业社会的分析阐述了他的辩证冲突理论内容。他认为社会冲突的根源是阶级结构的产生，而阶级划分的依据是权力的占有与否。现代社会就是围绕权力和权威形成了两个阶级，一是占有很多权力和权威的

① 于海：《西方社会思想史》，394～395页，上海，复旦大学出版社，1993。
② 于海：《西方社会思想史》，403～404页，上海，复旦大学出版社，1993。

阶级，二是被迫服从权力和权威的阶级，这两个阶级同时存在于社会组织中。社会结构中固有的这种不平等权威的分布，使社会分化为统治和被统治两大彼此对立的潜在利益的准群体，然而群体的潜在利益终归是要向显在利益转化的。在一定条件下，准群体为了追求共同的利益逐渐变成了显群体。显群体是具有明确的利益要求和奋斗目标的群体，如各党派、团体等，他们有明确的斗争纲领或意识形态，于是冲突公开化，从而导致社会组织内部权威和权力的再分配，社会暂时趋于稳定与和谐。但是权威再分配的同时也是新的统治和被统治角色制度化的过程。和谐中潜伏着冲突的危机，一旦时机成熟，社会成员就会重新组织起来，进入另一轮争夺权力的冲突中。社会现实是冲突与和谐循环往复的过程。[①]

科塞的社会冲突理论是在齐美尔社会冲突思想的基础上构建起来的。他将冲突看作有关价值、对稀有地位的要求、权力和资源的斗争。在这种斗争中，对立双方的目的是要破坏以致伤害对方。他认为社会冲突的根源是多元的，把社会冲突的根源看成是由物质性和非物质性两类原因造成的。物质性原因是指权力、地位和资源的分配不均，非物质性原因则是指价值观的不同。同时，他还对社会冲突论进行了归类，重点分析了现实冲突与非现实冲突、紧密关系中的冲突、内群体与外群体的冲突和意识形态下的冲突，力图把结构功能分析方法和社会冲突分析模式结合起来，以此来修正和补充帕森斯的功能理论。科塞也很重视探讨社会冲突的功能，他认为冲突具有正功能和负功能。在一定条件下，冲突具有保证社会连续性、减少产生对立两极的可能性，同时，还能防止社会系统的僵化，增强社会组织的适应性，促进社会的整合。[②]

(三)符号互动主义理论

符号互动主义理论是由美国学者在 20 世纪 20 年代至 40 年代创建的一种社会学理论。这一理论的主要渊源来自乔治·H. 米德。他的《心灵、自我与社会》一书充分展示了社会行为主义的本质，即实用主义、进化论和行为主义的理论综合。此书不仅对心灵、自我和社会做了系统性的解释，而且对它们之间的关系做了独到的阐述。米德认为，主我和客我的互动是自我的本质，自我与他人的互动是社会的本质，所有这些本质又通过作为符号性的行动外化而显现。这一理论学派的重要代表人物主要有布鲁默、戈夫曼和库恩。

在解释符号互动的含义和性质时，布鲁默认为，人的任何行动都是有目的的，同时又是对他人的回应，也是与社会互动的表现。他把符号互动分为三种情况，即物理性的、社会性的和抽象性的，认为它们都是社会的创造物，同一种符号对不同类型的人产生不同的意义。戈夫曼认为，社会是由个人的行为构成的，是通过人与人之间的互动过程来表现的。他形象地引用了莎士比亚的戏剧台词："整个世界是一个舞台，所有的男女不过是这舞台上的演员，他们各有自己的活动场所，一个人在

---

① 宋林飞：《西方社会学理论》，344～356 页，南京，南京大学出版社，1997。

② 宋林飞：《西方社会学理论》，326 页，南京，南京大学出版社，1997。

其一生中要扮演很多的角色。"他把社会现实和自我通俗地比喻为戏剧和演员。符号互动主义理论与其他理论相比,其侧重点不在于理论的宏大、高深和抽象,而在于它侧重于人的社会生活及日常生活。

三、社会学理论对学前教育研究的启示

(一)功能主义理论对学前教育研究的启示

社会学研究的功能论是从系统论的角度考察社会生活的,它把社会生活看作由相互关联的部分组成。它研究的是在一个或多个较大的结构中,特定的各种关系之间相互作用所产生的功能。在社会学的发展史上,实证主义社会学的奠基人涂尔干曾经论述了教育的社会功能。涂尔干认为,教育具有三个方面的功能。其一,教育在于使年青一代系统地社会化,即使每个人实现由"个体我"向"社会我"的转变。其二,教育的功能在于促使个体所隐藏的并竭力想要表现出来的能力得到显示,在此基础上培养个体遵守社会秩序、服从政治权威等品质。其三,教育还可以使个体拥有适应社会生活所必需的各种能力,并进行代与代之间的传递。在我国社会面临全面转型的今天,从社会学的角度对学前教育中存在的问题进行探讨,如它的内涵是什么,它具有哪些功能,应该如何适应社会结构的变迁等,对学前教育的健康发展具有重要的现实意义。学前教育的目的是使幼儿在身心两方面都能得到健康发展,并为基础教育乃至终身教育打好基础。学前教育的个体功能表现为可以促进儿童在身体、认知、社会性、情感等方面健康、全面、和谐地发展。学前教育的社会功能主要表现为对社会政治、经济、文化、社会稳定等方面的影响。这些功能各自发挥着作用,共同促进学前儿童的发展。

社会学家默顿指出,"显性功能"和"隐性功能"对学前教育有很大的启示。比如,从显性和隐性这两个维度出发,学前教育课程就可以分为显性课程和隐性课程。显性课程主要指公开的、正式的和有计划的学前教育课程,而隐性课程主要指潜在的、非正式的和事先没有计划的学前教育课程。在学前教育实践中,这两种课程是互相影响和制约的,并在一定条件下相互转化。

(二)社会冲突理论对学前教育研究的启示

学前教育实践中经常出现各种各样的冲突现象。例如,幼儿同伴冲突是幼儿在日常生活、教学活动中经常发生的现象。无论是教师还是家长,在幼儿的成长过程中都面临着如何看待和处理幼儿同伴冲突的问题。又如,在幼儿教育机构中,教师和幼儿之间的关系是幼儿环境中最普通、最基本的人际关系,在教育的互动关系上既有一致、和谐的一面,也存在对抗、冲突的一面。根据社会学的冲突理论,从社会学的视角来看,冲突具有一定的正向功能,它是达到某种统一的途径。比如,同伴冲突对幼儿的同伴交往及幼儿的身心发展具有特殊的价值。幼儿同伴冲突在教育者的有效干预下,能够促进幼儿社会性和认知能力的发展。幼儿冲突的正确处理对

幼儿情绪、情商发展是具有积极作用的。用适宜的方式解决幼儿的同伴冲突，对幼儿在冲突中学会与他人协商、学会站在他人的角度思考问题，以及对幼儿摆脱童年早期的自我中心、锻炼社会交往能力，进而促进社会化的进程和良好品性的发展无疑有着极为重要的意义。

(三)符号互动主义理论对学前教育研究的启示

互动是符号互动主义理论的核心概念之一。符号互动主义理论认为，在社会各种领域中，人的心灵与环境、个体与社会呈现出互动关系，由此促进了有机体心灵的成熟、自我的发展和社会的进步。学前教育机构是影响并促进儿童成长和发展的重要环境，学前儿童处于这一环境中并与环境及环境中的其他个体进行互动。在互动过程中，教师和儿童运用符号进行交往和沟通。教育的意义在这种符号互动过程中得以彰显，而教师与儿童也在这种互动中得到进一步的发展和提升。为了真正实现教师与儿童的互动，教师应尽可能调动多种感官，使用多种交流符号，做到声情并茂，既要有丰富的教学语言，又要借助抑扬顿挫的语调、丰富的面部表情，增强语言的感染力和表现力。同时，要善于调动儿童的积极主动性，让他们的思维和教师的思维互动起来，从而促进他们多种感官能力的发展。

在教育过程中，互动是多方面的，除了师生之间和谐的互动，幼儿之间的互动也是经常和普遍的。幼儿个体在与同伴的互动中，通过各种活动促进了解，增进友谊。教师要为幼儿的交往创设良好的环境，鼓励他们参加各种活动，让他们能够在和同伴的交往中，接触不同的观点，了解不同的性格特征，体验不同的感受，进一步促进自我发展。

从社会学视角看，课堂生活是学前儿童的日常生活，课堂现实是师幼互动情境中的意义建构，教师和幼儿的教育生活在相互作用中渐渐形成。教学既是身体和心理的活动过程，又是社会性的交互过程。教学场所包括两种空间形态：一是物理空间，即教室的规模、大小，教学设施的数量与摆放方式；二是社会空间，它由教师和一定数量的幼儿组成，是课堂教学的人际空间。教学活动、教室空间父织在一起，构成了极为复杂的、具体细微的课堂生活。所以，从社会学角度研究课堂生活，可以使我们关注过去被忽视的教育日常活动，注重对微观生活的解析，把教育中的互动看成一种解释过程和一种意义的创造过程，而非一种被动的、传授与接受的过程。这种研究视角可以使我们更加深入地对幼儿教育现象进行分析和阐述。

第三节　生态学与学前教育

一、生态学及其研究范畴

"生态学"（ecology）一词由希腊文 oikos 衍生而来。oikos 的意思是"住所""家务"或"生活所在地"，可以用 eco 表示，而 logos 则表示学科和理性之意，后来二者结合演变成 ecology。1869 年，德国生物学家厄恩斯特·黑克尔首次提出生态学一词，并将其定义为研究有机体彼此之间以及整体与其环境之间交互关系的一门科学。[①]生态学的发展经历了从传统到现代，从以研究生物为主体，以个体、种群、群落为重心到以研究人类为主体，以生态系统为重心，并致力于自然科学与社会科学的交叉、渗透和融合，以探讨和研究当代人类面临的重大问题的转变。这种转变既是实践的需要，也是学科发展的需要，而转变的基础是自然与社会有着共同遵循的生态学原理。

有学者认为，目前已经被普遍使用的"生态"概念一般都具有两种词性。一是作为形容词的"生态"，主要指有利于生物体生存的，对一切生命持续存在有所帮助的。例如，在生态农业、生态食品、生态住宅、生态社区等词语中，"生态"即"生态的"。二是作为名词的"生态"，指环境总体以及包括人在内的物与物的相互关系，如自然生态、社会生态、行政生态、文化生态、生态环境、生态保护等词语。[②] 由此可见，生态的观点，从根本上说就是生命的观点、有机的观点、自组织的观点、内在关联的观点，它把世界(包括人、自然、社会)看作生命体，而生命的重要特性就是有机性，有机性的本质就是内在的关联。

二、生态学的核心理念

(一)关于整体与部分

生态学强调事物相互联系、相互作用与相互依赖的整体性，认为事物整体与部分的区分只有相对意义，它们的相互作用是最基本的特征。生态系统是现代生态学的重要研究对象，是生态学上的一个主要结构和功能单位，是指一定空间区域内，生物与其周边环境相互作用、相互依存而形成的统一整体。任何一个生态系统都可以与周围环境形成更大的系统，而生态系统本身又可以由许多子系统构成。生态系统内部诸因素之间以及与其周围环境之间不断进行物质、能量、信息的交流与交换，以维持系统本身的平衡，实现系统从简单到复杂、从不成熟到成熟的发育过程。

生态系统整体性的观点是生态学的基本观点。生态系统的整体性旨在表明生态系统的各种因素普遍联系和相互作用，使生态系统成为一个和谐的有机整体。这种观点认为所有的部分都与其他部分及整体相互依赖，生态共同体的每一部分、每一个小环境都与周围生态系统处于动态联系之中。生态学将"人—自然"视作一个统一的整体，认为他们处于不可分割的生态系统之中，是内在统一的。人类现在面临的生态危机便是由人类忽视人与自然的内在关联性，对自然过分破坏导致的。

(二)关于主体与客体

在传统的关系模式中，主体与客体是决然分开的，二者之间的关系是不平等的。

① 薛烨、朱家雄等：《生态学视野下的学前教育》，5 页，上海，华东师范大学出版社，2007。
② 刘贵华、朱小蔓：《试论生态学对于教育研究的适切性》，载《教育研究》，2007(7)。

主体在改造客观世界的实践活动中拥有绝对的主动权。然而，生态世界观反对这种"主动—被动""征服—被征服"的关系，认为虽然可以做主客体分析，但二者的统一性才是最根本的。在有机体与环境相互作用的过程中：一方面，有机体通过自身的活动改造环境，引起环境的变化；另一方面，有机体又受到客观环境的制约，依赖环境，适应环境。生物与环境不是主客对立的关系，而是相互依赖、相互制约的关系。在这种关系中，所有生命都是自主活动的系统，它对环境的反应不是被动的，而是具有主动性的。生态系统中的每一个个体都是系统网络关系上的一个结点，占据一定的生态位，并且依赖其他个体而存在，即任何一方发生危机都会威胁到其他各方的生存与发展。在生态系统中，主体与客体没有绝对的不可逾越的界限，不仅人是主体，生物个体、群落、环境等也都是生态主体。某一种情境下的客体在另外一种情境中便有可能反客为主，发挥主体作用。

一般来说，指导生态学研究的理论观点主要有四个方面。第一，层次观。生命物质有从分子到细胞、器官、机体、种群、群落等不同的结构层次，生态学研究的是机体层次以上的宏观层次。第二，整体论。每一高级层次都有其下级层次所不具备的某些整体特性，这些特性不是低层次单元特性的简单相加，而是在低层次单元基础上重新组建时出现的整体涌现性。整体论要求始终把不同层次的研究对象作为一个生态整体来对待，注意其整体的生态特征。第三，系统学说。在生态学中，系统学说与层次观和整体论是不可分割的。生物的不同层次既是一个生态整体，也是一个系统。第四，协同进化说。在自然界中，各种生命层次及各层次的整体特性和系统功能都是生物与环境长期协同进化的产物。

三、生态学理论对学前教育研究的启示

人类发展生态系统理论的创始人是布朗芬布伦纳。他于1979年提出了著名的生态系统理论，这一理论强调环境作为一个复杂的系统对人的发展的重大影响，认为我们应该在活生生的自然和社会生态环境下研究人的发展。生态理论把家庭、学校、社区、社会等环境因素看作一个网络，并认为个体一生都是在这样一个环境网络中发展的，个体的发展不是孤立地进行的，而是在与家庭、学校、社区和社会的联系中进行的。（见图2-2）

如图2-2所示，布朗芬布伦纳将个体放在几大环境系统中进行考察，这几个环境系统分别是微系统、中系统、外系统和宏系统。

微系统是成长中的儿童最直接接触和产生体验的环境。个体的微系统环境主要包括家庭、学校、同伴等。处于微系统中的人们对儿童有着最直接的影响。儿童和微系统环境之间的影响是双向的，儿童在受微系统环境影响的同时，也会对环境产生反作用。

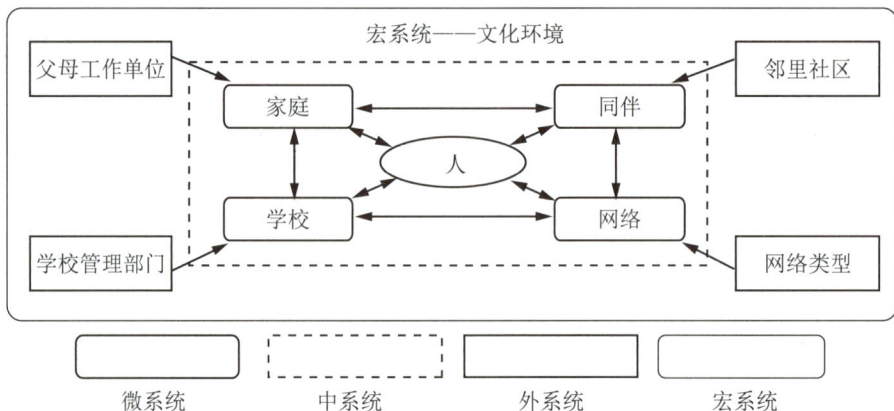

图 2-2 布朗芬布伦纳的生态系统图

中系统指两个或者多个微系统环境之间的相互联系和彼此作用，如家庭和学校的关系、学校和社区的关系、家庭和同伴的关系等都属于中系统。

外系统是指那些个体并未参与其中，但却对个体有影响的环境，如父母的工作单位、社区的健康服务、社会福利制度等。虽然外系统不对儿童直接起作用，但是外系统会影响个体所生活的、能够直接接触到的环境，并进而影响个体的发展。

宏系统是指个体所处的整个社会组织、机构和文化、亚文化背景，如社会文化、习俗、法律、社会伦理、道德、价值观等。它涵盖了前面所讲的微系统、中系统和外系统，并对它们产生作用。宏系统中的种种要素都会作用于其他各个系统的各种环境，进而影响个体的心理发展。

另外，在这几大系统的基础上，布朗芬布伦纳还提出了时间系统。时间系统是指个体的生活环境及其相应的种种心理特征随时间推移所具有的变化性以及相应的恒定性。这些变化既可以由外部环境，如兄弟姐妹的出生、父母离异、亲人死亡等引起，也可以由个体内部，如青春期、患重病等引起。不管是由什么引起的，这种变化都会影响儿童与环境之间的关系，并由此引发儿童心理上的变化。[1]

布朗芬布伦纳的生态系统理论为人类发展的基础研究带来了新的方向，也在实际生活中得到了广泛的应用。根据生态系统理论，在教育儿童的过程中，教师应该在家庭和学校之间架起一座桥梁，教师应该促进学生在学校里的学习，父母则应该督促子女在家庭中的学习，学校应当融入社区的一些活动中去。家庭中的其他成员对儿童的发展也非常重要。那些与儿童经常接触的人所说的每一句话和所做的每一件事，都会影响儿童的发展。

根据布朗芬布伦纳的人类发展生态系统理论，家庭、托幼机构和社区是影响儿童行为与发展的生态环境。家庭在学前儿童生活中是最重要的和最直接的生态环境，对人的身心发展影响深远，这不仅是因为家庭是人们出生后所接触的最早的环境，

---

[1] 薛烨、朱家雄等：《生态学视野下的学前教育》，69页，上海，华东师范大学出版社，2007。

而且也是因为家庭是儿童连续生活的环境。

许多学者对托幼机构的环境对幼儿产生的影响进行了研究。戴（D. E. Day）通过对研究资料的分析指出，托幼机构中有三个环境因素与幼儿的行为和发展有关联。第一，物理环境和空间的利用，包括拥挤状况、活动室空间分隔和设备安排状况、户外活动场地和大型活动器械、托幼机构中的噪声等。第二，活动材料的运用与可获得性，包括活动材料的数量和类型、材料使用的封闭性和开放性等。第三，成人与幼儿的交互作用，包括教师对幼儿的态度、教育管理方式、对幼儿的支持行为、幼儿的主动性等。[①]

社区作为与儿童和托幼机构有密切关系的生态环境，近年来引起了幼儿教育研究者的广泛关注。社区的核心是社区文化。社区文化就是指社区内部所具有的、为社区居民所共享的、能制约社区居民行为和思想的文化。社区文化规定并制约着在此社区中生活的人们，使他们以一种与本社区人们高度一致的行为方式行事。社区内的各种单位、风俗、社会舆论、大众媒体、人际交往等各种有形和无形的要素交织在一起，构成了影响人发展的一个系统。这个系统通过血缘关系、地缘关系、社交关系等，无时无刻不在影响着儿童的发展。很多托幼机构都是在社区中设立的，社区及其文化对儿童的发展和教育必定产生影响，这些影响包括社区的语言、习俗、民风、制度规范、认同感、凝聚力，等等。

本章小结

了解学前教育理论基础并掌握其各自的内涵，对学前教育改革具有重要的意义。本章选取了与学前教育研究有密切关系的心理学理论、社会学理论和生态学理论进行论述，分别从基本含义、研究范畴、主要理论观点或流派进行介绍，在此基础上，阐述了心理学理论、社会学理论和生态学理论对学前教育研究的启示，使幼儿园教师能够在理论和实践研究过程中，逐步运用多学科的视角和方法，对学前教育的一些现象和问题进行分析，获得对学前教育改革的深入认识，从而提高学前教育研究水平。

关键术语

成熟理论　行为主义心理学　精神分析学说　人本主义心理学　认知心理学
功能主义理论　社会冲突理论　符号互动主义理论　生态学　布朗芬布伦纳

---

① 薛烨、朱家雄等：《生态学视野下的学前教育》，178 页，上海，华东师范大学出版社，2007。

思考题

1. 心理学的主要理论流派有哪些?
2. 社会学的主要理论流派及其观点是什么?
3. 生态学的研究范畴主要是什么?

建议的活动

1. 运用社会冲突理论,分析一个中班幼儿的同伴冲突实例。

2. 到一所幼儿园进行观察,记录幼儿教师和幼儿之间的互动实例,运用本章的相关理论进行分析。

拓展阅读

1. 宋林飞. 西方社会学理论. 南京:南京大学出版社,1997.

西方社会学研究有两个传统的主题,一是社会秩序或社会稳定,二是社会变迁或社会发展。《西方社会学理论》围绕这两个传统的主题进行展开,分为上、下两篇。上篇是关于社会稳定的论述,包括秩序论、功能论、交换论与互动论,这些理论共同关注的是社会稳定,即社会价值、利益与行动的一致性达到相当高的程度时出现的一种状况。下篇是关于社会变迁的论述,包括冲突理论、批判理论、后现代理论与介入理论。该书对若干有代表性的社会学家的观点进行了阐述,并加以分析。读者通过阅读本书,可以对西方社会学理论的发展沿革以及理论流派有一个较为完整的了解。

2. 王振宇. 儿童心理发展理论. 上海:华东师范大学出版社,2000.

本书论述了现代心理学中七种儿童心理发展理论及其主要代表人物的心理发展观点。该书在介绍各流派理论时,十分重视介绍各流派的方法论,充分反映了各流派理论框架的建立与方法论的基础之间的深层关系。尊重儿童的心理发展规律以及尊重儿童在发展中的主动性作用的观点贯穿全书。本书不仅注意到学前教育和特殊教育的专业需要,还针对当前教育中存在的一些违背儿童身心发展规律的现象介绍了有关理论观点,有利于学习者形成科学的儿童观和教育观。

3. 薛烨,朱家雄,等. 生态学视野下的学前教育. 上海:华东师范大学出版社,2007.

本书分为两大部分:第一部分主要介绍了一些有关生态学方面的理论,包括生态心理学、文化人类学、人类发展生态学、生态认识论等。第二部分主要分析了儿童发展的生态环境,包括家庭、托幼机构、社区等,阐述了生态学理论对学前教育研究的启示。通过阅读本书,读者可以加深对生态学理论的了解,并对生态学理论在学前教育实践中的运用有一定的认识。

第三章　学前阶段儿童的发展特点与教育

学习目标 ▶

1. 掌握0～6岁儿童各年龄段的生理和心理发展特点。

2. 熟知学前阶段儿童的一日生活规律，学会科学合理地安排儿童的日常生活和教育教学活动。

学习导图 ▶

学前阶段儿童的发展特点与教育
- 0～3岁婴幼儿的发展特点与教育
  - 0～1岁婴儿的发展特点与教育
  - 1～2岁幼儿的发展特点与教育
  - 2～3岁幼儿的发展特点与教育
- 3～6岁幼儿的发展特点与教育
  - 3～4岁幼儿的发展特点与教育
  - 4～5岁幼儿的发展特点与教育
  - 5～6岁幼儿的发展特点与教育

导入案例 ▶

　　1岁半的图图一手拿着玩具车，一手牵着妈妈的手，一步一步地跨上早教中心大楼的台阶。他进了教室，就自己忙开了，走到玩具柜前把手伸向一盒教具，打开盖子，把里面的积木倒在地板上，又一块一块地放进去，一边放，一边说："回家吧，回家吧。"妈妈看着这个不久前还让人抱着的儿子，心里在想，孩子自出生后的这一年多时间，发展变化的速度太快了，总是给父母带来惊喜。

　　确实，0～6岁是人的一生发展最为迅速的时期。出生后，儿童努力适应着从母体内到母体外的巨大的环境变化，在成人的关心照顾下，一天天成长起来。本章分别从0～3岁和3～6岁两个年龄段论述儿童的发展特点与教育。

第一节　0～3岁婴幼儿的发展特点与教育

0～3岁婴幼儿生长发育迅速，具体表现在体格的增强和机能的完善以及大脑的发育上。在语言发展方面，由最初能发出简单的音节到会用字词句来表达简单的意思；在动作发展方面，从抬头、翻身、坐、爬行、行走到跑和跳，动作的稳定性、协调性日益提高；在认知方面，观察力、注意力、记忆力开始出现并逐渐发展，想象力、思维力开始萌芽；在个性发展方面，自我意识逐渐萌发，有了交往的意愿，能学会一些简单的社交规则。

一、0～1岁婴儿的发展特点与教育

(一)0～1岁婴儿的发展特点

出生后的第一年是婴儿发育变化最快的时期，他们从什么都不会到能做很多事情。他们的身体在迅速发育，其速度快于出生后的其他任何时期。

婴儿的身高在出生时平均为50厘米，到1岁时平均可达75厘米，1岁时的体重可以达到出生时的3倍。从外表看，9个月的婴儿脂肪的增长达到顶点，他们看起来胖胖的，即俗称的"婴儿肥"。婴儿神经纤维的迅速增长以及髓鞘化使新生儿的脑重量从出生时的350克左右到1岁时能长到950克左右。

视觉、触觉、味觉、嗅觉和听觉在出生时就已经出现。出生后3天的婴儿已经能把头和眼转向声音传来的方向，在以后的6个月中听觉能力迅速提高。婴儿一生下来就有了基本的视觉能力，出生后3周视觉集中现象出现，6个月时视敏度(分辨的精细程度)就接近成人的20%。

婴儿动作发展的顺序遵循头尾顺序和远近趋势。头尾顺序是指对头的控制早于对胳膊和躯干的控制，远近趋势是指对头和躯干的控制早于对手和脚的控制。

婴儿动作发展包括大动作和精细动作两个方面。大动作是指婴儿对在环境中四处移动的动作的控制，如爬、站、走。一般情况下，1个月时学会抬头，2个月侧躺时能翻身成仰卧姿势，3个月时能仰卧翻身成侧卧姿势，6个月后开始学坐，7个月时可独立坐着，8个月时练习爬，然后能扶着物体站立、行走，到1岁末时可以独立行走。精细动作是指够拿和抓握。在所有动作技能中，伸手在婴儿认知发展中起着最重要的作用，通过抓握、转动物体，把东西扔掉，看它到哪儿了，来认识物体的外形、手感和声音。例如，1岁的女孩萱萱，把家里的麻将推到地上，听到清脆的撞击声，"咯咯"地笑起来，看到家人鼓励的眼神，又挥手把剩下的麻将推下桌，再一次发出"咯咯"的笑声。

婴儿的精细动作是由最初的粗放、扩散逐渐变得精细、集中的。3个月之前婴儿的够拿动作是无目的的。到四五个月时，婴儿的手眼协调能力增强，够拿动作的准确性也提高了。6个月的婴儿五指功能进一步分化，能把玩具放入筐内。到1岁末时，婴儿拇指、食指相对，能捡起葡萄干，打开盒盖，再关上。

婴儿动作的发展并不一定遵循固定的时间表，有的孩子没有经过爬的阶段，就学会直接站立行走了。不同的教养方式会导致婴儿动作技能发展的不同。如果让婴儿仰睡，腹部朝下的机会很少，那滚动、坐和爬这些大动作的发展就会延迟。如果在婴儿醒着的时候多让他趴着，那他学会抬头、俯撑、翻身、爬的时间就不会延迟。

婴儿4个月时能模仿成人的表情。例如，家长对他笑，他也对家长笑。

在语言发展方面，6个月左右的婴儿能发出各种声音，包括一些连续的音节，像"BABA""MAMA"等。7个月的婴儿开始理解词语，如被问"灯在哪儿"时，他会把头转向灯的位置。经过成人的不断训练，1岁的婴儿能听懂成人的语言，并能按成人的指令做出相应的动作。例如，家长说跟叔叔再见，他就会跟客人摆摆手，做出再见的动作。1岁末的婴儿能说出一些简单的词，如"爸爸""妈妈"等。婴儿语言的发展也存在个体差异，一般情况下，女孩比男孩发展的速度快些。

6个月以后的婴儿表现出"认生"。当家里出现陌生人时，婴儿会靠向家长，要家长抱。这表明婴儿已经能区分熟人和陌生人，具有了初步的记忆力和辨别力。8个月的婴儿对父母或对经常带他的保姆表现出依恋，与之分离，会出现分离焦虑。

7～12个月的婴儿能找出藏起来的东西。成人把玩具藏在毯子下，婴儿会把毯子拉开，找到玩具，这说明婴儿逐渐发展了对客体永久性的理解。

(二)0～1岁婴儿的教育

在出生后的一年里，婴儿的生理、心理都在快速发展。家长除了为其提供充足的营养，保证其身体的发育外，还应为婴儿创设丰富的外界刺激，促使其心理能更好地发展。

对于5个月之前的婴儿，成人要通过抚触操和婴儿被动操使其接受被动的肌肉锻炼，为其以后的动作发展打下基础。对于5个月至1岁的婴儿，成人应注重以下内容训练：为婴儿提供多样化的、色彩鲜艳的无毒玩具，锻炼其抓、捏、摇、捡、传递和敲击的能力，增强婴儿手部及上肢的力量；让婴儿学习独立翻身和坐的动作，令其手脚协调地爬行，从而增强其腿部的力量，为站立行走打好基础；让婴儿拉着成人的手或扶着物体下蹲捡物和站立，并在成人的保护下练习走路。

发展婴儿的语言应从他出生时就开始。成人在日常照料时应对婴儿说话，引导婴儿发出更多的声音，还应用不同的声调对婴儿说话，让婴儿体验声调的变化。引导婴儿用语声和动作回应，如问他灯在哪儿，训练他用眼睛或手指出物体所在位置。锻炼婴儿在成人的提醒下做出一些简单动作，如再见、谢谢等。在日常生活中，对于经常接触的物品，成人应对婴儿进行指认训练，如告诉婴儿这是沙发、那是电视，把词和具体物品联系起来，使婴儿理解词义。成人以夸张的口型发音给婴儿看，引导婴儿模仿成人发出语音,以生动活泼的语调给婴儿读适合其年龄的绘本。让婴儿听音乐,不仅可以培养其听力、乐感,而且在亲子音乐游戏中还可以发展其积极愉快的情绪,提高其肢体协调能力。

资料链接3-1

第一年里,建立好婴儿和母亲之间的亲密关系是非常重要的。对于新生儿来说,母乳喂养不仅能给予他充足的营养和免疫力,更为重要的是在此过程中,他能感受到母亲与自己、自己与母亲之间的双向紧密联系,从而建立起安全感,使得最初的原始分离焦虑能大幅度降低。与父母形成安全依恋的儿童,更容易在幼儿园和小学期间形成积极、和谐的同伴关系。(见表1)

表1　母乳喂养的好处①

营养和健康优势	解释
保障脂肪和蛋白质的平衡	与其他哺乳动物的奶相比,人奶的脂肪含量高,蛋白质含量低。这种平衡以及人奶中所含的独特蛋白质和脂肪是迅速髓鞘化的神经系统最理想的营养
保证营养的完整性	进行母乳喂养的母亲不需要为6个月前的婴儿添加任何食物。虽然所有哺乳动物的奶中含铁量都较低,但母乳中的铁更易被婴儿吸收。因此,人工喂养的婴儿需适当补铁
可确保健康发育	最初几个月时,母乳喂养的婴儿身高和体重的增长速度比人工喂养的婴儿稍慢,但1岁末时,前者就能赶上来。母乳喂养的婴儿稍瘦(肌肉所占比重大于脂肪所占比重),这一生长模式可预防以后的体重超标和肥胖
有助于预防各种疾病	母乳喂养可以把抗体和其他免疫机制传递给婴儿,增强其免疫系统机能。母乳喂养的婴儿比人工喂养的婴儿过敏反应少,消化和呼吸系统疾病较少。母乳有抗炎症机能,可降低婴儿患病的概率
确保消化功能	母乳喂养的婴儿与人工喂养的婴儿的肠内菌群不同,他们很少便秘或有肠胃问题
易于从流质食物转到固体食物	母乳喂养的婴儿比人工喂养的婴儿更易接受固体食物,因为他们熟悉母亲吃的食物进入母乳的各种味道

二、1~2岁幼儿的发展特点与教育

(一)1~2岁幼儿的发展特点

1岁后的幼儿学会独立行走,在成人的帮助下可以上下楼梯,到2岁时学会双

---

① [美]劳拉·E.伯克:《伯克毕生发展心理学:从0岁到青少年》(第4版),陈会昌等译,135页,北京,中国人民大学出版社,2014。

脚离地跳，但肌肉活动不协调，平衡能力不强，双手的精细动作也进一步发展起来。1岁多的幼儿能握笔涂鸦，能把至少两块积木搭起来。

1岁半以前的幼儿只能说少量的词，但能听懂成人的话，能认识自己的一些常用物品，如毛巾、鞋、水杯等。1.5～2岁时幼儿能说出一些家中常用物品的名称，并知道这些物品的用途。到2岁时幼儿的词汇量能增加到200个，这时他们从会说单词句发展到会说双词句，如"爸爸鞋""妈妈拿"，这些双词句被称为"电报句"。这时幼儿不但能听懂成人对他说的话，还能和成人交流了。

1岁以后的幼儿喜欢和其他小朋友一起玩。1.5～2岁时能听懂并记住简单的游戏规则，在成人的带领下能玩一些小游戏。这时候，他们不仅可以辨认出照片、录像中的自己，还能对看到的情景作出反应。当他看到镜子中的自己脸上有个饭粒时，他会试图把它弄掉。2岁时的幼儿会说"我"来代表自己，在此之前他是说自己名字的。比如，看到奶奶来接他，他会跟老师说"奶奶来接乐乐了"。当幼儿开始会说"我"时，说明他的自我意识开始发展。

（二）1～2岁幼儿的教育

在此阶段，成人应根据幼儿的生理和心理发展特点创设各种游戏，如训练他们自如走路、跳跃、跑步、蹲下去捡大小不同的东西、较快地爬行、绕过和钻过障碍物、举手向前投物、滚球、踢球。成人应带领幼儿锻炼控制身体的能力，使他们能掌握平衡，做出灵活、协调的动作，让他们喜欢与同伴、家长共同游戏，培养他们积极愉快的情绪，建立与家长的亲密关系。

案例3-1

发展幼儿动作的小游戏：小松鼠捡松果

目的：练习走、蹲、弯腰和手指捏拿动作。

方法：将松果撒在场地一端，给每个幼儿一个小篮子，让他们从场地另一端走过去，捡起松果放在篮子里，直到捡完为止，然后把篮子交给家长，家长和孩子一起数一数。

家长和教师要丰富幼儿的生活经验，使他们对周围环境产生兴趣，引导他们学说日常生活中常见人的称呼、人体各部位的名称、日常用品的名称，知道常见交通工具的名称，知道常见蔬菜、水果的名称，学说更多的单词和短句，能用简单的语言表达自己的愿望。对于有语言障碍的幼儿，成人应及时带去医院就医，并采取有针对性的教育方式。

在日常生活中，成人要引导幼儿观察周围事物，提高他们的注意力、记忆力和想象力。例如，从动物园回家后，爸爸、妈妈和孩子一起回忆看到的动物、人和事。

成人应为幼儿组织各种有趣的游戏，利用玩教具发展他们的认知能力。例如，在玩"娃娃家"时，告诉他们铲子是炒菜用的，锅可以煮饭、烧水、做汤等。

在幼儿2岁左右时，有些家长会选择把他们送入托儿所或早教机构。托儿所大多是在一日生活中开展各种教育活动，早教机构则是通过系列课程进行教育活动。（见表3-1）

表3-1　早教机构课程内容(以四川某城市部分早教中心课程为例)

机构名称	课程内容
A	体能、音乐、创意美术、科学探索、厨厨乐
B	运动、音乐、创意美术、语言、综合
C	亲子课(蒙氏、多元智能、综合)、奥尔夫音乐、创意美术、感觉统合
D	音乐、亲子、语言
E	蒙氏(启蒙、数理、美育)、奥尔夫音乐、感觉统合
F	创意美术、音乐、体适能、厨趣、水育、英语

三、2～3岁幼儿的发展特点与教育

(一)2～3岁幼儿的发展特点

动作方面：2～3岁的幼儿走路开始有节奏，能由快走到会跑；能双脚向前跳，能双脚交替上下楼梯；投接东西时上肢动作不太协调，精细动作进一步发展，会穿脱简单衣服，拉上与拉开大拉链，会用勺子吃饭，能用彩泥捏简单物品，会握笔画出横竖线。3岁前后幼儿的涂鸦变成绘画。

语言方面：2～2.5岁时会提出问题，能说出完整的句子，能说明一件简单的事情，会说简单儿歌，喜欢看绘本，能唱几首婴儿歌曲。2.5～3岁时会用简单的词句表达自己的愿望，会讲出故事的简单情节。

认知和思维方面：2岁前是动作思维，主要通过观看、听、触摸和操作来感知认识世界；2岁后，思维水平提高，能观察事物的变化，也能在游戏中反映出来，能说出日常用品的用途，认识基本颜色、形状，有初步的时间、空间和数的概念，如能听懂"洗完手后吃早餐"，能完成3～4块拼图。

情绪和社会性发展方面：2岁时能准确知道他人的情绪和愿望，知道别人的看法和自己不同，如我喜欢吃肉，妈妈喜欢吃菜。3岁时，能说出自己的好恶。在成人教育下能正确使用"男孩""女孩""男人""女人"等词语，有了初步的性别意识。

(二)2～3岁幼儿的教育

对于2～2.5岁的幼儿，成人要通过游戏发展他们的基本动作，使他们能随意跑跳；利用玩教具发展他们的精细动作，如用绳子穿珠子，用积木搭建房子、火车等。对于2.5～3岁的幼儿，成人应进一步通过游戏促进其走、跑、跳、钻爬、投掷等动作的发展，使其动作更加协调灵活；利用玩教具发展其精细动作，如画画、折纸、捏泥等。

在语言方面，成人应鼓励幼儿提出和回答问题，避免其用手势代替语言。成人要认真回答他们的提问，并注意纠正他们错误的发音、用词和语法。当幼儿不能正确使用词汇或不能清楚地与人交流时，成人要提供正确的表达范例，而不应总是加以批评。

在认知方面，成人要启发幼儿从事物表面辨别内容、特征及用途；通过直观教育，让他们反复看、嗅、触具体的实物，逐步巩固和加深对周围事物的认识，获得直接经验；通过游戏发展幼儿的认知能力，使其逐步区别红、黄、蓝、绿、黑、白等基本颜色，认识圆形、三角形、方形，区分大小、上下、前后、白天晚上。

在个性形成方面，成人可以通过绘本阅读，使幼儿认识基本情绪，能够用语言或者图画表达自己的一些情绪，并学会一些应对消极情绪的简单方法。在这个年龄段，同伴关系对幼儿的发展有重要作用。成人要组织一些游戏，让他们在游戏中学会与人交往的方法，学会谦让、关心和安慰别人，为他们将来社会性的良好发展打下基础。

第二节　3～6岁幼儿的发展特点与教育

一、3～4岁幼儿的发展特点与教育

(一)3～4岁幼儿的发展特点

动作方面：动作协调性越来越好，平衡能力增强，会单脚跳，能快跑，会使用剪刀，能系上和解开衣扣。动作的发展对他们的身体发育以及思维发展都具有重要的价值。3岁的幼儿正处于直觉行动到具体形象思维的过渡阶段。他们的认识在很大程度上要依赖行动，他们的口语表达能力和人际交往能力较差，他们常常用动作表达诉求。

思维和语言方面：思维由感知动作向具体形象思维过渡；无意注意为主，注意力保持时间较短，可持续集中3～5分钟；无意记忆为主，有意记忆开始发展，形象记忆效果优于词语记忆。此年龄段的幼儿基本能用语言表达自己的想法，除了掌握更多的名词、动词外，还学会了一些形容词。

情绪和意志力方面：行为受情绪支配，情绪易冲动，易受到感染。比如，一个幼儿因为某件事高兴地边喊边跳，周围的幼儿也会跟他一起又喊又跳。意志力比较薄弱，缺乏忍耐性，控制能力较低，不能很好地遵守各种规则。

(二)3～4岁幼儿的教育

游戏是幼儿最感兴趣的活动。教师要在游戏中发展幼儿的感知能力、身体平衡能力和协调能力，使幼儿的动作更加协调和灵活。比如，让幼儿沿着直线走或在较窄的低矮物体上走，让幼儿学会双脚连续向前跳以及双手向上抛球，等等。

在日常生活中，教师要引导幼儿自己的事情自己做，使他们学会用勺子吃饭，并逐渐学会使用剪刀。让幼儿参加力所能及的家务劳动，促进他们双手动作的发展。鼓励幼儿参加各项体育活动，培养他们对运动的兴趣。

要使幼儿学会倾听别人讲话，能听懂日常生活会话，并愿意与人交流；能清楚地说出学过的儿歌、童谣，学会使用礼貌用语；喜欢阅读，知道爱护图书；能看图讲述简单的故事。

教师要在游戏和日常生活中创造交往机会，鼓励幼儿与人交往，并学习与人交往的方法，鼓励幼儿与小朋友友好相处；培养幼儿的自尊心、自信心和独立自主的意识；教育幼儿尊敬长辈，关心他人；教导幼儿遵守集体规则，并使他们喜欢集体生活。

3岁的幼儿初次入园时很容易产生分离焦虑，教师应充分理解和尊重他们，与他们尽快建立亲密的师幼关系，让幼儿喜欢上幼儿园。一般来说，不同性格的幼儿分离焦虑的表现各有特点，教师应区别对待。对于大哭大闹的外向型幼儿，教师可以用新奇的玩具、好玩的事情转移其注意力。对于躲在教室一角默默流泪的内向型幼儿，教师要倾注爱心，多鼓励，多呵护，引导他们说出自己的感受，帮助他们把不良情绪逐渐宣泄出去。对于介于二者之间的幼儿，教师可以先转移其注意力，再安排多种多样的活动，给予他们更多的关爱。

二、4~5岁幼儿的发展特点与教育

(一)4~5岁幼儿的发展特点

动作方面：能双脚灵活地交替上下楼梯，能钻爬，会助跑跨越障碍物，比3岁幼儿跑得更稳。手脚动作更加协调，会用筷子吃饭，可以用剪刀沿线剪东西，会画简单的图形。会双手接球投球，会用脚踢球。

语言方面：掌握了更多的词汇，会运用反问句；能结合会话情境调整自己的语言；可以基本完整地复述一些情节简单的故事；愿意与人交流自己感兴趣的事；遇到新鲜事物，总要问为什么，如问小鸟为什么会飞、洗衣机为什么会转，等等。

思维方面：处于具体形象思维阶段。随着身心发展水平的提高，幼儿表现出活泼好动、积极主动探索的特点。他们总是不停地看、听、摸，还要拿起来闻一闻，甚至尝一尝。在认知方面，他们总是凭自己的具体经验理解成人的话。例如，一个小女孩听客人说她长得很甜，就疑惑地问妈妈："阿姨又没有舔我，为什么就说我是甜的？"这一年龄段的幼儿能对具体事物进行分类，但概括水平低，只能根据事物的表面属性(如颜色、形状)进行分类，如把太阳和卷心菜分为一类，因为它们都是圆圆的；把香蕉和玉米分为一类，因为它们都是黄色的。这一阶段幼儿的有意注意和有意记忆开始发展。

情绪和与同伴交往方面：能判断一些情绪的起因，如"妞妞哭了是因为她想妈妈了"或"壮壮高兴是因为老师表扬他了"。他们有时还能预测特定情绪后会有什么反应。例如，他们知道生气的小孩可能会打人，高兴的小孩更能与人分享好吃的东西或好玩的玩具。对母亲形成安全依恋的幼儿能更好地理解别人的情绪。随着语言能力和交流能力的提高，他们和同伴的交往技能也提高了，这使得他们能更好地参与游戏，并能在游戏中互相合作，互相学习，形成较为固定的伙伴关系。

(二)4～5岁幼儿的教育

教师应组织丰富多彩的游戏和体育活动，如利用走直线、走平衡木等活动发展幼儿的平衡能力，利用玩跳绳、跳房子、踢毽子等游戏发展幼儿的手眼协调能力，通过玩跳竹竿、滚铁环等活动提高幼儿动作的协调性和灵活性。在日常生活中，教师应鼓励幼儿自己的事情自己做，让他们通过自己穿脱衣服、自己端碗、用筷子吃饭等促进精细动作的发展，提高独立生活的能力。

教师要引导幼儿学会倾听别人讲话，不随意插话，要耐心听别人讲完后再说出自己的想法。教师在教学和日常生活中应使用普通话，使方言地区和少数民族地区的幼儿能基本听懂普通话，基本会说普通话。在一日生活中为幼儿创造说话的机会，与他们谈论他们感兴趣的话题，鼓励他们提出问题，并大胆发表自己的看法。为幼儿提供适合他们年龄特点的绘本，培养他们的阅读兴趣和习惯。通过角色扮演、续编故事、绘制插画等方法提高幼儿的理解力和想象力。要理解并满足幼儿的探究愿望，引导幼儿观察周围的生活和事物，增加他们的直接经验，拓展他们的知识，发展他们的认知能力，促进他们思维的进一步发展。

教师要经常和幼儿一起讨论各种情绪，让幼儿在角色游戏中表演各种情绪，加深他们对情绪的理解，从而使他们在日常生活中准确地判断别人的情绪。幼儿是通过观察成人处理情绪的方式来学习情绪管理策略的，因此成人应控制好自己的情绪表达方式，给幼儿树立好的榜样。另外，优秀的情绪管理绘本也能教给幼儿一些情绪管理的具体方法。

三、5～6岁幼儿的发展特点与教育

(一)5～6岁幼儿的发展特点

动作方面：动作的灵活性和平衡能力逐步增强，能够自如地快跑、跳跃、攀登。精细动作技能方面也有了很大的提高，手腕和手指能够得到较好的控制，如画比较复杂的图画，写自己的名字，用泥捏出造型的精细部分等。

语言方面：基本上具备了认知和交流能力。词汇量继续增加，讲话更加连贯。不仅能在日常活动中运用语言和周围的人进行交流，而且能够根据不同的对象、情境调整自己的语言和语气，发音也较以前更加清晰，内容也更加丰富，涉及生活、学习、游戏、情感等各个方面。

认知和思维方面：观察的目的性增强，注意力保持的时间比上一年龄段更长，能够将事物的各个方面联系起来进行观察。在记忆力方面，记忆的有意性有了明显的增强，能够根据成人的要求有意识地复述故事和回想问题。在思维发展方面，该阶段的幼儿仍以具体形象思维为主，但开始有抽象逻辑思维的萌芽，也就是开始出现依靠概念、判断和推理等形式的思维。

社会性方面：自我评价能力得到初步发展，当别人的评价与自己的感觉不相符时，会表示反对并进行争辩。合作意识逐步增强，能与小组成员或几个同伴共同做游戏和完成某些任务。具备了规则意识，能够进行规则游戏，能够按照规则的要求完成任务。

(二)5～6岁幼儿的教育

在动作发展方面，教师要利用多种活动发展幼儿的身体平衡能力和协调能力。大班幼儿能在斜坡、荡桥和有一定间隔的物体上平稳地行走，能手脚并用地攀爬架、网等，能连续跳绳、拍球，能躲避对面过来的球或沙包。教师要鼓励幼儿在生活中锻炼自己的力量和耐力，自己的事情自己做，如自己背书包，自己上下楼梯等。同时教师要创造条件和机会增强幼儿手部动作的灵活性。例如，在美术教学活动中，让幼儿利用各种材料进行画、剪、折、粘、捏等活动，从而发展他们的动作技能。同时也可以把这些训练延伸到日常生活中，如让幼儿自己扣扣子、系鞋带等，或者让幼儿在成人的指导下学做家务活，如洗菜、切菜等。

在语言和认知方面，教师要为幼儿创设阅读环境，并在阅读区摆放幼儿喜欢的绘本，让他们自由选择。教师应培养幼儿的阅读习惯，同时注重阅读方法的引导。在幼儿看书时，教师可以根据画面内容提出启发性的问题，鼓励幼儿积极回答，从而发展他们的思维和想象力。教师还可以让幼儿自己制作图书，自己配插图，培养幼儿爱护图书的良好习惯。

在思维能力方面，教师要提供丰富的玩具，鼓励幼儿开展角色扮演、建造类游戏，使幼儿在游戏中充分发挥想象力。续编故事是幼儿乐于参加的活动。当故事的主要人物出现、主要情节展现后，教师可以让幼儿大胆猜想：后来怎样了？出现什么情况了？如果是你，你会怎么做？采取哪些方法？教师要经常让幼儿思考这些具有启发性的问题，以促进他们思维的发展。

在情绪与社会性方面，教师要营造良好的环境，保持和谐的气氛，让幼儿生活在轻松愉快的环境中。教师可以有针对性地选择情绪管理绘本，让幼儿逐渐能够觉察自己的情绪，识别他人的情绪，学会表达情绪、管理情绪。绘本的故事内容、画面色彩使各种情绪具体而形象，符合幼儿的心理特点，能帮助幼儿理解各种情绪反应，从而识别自己和他人的情绪。例如，阅读《我好嫉妒》时，教师可以向幼儿提问："什么是嫉妒?"如果幼儿说不知道，教师可以这样引导："老师表扬了豆豆，没有表扬你，你心里感觉怎样？妈妈说姐姐画的画比你好，你心情怎样？这时如果你感觉不舒服，这种感觉就是嫉妒。"通过这种方式，幼儿可以识别情绪及其表现。在疏解消极情绪方面，绘本可以教给幼儿一些应对消极情绪的方法，如转移法和适当宣泄法。例如，《我不愿悲伤》中写道："悲伤的大乌云来了，我要对自己好一点儿哦！我会去大浴缸里洗最喜欢的泡泡浴，我还会去草地上听自己最喜欢的音乐。"《我不生气》告诉幼儿：和关心你的人说说你这么生气到底是为什么。

幼儿园教师资格证考试·考点分析

熟悉学前阶段儿童的身心发展特点。

幼儿园教师资格证考试·考点预测

1. 2 岁的婴儿使用的句子主要是（　　）。

A. 单词句　　　　　　　　　B. 电报句

C. 完整句　　　　　　　　　D. 复合句

【解析】B。到 2 岁时婴儿的词汇量能增加到 200 个，这时他们从会说单词句发展到会说双词句，如"爸爸鞋""妈妈拿"，这些双词句被称为"电报句"。

2. 婴儿手眼协调的发生时间是（　　）。

A. 2～3 个月　　　　　　　　B. 4～5 个月

C. 7～8 个月　　　　　　　　D. 9～10 个月

【解析】B。婴儿的精细动作是由最初的粗放、扩散逐渐变得精细、集中的。3 个月之前婴儿的够拿动作是无目的的。到四五个月时，婴儿的手眼协调能力增强，够拿动作的准确性也提高了。

资料链接3-2

怎样选择适合幼儿的绘本

面对市面上众多的绘本，幼儿园教师应该怎样选择既符合幼儿兴趣又能促进幼儿发展的绘本呢？笔者认为，可以按三个标准进行挑选。

一、选择图文并茂的高品质绘本

加拿大学者培利·诺德曼认为，绘本文字讲述的故事要有情节变化起伏，有悬念和猜想，文字宜浅显易懂，符合幼儿的言语特点；图片要能够完整表达故事，呈现出故事情节、角色、气氛和主题，幼儿能通过自主读图猜测故事大意。图文应该相互配合，共同叙述一个完整而富有童趣的故事，而且要富有充满创意的构想、充满趣味的情境、新颖的技法、和谐的版面和充满美感的造型。

此外，教师还可以参考国内外权威机构和相关专家的建议，如国际安徒生奖、美国凯迪克奖和英国凯特·格林纳威奖等获奖作品，美国纽约图书馆发布的"每个人都应该知道的100种图画书"，日本十大经典绘本和中国经典图画书等。

二、选择符合幼儿情感体验的绘本

幼儿喜爱充满童趣的绘本作品。幼儿文学的三大主题为教师选择绘本提供了有益借鉴：幼儿园教师可以选择爱的主题系列丛书，反映幼儿被爱的需要，传达爱与美，如《猜猜我有多爱你》《爷爷一定有办法》《父与子》等；选择顽童主题系列丛书，反映幼儿的生活经验和情感体验，如《迟到大王》《长袜子皮皮》等；选择动物主题系列丛书，符合幼儿"泛灵"的思维特征，如《小熊维尼》《彼得兔的故事》等。

三、选择切合课程主题活动的绘本

很多幼儿园课程采用主题活动的形式。绘本阅读作为主题活动中的一部分，可以为主题活动提供知识、技能、情感、态度和价值观的储备。教师要结合幼儿的生活经验，选择充满童趣的绘本，引导幼儿在绘本阅读中学习知识、爱上阅读。比如，针对幼儿园近期开展的"我与我家"主题活动，在讲到"我的亲人"主题时，教师可以在阅读区放置《我爸爸》《我妈妈》等描述亲人主题的绘本，并进行集中绘本阅读活动。在讲到"我的家"这一板块时，教师可以选择《打瞌睡的房子》《我的橱里有个噩梦》等绘本供幼儿阅读。在开展"可爱的小动物"主题活动时，教师可以选择《让路给小鸭子》《母鸡萝丝去散步》《小蛇多多》等动物主题的绘本供幼儿阅读。幼儿可以通过绘本中可爱的图片以及教师的讲述，增进对动物的了解，培养热爱小动物的情感，并加深对主题活动的认识。

本章小结

无论是在生理方面还是在心理方面，0～6岁学前儿童的发展速度都非常快。在这一时期，适宜的教育可以促进他们生理和心理的正常发展。本章介绍了0～6岁学前儿童的发展特点，论述了各个年龄段的教育重点，并结合具体案例阐述了如何把教育理论运用在实践中，以及在教育实践中如何把理论与实践结合起来。

关键术语

母乳喂养　分离焦虑　情绪管理　发展特点　教育

📝 **思 考 题**

1. 简述婴儿动作发展的规律和动作发展时间表。

2. 为什么角色扮演能够促进幼儿的认知和社会性发展？

3. 结合幼儿的发展特点，谈一谈为什么学前教育要强调直接经验的获取。

建议的活动

观察记录不同年龄段儿童的特点，并与书中介绍的理论比对学习。

📖 **拓 展 阅 读**

1. [美]劳拉·E. 伯克. 伯克毕生发展心理学：从 0 岁到青少年(第 4 版). 陈会昌，等，译. 北京：中国人民大学出版社，2014.

本书在系统而全面地阐述发展心理学各种理论和研究方法的基础上，以人的发展的生物基础和环境基础为依托，以真人真事为例，把生理学、身体发育与心理发展知识和理论融为一体，对个体的生命早期、婴儿期、学步期、幼儿期、小学期、青少年期各阶段的发展娓娓道来，特别是对怀孕、孕期发育、分娩、新生儿的讲述淋漓尽致，更能引起新手父母的共鸣。最新的研究成果、鲜活生动的图文资料、简练流畅的表达风格，使本书集理论性、科学性和趣味性于一体。

2. [英]梅兰妮·克莱因. 儿童分析的故事. 丘羽先，译. 北京：九州出版社，2017.

本书以逐日记录的方式，呈现了一个十岁小男孩接受为期四个月的精神分析的历程。书中对动作、游戏、语言联想和梦境做出了精辟的诠释。读者可借由本书观察治疗过程的逐日变化与延续性。本书是探究儿童精神分析技巧不可多得的必备书籍。

第四章　幼儿园教师

学习目标 ▶

1. 了解幼儿园教师的职业特点。
2. 掌握素质教育观及"育人为本"的儿童观。
3. 明确师幼互动的主要方式及影响因素。
4. 了解幼儿园教师专业化发展的途径和策略，并能尝试在教育实践中运用。

学习导图 ▶

幼儿园教师的概况与修养要求
- 幼儿园教师角色的历史演变
- 幼儿园教师的基本素质
- 幼儿园教师的权利和义务
- 幼儿园教师的职业特点

幼儿园教师

儿童观与教育观以及师幼互动
- 儿童观与教育观
- 师幼互动

幼儿园教师的专业化发展
- 幼儿园教师专业化发展的含义
- 幼儿园教师专业化发展的途径
- 幼儿园教师专业化发展的策略

导入案例 ▶

区域活动时，傲然、琪琪、子豪等几个小朋友都选择了建筑区。他们在一起商量着要建一个动物园。傲然是小组长，他给其他小朋友分派了任务。琪琪和子豪一组，负责搭建熊猫馆。两个人一边商量，一边开始搭建起来。子豪负责运送材料，还时不时地给琪琪提些建议："熊猫馆的门要留大些，熊猫胖胖的，进不去。门外再种些竹子吧，大熊猫最爱吃竹子了。"子豪跑来跑去，忙得不亦乐乎。可是由于他的身体较胖，动作不灵活，一不小心碰倒了琪琪的熊猫馆。琪琪立刻大叫起来："你怎么这么笨呀，什么都不会干，还净搞乱，我不要你了。"子豪听了她的话，眼里满含泪水。他垂头丧气地穿上鞋子，默默走到我身边，问我："老师，我真的很笨吗？我什么都干不好。"我立刻向他伸出大拇指，说："你才不笨呢，我刚才都听见了，你给琪琪提的那些建议都非常棒，真像一个小设计师，而且你在给小朋友运送积木时，没喊过一声累，一看就是一个小男子汉。谁要是有你这个搭档，真是太幸福了。如果你做事的时候能再小心一点，你肯定会做得更好。"听了我的话，子豪脸上又露出了自信的笑容。其他小朋友都跑过来邀请子豪和自己一起玩，琪琪也红着脸说："子豪，刚才是我不好，我们俩重新搭吧！"子豪充满信心地点点头说："好，这回我们要搭一个更漂亮的熊猫馆，我要特别小心，我一定能做得更好！"

这个案例来源于幼儿园的一日生活。区域活动是重要的幼儿自主活动形式，主要以使幼儿快乐和满足幼儿的发展需要为目的。幼儿在属于自己的空间里感受、发现和创新，自由地进行交往。由于受年龄的制约，幼儿缺乏交往的技能技巧，沟通时难免会发生言语冲突。只要教师善于观察，积极引导，赏识幼儿，幼儿都会在活动中有所进步。

幼儿园教师是对幼儿实施教育影响的专门人员，对幼儿的身心健康发展具有重要的意义。因此，幼儿园教师的基本素质、专业化发展等问题就成了热门议题。本章主要围绕幼儿园教师的概况与修养要求、儿童观与教育观以及师幼互动、幼儿园教师的专业化发展三个方面进行论述。

第一节　幼儿园教师的概况与修养要求

幼儿园教师是专业的教师，其使命是传递人类长期积累的知识和经验。幼儿园教师担负着传播精神文明、提高全民族素质、培养社会主义事业建设者和接班人的使命。随着党的十八大对教育在国家战略中的优先发展地位的进一步强调，幼儿园教师的奠基性工作对社会的作用越来越被认可，幼儿园教师越来越受到国家的重视和人民的尊敬。

一、幼儿园教师角色的历史演变

幼儿园教师是幼儿的启蒙老师，是教育活动的组织者和实施者，又是幼儿社会化的推动者，对幼儿的身心健康发展起着非常重要的作用。幼儿园教师不仅会影响幼儿的成长，还会影响幼儿教育的发展。在不同的历史时期，他们扮演着不同的角色，其扮演的角色直接影响着幼儿的发展和教育事业的进步。纵观历史，幼儿园教师角色的演变大致经历了以下几个阶段。

（一）古代的保姆阶段

清末《奏定学堂章程》的颁布标志着我国幼儿教育进入了国家规划发展的新阶段，

幼儿教育机构——蒙养院的设置，打破了以往教育在家庭中进行的传统，而蒙养院里的教师们也被赋予了新的称呼，即"保姆"。

(二)近代的保育员阶段

中华人民共和国成立之后，幼儿园教师的职责以保护幼儿的安全、健康成长为主，其身份也没有被看作专门的职业人员。只要是年长的、经验丰富的成人，都可以来带孩子。虽然在托幼机构中设置了保育员和授课教师，但他们仍被称为"阿姨"，并不是真正意义上的教师。

(三)现代的多元化阶段

随着幼儿教育的普及和幼儿园教师专业化水平的提高，幼儿园教师的角色也呈现出多元化的趋势。首先，幼儿园教师是教育活动的观察者。幼儿园教师观察和了解幼儿，为幼儿创设良好的物质环境和精神环境，以便更好地组织开展各种活动。幼儿园教师通过观察可以掌握幼儿的基本情况，如兴趣、需要、情感等，不仅可以促进良好师幼关系的形成，还可以为幼儿未来的成长历程奠定基础。其次，幼儿园教师是教育活动的引导者和支持者。幼儿园教师不仅要对幼儿有准确的把握和判断，引导幼儿各方面向着积极的方向发展，还要为幼儿的学习活动提供物质上和心理上的支持。物质上要创设丰富的物质环境和多样的情境，以利于幼儿的探索活动和幼儿之间社会交往的进行；心理上要对幼儿有足够的关怀，及时发现幼儿的问题、困难，接纳幼儿新奇的探索活动或者想法。幼儿园教师对幼儿学习活动的支持有利于创设丰富的物质环境和宽松的心理环境，为推进深层次的学习、实践、探究提供前提。最后，幼儿园教师是教育活动的合作者。幼儿的知识和生活经验很少，需要教师的教导和激发。幼儿园教师要以"合作伙伴"的身份参与到教育活动中去，促进幼儿的发展。

资料链接4-1

幼儿园教师的角色

一、良好环境的创设者

教师在创设环境时必须坚持物质与精神并重、开放与规则共融的原则，让幼儿生活在一个舒适、安全、合理的成长环境之中。

二、一日生活的组织者

教师可以利用各种教育契机去满足幼儿的探索欲望。尤为重要的是，教师需要去捕捉幼儿成长中的点点滴滴，从而适时予以引导，恰当地进行随机教育。

三、游戏的指导者

在游戏过程中，教师要鼓励幼儿自主选择游戏内容、伙伴和材料，将游戏的主动权交到幼儿手中，支持幼儿主动地、创造性地开展游戏，充分体验游戏的快乐和满足感。

四、教育活动的实施者

教师要在教育活动实施过程中体现生活化内容，使幼儿自然投入其中，灵活运用集体教学、小组交流、个人探究等方式组织教学，最终促进幼儿主动学习。

五、幼儿成长的评价者

在评价过程中，教师应该有效运用多种方法，客观地、全面地了解和评价幼儿。评价之后，要有效运用评价结果指导下一步教育活动的开展。在整个评价体系中，教师要扮演好三重角色，即支持者、合作者和引导者。

六、家园共育的沟通者

家园共育的突出特点要求教师与家长进行有效的沟通与合作，共同促进幼儿的发展。教师尤其要转变部分家长错误的教育观念，让家长成为幼儿园忠实的合作伙伴。同时，教师要协助幼儿园与社区建立合作、互助的良好关系。

七、自身发展的反思者

教师应针对教育活动中的现实需要与问题，进行探索和研究，提出切实可行的解决办法，尤其是要制定自身专业发展规划，不断总结自身的优势和不足，努力提高自身专业素质。

[资料来源：杨飞龙，张尧.《幼儿园教师专业标准》定位下的幼儿教师角色[J].教育探索，2014(8).]

二、幼儿园教师的基本素质

幼儿园教师是履行幼儿园教育工作职责的专业人员，需要经过严格的培养与培训，具备良好的职业道德，掌握系统的专业知识和专业技能。2012年教育部颁布的《幼儿园教师专业标准(试行)》以幼儿为本、师德为先、能力为重和终身学习为基本理念，将专业理念与师德、专业知识和专业能力三方面作为幼儿园教师必备的基本素质与条件，并将专业理念与师德作为《幼儿园教师专业标准(试行)》的灵魂与核心。《幼儿园教师专业标准(试行)》从三个维度、十四个领域和六十二条基本要求对教师素质做了详细阐述。

(一)幼儿园教师的专业理念与师德

师德是教师在教育教学过程中必须遵循的行为规范和道德准则的总和。人们常用"人类灵魂的工程师""太阳底下最光辉的职业""辛勤的园丁"等美好词句赞美教师，这就意味着教师是一种崇高而美好的职业。由于教育对象身心发展的特殊性，幼儿园教师更应该有良好的师德。《幼儿园教师专业标准(试行)》对幼儿园教师的专业理念与师德从职业理解与认识、对幼儿的态度与行为、幼儿保育和教育的态度与行为、个人修养与行为四个领域提出了具体要求。

1. 职业理解与认识

- 贯彻党和国家教育方针政策，遵守教育法律法规。
- 理解幼儿保教工作的意义，热爱学前教育事业，具有职业理想和敬业精神。
- 认同幼儿园教师的专业性和独特性，注重自身专业发展。
- 具有良好的职业道德修养，为人师表。
- 具有团队合作精神，积极开展协作与交流。

2. 对幼儿的态度与行为

- 关爱幼儿，重视幼儿身心健康，将保护幼儿生命安全放在首位。
- 尊重幼儿人格，维护幼儿合法权益，平等对待每一位幼儿。不讽刺、挖苦、歧视幼儿，不体罚或变相体罚幼儿。
- 信任幼儿，尊重个体差异，主动了解和满足有益于幼儿身心发展的不同需求。
- 重视生活对幼儿健康成长的重要价值，积极创造条件，让幼儿拥有快乐的幼儿园生活。

3. 幼儿保育和教育的态度与行为

- 注重保教结合，培育幼儿良好的意志品质，帮助幼儿养成良好的行为习惯。
- 注重保护幼儿的好奇心，培养幼儿的想象力，发掘幼儿的兴趣爱好。
- 重视环境和游戏对幼儿发展的独特作用，创设富有教育意义的环境氛围，将游戏作为幼儿的主要活动。
- 重视丰富幼儿多方面的直接经验，将探索、交往等实践活动作为幼儿最重要的学习方式。
- 重视自身日常态度与言行对幼儿发展的重要影响与作用。
- 重视幼儿园、家庭和社区的合作，综合利用各种资源。

4. 个人修养与行为

- 富有爱心、责任心和耐心，做事要细心。
- 乐观向上，热情开朗，有亲和力。
- 善于自我调节情绪，保持平和心态。
- 勤于学习，不断进取。
- 衣着整洁得体，语言规范健康，举止文明礼貌。

幼儿园教师资格证考试·考点分析

掌握幼儿园教师的专业理念与师德，并能够在教育活动中应用。

幼儿园教师资格证考试·真题再现

2019 年下半年《综合素质》真题

某幼儿园张老师每周将表现不好的孩子名单在家长微信群公布，要求这些家长在微信群里发红包。张老师的做法（　　）。

A. 正确，有助于督促幼儿习惯养成

B. 正确，有助于激发幼儿积极表现

C. 不正确，侵犯了幼儿家长的荣誉权

D. 不正确，侵犯了幼儿家长的财产权

【解析】D。本题考查的是法律法规方面的内容。《中华人民共和国教师法》第八条第四款规定，教师应"关心、爱护全体学生，尊重学生人格，促进学生在品德、智力、体质等方面全面发展"。张老师将表现不好的学生名单进行公布，这种行为是不尊重学生的表现，所以是错误的。财产权是指以财产利益为内容，直接体现财产利益的民事权利。题干中的"让家长发红包"，侵犯的是家长的经济利益，故本题选 D。

2019 年上半年《综合素质》真题

1. 在小班的家长会上，有两个家长质问带班的李老师："为什么不教孩子写字和拼音？再不教的话，我们的孩子就转园。"对此，李老师恰当的做法是（　　）。

A. 接受意见，适当增加拼音和写字的内容

B. 听取意见，耐心向家长解释不教的原因

C. 尊重家长，推荐校外辅导机构

D. 不予理会，尊重家长的转园自由

【解析】B。本题考查的是《中小学教师职业道德规范》的相关内容。教师职业道德规范要求教师要为人师表，尊重家长。对于家长的质问，教师不能直接反驳，应在尊重家长的基础上根据幼儿园的教育目标及幼儿的发展特点调整做法，或耐心讲解，使家长明白自己这样做的原因。

2. 赵老师在省政府机关幼儿园工作，她对班上每个孩子家长的工作单位和职务都了如指掌。在日常的保教活动中，赵老师对省政府工作人员的孩子总是特别关照。赵老师的做法（　　）。

A. 不正确，没有维护幼儿的同伴关系

B. 不正确，没有做到对幼儿一视同仁

C. 正确，有利于良好家园关系的建立

D. 正确，有利于获得更多的办园资源

【解析】B。本题考查的是《中小学教师职业道德规范》的相关内容。教师职业道德规范要求教师要关心、爱护全体学生，尊重学生人格，平等公正地对待学生。题干中描述的教师根据家长的职位而区别对待幼儿的做法是错误的。教师应面向全体幼儿，做到一视同仁。

2016年上半年《综合素质》真题

材料分析题：

下午的点心是每人一块蛋糕、一杯牛奶，孩子们像往常一样静静品尝着自己的那一份。发完后，我发现袋子里还有一块蛋糕，就随手给了旁边的莉莉，可没想到我这无心之举却引起了一场"风波"。莉莉脸上露出了得意的笑容，举起了那块蛋糕，在小朋友面前炫耀起来："这是李老师多给我吃的。"其他孩子向她投去了羡慕的眼神，向我投来询问的眼神。孩子们接着纷纷议论起来，有的一本正经地说："她小，所以李老师才给她吃的呢！"有的愤愤不平地说："李老师一定是喜欢莉莉。"

这时，我才意识到事情的严重性。我的举动欠考虑，冷落了其他小朋友。我马上进行补救。"今天多的一块蛋糕老师给了莉莉，以后多下来的点心，老师会发给别的小朋友，大家轮流吃，你们说好吗？"孩子们脸上的复杂表情马上都消失了，大声喊道："好。"

问题：请结合材料，从教师职业道德的角度评析李老师的教育行为。

【答案要点】 刚开始李老师把多出来的蛋糕直接给了旁边的莉莉，这种行为没有体现教育的公平公正，但是后来李老师及时处理，使教育行为符合教师职业道德规范的相关要求，值得肯定。

第一，李老师的教育行为体现了关爱学生的职业道德要求。关爱学生要求关心、爱护全体学生，尊重学生人格，做学生的良师益友。李老师面对其他小朋友的反应，并不是不管不问，而是在意识到自己的行为冷落了其他小朋友之后及时进行了调整。

第二，李老师的教育行为体现了为人师表的职业道德要求。为人师表要求坚守高尚情操，以身作则，反思自己的行为。李老师能够及时意识到自己的问题，并且能够反思自己的教育行为，以高标准要求自己。

总之，李老师的行为符合教师职业道德规范的相关要求，值得每位教师学习。

(二)幼儿园教师的专业知识

幼儿园教师的专业知识是指能够胜任幼儿园教育教学工作所具备的知识。幼儿园教师作为幼儿的教育启蒙者，其自身的知识会对幼儿一生的发展产生重大影响。《幼儿园教师专业标准(试行)》规定幼儿园教师要具备幼儿发展知识、幼儿保育和教育知识、通识性知识三个领域的知识。

1. 幼儿发展知识

- 了解关于幼儿生存、发展和保护的有关法律法规及政策规定。
- 掌握不同年龄幼儿的身心发展特点、规律和促进幼儿全面发展的策略与方法。
- 了解幼儿在发展水平、速度与优势领域等方面的个体差异，掌握对应的策略与方法。
- 了解幼儿在发展中容易出现的问题与适宜的对策。
- 了解有特殊需要的幼儿的身心发展特点及教育策略与方法。

2. 幼儿保育和教育知识

- 熟悉幼儿园教育的目标、任务、内容、要求和基本原则。
- 掌握幼儿园各领域教育的学科特点与基本知识。
- 掌握幼儿园环境创设、一日生活安排、游戏与教育活动、保育和班级管理的知识与方法。
- 熟知幼儿园的安全应急预案，掌握意外事故和危险情况下幼儿安全防护与救助的基本方法。
- 掌握观察、谈话、记录等了解幼儿的基本方法和教育心理学的基本原理和方法。
- 了解0～3岁婴幼儿保教和幼小衔接的有关知识与基本方法。

3. 通识性知识

- 具有一定的自然科学和人文社会科学知识。
- 了解中国教育基本情况。
- 具有相应的艺术欣赏与表现知识。
- 具有一定的现代信息技术知识。

幼儿园教师资格证考试·考点分析

掌握幼儿园教师的专业知识，并能够在教育活动中应用。

幼儿园教师资格证考试·真题再现

2019年下半年《综合素质》真题

材料分析题：

小班欣欣今天第一天入园，由妈妈领进幼儿园，一路哭个不停。胡老师牵过欣欣的手，蹲下来拥抱她，轻轻擦干她脸上的泪水安慰着："宝贝，快别哭！老师爱你哦！跟妈妈说再见，好吗？"

吃早餐时，欣欣拿不稳勺子，咬一口包子就含在嘴里不咀嚼也不咽，吃得非常慢。喝牛奶时，她用舌头舔着喝，到早餐结束也没喝几口。于是，胡老师耐心地喂她吃早餐。离园时，胡老师跟欣欣妈妈进行交流后，了解到欣欣体弱多病，家长因担心孩子吃不饱，怕孩子弄脏衣服，在家中很少让欣欣自己吃饭，喝水也一直用奶瓶。

从第二天开始，胡老师耐心地教欣欣正确的握勺方法，告诉她吃饭时嘴里不要含饭玩耍，两侧牙齿要同时咀嚼，并给欣欣示范如何用杯子喝水。

胡老师还向欣欣妈妈推荐家庭教育方面的书籍，建议欣欣妈妈在家里锻炼欣欣自己吃饭、喝水。经过一个多月的努力，欣欣能像别的幼儿一样正常进餐了，入园焦虑也逐渐消失了。

问题：请结合材料，从教师职业道德的角度评析胡老师的教育行为。

【答案要点】材料中胡老师的教育行为符合教师职业道德规范的相关要求，践行了爱岗敬业、关爱学生、教书育人和为人师表的教师职业道德规范。

第一，爱岗敬业要求教师忠诚于人民的教育事业，甘为人梯，乐于奉献，勤恳敬业，对工作高度负责，不得敷衍塞责。胡老师面对欣欣第一次入园时出现的适应困难等情况，能够认真地对待自己的工作，耐心、负责任地帮助欣欣改变不良的生活习惯，最终使欣欣的情况得以改善。胡老师的行为体现了爱岗敬业的职业道德要求。

第二，关爱学生要求教师要关心、爱护全体幼儿，保护幼儿安全，关心幼儿的健康。欣欣在初入园时一路哭个不停，胡老师通过牵手、蹲下拥抱、擦眼泪和语言安慰等方式给予欣欣温暖和关怀，消除欣欣初入园时的焦虑情绪，同时在欣欣入园后能够帮助她适应幼儿园生活，教给她正确的进餐方式以及如何用杯子喝水。胡老师的行为体现了关爱学生的职业道德要求。

第三，教书育人要求教师遵循教育规律，实施素质教育，循循善诱，因材施教，促进幼儿发展。胡老师面对欣欣不会自己吃饭、不会用杯子喝水的情况，耐心地教会她吃饭、用杯子喝水，帮助她养成良好的生活习惯。胡老师注重幼儿个人生活技能的培养，其行为着眼于幼儿的发展，体现了教书育人的职业道德要求。

第四，为人师表要求教师坚守高尚情操，尊重家长，做好表率。胡老师面对欣欣的情况，能够积极主动地与欣欣妈妈进行交流，并向其推荐一些家庭教育方面的书籍，使其更好地进行家庭教育，同时在欣欣不知如何进餐时以身示范。胡老师的行为体现了为人师表的职业道德要求。

综上所述，材料中的胡老师践行了教师职业道德规范。我们在教育过程中要像胡老师一样把教师职业道德规范作为自己言行的准则，严格要求自己，共同促进幼儿的健康成长。

(三)幼儿园教师的专业能力

要胜任幼儿教育工作，更好地促进幼儿身心发展，幼儿园教师不仅要具备丰富的知识，还要具备一系列能力。教育能力是幼儿园教师素质的核心结构，教师的教育行为要以教育能力为支撑。教师要具备专业化学习、实践、反思的能力，这既是社会发展的需要，也是教育发展对幼儿园教师的必然要求。《幼儿园教师专业标准（试行）》对幼儿园教师所必需的能力做了明确要求，即教师要具备环境的创设与利用、一日生活的组织与保育、游戏的支持与引导、教育活动的计划与实施、激励与评价、沟通与合作、反思与发展七个领域的能力。

1. 环境的创设与利用

• 建立良好的师幼关系，帮助幼儿建立良好的同伴关系，让幼儿感到温暖和愉悦。

• 建立班级秩序与规则，营造良好的班级氛围，让幼儿感到安全、舒适。

• 创设有助于促进幼儿成长、学习、游戏的教育环境。

• 合理利用资源，为幼儿提供和制作适合的玩教具和学习材料，引发和支持幼儿的主动活动。

2. 一日生活的组织与保育

• 合理安排和组织一日生活的各个环节，将教育灵活地渗透到一日生活中。

• 科学照料幼儿的日常生活，指导和协助保育员做好班级常规保育和卫生工作。

• 充分利用各种教育契机，对幼儿进行随机教育。

• 有效保护幼儿，及时处理幼儿的常见事故，危险情况下优先救护幼儿。

3. 游戏的支持与引导

• 提供符合幼儿兴趣需要、年龄特点和发展目标的游戏条件。

• 充分利用与合理设计游戏空间，提供丰富、适宜的游戏材料，支持、引发和促进幼儿的游戏。

• 鼓励幼儿自主选择游戏内容、伙伴和材料，支持幼儿主动地、创造性地开展游戏，让幼儿充分体验游戏的快乐和满足感。

• 引导幼儿在游戏中获得身体、认知、语言和社会性等多方面的发展。

4. 教育活动的计划与实施

• 制订阶段性的教育活动计划和具体活动方案。

• 在教育活动中观察幼儿，根据幼儿的表现和需要，调整活动，给予适宜的指导。

• 在教育活动的设计和实施中体现趣味性、综合性和生活化，灵活运用各种组织形式和适宜的教育方式。

• 提供更多的操作探索、交流合作、表达表现的机会，支持和促进幼儿主动学习。

5. 激励与评价

· 关注幼儿的日常表现，及时发现和赏识每个幼儿的点滴进步，注重激发和保护幼儿的积极性、自信心。

· 有效运用观察、谈话、家园联系、作品分析等多种方法，客观地、全面地了解和评价幼儿。

· 有效运用评价结果，指导下一步教育活动的开展。

6. 沟通与合作

· 使用符合幼儿年龄特点的语言进行保教工作。

· 善于倾听，和蔼可亲，与幼儿进行有效沟通。

· 与同事合作交流，分享经验和资源，共同发展。

· 与家长进行有效沟通合作，共同促进幼儿发展。

· 协助幼儿园与社区建立合作互助的良好关系。

7. 反思与发展

· 主动收集分析相关信息，不断进行反思，改进保教工作。

· 针对保教工作中的现实需要与问题，进行探索和研究。

· 制定专业发展规划，积极参加专业培训，不断提高自身专业素质。

幼儿园教师资格证考试·考点预测

掌握教师的能力结构，并能够在教育活动中应用。

幼儿园教师资格证考试·真题再现

2019 年上半年《综合素质》真题

在绘画活动中，小班幼儿欢欢总是把色彩涂到轮廓的外面。下午，李老师当着欢欢的面对家长说："欢欢画画很不认真，总是画错。"李老师的做法（　　）。

A. 错误，忽视了幼儿的动作发展规律　　　B. 错误，不能讽刺挖苦幼儿

C. 正确，提高了幼儿的绘画能力　　　D. 正确，应该严格要求幼儿

【解析】A。本题考查的是教师观的内容。由于幼儿年龄较小，身体和心理正在生长发育，其机体各部分的机能发育尚不成熟。正如题干中谈到的幼儿在绘画过程中总是将颜色涂到外面，其实这正体现了幼儿的小肌肉（手指灵活能力）发展得不完善。此时教师应该尊重幼儿的身心发展规律，对幼儿的绘画过程、作品进行相应的鼓励，而不是批评，更不应该当着家长的面指责幼儿，否则会挫伤幼儿参与活动的积极性，故本题选 A。

三、幼儿园教师的权利和义务

为了保障教师的合法权益，建设规范、高素质的教师队伍，促进社会主义事业的全面发展，第八届全国人民代表大会常务委员会于 1993 年 10 月颁布了《中华人民共和国教师法》(以下简称《教师法》)，并规定每年的 9 月 10 日为教师节。这不仅有利于形成尊师重教的良好社会风气，还能使我国教师的权利和义务、培养和培训、待遇、奖励等都得到法律的保障。1995 年 3 月颁布的《中华人民共和国教育法》(以下简称《教育法》)明确了教师担负着培养社会主义事业建设者和接班人、传播精神文明、提高全民族素质的使命。2009 年 8 月，第十一届全国人民代表大会常务委员会第十次会议对《教育法》进行了修正。2015 年 12 月，第十二届全国人民代表大会常务委员会第十八次会议对《教育法》进行了第二次修正，明确教师应当坚持立德树人，对受教育者加强社会主义核心价值观教育，增强受教育者的社会责任感、创新精神和实践能力，培养德、智、体、美等方面全面发展的社会主义建设者和接班人。2021 年 4 月，第十三届全国人民代表大会常务委员会第二十八次会议对《教育法》进行了第三次修正，将教育指导思想、地位、方针、内容四个条款做了相应修改。

幼儿园教师的权利和义务如下。

(一)幼儿园教师的权利

教师的权利是指教师依法行使的权力和享有的利益。幼儿园教师作为专业的教育教学人员，在教育教学活动中享有专有的权利。用法律规定教师的权利，是保障教学活动顺利进行、维护教师利益的必要条件。幼儿园教师应享有以下权利。

第一，进行保育教育活动，开展保育教育改革和实验。

第二，从事科学研究、学术交流，参加专业的学术团体，在学术活动中充分发表意见。

第三，指导幼儿的学习和发展，评定幼儿的成长发展。

第四，按时获取工资报酬，享受国家规定的福利待遇以及寒暑假期的带薪休假。

第五，参与幼儿园的民主管理。

第六，参加进修或者其他方式的培训。

(二)幼儿园教师的义务

幼儿园教师的义务就是教师应当尽的责任。幼儿园教师对教育事业的发展发挥着重要作用。幼儿园教师应履行以下义务。

第一，遵守宪法、法律和职业道德，为人师表。

第二，贯彻国家教育方针，遵守规章制度，执行幼儿园保教计划，履行聘约，完成工作任务。

第三，按照国家规定的保教目标，组织带领幼儿开展有目的、有计划的教育活动。

第四，关心、爱护全体幼儿，尊重幼儿人格，促进幼儿的全面发展。

第五，制止有害于幼儿的行为或其他侵犯幼儿合法权益的行为，批评和抵制有害于幼儿健康成长的现象。

第六，不断提高思想政治觉悟和教育教学业务水平。

幼儿园教师资格证考试·考点预测

教师作为专业教育教学人员的六大权利和六大义务是历年考查的重点。考生要对教师的权利和义务有正确的理解和识记，特别是对教师享有各项权利的前提有正确的判断，辩证地理解教师的权利和义务。

幼儿园教师资格证考试·真题再现

2019年上半年《综合素质》真题

教师赵某因当地教育行政部门侵犯其合法权益，依法提出了申诉。对于赵某的申诉，有权受理的机关是(　　)。

A. 同级人民政府或上一级人民政府有关部门

B. 所在地区中级人民法院或省高级人民法院

C. 所在地区人民检察院或最高人民检察院

D. 上一级人民政府或中央人民政府有关部门

【解析】A。本题考查的是《中华人民共和国教师法》的内容。《中华人民共和国教师法》第三十九条规定：教师认为当地人民政府有关行政部门侵犯其根据本法规定享有的权利的，可以向同级人民政府或者上一级人民政府有关部门提出申诉，同级人民政府或者上一级人民政府有关部门应当做出处理。

四、幼儿园教师的职业特点

职业的性质使不同职业所扮演的角色、承担的职责表现出不同的特点。幼儿园教师的职业特点如下。

(一)教育对象的幼稚性和主动性

幼儿园教师的教育对象是幼儿。幼儿是有意识的、主动发展的人，其身体和心理正处在生长发育过程中，机体各部分的机能发育尚不成熟。教师通过教育活动对幼儿施加影响。幼儿既是"学"的主体，又是"教"的客体，他们通过自身内部作用来主动筛选和接纳外部的影响，形成自己的经验和知识结构，提高自己的认知水平。

幼儿的成长是一个复杂的过程，其发展具有主动性，所以教师的工作也是十分复杂的。幼儿在发展过程中具有很多的不确定性。当今社会的多元化发展，使得幼儿的主体性、个性非常突出，在认识事物和判断问题时的价值标准也发生了变化。

因此，单纯的说教不能达到教育目的。教师应结合幼儿的发展特点，重视幼儿的主动性，采用多种策略，了解幼儿的内心世界，进而因材施教。3～6岁幼儿的认识活动基本以无意注意为主。注意力不稳定、形象记忆占主要地位、想象大胆且脱离现实、思维过程离不开直接的感知和物体、情感外露、易冲动等特点都体现了幼儿的幼稚性。幼儿园教师除了负责幼儿的学习外，还要照顾幼儿的生活。这一时期的幼儿对教师的信赖程度很高，幼儿园教师的一言一行对幼儿的影响都非常大。

另外，教育过程受社会、家庭等因素的影响。教师只有通过全面调控，才能使这些因素积极地影响并作用于幼儿，但这同时就增加了教师劳动的复杂性和艰辛性。比如，虽然教师在幼儿园经常教育幼儿要互相尊重，互相帮助，懂得谦让，但毛毛依旧比较霸道，总是抢其他小朋友的玩具，教师通过多种方式才纠正了他的坏习惯。尽管如此，毛毛妈妈却认为孩子在幼儿园受到了不公平的待遇。家长与教师的教育观相悖，必然会给教师的工作增加难度。

(二)劳动任务的全面性和细致性

幼儿园教师的任务是根据教育目的和培养目标，向幼儿实施德、智、体、美、劳全方位的教育，促进其身心和谐、健康地发展。保教结合是幼儿园教师工作的重要内容。"保"就是要保护幼儿的健康。健康的内涵非常广泛，除了身体的健康外，还包括情绪、情感、心理的健康。"教"主要是幼儿园的教育教学。教师要通过教育教学系统地影响幼儿的身心发展，使之完成学前教育阶段的各项任务。因此，幼儿园教师的任务是全面的。

处于学前阶段的幼儿的独立生活能力和活动能力较差，他们还不具备照顾自己的能力，需要成人特别是幼儿园教师的细心照顾。在幼儿的一日生活中，教师要事无巨细，不仅要关心幼儿的生活，还要关心幼儿的学习。因此，幼儿园教师的任务又是细致的。

(三)教育过程的创造性

从普遍意义上讲，任何劳动都具有创造性，教师劳动更是如此，因为教师的教育对象是活生生的个体，每个个体都有其独特的天赋、兴趣、爱好。培养学生不能像在加工厂生产产品，而是要根据学生的具体情况因材施教。幼儿园教师必须针对具体情况，创造性地选择活动内容，设计教育活动。另外，在教育过程中，教师本身的素养也体现着创造性的特征。教育教学过程中有很多因素是教育者难以控制的，经常发生预料不到的情况，因此幼儿园教师必须具备处理紧急事件的能力，当事情突然发生时，要做出迅速、恰当的反应，以免导致不良后果。"教育有法，但无定法"强调的就是教师劳动创造性的特点。

(四)教育手段的示范性

幼儿园教师主要通过自己的思想、学识和言行，以示范的方式去影响教育对象。教师是幼儿最直观、最有意义的模范。不管是教师有意的还是无意的行为，都对幼儿产生着影响。苏联教育家加里宁就曾说过："一个教师必须好好检查自己，他应该感觉到他的一举一动都处在最严格的监督之下，世界上任何人也没有受到过这样严格的监督。孩子们的几十双眼睛盯着他。"比如，丫丫一直是老师眼中品学兼优的孩子，但最近几天丫丫总是把垃圾丢到花池旁边。园长观察一段时间之后，向丫丫询问缘由。丫丫解释道："有一次我看到陈老师把垃圾扔在了花池边，我以为这里是可以扔垃圾的地方……"在幼儿的眼里，教师具有很高的权威性，他们认为教师说的话和做的事都是正确的。这就要求幼儿园教师必须注意自身的思想、情感、道德风貌、知识以及一言一行，力求成为幼儿的榜样。

（五）教学行为的自主性

教学自主就是指在一定社会规范和教育目的的引导下，教师根据自己的专业知识和能力，从事与教育教学相关的工作，并自由决定教学活动，不受他人干扰。幼儿园教师的教学行为具有较强的自主性，在教学过程中可以根据国家对幼儿教育的引导方针和幼儿的身心发展规律以及园所特色，自行制订教学计划，选编教育内容，选择教育活动的形式，调整和控制自己的教学活动，安排教学课时等。教师有权按照自己选择的方式来呈现教学材料，灵活地创造、改进或超越自己所教的课程。因此，幼儿园教师的教学行为具有较强的自主性。

幼儿园教师资格证考试·考点预测

掌握幼儿园教师的职业特点，并能够在教育活动中应用。

幼儿园教师资格证考试·真题再现

2019年上半年《综合素质》真题

王老师发现孩子们进入大班后，变得太吵闹了，有时老师喊破了嗓子，孩子们才安静下来。王老师的下列解决方法中不恰当的是（　　）。

A. 引导幼儿逐渐学会自我约束　　　B. 对吵闹的幼儿进行说服教育

C. 让家长把吵闹的孩子带回家安抚　　D. 引导幼儿参与感兴趣的活动

【解析】C。本题考查的是幼儿园教师的职业道德。教师职业道德规范要求教师要热爱幼儿，关心、爱护全体学生，以幼儿为本。面对孩子大喊大叫，教师应关注幼儿的表现并组织其感兴趣的活动，以吸引幼儿的注意，并帮助幼儿明确规则，形成规范，而不是请家长接回，故本题选C。

2019年上半年《保教知识与能力》真题

幼儿园教师要能接住幼儿抛来的"球"，并用恰当的方式把"球"抛回给幼儿，让活动持续下去。这里所体现的教师角色是（　　）。

A. 幼儿学习活动的指导者　　　B. 幼儿学习活动的管理者

C. 幼儿学习活动的设计者　　　D. 幼儿学习活动的合作者

【解析】D。本题考查的是幼儿园的教师角色。题干中强调教师应灵活处理"抛球"与"接球"的关系，在此过程中抛球者和接球者都是主体，彼此没有地位的高低和尊卑的差别。虽然合作双方的经验水平不对等，但教师更强调幼儿的主动探索和自由表达，所以双方是合作伙伴关系，故本题选D。

第二节　儿童观与教育观以及师幼互动

一、儿童观与教育观

(一)儿童观的含义与发展

1. 儿童观的含义

儿童观随着社会的进步、人类文明的进化而不断发展，是人们对幼儿的看法和观点。树立正确的儿童观有利于幼儿教师提高教育质量。

儿童观就是成人对幼儿的特点与能力、地位与权利、幼儿期的意义、幼儿生长发展的形式和成因、教育与幼儿发展之间的关系等方面的总观点。从历史发展的角度来看，不同时代有不同的儿童观，它们既受认识对象的影响，又随认知主体认识的变化而变迁。因此，儿童观是不同时代与不同构建主体间交互作用的产物，是对生命个体成长过程的内在本质及核心所在的深刻揭示和反映。

2. 儿童观的发展

儿童观的内涵随着时代的变迁在不断更新，儿童观的发展经历了不同的演进过程。

(1)历史上的儿童观

第一，幼儿是"小大人"。纵观中西方文化历史，"小大人"儿童观由来已久。在中世纪，有观点认为"幼儿"与成人只在身形上及生理上有所差异，幼儿只不过是"缩小版的大人"。这种小孩与成人只有外形上的差异的看法叫作"预先成形论"。"小大人"现象在当前社会中普遍存在，幼儿成人化也成为当前幼儿教育的通病。成人将幼儿看成"小大人"，认为幼儿是成人的"缩影"，和成人没什么区别，幼儿得像成人一样去思考，像成人一样去行动。在家庭教育中，家长忽略幼儿的认知发展特点和实际接受能力，强迫幼儿学习各种知识。在幼儿园教育中，教师不顾及幼儿的兴趣和爱好，将成人的知识强行灌输给幼儿，没有把幼儿看成独立的个体和社会群体的正式成员，忽视幼儿的发展特点和幼儿期的意义。

第二，幼儿是有罪的。16世纪，清教徒的原罪论视幼儿为邪恶、顽固且需要救赎的人，认为幼儿一生下来就有罪，成人必须对幼儿严加管束、约制，使其得到上帝的原谅。在宗教原罪观念的影响下，家长与教会联合起来，共同引导幼儿避开邪恶，走向光明，而在正式教育逐渐发展并且兴盛之后，学校也加入这个"拯救"幼儿灵魂的行列，这种现象在20世纪后期一些学者的研究中被称为"黑暗童年传奇"①。为了消除幼儿体内犯罪的根源，成人要鞭笞、责骂幼儿，因此对幼儿的体罚亦是合法的。幼儿生来就受到折磨，任何带有创新乃至尝试意识的行为都会受到责罚，幼儿由此变得木讷、呆板，失去了自身应有的童真、童趣。

第三，幼儿"白板说"。"人的观念不是天赋的，而是后天获得的"，是"由外物印入的"②。17世纪的英国教育家洛克提出了"白板说"，他认为幼儿出生时是一块纯洁无瑕的白板，具有很强的可塑性。成人可以根据需要将其塑造成各种各样的类型。成人可以不考虑幼儿的需要，只根据时代的需要对其灌输知识、经验。在很多时候，幼儿仅仅被视作周围环境(主要是学校环境)的产物，他们只是消极、被动地接受外界刺激，这种观点在很大程度上忽视了幼儿发展的主观能动性。

第四，幼儿是"私有财产"。"望子成龙，望女成凤"是广大父母对幼儿的期盼，这种期盼与"不打不成器"的根深蒂固的观念导致幼儿不被看作独立的个体，而被看作家庭的私有产物，归父母所有，或者归学校、班级所有。父母可以决定幼儿的一切事情，控制幼儿的生活，学校可以安排幼儿不感兴趣的课程，把幼儿培养成他们认为最理想的人，让幼儿从根本上失去独立的人格和权利。

第五，幼儿是"花草树木"。五四运动之后，学者开始强调幼儿的权利，开始从全新的角度审视幼儿，在幼儿观上有了跳跃式的进步。这种观点强调成人将幼儿作为一个独立的人来看待，热爱幼儿，尊重幼儿，承认幼儿是一个具有独立存在价值的实体。这从根本上扭转了过去人们对幼儿的传统认识。在这一观念的影响下，幼儿被喻为"花草树木"，教育者则被喻为"园丁"。每个幼儿都有其内在的成熟期，"园丁"要根据时间表呵护"花草树木"的自然生长。这种方式很容易让幼儿处于被保护、被管制的状态。

第六，幼儿是"未来的建设者"。这种观点认为，幼儿是国家最宝贵的财富，是国家未来的资源和建设者。对幼儿进行教育，就是对未来进行最有价值的投资，是一种高投入高产出、利国利民的投资。这种观点过于强调幼儿是国家的财富，在一定程度上否定了幼儿具有的内在价值。

第七，幼儿是"有能力的主体"。相对于前面的观点，将幼儿视为"有能力的主体"是新近的观点。这种观点认为，幼儿是正在发展中的人，在体力、智力、情感、道德等方面都有别于成人。在教育活动中，强调幼儿的个性发展，不断扩大幼儿的

---

① 俞金尧：《西方儿童史研究四十年》，载《中国学术》，2001(4)。
② 赵祥麟：《外国教育家评传》(第1卷)，539页，上海，上海教育出版社，1992。

各项权利，可以使幼儿成为自主的行动者，使他们能发表自己的意见，并充分行使社会赋予他们的权利。

以上各种儿童观都曾存在于某一时代，它们在历史发展过程中既有合理的一面，又有不合理的一面。对于任何一种儿童观，我们都需要结合社会发展情况和教育进步程度来辩证地评价和判断，实事求是地进行分析。

（2）现代社会"育人为本"的儿童观

①"育人为本"儿童观的含义

人是教育的出发点，亦是教育的归宿。任何一种形式的教育都以育人为前提。"育人为本"的儿童观抓住了教育的根本，它以为每个幼儿提供公平的学习机会，满足每个幼儿的学习需要，在教育发展中实现幼儿的全面发展为终极目标。"育人为本"的儿童观要求教育不仅要关注幼儿当前的发展，还要关注其长远发展，更重要的是关注其全面发展。

资料链接4-2

深度解读幼儿综合素质难点："育人为本"的儿童观概述

"育人为本"是指把培养人才作为学校的根本任务，以幼儿为主体，促进幼儿的全面发展，培养社会主义建设所需要的合格建设者和接班人。"育人为本"是"以人为本"在教育工作中的集中体现，是教育工作的根本要求。

第一，"育人为本"要坚持德育为先，把立德树人作为教育的根本任务。德是做人的根本。只有树立崇高的理想和远大的志向，从小打牢思想道德基础，学习才有动力，前进才有方向，成才才有保障。

第二，"育人为本"重点要面向全体幼儿，促进幼儿的全面发展，着力增强幼儿服务国家、服务人民的社会责任感，培养幼儿勇于探索的创新精神，提高幼儿善于解决问题的实践能力。

第三，"育人为本"就是要大幅提高教育培养创新人才的能力和水平。在教育的各个阶段，教育者都要重视打牢创新基础，倡导创新精神，激发创新活力。

第四，"育人为本"就要以幼儿为主体，以教师为主导，充分发挥幼儿的主动性。以幼儿为主体就是要遵循教育规律和幼儿身心发展规律，把促进幼儿健康成长作为一切工作的出发点和落脚点。

②"育人为本"儿童观的主要观点

A. 幼儿是发展中的人

幼儿是发展中的人，幼儿成长的过程就是不断发展的过程。现代教育的价值追求要求人们用发展的眼光来认识和对待幼儿。幼儿不同于成人，在发展过程中有自己的认知方式、成长特点，有巨大的发展可塑性和自我塑造性的潜力。

幼儿的身心发展是有规律的。不同阶段的幼儿身心特征不同，教师应该在教育活动中根据幼儿的实际情况，采取适当的教育手段，创造适宜的教育环境，把握整个教育过程，促进幼儿身心健康发展。因此，把握幼儿身心发展的规律和特征是教师了解幼儿、开展教育教学活动的前提。幼儿的身心发展一般呈现发展的方向性和顺序性、发展的连续性和阶段性、发展的不平衡性、发展的个别差异性四个规律。发展的方向性和顺序性就是强调在正常条件下幼儿的发展总体是按照一定的顺序进行的。在教育活动中教师要遵循幼儿的自然发展规律。发展的连续性和阶段性是指幼儿的发展是不断从量变到质变的过程，幼儿由较低级到较高级的发展呈现连续性，经过一定的积累，必然会发生"质变"，从而呈现出"阶段性"。发展的不平衡性就是强调幼儿的发展不是等速的，不同时期幼儿的发展速度不同，不同阶段的发展特点也不均衡，典型的表现就是关键期。所谓关键期，就是在机体的某一阶段内，心理机能的发展有一个最佳年龄。在这个最佳年龄段内给幼儿提供适宜、及时的教育，就会促进幼儿某一方面的发展，错过了将来就很难弥补。发展的个别差异性是指正常的身心发展虽然呈现相同的发展模式，但每个幼儿的身心发展都是有差别的。比如，有的幼儿心智成熟得早，有的幼儿心智成熟得晚。

幼儿园教师资格证考试·真题再现

2019年下半年《保教知识与能力》真题

养儿防老、光宗耀祖、传宗接代等所体现的观念属于（　　）。

A. 工具主义儿童观　　　　B. 科学主义儿童观

C. 自然主义儿童观　　　　D. 人文主义儿童观

【解析】A。本题考查的是儿童观。传统的儿童观基本上属于工具主义儿童观，把儿童当作工具，没有看到儿童自身也应当作为目的。"君要臣死，臣不得不死；父要子亡，子不得不亡"，这种工具主义儿童观，从根本上来说，是蔑视人、蔑视儿童的。在漫长的封建社会中，不仅儿童，就是成人，也都只是家族的附庸，被束缚于君、臣、父、子的封建伦常关系的网络之中。题干中的传宗接代、光宗耀祖正好体现了这一点。而科学主义儿童观则强调儿童是人，儿童是发展中的人。自然主义儿童观强调教育必须遵循自然规律，尊重儿童的自然天性，使儿童的身心协调发展。人文主义儿童观反对原罪说，尊重天性爱好，认为教育应顺应儿童的学习兴趣及个性。B、C、D选项与题干无关，故本题选A。

B. 幼儿具有巨大的发展潜能

幼儿的发展潜能在胎儿期就有所体现。幼儿在胎儿期就有了视觉、听觉、嗅觉、味觉、记忆等方面的反应能力，出生后几小时就能分辨出气味，有了视觉偏好，还可以形成条件反射。在起初的几年里，幼儿能逐渐掌握基础口语，形成时间和空间的辨别能力，其感觉、知觉、记忆、思维、想象的有意性开始萌芽，并开始形成基本的人际关系和社交能力。

C. 幼儿身心发展具有快速性、幼稚性和全面性

幼儿身心发展的速度极快，各方面的发展变化很大，因此教师要以动态的观点来看待幼儿现有的身心特点和水平，要用发展的眼光看待幼儿。幼儿处在人生初期，身心的各个方面发展都还不成熟，因此容易受到伤害，需要成人加倍呵护、照料。虽然幼儿的身心发展具有快速性和幼稚性，但其机体的各个部分是紧密联系、不可分割的，幼儿身心的各个方面相互影响、相互制约，因此教师必须高度重视幼儿在认知、道德、情绪、情感、个性方面的全面发展。

幼儿园教师资格证考试·真题再现

2015 年上半年《综合素质》真题

材料分析题：

一周长假结束后，楠楠一进教室，就马上走到自然角去探望小金鱼和小蝌蚪。"小金鱼不见啦！"楠楠大声叫起来。郑老师很吃惊地走过去看，以前游来游去的小金鱼不见了，只剩下两个小蝌蚪在缸底的水草下，它们竟然正在"啃"着鱼头。

蝌蚪吃金鱼的事立刻引起了孩子们的注意。早餐结束后，郑老师决定利用这次机会，组织孩子们讨论小金鱼的死因。

孩子们分小组进行了热烈的讨论，他们列出了几种可能的原因。

(1)天气闷热致死。因为放假期间，天气一直有些闷热。

(2)水污染致死。因为涵涵曾经将肥皂泡沫吹到鱼缸里，大家觉得这样可能会导致金鱼死亡。

(3)金鱼吃得太饱了，撑死了。因为小杰家的金鱼就是这样死的。

(4)金鱼是饿死的。因为放假期间没有人给金鱼喂食，它们就饿死了。

…………

郑老师继续组织幼儿讨论什么样的喂养方式是正确的，大家纷纷发表意见。

随后，郑老师指导孩子们把金鱼的尸体从鱼缸里捞出来。有的孩子还提出要把金鱼埋葬到草丛里，郑老师答应了，并给孩子们借来铲子，看着孩子们很认真地把他们心爱的金鱼埋好。

问题：请从儿童观的角度评价郑老师的保育行为。

【答案要点】教师的做法符合"育人为本"的儿童观，这种教育行为值得我们学习。

第一，幼儿是发展中的人，有巨大的发展潜能和探索意识。在材料中，对于金鱼的意外死亡，教师并没有直接告知幼儿答案，而是带领幼儿大胆假设、论证研究，激发了幼儿的学习热情，促进了幼儿的发展。

第二，"育人为本"的儿童观强调要促进幼儿的全面发展。在材料中，教师不但就金鱼之死引发大家在知识方面的讨论，还为金鱼举办了一个葬礼，让幼儿体会到生命的宝贵与意义，陶冶了幼儿的情操，丰富了幼儿对大自然的情感。

因此，幼儿园教师应像郑老师一样，全面贯彻"育人为本"的儿童观，一切以幼儿的全面发展为中心，帮助幼儿健康快乐地成长。

D. 幼儿是完整的人

幼儿既是发展中的人，又是完整的人，具有健全的人格。幼儿园教师应该为幼儿营造完整的生活世界，丰富幼儿的精神生活，给予幼儿全面发展的空间和时间。首先，教师要关注幼儿的情绪和情感体验，努力使幼儿从每一次的教学活动中都能获得愉悦的情绪和情感体验。其次，教师要多创造活动的机会，让幼儿变得积极、活跃。最后，教师要关注幼儿的道德生活和人格养成过程，不仅要挖掘教学活动中的各种道德因素，而且要积极关注和引导幼儿在教学活动中的道德表现，使幼儿在学习知识的同时健全人格。

幼儿园教师资格证考试·真题再现

2019年下半年《综合素质》真题

为帮助幼儿掌握正确的洗手顺序和方法，王老师自编了儿歌，"清清水哗啦啦，卷卷袖子洗手啦，先洗小手心，再洗小手背，个个手指都洗到，人人夸我讲卫生"，引导幼儿边唱边练。下列说法与该教师的做法无关的是（　　）。

A. 注重幼儿的知识积累　　B. 注重幼儿的气质养成
C. 注重幼儿的情境体验　　D. 注重幼儿的习惯培养

【解析】B。本题考查的是教师的劳动特点。题干中王老师针对洗手这一生活情景自编儿歌，让幼儿学习正确的洗手顺序和方法，这种行为体现了教师劳动的创造性以及教师对幼儿情境体验的关注。儿歌通俗易懂，容易使幼儿产生画面感，从而帮助幼儿学会正确的洗手方法，积累相关的知识经验，养成良好的卫生习惯。A、C、D选项的说法均有体现，综合对比并没有体现气质养成，故本题选B。

E. 幼儿是独一无二的人

受环境、遗传、教育的影响，每个幼儿的身心发展特点各不相同，每个幼儿都有自己的个性。在外界因素的交互影响下，幼儿在教育活动中所表现出来的参与风格也都不相同。因此，教师应当将幼儿看成独特的个体，因材施教，促进幼儿的全面发展。

幼儿园教师资格证考试·真题再现

2019年下半年《综合素质》真题

小班幼儿点点初入园时不愿意午睡，连自己的小床都不愿意靠近，对此王老师正确的做法是(　　)。

A. 通知家长，领回训练　　　　B. 统一要求，不能特殊

C. 批评点点，坚持常规　　　　D. 降低要求，个别对待

【解析】D。儿童是发展中的人，处于人生发展的特定阶段，具有很强的可塑性。教师不能只关注儿童的现实情况，还要挖掘儿童可能出现的各种情况，实现对儿童成长的全局性把握，对教育好每一个儿童充满信心，应认识到不同年龄段的幼儿拥有不同的发展水平，具有不同的情感和社会需求，做到因材施教。面对"小班幼儿点点初入园时不愿意午睡，甚至不愿意靠近自己的小床"这种情况，教师应及时关注幼儿的个别需要及情感需求，以发展的眼光看待幼儿，引导幼儿午睡，帮助幼儿养成良好的午睡习惯，故本题选D。

F. 幼儿期有其自身的价值

人的每一个发展阶段都有不可替代的价值，幼儿期也不例外。它是人生发展的准备阶段，是童年的开始。在此阶段，教师要通过教育为幼儿创造一个幸福而有意义的童年，为他们的一生奠定良好的基础。

资料链接4-3

学生是学习的主体，是具有能动性的教育对象

学生是学习的主体，是具有主观能动性和特殊素质的人。这种主观能动性具体包括以下几个方面。

一是独特性。每个学生都是一个独立的个体，拥有独特的兴趣、爱好和追求，有个人的独立意志、独立人格和精神世界。承认学生的独特性，也就意味着承认学生成长中的多样性和差异性。教师只有尊重每一个学生的独特性，才能善待学生，让每一个学生在学习中获得成功的机会，并体验到生命成长的快乐。

二是选择性。学生是教育的对象，但学生对于教育教学所施加的影响并不是无条件地接受，而是有选择性地接受。学生会根据自身的条件，如目标、能力等，选择符合自身需求的学习内容、学习方式以及学习态度，调整自身的学习过程，最终

影响教育教学效果。因此，教师只有充分认识学生作为学习主体所拥有的选择性，才能尊重每一个学生，激发学生内在的学习动力，充分调动学生学习的主动性和积极性，有效地促进学生的发展。

三是创造性。这是学生作为学习主体的最高表现形式。学生的有效学习过程绝不是一个简单的复制过程，而是一个有机的内化过程。在学习过程中，学生可以超越教师和时代的认识，提出不同的观点和看法，个性化地理解和掌握教育教学内容。

G. 幼儿是权利的主体

幼儿和成人具有平等的地位和相同的价值。幼儿是人格独立的人，是拥有权利并能行使自己权利的自由主体。幼儿拥有的一些基本权利包括生存权、受保护权、发展权和参与权。幼儿作为权利的主体有自身的特殊性。例如，幼儿权利的行使需要社会的教育和保护。虽然幼儿不能直接参与社会生产，但仍是社会体系中不可缺少的有机组成部分，需要在精神上、物质上被给予特殊的照顾并受到法律保护。

幼儿园教师资格证考试·考点分析

儿童观是考查的重点，因此考生应全面理解"育人为本"的儿童观的内容，并能够在教育活动中应用。

幼儿园教师资格证考试·真题再现

2019年下半年《综合素质》真题

在活动中萌萌不小心摔倒了，摔倒后她有些情绪，不愿意立刻站起来。刘老师的说法正确的是（　　）。

A. 怎么这么不小心　　　　B. 没关系吧？需要帮助吗？

C. 我来扶你起来　　　　　D. 赶紧起来，勇敢点儿

【解析】B。本题考查的是儿童观方面的内容。儿童是学习的主体，是具有能动性的教育对象。儿童在教育活动中具有主观能动性和自我教育的可能性，儿童的学习和发展是儿童主动建构的过程。B选项"没关系吧？需要帮助吗？"，前半句体现了教师对幼儿情绪的关注以及对幼儿的关心和爱护，后半句则体现了教师对幼儿主观能动性及自我教育的尊重。教师先引导幼儿自己站起来，如若幼儿需要帮助，教师再帮忙，这体现了幼儿的主体地位，故本题选B。

2015年上半年《综合素质》真题

材料分析题：

亮亮喜欢打人，经常有小朋友因此找王老师告状。今天，小朋友们坐在餐厅等待吃饭时，明明经过亮亮身边，顺手戳了亮亮一下，亮亮还手打了明明一下。

这时，王老师经过，看见亮亮打人，一把抓住他，用力狠狠戳他的头，推得他直摇晃，并生气地说："看你还打人！"见到此情景，小朋友们纷纷在王老师面前数落亮亮曾经打了自己。王老师听后更生气了，她用力拍打亮亮的肩膀，同时生气地大声吼道："你真是讨人嫌！长得人不像人！"

问题：请从儿童观的角度，评价王老师的教育行为。

【答案要点】王老师的教育行为是不恰当的，没有体现"育人为本"的儿童观。

首先，幼儿是发展中的人，有着巨大的发展潜能和发展需要，同时幼儿的发展还具有幼稚性。王老师没有问清缘由就批评亮亮，以刻板的眼光看待亮亮，忽视了亮亮的发展潜能，没有帮助亮亮改正错误。

其次，幼儿是独特的人，是完整的人，他们具有丰富的精神生活和内心世界。王老师把自己的想法强加给亮亮，没有从亮亮的角度考虑问题，没有把亮亮看作独特的人。

最后，幼儿是权利的主体，幼儿和成人具有平等的地位和相同的价值。王老师没有平等地看待亮亮，用手戳亮亮的头以及进行辱骂更是侵犯了亮亮的权利。

幼儿园教师应该自觉学习"育人为本"的儿童观，在保育和教育活动中正确看待幼儿，把他们看作发展中的人、独特的人、完整的人，以及学习和权利的主体，尊重幼儿的人格，促进幼儿的发展。

（二）教育观的含义与发展

1. 教育观的含义

教育观，简言之，就是人们对教育所持的看法，即人们如何对待学前教育对象、学前教育目标、学前教育内容、学前教育方法等教育要素及其属性以及它们之间的相互关系。教育观还包括人们对与教育相关事物的看法，以及对由此派生出的教育作用、教育目的、教育功能等方面的看法。人们的立场、角度、背景不同，所持的教育观也会不同。树立正确的教育观是深化学前教育改革的必要前提。

2. 教育观的发展

教育作为专门培养人的社会活动，总是受制于社会的需求。不同的时代和社会对教育的要求截然不同。

原始社会时期，生产力低下，整个社会中的各种实践活动融为一体。教育活动刚刚开始，没有学校、教材，但目的十分明确，就是保障孩子的健康成长，教给孩子能够独立生存的本领和经验，使社会得以延续和发展。幼儿通过模仿、学习成人的生活方式和行为习惯习得原始的道德。在这一阶段，教育没有阶级性，人人享有平等接受教育的权利。

古代社会时期，家庭担负起了教育、培养幼儿的职能。这一时期的教育目的就是为统治者培养统治人才和安分守己的平民。封建社会时期，受教育的目的是参加科举考试。统治者十分重视对子女的教育，因此宫廷教育在古代社会中占有十分重要的地位。

近现代社会转型时期，教育观念受到教育学、心理学、生态学、人类学、社会学和哲学等领域研究成果的影响，在根本上发生了变化。这一时期教育的主要内容是知识的学习和技能的训练，传授知识的方式也仅仅依靠教科书，教师最大的职能就是向学生传授经验。现在这种教育观念被认为是传统的教育观念。应试教育是传统教育观念的根源。

随着科学技术的快速发展和社会的急剧变革，信息技术发展日新月异，社会迫切需要一些高、精、尖的人才。20世纪80年代以来，教师不断地尝试进行教育改革，在实践的基础上，素质教育应运而生。素质教育旨在提高人的内在素养，强调知识的内化和身心的发展。其主要目标有两个，即面向全体学生和使学生全面发展。中共中央、国务院在《关于深化教育改革全面推进素质教育的决定》中明确指出，实施素质教育，必须把德育、智育、体育、美育等有机地统一在教育活动的各个环节中。学校教育不仅要抓好智育，更要重视德育，还要加强体育、美育、劳动技术教育和社会实践，使诸方面教育相互渗透、协调发展，促进学生的全面发展和健康成长。

2001年，我国基础教育课程改革中明确提出了"一切为了每一位学生的发展"的重要理念，而这一理念正是"面向全体学生"这一素质目标的体现。人的全面发展既包括德、智、体、美等方面的发展，也包括与自然、与社会和谐统一的能力的发展。教育者要想使学生得到全面发展，就要使教育内容具体化、明晰化。

德育方面："要有针对性地开展爱国主义、集体主义和社会主义教育，中华民族优秀文化传统和革命传统教育，理想、伦理道德以及文明习惯养成教育，中国近现代史、基本国情、国内外形势教育和民主法制教育……进一步改进德育工作的方式方法，寓德育于各学科教学之中，加强学校德育与学生生活和社会实践的联系，讲究实际效果，克服形式主义倾向。"

智育方面："要让学生感受、理解知识产生和发展的过程，培养学生的科学精神和创新思维习惯，重视培养学生收集处理信息的能力、获取新知识的能力、分析和解决问题的能力、语言文字表达能力以及团结协作和社会活动的能力。"

体育方面："学校教育要树立健康第一的指导思想，切实加强体育工作，使学生掌握基本的运动技能，养成坚持锻炼身体的良好习惯。确保学生体育课程和课外体育活动时间，不准挤占体育活动时间和场所。举办多种多样的群体性体育活动，培养学生的竞争意识、合作精神和坚强毅力。"

美育方面："要尽快改变学校美育工作薄弱的状况，将美育融入学校教育全过程。"

素质教育强调对全体学生进行全面发展的教育，培养学生多方面的素质。素质教育这一教育观的确立，必将带来教育上深刻的思想变革。在教育内容上，它要求实施人的全面发展的教育；在教育目标上，它强化了全面提升学生素质的宗旨；在教育途径上，它注重理论联系实际；在教育方式上，它重视学生的主体地位和创造性能力的培养；在评价标准上，它除了重视基本能力之外，还提倡特色培养。素质教育观更加重视基础、长远的教育效果。因此，这一教育观将从整体上、宏观上影响我国教育模式的改革。

幼儿园教师资格证考试·考点分析

　　掌握素质教育的内容，并能在教育教学过程中灵活运用。

幼儿园教师资格证考试·真题再现

2019年下半年《综合素质》真题

材料分析题：

中班幼儿馨馨的左手臂先天发育不良，协调能力和运动能力都低于其他幼儿。馨馨很喜欢跳舞，但每当要登台表演时她都会默默地退出。

幼儿园一年一度的艺术节就要开幕了，王老师特意编排了动作与队形相对简单的舞蹈"蓝精灵"，并鼓励馨馨加入。在排练中，连续几个八拍跳下来，馨馨有些手忙脚乱。王老师放慢速度，并降低动作要求，可馨馨的动作仍然不到位，馨馨有些焦急。王老师对馨馨说："不要急，你跳得已经很好了，老师陪你慢慢跳。"馨馨点点头，跳得更认真了。可几个孩子却抱怨着："老师，馨馨总是撞到我。""老师，馨馨跳得太慢了。"旁边的李老师也说："直接安排馨馨参加大合唱不是更简单吗？"王老师摇摇头说："馨馨比任何孩子都更在乎跳舞，我一定要帮她做到。"王老师随后对孩子们说："你们知道吗，蓝精灵们正因为善良、勇敢，又相互关心，才最终打败了格格巫。我们要像蓝精灵们一样互帮互助，这样才能跳好舞蹈。"

艺术节如期举行，馨馨和孩子们在舞台上欢快地舞动。

问题：请结合材料，从教育观的角度评析王老师的教育行为。

【答案要点】王老师的教育行为符合新时期素质教育观的要求，有利于幼儿的身心健康发展，具体表现在以下几个方面。

第一，素质教育观要求我们要促进幼儿的个性发展。每个幼儿都是独立的个体，有个体差异性，因此我们要注重因材施教。在材料中，馨馨因为手臂发育不良，在舞蹈学习上与其他小朋友存在差距，王老师专门为其编排了相对简单的舞蹈动作，使之能加入舞蹈排练中，这说明王老师尊重幼儿的个体差异性，尊重馨馨的个性发展，做到了因材施教。

第二，素质教育观要求我们在实施教育时要面向全体幼儿。我们的教育要让每个幼儿都得到发展，不能只关注部分幼儿。在材料中，当其他小朋友和李老师建议让馨馨参加大合唱时，王老师并没有因此放弃，而是坚持让馨馨参加舞蹈排练，这说明王老师的教育是面向全体幼儿的。

第三，素质教育观要求我们要促进幼儿的发展。在幼儿的成长过程中，德、智、体、美缺一不可。在材料中，王老师不仅关注幼儿的舞蹈学习，还能够抓住排练时的教育契机，教导幼儿要互帮互助，这说明王老师既注重对幼儿的技能教育，又注重对幼儿的思想教育。

第四，素质教育观要求我们在教学中要从"关注学科"转向"关注人"。我们的教育不仅要关注幼儿的知识经验，还要关注幼儿的情感。在材料中，王老师没有因为馨馨影响舞蹈排练的进度而不让馨馨参加，反而是鼓励馨馨，尊重馨馨对舞蹈的热爱，这体现了王老师对幼儿本身的关注。

第五，素质教育观要求我们的教学要从"以教育者为中心"转向"以学习者为中心"。我们的教育教学不是教师的一言堂，而要考虑幼儿的需求与特点，从幼儿的角度出发。在材料中，王老师针对馨馨的特点选择了相对简单的舞蹈"蓝精灵"，当别的教师和幼儿有怨言时，王老师也能坚持从馨馨的立场出发，这充分说明了王老师在教育过程中以幼儿为中心。

总之，材料中的王老师始终践行素质教育观，其做法是值得我们学习的。

(三)儿童观与教育观之间的关系

不同的儿童观、教育观，在教学活动中反映出的教师与幼儿的关系也大不相同。在传统观念看来，教师是输出者，幼儿是接受者，教师与幼儿形成了"给予"和"接受"的关系，幼儿总是被动地接受知识。在现代儿童观、教育观中，教师是主导，幼儿是主体，教师主导的方式不同，幼儿的反应也不相同。教师应为幼儿提供良好的环境，设计有利于幼儿个性发展的教育活动，最大限度地调动幼儿的主动性和积极性。儿童观、教育观的关系不能仅仅停留在表面上，而要落实到整个教育过程中去。

首先，要树立促进幼儿可持续发展的教育观。幼儿不仅属于现在，更属于未来。教育的发展不仅要立足于现在，还要注重可持续发展；既要满足幼儿对知识的需求，又要关注幼儿身心的均衡发展。教育者要促进幼儿的可持续发展，就要帮助幼儿统整从各个方面、各个领域获得的知识，并形成系统的、可持续利用的知识。此外，教育内容要体现促进幼儿心理可持续发展的内在价值，关注幼儿的每一步及每一个层面的成长。

其次，以游戏教学为主，注重教师的"教"和幼儿的"学"。游戏是幼儿的主要活动，幼儿通过游戏学习和成长。游戏包含教师的"教"、幼儿的"学"两类活动，这两类活动不可分割地交织在一起。师幼共同活动可以让教师的"教"更有效，让幼儿的"学"更有趣。在以"游戏"为主的前提下，教师还要注重间接地"教"，为幼儿创设宽松的环境，为幼儿提供游戏材料，让幼儿自己结伴，自己决定怎么玩。这种方式将教师从主导者变为观察者，使教育影响力不直接由教师而是通过游戏材料间接地作用于幼儿。

二、师幼互动

（一）师幼互动的含义与特征

1. 师幼互动的含义

师幼互动是指在师幼之间发生的各种形式、各种性质和各种程度的相互作用和影响。师幼互动特指发生在师幼之间的一切交互作用和影响，它是师幼各自人际互动系统中的一种特殊的和主要的形式。[①] 还有一种观点认为，广义的师幼互动既包括发生在托儿所的教师与 3 岁前幼儿之间的互动，也包括发生在幼儿园的教师与 3~6 岁幼儿之间的互动，而狭义的师幼互动专指发生在幼儿园的师幼互动。"一个人的发展取决于和他直接或间接进行交往的其他一切人的发展。"师幼关系是一种特殊的人际关系，蕴含着情感因素。教师与幼儿除了需要认知上的交流以外，还需要情感和心灵上的沟通，这些互动对于建立良好的师幼关系十分重要。

在对师幼互动这一概念的理解和把握上我们需要注意以下几点。[②]

第一，师幼互动是存在于教师和幼儿之间的一种人际互动。教师和幼儿在互动中都占有重要的地位，且互为主体。

第二，师幼互动是一种交互作用和相互影响的过程。教师和幼儿都作为独立的主体相互影响。同时，师幼间的这种交互影响又不是一次性的或间断的，而是一个链状、循环的连续过程。师幼正是在这样一个连续的动态过程中不断互动，相互影响的。

第三，师幼互动所包含的内容十分广泛，即包括师幼间的一切活动。师幼间的活动有可能发生在有组织的教育活动中，也有可能发生在非正式的交往活动中，其情境是千变万化的，其内容也是丰富多彩的。因此，师幼互动从本质上讲是一个发生在多情境中的，具有多种形式、多种内容的互动体系。

2. 师幼互动的特征

师幼互动在幼儿人际关系中具有指导地位，既具有一般人际互动的一些共性，又具有自身的独特性，主要表现在以下几个方面。

（1）教育性

教育性是师幼互动的首要特征。在师幼互动中，无论是师幼的身份还是互动的目的、内容以及互动发生的情境等，均表现出明显的教育性。首先，师幼间互动的目的是促进幼儿学习、认知和社会性的发展。师幼互动的内容更多的是围绕这一目

---

① 江东秋：《学前教育学》，120 页，南昌，江西高校出版社，2009。

② 庞丽娟：《教师与儿童发展》，160 页，北京，北京师范大学出版社，2003。

的及相应的教育内容，如认知能力、社会性和交往能力等方面的培养而开展的。其次，师幼互动发生的情境多种多样，不仅发生在课堂上及教学活动中，还频频出现在日常生活及交往活动中。教师在日常生活中的言行及对待幼儿的态度，都对幼儿具有强大的潜在影响及榜样示范作用。最后，教师由于其角色的特殊性，在幼儿心目中处于特殊的位置。他们在生活或者教育教学过程中所表现出来的对幼儿的情感、期望与评价，直接影响幼儿的自我认知、社会行为及交往。

(2)交互性和连续性

在师幼互动中，互动的双方总是根据对方的行为来做出自己的反应。幼儿根据教师的要求来调整自己的行为，同样幼儿的行为也会影响教师的状态。在这个过程中，师幼构成影响的交互性。师幼间这种双向的交互影响不是一时的或者间断性的，而是循环性的、连续性的，不仅会影响当下的互动效果，还会对以后的互动产生影响。

(3)组织化和非正式化相结合

在表现形式上，师幼互动具有明显的组织化特征。师幼互动常常带有明显的目的性，有预期目标和相应内容，活动是为了完成这一任务而有目的、有计划地展开的。虽然组织化的互动有利于知识的传递和目标的实现，但不利于幼儿充分地表现其个性，难以满足幼儿对同伴交往、情感交流等方面的需求。因此，教师要灵活地将组织化和非正式化的交往形式结合并用，以取得更好的师幼互动效果。

(4)非一一对应性和综合性

师幼互动大多时候都不是一对一的，而是发生在一位教师和多个幼儿之间的。这样的互动可以节约教育资源，使幼儿充分以同伴为学习资源，使幼儿间的影响具有弥散性和辐射性，提高教育教学效果，但也可能会导致师幼间一对一的交流不够充分，个别幼儿得不到足够的关注，部分幼儿的特殊需要也不能及时被发现和满足。长此以往，教育过程中的交往和对双方关系的期待、行为反应都会被削弱，从而影响幼儿积极性的发挥。因此，教师既要注意与大多数幼儿进行互动，又要有意识地与个别幼儿进行长期有效的互动。

(二)师幼互动的主要方式

在幼儿园教育活动中，教师快速掌握幼儿行为习惯的方式就是积极主动地进行师幼互动，然后再有针对性地开展教学研究。进行师幼互动之前，教师要做好充分的准备，尽可能预测到幼儿可能出现的问题，用尊重的态度和幼儿沟通、交流，从而使幼儿能够主动地进入教学互动中去。通过对教学过程的分析我们发现，在具体的互动过程中起关键作用的是教师与幼儿对自己与对对方角色的认知。因此，根据教师与幼儿这两个互动行为主体在实际教学中所扮演的角色，我们把师幼互动分为教师发起的互动和幼儿发起的互动。

1. 教师发起的互动

教师在发起互动前会精心准备教育内容、教育方法、教学步骤，制订教学计划。

如果教师所准备的内容符合幼儿的年龄特点、兴趣和爱好，并能在互动过程中调动幼儿的积极性，那么教师发起的互动就有利于幼儿的学习和发展。

（1）在游戏中进行师幼互动

幼儿对游戏充满兴趣。在游戏中，幼儿能够无拘无束地玩耍，并产生许多新颖的想法，但是由于幼儿年龄比较小，对教师的依赖性非常强，因此教师可以由此设计游戏，让幼儿从游戏中找到自己的位置。教师选择的游戏应该简单、易操作，且幼儿能够独立完成。例如，教师可以根据幼儿喜欢的《小动物开会》的故事组织游戏，让幼儿选择一个自己最喜欢的角色进行扮演。在角色扮演中，幼儿最关心的是自己模仿得是否逼真。因此，在游戏过程中，教师可以适当地投入游戏，及时鼓励表现好的幼儿，对于游戏中遇到困难的幼儿给予适当的指导。

（2）在知识传授中进行师幼互动

在讲授知识的过程中，教师要进行提问，让幼儿充分发挥创造力和想象力。对于幼儿的回答，教师要巧妙地做出回应，尽量避免否定性的评价或者批评性的语言。除了讲授知识以外，教师还可以以同等的姿态参与到幼儿的活动中去，与幼儿共同学习，这样可以大大增加与幼儿交往的机会，让幼儿在不知不觉中接受教育，获得知识。

（3）在幼儿的实物操作中进行师幼互动

幼儿的实物操作是指幼儿摆弄和操作实际物体，如玩具、工具、日常用品等。很多幼儿游戏，如建筑游戏、玩沙、玩水、手工制作等都属于这一类。实物操作活动有助于提高幼儿的动手和动脑能力。教师可以设定适宜的情境让幼儿去创造。例如，要让幼儿了解几何形体的知识，仅让幼儿看看模型，或仅由成人告诉幼儿什么形体有什么特征，都不会有很好的效果。即使幼儿能说出几何形体的名称，也不等于他们理解了概念的内容。只有让幼儿动手去摸，去摆弄，反复地观察、比较、操作，才能使其获得关于形体的直观认识，并在头脑中形成相应的表象。幼儿园教师要做好幼儿的合作者和引导者，及时发现并解决幼儿在实物操作过程中遇到的问题，帮助他们克服困难。教师要和幼儿积极地交流，了解幼儿的想法。

2. 幼儿发起的互动

（1）幼儿之间的互动

幼儿之间的互动对于提高幼儿的合作能力发挥着重要作用。在幼儿合作过程中，教师要为他们创造更多的交流主题，为他们之间的互动提供平台。同时，教师要放权给幼儿，让幼儿决定力所能及的事情。例如，幼儿用积木搭建建筑物时，教师可以让幼儿自己分组，并在搭建过程中讨论一些问题，如谁和谁一组，想搭建什么，如何搭建等。这个过程可以大大提高幼儿的协调配合能力。

（2）幼儿主动发起的师幼互动

从师幼互动发起的主体来看，幼儿园一日生活中存在由幼儿主动发起的师幼互动。幼儿主动发起的师幼互动主要表现为幼儿主动向教师讲述、主动提问、告状、主动向教师寻求帮助等。一般来说，在师幼互动过程中，如果教师以幼儿为中心，注意激发幼儿的积极性和主动性，在活动中给予幼儿较大的自由，那么由幼儿主动发起的互动就比较多。因此，教师要创设轻松自由的环境，经常组织幼儿进行小组讨论，在解决问题时，注意倾听幼儿的意见，鼓励幼儿大胆发表自己的观点。

总之，不管是教师发起的互动还是幼儿发起的互动，都能有效地促进幼儿认知、情感和道德的发展，有助于教师在活动中发现、总结问题，丰富教学经验。

（三）影响师幼互动的因素

在教学实践过程中，尽管师幼互动呈积极、健康的态势发展，但仍存在一些问题，互动的效果和质量还有待提高。原因是多方面的，主要表现在幼儿的认知水平、教师的教育观和素养、环境氛围三个方面。

1. 幼儿的认知水平

幼儿由于年龄尚小，对事物的认知水平较低，在与教师的互动中经常处于被动接受的状态，而且很多幼儿长期处于长辈的呵护中，自理能力较差，有着很强的依赖性，如不会系鞋带，不会吃饭，不会穿衣服等，这使得他们在活动中只会求助教师或者同伴，并期待能够得到帮助。当班容量较大时，教师就不能照顾到每个幼儿的需要，不能及时解决幼儿的所有问题，这必然会影响积极、有效的师幼互动关系的形成。

2. 教师的教育观和素养

在幼儿园教学实践中，教师的教育观和素养对师幼互动有着根本性的影响。如果教师没有树立科学的教育观，不具备基本的教师素养，那么在师幼互动过程中，知识与技能的灌输、纪律的约束就会成为师幼互动的主要内容。教师会表现为无视幼儿的话语，不愿意倾听幼儿发言，或经常武断地打断幼儿的发言，成为互动中话语权的独占者。这样，师幼双方的互动就成了教师的独角戏。所以，要使幼儿敢于发起互动，敢于发表自己的想法，教师必须树立科学的教育观，提高自身素养。

3. 环境氛围

有效的师幼互动离不开环境的创设。环境包括物理环境、人际环境和心理环境。它既应该是幼儿熟悉的环境，又应该是能引起幼儿积极探索欲望的环境。幼儿园的环境创设大多是从教师的角度出发的，较少考虑幼儿的理解力和接受力，这就导致教师发起的互动难以得到幼儿积极的回应，幼儿也因为不理解而不敢主动与教师展开互动。

环境是活动的载体。轻松自由的环境是建构积极有效的师幼互动的前提和基础，能激发幼儿参与活动的积极性和主动性，消除幼儿内心的障碍和紧张感。在平等、自由、鼓励探索的环境中，教师和幼儿共同面对问题，解决困难，互相协商交流。在这种互动过程中，幼儿思维活跃、快乐自信，不怕困难、勇于探索，很好地促进了身心发展。

第三节　幼儿园教师的专业化发展

一、幼儿园教师专业化发展的含义

教师专业化发展又称教师专业成长，是指教师个人在整个职业生涯中为适应教育工作需要，不断获取新知识，增强自身专业能力，完善自己的职业道德修养，提高教育教学质量的过程。幼儿园教师作为教师队伍中的一员，其专业化发展是指幼儿园教师通过持续的学习，从专业理念与师德、专业知识、专业能力等方面由不成熟到成熟的过程。其中，幼儿园教师的主体意识、研究意识的增强是其专业化发展的灵魂，专业知识、专业技能的提升是其专业化发展的实质。幼儿园教师的专业化发展是当前幼儿园建设、管理和发展的核心问题，是我们在思索特色园区发展时必须重视的关键问题。

扫一扫，看资源

微课《幼儿园教师的专业化发展》

幼儿园教师资格证考试·考点分析

了解幼儿园教师专业化发展的含义，并能够在教育教学活动中运用多种方式和手段促进自身的专业化发展。

幼儿园教师资格证考试·真题再现

2016 年上半年《综合素质》真题

幼儿园拟派工作多年、任劳任怨的胡老师去外地参加理论研修班，胡老师对园长说："年轻人喜欢玩，让她们去吧，而且照顾小孩子，都是些穿衣吃饭的琐事，耐心点就行，不需要太多的理论。"这表明胡老师（　　　）。

A. 关心年轻教师的专业成长，甘为人梯

B. 不服从园里的安排

C. 忽视自身的专业发展，盲目奉献

D. 积极参加园内管理，并提出合理建议

【解析】C。幼儿园教师作为教师队伍中的一员，其专业化发展是指幼儿园教师通过持续的学习，从专业理念与师德、专业知识、专业能力等方面由不成熟到成熟的过程。教师应不断提高自己的专业知识与能力，提升专业化水平。

二、幼儿园教师专业化发展的途径

幼儿园教师的专业化发展是一个终身学习的过程，是幼儿园教师不断更新认知的过程。幼儿园教师只有不断地充实自己的专业知识和技能，才能在发展中不被淘汰。目前，幼儿园教师专业化发展的途径越来越丰富，除了传统意义上的教师间观摩课、园区之间相互研讨和进修以外，还有以下几种。

(一)职前培养

职前培养是教师入职前的准备阶段。幼儿园教师的职前培养任务主要由我国师范类院校承担。师范类院校的任务就是根据专业幼儿园教师资格的要求，使教师在入职前通过3~5年的时间系统学习学科专业知识和教育教学知识，掌握专业技能，培养专业态度，形成专业理念，为将来从事幼儿教育事业奠定基础。幼儿园教师要充分认识到幼儿阶段"保教结合"的重要性，并按照幼儿的成长特点进行科学的保育和教育，理解幼儿的学习方式，创设温馨、愉快的环境，保护幼儿探索、创造的精神，让幼儿能够在幼儿园快乐、健康地成长。

(二)岗前培训

师范类院校毕业的大学生在完成了所有的职前教育课程，获得了幼儿园教师资格证以后就可以进入学校，走上教育教学的岗位。对于刚刚走上幼儿园教师岗位的年轻教师来说，身份、角色的转变会使他们产生焦虑、茫然、无所适从的感觉，如怎样和幼儿有效地互动、如何开设系统的课程等，这些都需要入职前做好规划。因此，岗前培训尤为重要。幼儿园教师的岗前培训是一个有计划的、持续的过程。即将入职的教师需要了解园区特色，熟悉教学方法、教材处理方式和教学研究等方面的内容，从而可以尽快适应教育教学环境，更快地成长、成熟起来。

(三)在职培训

教师的专业化发展是一个持续的过程。在这个过程中，教师需要不断地更新、整合自己的知识体系，提高自己的专业技能，不断深化对教育教学工作的理解。我国有大量的教育机构及高校承担着教师的在职进修任务，为教师提供了多样化的学习课程。同时，国家和地方也制定了一系列在职教师进修学习、培训的制度，引导和鼓励教师不断地学习。

1. 园本培训

园本培训是被中外教育家和学校所推崇的有效的在职培训方法。这种培训是以幼儿园为载体，为教师创建适合沟通的空间和交流的平台，以解决教师所面临问题的园本教研活动。例如，定期开办案例分析会，就案例中反映出的各个方面的问题进行讨论，以期提高幼儿园教师的专业化程度。通过这种活动，教师能够接触到更多的新理念并付诸实践。园本培训就是为了更好地发展本园，促进师幼的共同进步。

2. 各类进修学习的机会

在专业化发展的过程中，教师要不断地充实自己的头脑，提高自身的专业技能，加深对教育教学工作的理解，这一切都需要教师不断进修，接受新鲜的理念，为自己的成长注入新的活力。在我国，教师的进修学习主要有以下几种方式：一是考察学习，即优秀的教师到外地或者国外相关机构考察先进的教育理念和教学方法；二是脱产进修，即有能力的教师脱离岗位到高等院校集中、系统地学习一段时间；三是参加函授、电大、自考学习。这种学习方式较普遍，教师不用脱离原来的工位岗位，而是利用假期去完成学习任务。

3. 反思教学经验

教师的反思是每日必不可少的一个环节。反思教学经验是幼儿园教师以自己的教学活动为思考对象，利用行动研究方法，不断对自己的教育实践进行审视和分析，积极探索与解决教育实践中的问题，努力提高教育实践的合理性、科学性，使自己逐渐成长为专家型教师的过程。教育反思作为一种专业化发展的方法，应以专业知识为基础，以教育活动的实践效果为方向，以解决教育实际问题为目的。幼儿园教师每次在反思之后可以将反思内容记录下来，这样能养成良好的反思习惯。幼儿园教师只有不断地反思、总结，才能不断地积累经验，并持续促进自身专业素质的提高。

幼儿园教师资格证考试·真题再现

2019 年下半年《综合素质》真题

江老师在教育日记中写道："当遇上烦恼时，我会推开窗户，让沁人心脾的新鲜空气飘进来；走近孩子，让甜美稚嫩的童音感染一下；放声歌唱，让美丽的音符驱散忧愁；翩翩起舞，将一切不快和烦恼抛之云外……"这表明江老师（　　）。

A. 具有心理调适能力　　　　B. 具有反思意识

C. 具有心理干预能力　　　　D. 具有艺术造诣

【解析】A。本题考查的是教师观中教师专业素质方面的内容。教师专业素质基本结构中的教师的心理素养包括良好的情感特征、积极稳定的情绪特征以及良好的性格特征。积极稳定的情绪特征要求教师在任何时候都应以积极稳定的情绪状态投入教育活动中，积极调适不良情绪，避免其情绪波动直接影响学生。题干中江老师提出遇上烦恼时会调整好状态，把一切不快和烦恼抛之云外，这说明她具有心理调适能力，故本题选 A。

（四）自我教育

自我教育对教师的成长和发展具有十分重要的作用。教师的持续发展离不开教师对自己专业发展的设计和规划。在教育教学活动中进行教学反思，在教学实践中促进专业发展，能使教师有意识地控制自己的发展方向，不断追求自我超越，在自我实现中感受到自身的价值。教师只有不断地进行自我教育，结合实践，才能从新手教师快速地成长为成熟的教师。

资料链接4-4

教师自我教育的途径

一、创造自我教育环境

教师自我教育仅靠自身力量是远远不够的，还要依靠外界环境的帮助。社会应该为教师自我教育提供条件，包括提供物质、建立制度、给予鼓励，并为教师自我教育提供良好的环境。除此之外，教师自身应具备敏捷的分辨能力，懂得选择有利因素实现自身发展。

二、强化自我发展意识

自我发展意识产生于自我发展的需求。教师只有有这个需求才能主动寻求自我发展。认识自我和反思自我是教师自我教育的具体方法，教师要在教学过程中和教学完成后不断反思自己，正确认识自己的不足之处。如果教师没有意识到自我发展的重要性，内心没有自我发展的需求，那么外部环境是发挥不了作用的。

三、自主学习，注重与他人合作

教师的职业性质注定教师要做终身的学习者。自觉主动地学习能充实教师的精神生活，使教师灵活掌握教学工作。由于职业的特殊性，教师在自主独立学习的同时，还要跟其他人合作学习。通过他人的评价、自己的劳动成果以及与他人合作来认识自己是教师进行自我教育的可行策略。

[资料来源：郭静. 教师自我教育的途径与策略探究. 考试周刊，2014(94).]

（五）同伴互助

同伴互助是以促进教师间的合作、提升教师的专业发展为目的的研修活动。教师同伴互助是指教师与同事、同行结伴，在一起通过阅读、讨论、示范课、案例分析、课题研究等方式，系统地进行教学观察与反馈，学习并共同分享新知识，以提高自己的教学策略以及教学质量，并促进自身的专业化发展。教师在同伴互助过程中需要以科学的理念为指引，并结合园所实际情况，解决幼儿园当前保教活动中存在的问题。在解决问题的过程中，教师应不断提高教学质量，促进幼儿的发展，提高自身的专业化发展水平。

（六）师徒结对

师徒结对是"教学相长"的积极表现，是新教师入职培训的重要形式。幼儿园应准确把握新教师的需求和心理状态，通过"传、拉、帮、带"为新教师提供一个良好的专业发展平台。新教师应观察和模仿老教师的教育方式，快速熟悉幼儿园日常工作的各个环节，提高教育教学和研究能力，从而达到促进自身专业化发展的目的。

幼儿园教师资格证考试·考点分析

掌握幼儿园教师专业化发展的途径。

幼儿园教师资格证考试·真题再现

2015 年上半年《综合素质》真题

某幼儿园经常组织教师相互观摩保教活动，针对活动过程展开研讨，提出完善活动设计的建议。这种做法体现的教师专业化发展途径是（　　　）。

A. 进修培训　　　　　　　　　B. 同伴互助

C. 师徒结对　　　　　　　　　D. 自我研修

【解析】B。教师之间的相互研讨属于教师专业化发展途径中的同伴互助。

三、幼儿园教师专业化发展的策略

（一）加大政策支持和政策保障

政府不仅要重视学前教育的发展，更要重视幼儿园教师的专业化发展，要为幼儿园教师的专业化发展提供政策支持和制度保障。虽然保障教师专业化发展的制度已经存在，但是很多方面的工作仍不完善。比如，幼儿园教师的工资待遇不高，聘任制度不完善等。政府应出台相应的政策文件，使幼儿园教师的专业化发展有法可依、有章可循。此外，国家各级教育管理部门也要加大对幼儿园教师教育的投入，改善办学条件，提高教师教育的质量。

（二）加强园区教师流动

《国家中长期教育改革和发展规划纲要（2010—2020 年）》中提出把促进公平作为国家的基本教育政策，坚持教育的公益性和普惠性，强调合理配置教育资源。教师作为教育资源的核心，被视为实现均衡化的突破口。在区域间促进教师合理流动既是实现教育公平的有效策略，也是促进教师专业化发展的需要。园区间流动为幼儿园教师实现自身价值提供了良好的平台，顺应了社会发展的要求和趋势，有利于教师资源的再配置和教育的均衡发展。

（三）建立幼儿园教师专业化发展档案

一个教师要想从新手教师成长为一个成熟的教师，甚至是一个专家型的教师，自身的成长规划是必不可少的。幼儿园教师可通过建立教师专业化发展档案，记录自己的成长历程，自觉地采取各种措施实现自我价值，进而完善自己的职业规划，获得职业满足感。同时，幼儿园教师也要与同行、同事分享成长档案，相互学习，共同成长。

本章小结

本章首先介绍了幼儿园教师的基本概况，如基本素质、权利和义务以及职业特点；其次分析了儿童观与教育观以及师幼互动；最后阐述了幼儿园教师的专业化发展。

关键术语

基本素质　权利和义务　职业特点　儿童观　教育观　师幼互动　专业化发展

思考题

1. 幼儿园教师应具备的基本素质有哪些？其职业特点是什么？

2. "育人为本"的儿童观的主要内容是什么？

3. 师幼互动的含义是什么？特征和主要方式有哪些？

4. 幼儿园教师专业化发展的途径有哪些？如何有效地促进幼儿园教师的专业化发展？

建议的活动

可利用实习机会，尝试开展主题教研活动，加强幼儿园教师之间的业务交流，强化教学效果。

拓展阅读

1. ［苏］B. A. 苏霍姆林斯基. 给教师的建议（修订本　全一册）. 杜殿坤，编译. 北京：教育科学出版社，1984.

为了解决中小学的实际问题，切实提高教育教学质量，苏霍姆林斯基专为中小学教师写了一本《给教师的一百条建议》。译者根据我国的基本情况和需要，选择了《给教师的一百条建议》中的精华部分，另从苏霍姆林斯基的其他著作里选择了有利于教师开阔眼界、提高水平的精辟条目作为补充，全书共有一百条。书中每一条谈一个问题，既有生动的实际事例，又有精辟的理论分析。文字深入浅出，通顺流畅，具有很强的可读性。

2. 刘晶波. 社会学视野下的师幼互动行为研究——我在幼儿园里看到了什么. 南京：南京师范大学出版社，1999.

本书详细报告了作者从社会学角度所做的师幼互动行为研究的成果。作者深入幼儿园内各种互动场景，亲历师幼互动过程，客观、全面、细致地展示了幼儿园师幼互动行为的种种现实状况，分析这种行为的各种功能，揭示了现状的成因。本书有较高的学术价值和实用意义。

第五章　托幼机构的环境

学习目标 ▶

1. 了解环境在学前儿童身心发展过程中所起的作用。
2. 掌握托幼机构环境的分类及创设方法。

学习导图 ▶

导入案例 ▶

　　我在小四班的教室转了一大圈，并没有找到图书区，经老师介绍后在阳台上找到了"绿植书吧"。走进小四班的"绿植书吧"，我不由自主地想坐下来看看书。阳台空间开阔，与外部相通（教室在一楼），有花草掩映。阳台上的箱子里放着儿童读物，有些架子上养了很多花草，阳台中间放了两张黄色的桌子、几把红色的椅子。整体的感觉是明亮欢快中带有娴静，给人一种很幸福的感觉。

　　环境创设是每一个托幼机构必须思考的问题。教师要结合学前儿童各阶段的身心发展特点为幼儿创设良好的环境。良好的环境对幼儿的发展非常重要。皮亚杰曾说："儿童是在周围环境的影响下，通过主体与环境的交互作用而获得心理上的发展的。"案例中的"绿植书吧"在环境创设时，充分考虑了物质环境与精神环境相结合的因素。"绿植书吧"中的绿色植物、黄色桌子和红色椅子的色彩搭配，自由活泼又不失娴静，可以使孩子们更加喜欢阅读。

本章内容主要阐述环境及其对学前儿童的影响，如何科学合理地安排室内外物质环境，以及如何构建良好的精神环境。

第一节　托幼机构的环境及其对学前儿童的影响

环境对学前儿童的发展具有潜移默化的影响，良好的环境可以促进学前儿童身心健康发展。

一、托幼机构环境的含义及分类

环境是相对于某一项中心事物而定的，是指围绕某一事物并对该事物产生某些影响的所有外界事物。《幼儿园教育指导纲要(试行)》中指出，环境是重要的教育资源。教师应通过环境的创设和利用，有效地促进幼儿的发展。根据属性，托幼机构环境可以分为物质环境和精神环境。物质环境主要指由生活设施、玩教具、材料、设备等有形的物质构成的环境系统。精神环境主要指由集体氛围、活动气氛、心理因素等构成的环境系统，它与物质环境共同构成了托幼机构环境的整体。环境是重要的教育资源，幼儿教育工作者应通过环境的创设和利用，有效地促进幼儿发展，实现教育教学目标。

二、托幼机构环境对学前儿童的影响

中外教育家、心理学家都论述了环境对儿童成长的重要性。陈鹤琴指出，幼儿园环境是儿童所接触的，能给他刺激的一切物质。皮亚杰从认知心理的角度指出影响人的发展的条件有四个，其中物理环境和社会环境的作用是发展的重要因素，儿童的认知发展是在与周围环境的互动中主动建构的。蒙台梭利强调，儿童的发展是外部环境通过儿童内在心理变化而起作用的，外部环境是儿童发展的必要条件。

(一)物质环境对学前儿童的影响

1. 促进学前儿童认知的发展

行为主义心理学家认为，行为是学习者对环境刺激所做出的反应。他们把环境看作刺激，把伴随产生的有机体行为看作反应。幼儿的认知就是在周围环境的刺激下发展起来的。教师对幼儿园环境所进行的有目的、有意识的创设，可以影响或促进幼儿认知的发展。例如，在动物角摆上一缸小蝌蚪，让幼儿观察记录蝌蚪是怎样变成青蛙的。在一天天的连续观察后，幼儿的观察能力得到了提高，他们通过自主学习掌握了青蛙的生长变化规律。在幼儿园的走廊创设问题情境，通过环境引发幼儿的求知欲和好奇心，如爱鸟周活动时，教师和幼儿一起在树上挂上自制的鸟巢，引导幼儿观察：有小鸟进入鸟巢吗？是哪一种鸟？你知道它的名字吗？来我们幼儿园的哪一类鸟比较多呢？幼儿通过观察鸟巢的变化，把他们看到的有趣的事互相分享，从而促进认知的发展。

图 5-1　植物角(蘑菇生长记)

2. 促进学前儿童社会性的发展

幼儿的社会性是在日常生活和游戏中通过观察模仿而潜移默化地发展起来的，幼儿的社会性发展需要一定的物质环境支持。教师要提供丰富的玩教具，为幼儿的各种游戏准备物质材料。幼儿在游戏中学习如何与人沟通，在游戏中了解规则并自觉遵守。教师要把各个区角的材料、工具、设备摆放整齐，放在幼儿方便取放的位置，允许幼儿自由使用，使幼儿能积极主动地探究学习。另外，在与教师和同伴共同创设环境的过程中，幼儿会与他人交流，逐渐学会人际交往的规则和技巧，从而更好地适应集体生活，促进社会性的发展。

扫一扫，看资源

视频《中班科学区：
榨汁——合作、分享》

图 5-2　快乐甜点

(二)精神环境对学前儿童的影响

学前期是幼儿心理和智力发展的关键期。人的成长具有不可逆性，不良的精神环境造成的不良影响是人的一生都无法消除的。学前期儿童如果建立了比较健康的反应模式，成年后就能理性、客观地跟周围的环境和人相处。反之，如果在不良的精神环境中形成了不健康、不理性的反应模式，在人际交往、工作、学习、生活适应等方面就会出现各种不良状况。

托幼机构的精神环境对学前儿童的影响主要表现在以下几个方面。

1. 对学前儿童自我意识的影响

自我意识是个性的核心,是一个人心理健康发展与否的关键。学前期是自我意识发展的关键期,学前儿童自我意识的建立主要依赖成人的评价与反馈。成人要创设自由、安全的环境,要接纳、鼓励、表扬、欣赏幼儿,使他们建立起积极、肯定的自我意识。

2. 对学前儿童人格形成的影响

托幼机构是学前儿童接触的第一个社会环境,这一社会环境的内在品质和特点决定了他们对社会及他人的看法,也逐渐塑造出他们的个性。如果托幼机构的精神环境是宽容、接纳、欣赏的,生活在这里的学前儿童就会形成积极乐观、热情开朗、主动的个性。反之,压抑的精神环境就会导致学前儿童自卑、焦虑。

3. 对学前儿童情感发展的影响

托幼机构的精神环境不仅影响学前儿童现在的情绪、情感,如快乐、积极、热情或悲伤、消极、冷漠等,还会影响幼儿未来的情绪、情感,决定着幼儿在未来是一个积极热情、感情丰富、乐群的人,还是一个消极冷漠、感情贫乏、孤僻的人。

4. 对学前儿童认知能力和创造力的影响

一般来说,宽容、鼓励、自由的精神环境会激发学前儿童的自主性和创造力,促进他们的认知能力和创造能力的发展;压抑、指责、被动的精神环境则会扼杀学前儿童的自主性和创造力,遏制他们的认知能力和创造能力的发展。

5. 对学前儿童社会关系建立的影响

托幼机构的精神环境既影响幼儿当前的关系,如同伴关系、师幼关系、亲子关系,也影响他们未来的关系,如同学关系、师生关系、同事关系、亲子关系。如果学前期儿童生活在没有表扬、只有批评指责的环境中,他们就容易不知如何表现自己的能力,从而产生强烈的无助感,成年后也容易出现不敢面对失败、缺乏自信、回避竞争等问题。

资料链接5-1

表1 有利于学前儿童发展的园所特征[1]

指标	园所特征
物质环境	教室环境清洁,修缮良好,通风,教室内分成多个装修的活动区,包括角色游戏区、积木区、科学区、数学区、棋牌和拼图区、图书区、艺术区。带有护栏的室外游戏场有秋千、攀爬装置、三轮车和沙箱

---

① [美]劳拉·E. 伯克:《伯克毕生发展心理学:从0岁到青少年》(第4版),陈会昌等译,258页,北京,中国人民大学出版社,2014。

续表

指标	园所特征
班级规模	在幼儿园和托儿所，一个班的两个教师带的儿童不超过 20 个
保育员与儿童的比例	在幼儿园和托儿所，一个教师负责的儿童不超过 10 个。在家庭式托儿所，一个保育员照看的儿童不超过 6 个
日常活动	儿童大部分时间自己玩或分小组玩。儿童自己选择活动内容，并从中学到与自己生活相关的经验。教师创造条件让儿童参与活动，接受其个别差异，根据每个儿童能力发展的实际来调整期望
成人与儿童互动	教师在小组和儿童之间走动，问问题，提建议。使用积极引导法，如示范和鼓励那些符合期望的行为，引导儿童开展更好的活动
教师资格	教师具有幼儿发展与教育专业或相关领域的大学学历
幼儿与父母的关系	鼓励幼儿的父母观察和参与，经常和幼儿的父母谈论他们孩子的行为和发展情况
资格鉴定与认定	幼儿机构，包括托幼中心和家庭式托儿所，都须有执照

第二节 托幼机构物质环境的创设

一、托幼机构建筑物的要求

托幼机构建筑必须严格执行《托儿所、幼儿园建筑设计规范》〔JGJ39-2016〕（2019年修订）。托幼机构地址的选择应满足以下要求：

第一，应建设在日照充足、交通方便、场地平整、干燥、排水通畅、环境优美、基础设施完善的地段。

第二，不应置于易发生自然地质灾害的地段。

第三，与易发生危险的建筑物、仓库、储罐、可燃物品和材料堆场等之间的距离应符合国家现行有关标准的规定。

第四，不应与大型公共娱乐场所、商场、批发市场等人流密集的场所相毗邻。

第五，应远离各种污染源，并应符合国家现行有关卫生、防护标准的要求。

第六，园内不应有高压输电线，燃气、输油管道主干道等穿过。

（一）建筑物的外观

幼儿园的建筑外观色彩鲜艳，能吸引学前儿童，使他们产生愉悦感。建筑风格生动活泼，让学前儿童喜欢上幼儿园。

图 5-3 为某幼儿园的开放式图书室，透明的玻璃房顶可以提供自然光，柔软的沙发为幼儿提供舒适的坐椅。在这里，幼儿可以自主选择喜欢的图书阅读。精

美的图画和有趣的绘本不仅带给他们精神上的享受，也使他们在阅读中学到各种各样的知识。

图 5-3 某幼儿园的开放式图书室

(二)房屋建筑的种类

1. 生活用房

生活用房包括活动室、寝室、乳儿室、配乳室、喂奶室、卫生间(包括厕所、盥洗室、洗浴间)、衣帽储藏室、音体活动室等。严禁将生活用房设在地下室或半地下室。生活用房的室内噪声均不得大于 50 分贝。

2. 服务用房

服务用房包括医务保健室、隔离室、晨检室、保育员值班宿舍、教职工办公室、会议室、值班室(包括收发室)及教职工厕所、浴室等。全日制托儿所、幼儿园不设保育员值班宿舍。医务保健室与隔离室相邻设置，与儿童生活用房有适当距离。隔离室应有独立厕所。晨检室宜设在建筑物的主入口处。

3. 供应用房

供应用房包括厨房、消毒室、烧水间、洗衣房及库房等。托幼机构建筑物的防火与疏散、建筑构造、给水排水、采暖通风、电气设备等都应以《托儿所、幼儿园建筑设计规范》(JGJ39-2016)为依据，以确保建筑物的安全。

二、室内环境布置

(一)室内活动区的分类

一般幼儿园的活动室包括积木角、图书角、家庭角、桌面游戏角、艺术角、科学角、电脑角、厨艺角等。

资料链接5-2

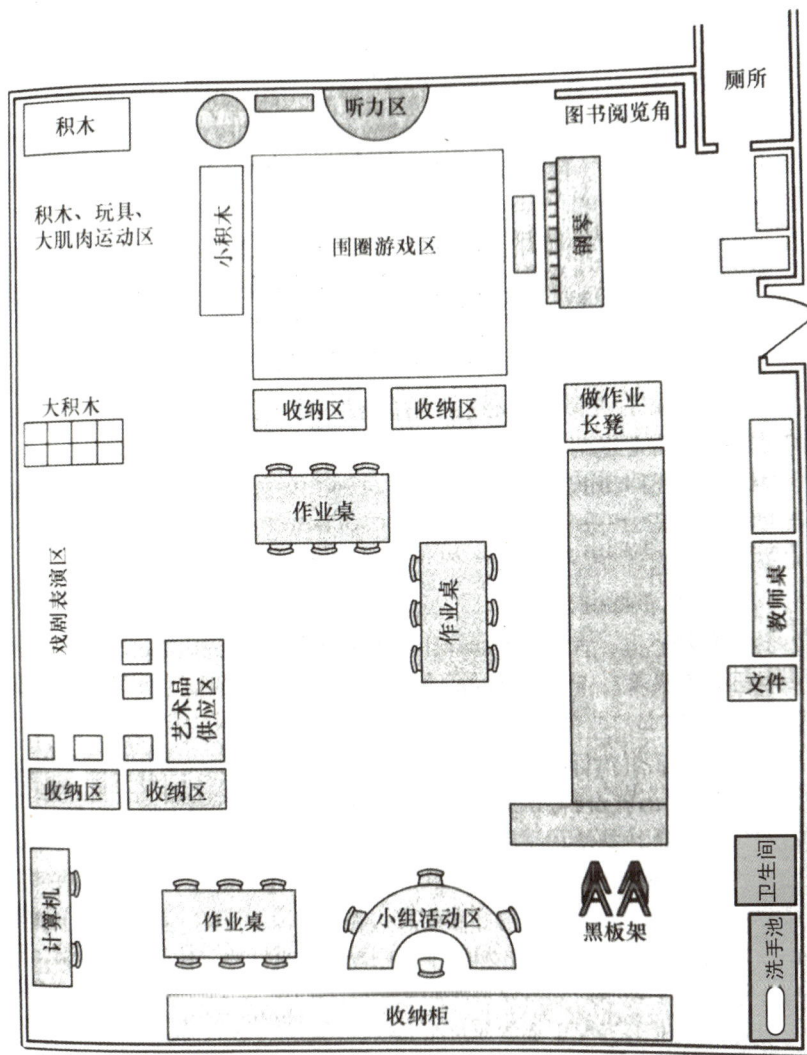

图1　某幼儿园教室的活动区域划分[①]

(二)活动区的作用

1. 促进幼儿认知发展

例如，在积木角，幼儿可以了解大小、形状和数的概念。幼儿在一起讨论把积木放在哪儿，怎样摆放等问题时，他们表达了想法并学会了和同伴合作。当他们试着将一个积木放在另一个积木的上面时，就学会了控制和协调肌肉。在家庭角活动中，幼儿学会穿衣服，从而学会了运用小肌肉的技巧。扮演成人的游戏能够让幼儿

---

① ［美］乔治·S. 莫里森：《学前教育——从蒙台梭利到瑞吉欧》(第 11 版)，祝莉丽、周佳、高波译，151 页，北京，中国人民大学出版社，2014。

了解不同角色在社会中的活动。把盘子和杯子分开，让幼儿学会了分类活动。在桌面玩具角，幼儿通过把不同的几何体放进相应几何图形的模具里，培养了手眼协调能力和空间思维能力。在艺术角，幼儿可以通过玩橡皮泥，了解材料的变化。在绘画角活动中，幼儿可以大胆想象，促进思维能力和创造力的发展。在科学区，通过玩沙和水，动手操作各种科学材料，幼儿可以认识到事情发生的原因和结果，培养逻辑思维能力。在图书角，幼儿从头到尾翻书，从左到右阅读，培养了良好的阅读习惯，激发了阅读兴趣；通过谈论书中发生的故事，促进了口语表达能力的提高。

2. 培养幼儿的独立性

活动区的活动可以培养幼儿的独立性和做出选择的能力，激发他们的兴趣，优化他们的个性。布置合理、划分清晰的活动区能帮助幼儿更好地做出选择。玩具架上摆放具有一定吸引力的物体，能够激发幼儿的兴趣。高度适宜的玩具柜，能使幼儿独立取放玩具。活动结束后，让幼儿收拾玩具，可以使幼儿养成良好的习惯。

(三)活动室布置应注意的事项

各个区角要用不同的家具隔开，这样便于幼儿清楚地选择活动区，同时也便于教师观察不同区角的情况。图书柜、玩具柜和操作台是常见的分隔物。热闹的区角(如家庭角)和安静的区角(如图书角)要远远地隔开，以免打扰在安静区角活动的幼儿。一般情况下，热闹的区角靠近班级门口，安静的区角远离门口。区角所用材料放在较矮的架子上，便于幼儿取放。架子上的材料可以贴上标签，干净而不杂乱，而且很容易被幼儿找到。同样的材料要放在一起，培养幼儿的分类能力和次序感。需要用水的活动区应靠近取水处。图书角应设在光线明亮的靠窗处。每一个区角的材料要充足，种类要丰富，以满足幼儿各种游戏的需要，发展幼儿不同感官的感受能力。

幼儿园区角环境的创设是幼儿园教育的重要组成部分。每班要创设三个以上的区角。区角的整体布局要科学合理，要考虑幼儿的年龄特点。在创设安静、有序的区角环境时，教师应注意引导幼儿主动参与环境创设。幼儿和教师一起布置活动室，可以使区角活动成为幼儿真正喜欢的快乐园地。

三、室外环境布置

(一)室外环境的分类

室外环境主要包括种植区、动物区、户外活动场地、户外大型玩具等。

(二)室外环境的不同区域及教育作用

1. 种植区

种植区是幼儿喜欢的地方，也是幼儿自主学习的场所。幼儿园应保证每班都有一块园地，让每个幼儿都有机会参加种植活动。教师要选择本地容易成活的植物种植，使幼儿体验到成就感。种植区要选在有阳光照射的地方，这样有利于植物生长。

教师要引导幼儿观察记录植物的生长变化，如种子种到地里什么时候开始发芽，什么时候开始开花，什么时候开始结果。在观察的基础上，引导幼儿通过各种形式进行表达，可以是讲故事，也可以是画画等。幼儿可以亲手播种、浇水，看到种子发芽、长叶、开花、结果，这样不仅可以品尝自己的劳动成果，享受劳动的快乐，还可以熟悉各种植物的生长过程，体验种植的快乐，进而认识各种植物与自然节气之间的关系。

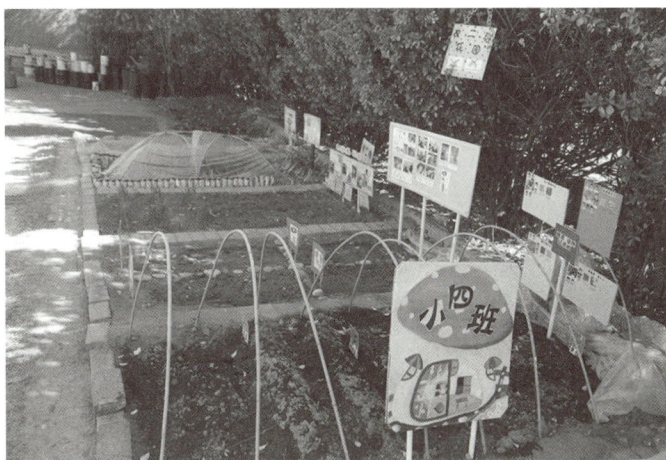

图 5-4　植物园

2. 动物区

幼儿喜欢小动物，通过饲养小动物可以培养爱心、责任心，满足心理需要。在饲养动物的过程中，他们也能学到动物的生活习性、生长发育特点等相关知识。教师在选择动物时应注意选择容易存活、性情温和的动物，如小鸡、小鸟、青蛙、兔子等，以免对幼儿造成伤害。在放置动物房时要朝阳，使环境适合动物的成活生长。教师要时刻提醒幼儿在与动物接触时注意安全及卫生。

图 5-5　小鸡的家

3. 户外活动场地

户外活动场地用于开展早操、体育锻炼、户外游戏、运动会等活动，对于满足幼儿奔跑、跳跃、攀爬等活动需要以及提高幼儿的体质体能是十分必要的。《托儿所、幼儿园建筑设计规范》〔JGJ39-2016〕中明确规定："每班应设专用室外活动场地，面积不宜小于 60 m²，各班活动场地之间宜采取分隔措施；应设全园共用活动场地，人均面积不应小于 2 m²；地面应平整、防滑、无障碍、无尖锐突出物，并宜采用软质地坪；共用活动场地应设置游戏器具、沙坑、30 m 跑道、洗手池等，宜设戏水池，储水深度不应超过 0.3 m，游戏器具下面及周围应设软质铺装。"

4. 户外大型玩具

户外大型玩具对幼儿有很强的吸引力，也对幼儿的身心发展具有重要的作用。幼儿园应配备滑梯、跷跷板、秋千、攀登架、钻桶、隧道、平衡木、吊桥等大型玩具，在游戏中发展幼儿身体的灵活性、柔韧性、协调性，使他们的耐力和速度得到训练，从而增强他们的体质。大型玩具上要标注使用方法和安全注意事项。在幼儿使用前，教师要将其清洗干净，保证卫生，并定期检查维修，保证使用安全。

扫一扫，看资源

户外大型玩具组图

第三节　托幼机构精神环境的创设

一、托幼机构良好精神环境的特征

《幼儿园工作规程》第三十条明确指出："幼儿园应当营造尊重、接纳和关爱的氛围，建立良好的同伴和师生关系。"《3—6 岁儿童学习与发展指南》中强调，幼儿园要营造温暖、轻松的心理环境，让幼儿形成安全感和信赖感。积极、健康的精神环境应有以下特征：使幼儿感到心理安全与心理自由，表现出轻松、愉快的精神状态；让幼儿的探索欲望、创造欲望等心理需要得到满足；使幼儿能自由地表达或交流；幼儿能得到教师的尊重、接纳和关爱，师幼关系亲密、和谐。

二、如何创建良好的托幼机构精神环境

(一)营造平等、合作的班级管理氛围

在日常教学和一日生活中，教师有很多时间都是在向幼儿提要求并规范幼儿的行为，这表现出教师对幼儿的高度控制性。特别是在集体教学时，教师始终掌握互动过程中的主动权，决定着活动的目的、内容、方式和时间，幼儿则处于被动服从的状态。教师的绝对主导地位容易导致幼儿主体地位的丧失。教师要做幼儿的支持

者、引导者、合作者。教师和幼儿之间应是平等、合作的关系，而不应是管理与被管理的关系。

(二)给予幼儿更多的尊重

教师要在生活和教学中注重与幼儿的情感交流，尊重幼儿的人格，注意倾听他们说话，耐心听他们把话说完，给他们充分表达的机会。教师切忌随意给幼儿贴标签，如"你真是一个爱打人的孩子""你可真是迟到大王啊"。随意给幼儿贴标签会严重伤害他们的自尊心和自信心。

(三)建立良好的师幼关系

一般来说，建立良好的师幼关系包括四大要素：关爱、平等、倾听和欣赏。首先，爱是教育的灵魂，没有爱就没有教育。每个幼儿都渴望得到教师的关爱，尤其是对于有心理问题的幼儿来说，教师的关爱意义重大。小班幼儿渴望与教师有身体上的亲密接触，教师抱抱他，摸摸他的头，拍拍他的肩膀，都会使他感到温暖和安慰；中大班的幼儿喜欢得到教师的表扬和肯定，教师用语言和行动把对幼儿的欣赏表达出来，就会使幼儿充满自信。当幼儿内心真正建立起自信时，他就会感觉到自己的价值，长大成人以后能更自信地面对人生中各种各样的问题。其次，教师要转变角色，与幼儿建立平等的关系，将与幼儿的控制与被控制的关系转变为合作关系，将与幼儿的传授知识与接受知识的关系转变为沟通关系。再次，教师在与幼儿交流时，双眼应注视幼儿，用微笑和点头等身体语言表示正在积极倾听。适时地提出问题，可使幼儿感到你在全神贯注地听。最后，教师要用赞赏的语气描述幼儿的作品或行为表现。比如，当幼儿兴冲冲地拿着自己的绘画给教师看时，教师要表现出极大的兴趣，和幼儿一起讨论他的作品，让幼儿感受到教师对他的作品的关注。

(四)关注教师的心理健康

教师的心理健康决定着托幼机构精神环境的品质。培养人格健全的学前儿童需要心理健康的教师。一般来说，心理健康的教师表现出一些特质。比如，他们有正常的社会认知、和谐的人际关系；有较强的学习动机和一定的学习能力；有良好的情绪表现和积极乐观的心态；能正确客观地对待和接纳自己，不自卑；能有意识地支配和控制自己的行动；热爱生活；有较强的意志品质，既有追求明确目标的坚定性，又能克制自己的情绪和行为，不放纵任性。为此，教育主管部门应为教师提供心理讲座、团体心理辅导的机会，及时疏导教师的消极情绪，使他们能以积极乐观的心态投入工作。教师自己也应掌握心理卫生方面的相关知识，觉察自己的不良情绪，学会情绪管理办法，避免自己的负面情绪对幼儿造成消极影响。

资料链接5-3

世界卫生组织心理健康七条标准

1. 智力正常。

2. 善于协调与控制自己的情感。

3. 具备良好的意志品质。

4. 人际关系和谐。

5. 适应、改造现实环境。

6. 要保持人格的完整和健康。

7. 心理行为和生理年龄要适应。

（五）疏导幼儿的不良情绪

疏导幼儿不良情绪的方法如下。

1. 在幼儿园建立沙盘游戏室

《3—6岁儿童学习与发展指南》中强调，幼儿园要营造温暖、轻松的心理环境，让幼儿形成安全感和信赖感。建立沙盘游戏室可使幼儿园心理健康教育更加专业化，有效提高幼儿园心理健康工作的水平。沙盘游戏是以荣格心理学原理为基础，由卡尔夫所创立的运用象征性的游戏来进行的一种心理治疗方法。对于有心理问题的幼儿来说，沙盘游戏不仅是一种十分有效的心理治疗方法，还是一种非常实用的心理健康教育方式。通过与沙子、沙具的互动，心理咨询师与幼儿共同营造出和谐的气氛。在这样的气氛中，幼儿的内在积极性与健康心理因素逐渐被唤醒，从而实现自愈与成长。

资料链接5-4

幼儿园沙盘活动室

一、沙盘活动室简介

沙盘活动室是心理咨询师使用沙盘游戏疗法对来访者开展个体辅导和团体辅导的场所。儿童在沙盘游戏中能有效宣泄消极情绪，释放压力。心理咨询师通过解析沙盘对来访者进行辅导，促进来访者心理及人格的健全发展。

二、沙盘活动室资源配置

（一）专业沙具

沙盘活动室所需的沙具包括人物、动物、建筑物、植物、家具与生活用品、果实、交通运输工具、石头、贝壳、景观与场景等种类。

（二）干、湿两用沙箱

沙箱尺寸为57 cm×72 cm×7 cm，属国际标准尺寸。箱子内侧底与边框均漆成海蓝色，代表着江河湖海，目的是使使用者挖沙时有挖出"水"的感觉。内侧边的蓝色会使人想象到蓝天，并产生一种水天一色的感觉，使烦躁的心平静下来，从而自由地表现内心世界。

（三）沙盘支架/沙箱柜

沙盘支架或沙箱柜主要用于支撑沙箱，便于来访者在沙箱内制作箱庭作品。

（四）陈列架

陈列架主要用于展示沙具，便于来访者看清并拿取沙具。开放式的设计，可以将来访者吸引到沙具前。分层设计，便于同类沙具放在一起，为来访者挑选提供了便利。楼梯踏步设计，将大部分的沙具都呈现在来访者面前，保证了摆放在不同层次的沙具拥有同样的使用频率。合理的层次空间布局，方便来访者在选取和回放沙具时不会受到旁边沙具与隔板的影响。

（五）海沙

海沙不仅是用于盛放沙具的媒介，在某种程度上也能构成一个内在释放和呵护的空间。触摸沙子时，来访者通常会得到一种儿童化的情感或是回归母亲怀抱的温馨感，这不仅有利于来访者放松心情，而且为来访者的内心世界和外部世界架起一座桥梁。

2. 为幼儿设置情绪管理活动

托幼机构可以把情绪主题绘本作为教材，开展情绪管理活动，从而促进幼儿情绪管理能力的提高。具体来说，要根据幼儿的年龄特点有针对性地选择情绪主题绘本，组织以情绪绘本为载体、以情绪管理能力的培养为目标的绘本阅读活动。幼儿通过角色扮演活动可以掌握常见不良情绪的应对策略，达到养成情绪管理能力、优化心理健康的目的。小班幼儿词汇量有限，不会准确表达自己的情绪，因此可选用情节简单有趣的绘本。比如，在《我的感觉2——我好难过》这本绘本中，小天竺鼠用"难过是一种灰灰的、累累的感觉"来描述难过的心情。他通过找人倾诉，和别人在一起聊天等，懂得了每个人都有难过的时候，要学会化解消极情绪，通过做些有趣的事情使心情放松一些。于是，他去荡秋千、画画、和朋友一起吹泡泡……渐渐地恢复了好心情。幼儿在绘本学习和角色扮演过程中丰富了词汇量，学会了表达自己当前的情绪、情感，也学习了应对情绪问题的具体策略，从而能逐渐学会管理自己的情绪。

资料链接5-5

幼儿园"悄悄话屋"的创设

在幼儿园里，我们时常看到这样的现象：幼儿特别喜欢在厕所里聊天，当老师走近他们时，他们就会冲老师神秘地笑笑或者做鬼脸后溜走。他们还非常喜欢三三两两地结伴"躲"在教室的角落里窃窃私语，说些悄悄话。此时的幼儿似乎特别不愿意被老师打搅，他们总是想方设法寻找一片属于自己的天地。对此，我们进行了思考。

作为一个不断成长的独立个体，幼儿在成长过程中会产生各种心理需要。五岁左右的幼儿开始有许多"小秘密"，他们希望暂时躲开成人的视线，摆脱成人的约束，说一些自己喜欢说的话，做一些自己想要做的事。因此，从幼儿的心理需要出发，我们尝试创设一个独立的、相对自由的、隐秘的私人空间，以满足幼儿的心理需求，促进幼儿心理的健康发展。

我们在每个教室的角落里放置了一个自行设计的、相对封闭的木头小屋，上面垂挂着轻盈透明、色彩柔和的纱帘，里面放置了柔软的坐垫和各种毛绒玩具，可以容纳两三个幼儿。我们给它取名叫"悄悄话屋"。我们努力营造出一种温馨、和谐、隐秘的环境氛围，给幼儿以舒适、安静的感觉。"悄悄话屋"的出现，立刻吸引了幼儿的目光，它们成了幼儿园与每个教室里最亮丽的风景。

一、"悄悄话屋"是幼儿和小伙伴说悄悄话、增进感情的空间

"晴晴，过两天就是我的生日了，我要把蛋糕拿到幼儿园里来……""那你生日那天能不能请我和你一起分蛋糕?""好的，那你的生日也要请我哦!""好! 我们两个拉钩，一言为定。"晴晴和楷楷两个好朋友正在"悄悄话屋"里为两人的生日约定用小拇指拉钩呢! 在"悄悄话屋"里，幼儿可以舒服地躺着、坐着，尽情欢笑。在这里，幼儿之间的感情得到了交融，友谊得到了升华。

二、"悄悄话屋"是幼儿和小伙伴玩自创游戏、表现自我的舞台

月月、童童和毛毛在"悄悄话屋"里玩起了装扮游戏。她们一会儿把丝巾盖在头上当新娘子，一会儿把丝巾绑在身上当裙子进行表演，一会儿把丝巾盖在身上当被子……她们是班级里胆子较小的幼儿，平时不爱表现，可是今天却在"悄悄话屋"里自信大方地表现自己，展现出不同的一面。在"悄悄话屋"里，幼儿玩自创游戏，大胆地表现自己，他们的想象力、创造力、表现力得到了充分发挥，自信心也建立了起来。

三、"悄悄话屋"是幼儿和老师倾诉心声的场所

"那你能悄悄地告诉我为什么吗?"在"悄悄话屋"里，王老师正和心心说着悄悄话。心心不愿意王老师帮他整理裤子，也不愿意和老师说话，老师拉着他来到了"悄悄话屋"。在"悄悄话屋"里，心心贴着王老师的耳朵轻轻说道:"我不小心把小便解到裤子上去了。"王老师听了也贴着心心的耳朵轻轻说道:"我知道了，我去给你拿一条裤子换一下，你等我。""好的!"心心爽快地回答道。在老师的帮助下，心心穿上了干净的裤子，他和老师都开心地笑了。幼儿愿意把自己不好意思当众说的话在"悄悄话屋"里敞开心扉对老师说，"悄悄话屋"成为幼儿倾诉心声的秘密场所。

四、"悄悄话屋"是幼儿宣泄消极情绪、调控情绪的渠道

因为在选举班花的活动中自己推选的向日葵没有被选上，哲哲哇哇大哭。老师和小伙伴都纷纷安慰他，他却噘着嘴，不愿意参加接下来的游戏。因此，老师让哲哲到"情绪小屋"("悄悄话屋"的另一种叫法)里坐一坐。"情绪小屋"里张贴了各种表情的情绪脸谱，还有一些画着恰当的情绪表达方式的图片。哲哲怀抱着毛绒玩具，一个人独自坐着，嘴里嘟哝着什么。过了一会儿，哲哲躺了下来，把毛绒玩具压在身体下面，两只脚咚咚咚地拍打放在身体下面的软垫……过了不久，哲哲走出"情绪小屋"，对老师说："老师，我没事了，我要和你们玩游戏。"他笑着和小伙伴们玩起了游戏。在"悄悄话屋"里，幼儿可以大胆地表达自己的情绪，特别是消极情绪，可以大声地哭泣、喊叫、敲打软垫……消极情绪在这里得到了宣泄，不良情绪得到了调控。

五、"悄悄话屋"是幼儿和小伙伴化解矛盾、和谐相处的港湾

令令和毅毅是好朋友，可是今天却因为比赛结果的输赢而争吵起来。两人争吵得面红耳赤，谁也不服谁，还差点打了起来。老师把他俩领进了"悄悄话屋"。令令和毅毅坐了下来，老师对他们说："你们俩先在'悄悄话屋'里待一会儿吧，如果想跟对方说话，声音必须轻和、温柔。"令令和毅毅听了老师的话点点头。老师说完话就走了，"悄悄话屋"里只剩下令令和毅毅。一开始，他们互相不理睬对方，谁也不说话。过了一会儿，两个人都开始东瞧瞧、西看看，他们的目光碰在了一起，你看到了我，我看到了你，"扑哧"一声，两人都忍不住笑了起来。这一笑，化解了矛盾。令令对毅毅说："好吧，算你们赢了，下次再比赛。"毅毅也说道："我下次不笑话你们了……"就这样，两个好朋友在"悄悄话屋"里重归于好了。此时的"悄悄话屋"是和平、友好的小屋，在这里，幼儿彼此尊重，说话语气温柔、舒缓，能尝试采用友好的方法解决同伴间的问题。

幼儿园教师资格证考试·真题再现

2019年下半年《保教知识与能力》真题

有时一名幼儿哭会惹得周围的幼儿跟着一起哭，这表明幼儿的情绪具有(　　)。

A. 冲动性　　　　　　　　B. 易感染性

C. 外露性　　　　　　　　D. 不稳定性

【解析】B。本题考查学前儿童情绪、情感的发展。幼儿情绪、情感发展的一般特点包括情绪和情感的不稳定、情感比较外露、情绪易冲动以及易受感染。题干中"周围的幼儿跟着一起哭"体现了情绪的易感染性，故本题选B。

幼儿园教师资格证考试·考点预测

1. 幼儿园环境创设主要指的是(　　)。

A. 选择较清净的场所　　　　B. 购买大型玩具和设施

C. 安装塑胶地板　　　　　　D. 合格的物质条件和良好的精神环境

【解析】D。幼儿园环境是指幼儿园教育赖以进行的一切条件的总和，根据属性可以分为物质环境和精神环境。

2. 关于幼儿园环境，下列说法中不正确的是(　　)。

A. 幼儿园环境创设是美化的需要

B. 环境创设是教育者实现教育意图的重要中介

C. 幼儿园园外环境比园内环境更具可控性

D. 心理环境具有隐蔽性的特点

【解析】C。幼儿园的园内环境与园外环境相比具有可控性，即园内环境的构成处于教育者的控制之下。

3. 教师在创设幼儿园环境中的重要作用是(　　)。

A. 指导者、引导者　　　　　　B. 控制者

C. 组织幼儿参与环境创设　　　D. 准备环境、控制环境、调整环境

【解析】D。准备一种与教育相适宜的环境是教师的职责。环境能否按预期的计划运转，幼儿能否充分利用环境，能否在环境中得到真正的发展，还要看教师能否营造良好的环境，能否有效地控制环境。经常调整环境，使它保持适合幼儿发展的最佳状态，是教师的重要职责。因此，准备环境、控制环境、调整环境是教师在幼儿园环境创设中的基本工作内容。

4. 在人的要素中，(　　)是幼儿园对幼儿发展影响最大的因素。

A. 幼儿教师　　　　　　　　　B. 保育员

C. 同龄伙伴　　　　　　　　　D. 家长

【解析】A。教师在幼儿园环境创设中起到准备环境、控制环境、调整环境的作用。没有教师的主导作用，幼儿在环境中的发展是不可能实现的。

本章小结

本章阐述了环境的含义及其分类以及环境对学前儿童的影响，论述了托幼机构物质环境的创设与精神环境的创设。教师可在实践中结合自己园所的实际情况创设适合学前儿童发展的物质环境和精神环境，使他们能健康成长，为其一生的发展打好基础。

关键术语

物质环境　精神环境　心理健康

思考题

1. 托幼机构环境包括哪些类别？

2. 创设托幼机构的物质环境和精神环境时应注意哪些问题？

3. 怎样判定托幼机构环境满足了幼儿多方面发展的需求？标准是什么？

建议的活动

1. 利用见（实）习机会，进入不同类型的幼儿园，对幼儿园环境进行观察、记录、学习与比较。

2. 实地考察一所幼儿园，分析该幼儿园的物质环境是否引发、支持了幼儿的游戏和探索活动，环境与幼儿之间是否发生了积极的相互作用。

拓展阅读

1. 汤志民. 幼儿园环境创设指导与实例. 上海：华东师范大学出版社，2013.

本书旨在探讨幼儿园的室内外学习环境设计，并介绍幼儿园的环境配置实例。全书结构严谨，论述有据，深入浅出，图文并茂，理论与实务兼容，是一本难得的介绍幼儿学习环境创设的学术研究专著。

2. 冯芳，等. 幼儿园环境创设. 北京：北京师范大学出版社，2015.

本书以我国幼儿园环境创设的实际情况为基础，尝试将幼儿园环境创设的基本理论与当前幼儿园环境创设的实践紧密结合，使读者不仅知道幼儿园环境创设的基本知识和方法，还能掌握幼儿园环境创设的一些实用技能与技巧，并能快速上手进行真实幼儿园环境的设计和布置。

第六章　学前教育课程

学习目标 ▶

1. 明确学前教育课程的含义，掌握学前教育课程的特点。

2. 掌握学前教育课程的基本编制流程，能够根据需要设计与开发学前教育课程。

3. 了解我国和国外比较典型的学前教育课程模式。

学习导图 ▶

导入案例 ▶

区角活动：鸡蛋的沉与浮①

这是发生在某幼儿园一个活动区的活动。桌子上有两个外观并不完全一样的瓶子，瓶子中都盛了水，一个瓶子里的水很清澈，另一个瓶子里的水有些混浊，还有少量白色的固体物质沉在瓶底。两个瓶子中各有一只鸡蛋，存有清水的瓶子里的鸡

---

① 胡娟：《幼儿园课程概论》，115～116页，上海，复旦大学出版社，2015。

蛋沉在瓶底，存有较混浊水的瓶子里的鸡蛋浮在水中。四个幼儿围在桌子边上，看到了这两个瓶子和瓶子里的鸡蛋，就"鸡蛋的沉与浮"问题展开了讨论。

幼儿甲："一个水多，一个水少。"

幼儿乙："一个瓶子大，一个瓶子小。"

幼儿丙："一个鸡蛋轻，一个鸡蛋重。"

…………

一个孩子用手摸了一下这两个瓶子，他说："一个是热水，一个是冷水。"他的发现让所有的人都开始相信"热水会让鸡蛋浮上来，而冷水能让鸡蛋沉下去"。

忽然，一个孩子发现，那个能让鸡蛋浮上来的瓶子的底部有一些白色的东西，他的发现引发了大家的争论：

"白色的东西是冰！"

"不，是粉！"

"冰！"

"粉！"

他们各执一词，不肯认同对方的观点。

"冰遇到热水会化掉的！"当一个孩子这样说时，认为白色粉末是冰的那个孩子仍然坚持着自己的观点。

这时，有个孩子将手伸进了瓶子，蘸了一点水，并舔了舔沾在手指上的水，发现它是咸的，他大声地叫了起来："是盐！"其他孩子也纷纷尝试，包括先前认为白色粉末是冰的孩子在内的所有人都无一例外地认识到瓶底白色的粉末是盐。

孩子们似乎放弃了他们以前所相信的"热水会让鸡蛋浮上来，而冷水能让鸡蛋沉下去"的想法。为了让另一只鸡蛋也能浮上来，他们开始往那个瓶子里加盐。他们加了许多盐，鸡蛋还是没有浮上来。有个孩子着急了："如果加了一碗盐，鸡蛋还不浮上来怎么办？"

"用手摇一摇，盐就会化掉了。"在这个孩子的建议下，他们开始摇晃瓶子，想加速盐的溶解。

看到鸡蛋仍然没有浮上来，有个孩子又突然想起，鸡蛋浮起的那个瓶中的水是热的，他提议往瓶子里加热水。

他们加了热水，看到鸡蛋还是没有浮上来，有些着急了，一边使劲摇晃瓶子，一边加热水。一个孩子似乎发现盐越来越少了，她大声叫："别倒水了！"

最后鸡蛋还是没有浮上来，有的孩子说："真好玩！"而有的却说："一点也不好玩！"

从这个关于"鸡蛋的沉与浮"的记录中，我们至少可以得到以下思考和启示：第一，这个相当低结构的活动中没有明确的活动目标，探究的过程几乎是幼儿们自发产生的。这个活动的真正价值在于鼓励幼儿去探索世界，对千变万化的现象感到好奇。虽然幼儿好像没有学到什么，但是在整个活动中他们的言行显示出他们经历了一个积极有效的思维过程。第二，作为一个有意义的教育活动，"鸡蛋的沉与浮"还表现在幼儿的学习发生在关系之中，包括幼儿与物体之间的关系，也包括幼儿与他人之间的关系。第三，在活动区活动的过程中，每个幼儿的兴趣、需要都不相同，他们所进行的其实是包括很多学习领域在内的整合性学习活动。

第一节　学前教育课程的含义与特点

扫一扫，看资源

微课《学前教育课程的含义与特点》

　　课程是教育实践中最重要、最繁难，也是最容易被误解的教育问题之一。学前教育实践通常是以课程为轴心展开的，学前教育改革也常以课程改革为突破口。可以说，学前教育课程是学前教育领域中的一个核心问题。由于学前儿童独特的身心发展特点，学前教育阶段的课程与其他教育阶段的课程相比，其结构化程度更低，更强调课程的生活性、生成性和整体性。

一、学前教育课程的含义

　　对于课程，学界存在着许多种定义，众说纷纭，莫衷一是。通过追溯课程的词源我们可以发现，东方和西方对课程界定的侧重点有所不同。

　　唐代的孔颖达为《诗经·小雅》中的"奕奕寝庙，君子作之"一句作疏："教护课程，必君子监之，乃得依法制。"这是我国最早把"课程"作为一个词语来使用的文献资料。宋代的朱熹在《朱子全书·论学》中也多次运用"课程"一词，如"宽着期限，紧着课程""小立课程，大作功夫"等。这里的"课"指课业，"程"指程度、程序、进程，"课程"指的是功课及其进程，与当今人们对于课程的理解已经基本接近了。

　　在英语中，课程(curriculum)一词最早可见于英国学者斯宾塞的《什么知识最有价值？》一文中，词源是拉丁语的"currere"，其含义是"跑道"或者"奔跑"。"跑"的着眼点在于个体对自己经验的认识，"道"的着眼点在于传统的课程体系。总体来看，英文中的"课程"更强调儿童对自己学习经验的认识。

　　课程的定义很多，大致有以下几种：第一，课程即教学科目；第二，课程即有计划的教学活动；第三，课程即预期的学习结果；第四，课程即学习经验；第五，课程即社会文化的再生产；第六，课程即社会改造。

　　相应地，学前教育课程也可以分别从学科维度或经验维度等不同的角度得到界定。例如，学前教育课程即为学前儿童所设的教学科目，包括体育、语言、常识、计算、音乐、美术传统六科，或健康、语言、社会、科学、艺术五大领域。学前教育课程就是学前儿童的全部活动或教育活动的总和，是反映学前儿童认知发展规律的整体教育结构。

需要说明的是，在界定学前教育课程时，我们需要综合考虑这样几个方面的因素，如学前教育阶段所处理的特殊矛盾、所解决的特殊问题、所承担的特殊任务、所依托的特殊形式、所采用的特殊方法等。因此，我们认为学前教育课程指的是：处于终身教育开端阶段的学习者，在教育者有意识的指导下，与幼儿园教育情境相互作用而获得全面基础素质适应性发展的非义务教育课程，是关于学前教育的目标、内容、方法和评价的一个系统，是学前教育思想、学前教育理论转化为学前教育实践的中介和桥梁。

首先，学前教育课程是基础教育课程的基础部分。小学课程是学前教育课程的自然拓展与深入，是在学前教育课程的基础上发展起来的。学前教育课程的建设应着眼于未来课程的全局，而不是单纯地以小学课程现状为定向。学前教育课程是终身教育的根基课程，其根基性首先是指学前教育的启蒙性，也包括学前教育的开端性。

其次，学前教育课程是非义务教育课程。在我国现阶段，学前教育是非义务教育，学前教育课程属于非义务教育课程的范畴。虽然在国际上义务教育发展表现出向上、向下延伸的趋势，但尚无一个国家完全把学前教育确定为义务教育。学前教育课程的非义务性决定了其课程的灵活性，为广大幼儿教师发挥各自的才能提供了广阔的空间。

最后，学前教育课程是适宜发展性课程。这里的"适宜发展性"包括五个方面的含义。第一，课程适合学前儿童身心发展的客观需要，但并不是仅仅停留于迎合或迁就学前儿童身心发展的现状。第二，课程对学前儿童发展是适当的，提供的影响是经过选择、优化的，具有选择性。第三，课程要能够提供适宜的刺激，促进学前儿童的发展，具有发展性，既保证学前儿童达到应有的水平，获得充分发展，又要为其以后的发展奠定基础。第四，课程既要适合学前儿童发展的普遍性，充分考虑学前儿童全体发展的共同性，又要适合不同学前儿童发展的特殊性，照顾其个性。第五，课程还要适当照顾教育者，体现社会发展的客观要求。

二、学前教育课程的特点

学前教育课程是专为学前儿童开发和设计的。学前教育课程的学习者在我国主要是指0～6岁的儿童。其中，0～3岁的儿童主要在家中或早教机构中学习，与之相应的课程经常被称为广义的婴儿课程；3～6岁的儿童主要在幼儿园中学习，与之相应的课程被称为幼儿园课程。在经济较落后或人口较稀少的地区，为学前儿童开设的学前班课程或混合班课程也是学前教育课程的重要组成部分。幼儿园课程在学前教育课程中所占的比例最大，最为人们所重视。因此，本章内容主要以幼儿园课程为主。总体来看，学前教育课程主要具有以下四个方面的特点。

(一)课程目标的全面性、启蒙性

学前教育是全面发展的教育,学前教育课程是实现学前儿童全面发展目标的中介。因此,学前教育课程必须以实现学前儿童在身体、认知、情感、个性、社会性等方面的全面、和谐发展为目标。学前儿童的全面发展与其他年龄段的学习者相比有特殊之处。在学前儿童发展的诸方面中,身体的发展是首要目标。因此,课程也应充分遵循学前教育和保育相结合的原则,做到教育目标和保育目标的融合。

学前阶段是人生发展的重要阶段,也是人生的启蒙阶段,学前教育应使学前儿童在原有发展水平的基础上得到初步的锻炼和启迪,使其在享有快乐童年的同时,获得与其年龄相适应的身心发展。所以,学前教育课程的目标应是启蒙性的,不宜过高。

(二)课程内容的生活性、浅显性

学前儿童处在身心发展的特殊时期,他们的思维是感性的、直观的。对于学前儿童来说,最有效的学习就是他们感兴趣的学习,最有效的学习内容就是他们可以感知的、具体形象的内容。这种学习内容主要源自学前儿童周围的现实生活。因此,学前教育课程的内容与现实生活的距离越小,越能引发学前儿童的学习兴趣,学前儿童的学习也就越有效。

当然,现实生活是多层次的、复杂的,生活中有有益的经验,也有无益的或有害的经验,因此,教育者必须对生活进行过滤,才能使之成为课程内容,并且这些内容不应是以知识的逻辑组织起来的严格的学科,而应是以生活的逻辑组织起来的多样化的、感性化的、趣味化的活动。课程内容不应该是繁难的,而应该是浅显的,是随着生活情境的变化而变化的。学前儿童的兴趣是确定学前教育课程内容的重要依据。

(三)课程结构的整体性、综合性

学前教育课程是教育者根据生活的逻辑加以组织的,是以学前儿童的兴趣为引导的。生活是整体的,不可能只反映人类知识体系中的某一部分。生活中往往蕴藏了多方面的发展机遇和可能性。因此,学前教育课程不应追求将现实生活割裂的或与现实生活不一致的知识系统。

扫一扫,看资源

视频《幼儿园评剧活动》

学前儿童的发展领域之间是相互联系、相互促进的,它们构成了一个有机的发展整体。所谓"发展领域"只是一种人为的划分。在现实的课程实施中,学前儿童是以"完整人"的形象出现的。因此,学前教育课程的内容应是综合的,应尽可能使不同的课程内容产生联系,以促进学习迁移,让学前儿童以"完整人"的面貌面对完整的经验,不要把学科、领域这种人为划分知识的方式用来划分学前儿童的经验,并以单一的经验作为其活动的起点。

(四)课程实施的活动性、经验性

学前教育课程实施的特点是由学前儿童的身心发展特点、学习特点和学前教育课程生活化的特点所决定的。学前儿童的身心发展特点，尤其是学习特点决定了学前儿童学习的内容应是直观的、形象的，因此，学前儿童的学习一定要借助具体的情境，尤其是具体的事物，在学前儿童参与、探索和交往的过程中进行。教师的语言传递不是学前儿童学习的主要方式，书本化的系统知识也不是学前儿童学习的主要内容，端坐静听是有悖学前儿童发展规律和学习特点的。因此，学前教育课程的实施，关键在于创设丰富的活动情境，创设有利于学前儿童自发、主动活动的氛围，为学前儿童提供各种互动的机会以及与其发展相适应的帮助。

　　学前儿童的身心发展特点和学习特点还决定了学前教育课程的实施经常需要利用游戏的手段。游戏是学前教育课程实施的重要途径。由于学前教育课程是与学前儿童的生活联系在一起的，因此学前教育课程的实施必然是情境性的、参与性的，与现实生活紧密联系在一起的。学前儿童在现实情境中，通过操作和探究，通过教师的引导和帮助获得知识、体验。教师与学前儿童之间的真诚对话、有效沟通是学前教育课程实施所不可缺少的。

扫一扫，看资源

视频《颜色对对碰》

第二节　学前教育课程的编制

　　学前教育课程在我国最重要的且制度化的部分主要是幼儿园课程，因此本节主要以幼儿园课程为例，论述学前教育课程的编制。幼儿园课程的编制包括课程目标的确定、课程内容的选择、课程的实施以及课程评价。

一、课程目标的确定

(一)课程目标的三种取向

　　课程目标在教育目的和课程之间起衔接作用。幼儿园课程目标的确定使幼儿课程编制的方向能够得以明确，使课程内容的选择和课程的实施以及评价等与课程目标成为一个整体。幼儿园课程中较为常见的课程目标主要存在三种取向。

1. 行为目标

　　行为目标在课程领域的确立始于博比特。泰勒是行为目标的集大成者，被人们称为"行为目标之父"。泰勒认为，课程目标包括"行为"和"内容"两部分。行为目标是以儿童具体的、可被观察的行为表述的课程目标，它指向的是实施课程以后在儿童身上所发生的行为变化。行为目标的取向以行为主义理论为基础，强调目标的具体化、标准化，强调课程实施的结果。

　　行为目标取向的优点非常明显，即课程的目标明确、具体，可操作性极强。然而，行为目标取向也有其难以避免的缺点，如仅强调可以识别的课程要素，把难以测评、难以转化为行为的课程内容排除在课程之外；把学习目标分解为各个独立部分，不利于从整体上通过教学来陶冶儿童的情操；预先规定课程目标，过高估计了人们把握教学过程以及设定课程目标的能力等。

2. 生成性目标

英国课程论专家斯腾豪斯认为，学校教育包括四个过程：技能的掌握、知识的获得、社会价值和规范的确立以及思想体系的形成。其中前两项是可能确定的目标，而后两项是难以确定的目标，因此他强调教师应根据课堂教学的实际进展情况提出相应的目标，注重课程实施过程。生成性目标强调学前教育课程不应以事先规定的目标(或结果)为中心，而应以过程为中心，应根据儿童在课程中的实际表现来展开。

生成性目标是在教育过程中生成的课程目标。生成性目标取向追求的是实践理性，强调在儿童、教师与教育情境的交互过程中产生课程的目标。这一取向在人本主义课程理论中发展到了极致，强调儿童游戏，强调儿童主动的活动，强调活动的过程。然而，生成性目标取向适用于经验较丰富的教师，因为它操作性较差，对于新手教师来说，它具有很强的挑战性。

3. 表现性目标

表现性目标是由美国课程论专家艾斯纳提出的。艾斯纳受其所从事的艺术教育的影响，认为艺术领域里预定的目标是不适合的，从而提出了表现性目标作为补充。表现性目标取向强调儿童在学习课程后所获得的实际结果，重视儿童在课程活动中所表现出来的某种首创性的反应形式，而不是事先规定的结果。表现性目标取向认为，只为儿童提供课程学习或活动的领域即可，至于结果，则是开放的。

艾斯纳指出，表现性目标的用意并非用它取代教学性的行为目标，而是用它来完善教学性的行为目标。艾斯纳认为，如果教师希望儿童富有想象力地运用技能，希望儿童能建立某种完全属于自己的观点或行为，那么表现性目标极为合适，不过表现性目标是以表现性技能为基础的。

从行为目标取向发展到生成性目标取向，再发展到表现性目标取向，这一过程体现了课程发展对人的主体价值和个性解放的追求，反映了时代精神的发展方向。但是，这并不是说后者可以取代前者，每一种目标取向都有其存在的价值。在编制学前教育课程目标时，教育者应将各种课程目标取向兼容并蓄，以每种课程目标取向的长处弥补单一课程目标取向的短处，为达成学前教育的总目标服务。

(二)确定课程目标的一般步骤

学前教育课程目标的确定一般经历两个步骤：第一步，学习、理解国家或地方教育主管部门制定的一般性课程目标，根据《幼儿园工作规程》中所规定的幼儿园的教育任务和保教目标确定教育内容的范畴，以此为一个维度，与幼儿发展的生理维度和心理维度相结合，制定出粗略的课程目标体系；第二步，对每一部分内容进行细化，制定出对编制课程具有指导意义的课程目标明细表。

2016 年 1 月 5 日颁布，同年 3 月 1 日开始实施的新修订的《幼儿园工作规程》中指出："幼儿园的任务是：贯彻国家的教育方针，按照保育与教育相结合的原则，遵循幼儿身心发展特点和规律，实施德、智、体、美等方面全面发展的教育，促进幼儿身心和谐发展。"相应地，幼儿园的保教目标主要包括四个方面。一是德育目标：萌发幼儿爱祖国、爱家乡、爱集体、爱劳动、爱科学的情感，培养诚实、自信、友爱、勇

视频《幼儿园园本课程》

敢、勤学、好问、爱护公物、克服困难、讲礼貌、守纪律等良好的品德行为和习惯以及活泼开朗的性格。二是智育目标：发展幼儿智力，培养正确运用感官和运用语言交往的基本能力，增进对环境的认识，培养有益的兴趣和求知欲望，培养初步的动手探究能力。三是体育目标：促进幼儿身体正常发育和机能的协调发展，增强体质，促进心理健康，培养良好的生活习惯、卫生习惯和参加体育活动的兴趣。四是美育目标：培养幼儿初步感受美、表现美的情趣和能力。

二、课程内容的选择

幼儿园课程内容是实现课程目标的手段。对于幼儿园教师和幼儿来说，课程内容的选择主要解决的是"教什么"和"学什么"的问题。《幼儿园教育指导纲要（试行）》中明确规定，幼儿园教育内容的选择既要适合幼儿的现有水平，又有一定的挑战性；既符合幼儿的现实需要，又有利于其长远发展；既贴近幼儿的生活来选择幼儿感兴趣的事物和问题，又有助于丰富幼儿的经验和拓展幼儿的视野。总之，幼儿园应为幼儿提供健康、丰富的生活和活动环境，满足他们多方面发展的需求，使他们在快乐的童年生活中获得有益于身心发展的体验。

（一）课程内容选择的三种取向

教育者对幼儿园课程内容的选择存在三种不同的取向，这反映了不同教育者对课程内容的不同理解，体现的是不同的教育目的取向。在幼儿园课程编制过程中，幼儿园课程内容的选择首先涉及的是对课程内容取向的思考，随后才是课程的类型、结构和其他方面。

1. 课程内容即教材

将课程内容看作教材的取向是与将课程内容看作向儿童传递知识这一基本点联系在一起的，而知识的传递是以教材为依据的。对课程内容持这一取向，会使课程编制者将课程内容的重点放在教材上，会使教师较多地考虑知识本身的系统性和逻辑性，并使教材成为在教与学过程中的基本材料。在幼儿园课程中，尽管较少采用儿童使用教材的形式，但是，对课程内容持这一取向，会使课程编制者将课程内容的重点放在为教师的教学编制教材上。教师在教学过程中通过实施教学计划、教学

大纲和运用教材，将系统的知识和技能传递给儿童。

课程内容即教材的取向，将课程内容作为预设的东西，规定了教师应该教什么、儿童应该学什么，其长处在于知识、技能的较强的系统性和可操作性可以使教师在教育教学过程中有据可依。因此，这一取向在幼儿园课程编制过程中经常被人采用。但是，这一取向使课程内容成为课程编制者规定儿童必须接受的东西，而不一定是儿童需要的和感兴趣的东西。为了弥补这一缺陷，课程编制者和教师经常会想方设法地运用各种教学技术和技巧对教材进行加工和改造，试图使教材能激发儿童的兴趣。杜威曾用生动形象的语言批评这种做法："在他正高兴地尝着某些完全不同的东西的时候，吞下和消化一口不可口的食物。"[1]

2. 课程内容即学习活动

将课程内容看成学习活动的取向把关注点放在了儿童做些什么上，强调课程与社会生活的联系，强调儿童在学习中的主动性。这种取向对"课程内容即教材"的取向提出了挑战，批评它关心的只是向儿童呈现什么内容，告诉儿童一些基本事实和方法，而不关注儿童自己对活动过程的参与。

在幼儿园课程编制中，这种取向更容易被人接受和采用，也较为多见。对课程内容持这种取向会使课程编制者设计和安排大量的活动，并让儿童在参与活动的过程中去探索和发现。例如，在我国教育家陈鹤琴提出的活教育的三大目标中，"做中学、做中教、做中求进步""大自然、大社会都是活教材"反映的就是这种取向。课程内容即学习活动的取向关注儿童的活动，但是，这往往是儿童的外显活动，尽管从表面上看活动气氛可能很活跃，但是这些活动却往往不是儿童对课程内容的同化，不会从根本上引起儿童深层次的心理结构的变化。在学习过程中，每个儿童都在自己原有的水平上获得经验，即使是同样的活动，对于不同的儿童来说，其意义也可能是完全不同的。课程内容的这种取向没有从根本上反映出儿童学习的本质。

3. 课程内容即学习经验

课程内容即学习经验的取向把课程内容看作儿童的学习经验，认定儿童是主动的学习者，决定学习的质和量的主要方面是儿童而不是教材。换言之，儿童是否能够真正理解和获得课程内容，主要取决于儿童已有的心理结构，取决于儿童与环境之间的有意义的交互作用。这种取向的观点是：知识是儿童自己"学"会的，而不是教师"教"会的；课程内容应由儿童决定，而不是由学科专家支配。

扫一扫，看资源

视频《"做"中学》

在幼儿园课程编制中，这种取向也很常见。对课程内容持这种取向会使课程编制者关注幼儿园环境的创设，关注儿童学习经验的获得。例如，一些以皮亚杰

---

[1] ［美］约翰·杜威：《学校与社会·明日之学校》，赵祥麟等译，133 页，北京，人民教育出版社，1994。

建构理论为主要理论基础的早期儿童教育课程和教育方案就是以此为取向的。课程和方案设计者强调的是儿童在与环境交互作用中的经验获得、知识建构，而不是特定知识的传递，或是一般意义上活动的组织和安排。课程内容即学习经验的取向，将儿童在学习过程中所获得的经验作为选择和组织课程内容的出发点。这种看法有其深刻的理由，但是，儿童的经验主要还是儿童自己的心理体验，这是一种主观的东西，课程编制者和教师都难以把握，这就容易使课程内容过分泛化。

尽管课程内容的这些取向对课程内容的关注点各不相同，甚至存在着冲突，但是，课程编制者可以根据自己的教育价值观，将它们兼容并蓄，取长补短，在学科知识、学习活动和学习经验之间取得平衡。

（二）课程内容的不同取向对课程内容选择的影响

课程内容的不同取向会对课程内容的选择起决定性的影响作用。课程内容即教材的取向将课程内容看作知识和技能的传递。在选择幼儿园课程内容时，选择者必然会注重内容的基础性，将经过认真筛选的基础知识和基本技能编入教学计划、教学大纲和教材。这些基础知识和基本技能应能在一定程度上反映人类文化遗产中的精华，应是发展中的儿童适应未来社会生活所必需的。

课程内容即学习活动的取向强调课程与社会生活的联系，强调儿童在学习过程中的主动参与。在选择幼儿园课程内容时，选择者必然会注重使课程内容贴近社会生活，以利于儿童接触社会、了解社会，并初步学习一些与社会生活相贴近的知识和技能。

课程内容即学习经验的取向把课程内容看作儿童的学习经验。在选择幼儿园课程内容时，选择者必然会注重使课程内容与儿童发展特征相符合，使课程内容能够通过儿童与环境之间的有意义的交互作用被儿童同化。这就是说，选择者在选择课程内容时，要充分顾及儿童的兴趣、需要和能力。其实，在选择课程内容时，适合儿童发展特征、贴近社会生活以及顾及基础性这三个方面并不矛盾，只是不同的教育价值取向在涉及课程内容选择的问题时，会以不同的方式平衡三者之间的关系而已。

《幼儿园教育指导纲要（试行）》中指出："幼儿园的教育内容是全面的、启蒙性的，可以相对划分为健康、语言、社会、科学、艺术五个领域，也可做其他不同的划分。各领域的内容相互渗透，从不同的角度促进幼儿情感、态度、能力、知识、技能等方面的发展。"在实践中，幼儿园主要在五大领域内开展教育活动，如果做更细致的划分，则可以将教育内容划分为健康、社会、科学、数学、语言、音乐、美术七大领域。

三、课程的实施

课程的实施包括拟订课程实施计划，创设课程实施环境，运用课程组织技能，实现课程目标这一全过程。为了创设良好的课程实施环境，教育者需要架起家园合作的桥梁，充分实现家庭、社区和幼儿园的协调合作。

(一)课程实施的原则

20世纪四五十年代，就课程内容的组织问题，泰勒提出过三条基本准则，它们是连续性、顺序性和整合性。连续性是指课程内容如何被直线式地陈述；顺序性是指课程的后继内容如何既以前面的内容为基础，又为后面的内容打下基础；整合性是指各种课程内容之间的横向联系。幼儿园课程的实施也涉及这三条基本准则。

1. 逻辑顺序与心理顺序

逻辑顺序指的是根据学科本身的系统及其内在联系组织课程内容。心理顺序指的是以适合儿童心理发展特点的方式组织课程内容。是以逻辑顺序组织课程内容，还是以心理顺序组织课程内容，这是历来很有争议性的问题。主张以逻辑顺序组织课程内容者，强调学科本身的逻辑顺序，而不是主要考虑这种逻辑顺序与儿童有何联系；主张以心理顺序组织课程者，强调根据儿童的心理发展特点以及儿童的兴趣、需要和能力组织课程，而较少考虑学科逻辑顺序。在幼儿园课程中，"综合教育"通常是一种以心理顺序组织幼儿园课程内容的方式，它打破学科界限，以儿童心理顺序组织课程内容，使各种课程内容之间保持整合性。这种课程内容的组织方式往往是课程编制者根据对儿童心理发展特点的理解而确定，并在课程实施过程中根据儿童对课程内容的反应而加以调整的。

2. 纵向组织与横向组织

纵向组织指的是按照课程组织的某些准则，以先后顺序排列课程内容。横向组织指的是按"广义概念"组织课程内容，即打破传统的知识体系，使课程内容与儿童已有经验融为一体。在幼儿园课程中，纵向组织课程内容与横向组织课程内容的做法都很常见。纵向组织方式强调知识和技能的层次性，即儿童学习较为复杂的、抽象的知识是以较简单的、具体的

视频《"创意格子画"说课》

知识为基础的，这种方式有利于从简单到复杂、从具体到抽象的过程的依次推进。横向组织方式强调的则是各种知识的融合，强调知识的运用，强调知识与儿童成长的联系，而不是知识本身，这种组织方式似乎与学前儿童的发展特点和学习方式更为接近。

3. 直线式组织与螺旋式组织

直线式组织指的是将课程内容组织成一条在逻辑上前后联系的直线，使前后内容互不重复。螺旋式组织指的是在不同的阶段，课程内容会重复出现，但是这些重复出现的内容在深度和广度上都有所加强。直线式组织与螺旋式组织对儿童思维方式有不同的要求，前者要求逻辑思维，后者要求直觉思维。学前儿童的思维是以直觉思维为主的，因此幼儿园课程内容的组织一般较多采用螺旋式组织方式。这种组织方式在综合教育、单元教学、方案教学等许多幼儿园课程类型中都能看到。

此外，根据课程哲学观，课程的组织方式可以分为学科中心课程、儿童中心课程和社会中心课程。在幼儿园课程中，常见的是前两类课程。在理论上，各种课程内容的组织方式都可以得到严格界定，但是在实践中，各种课程内容的组织方式并不是非此即彼的，有时甚至是可以兼容的。这就是说，在教育实践中，各种课程内容在组织方式上的差异往往体现在取向的程度上，而不是表现为极端的选择上。

(二)课程实施的步骤

1. 拟订课程实施计划

在拟订课程实施计划时，教育者应以现代幼儿课程观为理论基础，即将幼儿视为主体，引导他们进行积极而主动的学习。课程计划的确定与实施要基于幼儿的身心发展特点与兴趣，源于幼儿的经验与需要，融于幼儿的生活流程之中。

以时间为顺序，课程实施计划可以分为学期计划，月、周计划和日计划。

(1)学期计划

学期计划是指在进行学期终结性评估的基础上，总结分析本学期初幼儿的发展状况，依据幼儿的发展水平，结合课程总体目标、幼儿年龄特点以及重大活动、节日、季节等确定学期教育目标。此外，还需要选择长期观察目标，即把学期目标对照观察指标进行筛选，凡需要进行多次观察的内容，都作为长期观察指标进行观察。学期计划的范例如表 6-1 所示。

表 6-1　学期计划范例(节选)

内容	上学期幼儿发展状况分析	学期教育目标
语言	幼儿能较好地理解教师、同伴的语言及故事内容。85％的幼儿词汇量不丰富，30％的幼儿不能认真听教师、同伴谈话	1. 能理解一些词汇并正确运用 2. 根据图书画面读出简单故事
生活卫生习惯	自我服务能力进一步增强，部分幼儿在日常生活中已经懂得注意保持个人卫生，自觉遵守一般卫生要求，但有20％的幼儿需要督促，自律性稍差	1. 会自己整理衣服，保持仪表整洁 2. 手脏、脸脏后能随时清洗 3. 餐后、睡眠后、活动后会做简单的整理工作 4. 维护集体环境卫生

(2)月、周计划

月计划是指根据上月目标的落实情况和所选择的观察指标，总结分析幼儿表现出的活动情形和发展状况，并依据幼儿的发展水平与学期教育目标，选择相应的目标内容，有的可能是上月目标的延续，有的可能是随需求进行的相应补充与调整。此外，把月目标对照观察指标进行筛选，凡需要进行多次观察的内容，都作为长期观察指标进行观察。周计划是指根据上周活动完成情况和观察的重点内容，分析幼儿的发展状况，并进行周教育活动安排，即将每天上、下午各环节的活动名称和家长工作的内容记录下来。月计划的范例如表 6-2 所示。

表 6-2　月计划范例（节选）

内容	上月幼儿发展状况分析	月教育目标
语言	幼儿在讲述图片故事的过程中，往往根据自己的理解编排情节顺序，有些内容脱离事物本来的联系，与实际情况不吻合	理解图片故事情节，能按顺序进行编排
自我保健	在教师的提醒下，幼儿在户外时不到危险的地方玩，不做危险动作。在室内时幼儿有奔跑现象	1. 在室内时能轻轻走路，不奔跑 2. 在户外时能控制自己不到危险的地方玩，不做危险动作 3. 根据天气变化，增减衣物

（3）日计划

日计划是指结合月、周计划的目标和活动内容，确定在当日该次教育活动中能达到的目标，并准备所需的玩具、教具、操作材料以及进行空间的安排。在教学计划中教师需要注明活动的名称、组织形式、时间安排，在明确活动步骤与方法的同时，突出指导的重点、难点，标明教师的关键活动和主配班教师的分工情况。

2. 实施课程

幼儿园的教育目标不仅通过课程内容的组织来实现，而且还要通过创设一种课程实施的环境来实现。幼儿园需要创设安全、健康的教室环境，如保障积木区、图书区、音乐表演区、角色区、美劳区、自然科学区、沙水区等各活动区的设备安全。此外，环境的设置要体现出某种教育期待。例如，教师可以根据幼儿的情况决定设置哪些活动区，划分活动区并合理利用空间，妥善布置设备与材料，使材料会"说话"。

在课程实施过程中，教师要注意让幼儿多动手，多参与，在实践中学习，要注意灵活运用集体、小组与个体等活动形式，把教育活动游戏化，让幼儿在游戏中学习。

扫一扫，看资源

视频《大班评剧头饰制作 1》

扫一扫，看资源

视频《大班评剧头饰制作 2》

四、课程评价

评价是一种价值判断。课程评价是指对课程的价值做出判断。课程评价是在研究课程价值以及收集论据与相关资料的基础上，对课程实施的可能性、有效性及其教育价值做出价值判断的活动。课程评价的作用在于：诊断课程，修正课程，比较各种课程的相对价值，预测教育的需求，确定课程目标达到的程度。

（一）课程评价的基本取向

在对幼儿园课程进行评价时，课程评价者必然会表现出某种基本的取向，从而反映出他们对幼儿园课程价值的关注重点。在幼儿园课程评价中，最为常见的取向是形成性评价和总结性评价（又称终结性评价）。形成性评价是一种过程评价，旨在通过对课程发展过程中所获得的材料进行分析和判断，从而调整和改进课程方案，使正在形成中的课程更为完善。形成性评价可以在课程设计阶段和早期试验阶段进行。通过评价，课程编制者可以获得有关信息，在教育理论探讨、课程框架构思、教育目标确立等方面发现问题和诊断问题，并及时加以修正。形成性评价也可以在课程实施阶段进行。通过评价，课程编制者检查课程在实施过程中的有效性，逐步修正或改革，逐步使课程定型。形成性评价还可以在课程推广过程中进行。通过评价，课程编制者使课程的示范和推广过程更切合课程采纳者的教育实践。总结性评价是一种结果评价，旨在对课程实施以后所获得的效果进行评价，以验证课程的成功程度和推广价值。

形成性评价关注的是课程问题的起因，总结性评价关注的是课程问题的程度；形成性评价的结果主要是为课程编制者改进课程所用，总结性评价的结果主要是为课程决策者提供政策制定的依据；形成性评价关注的是课程计划的改进，总结性评价关注的是课程计划整体效果的评定。① 但是，在幼儿园课程评价过程中，形成性评价和总结性评价并不是非此即彼的。例如，为课程发展而进行的形成性评价可包含对某个阶段教育的短期效果做估计的总结性评价；以评定课程效果而进行的总结性评价也可包含一些形成性评价，以此作为课程判断和决策的参考依据。

幼儿园教师资格证考试·真题再现

2019 年下半年《保教知识与能力》真题

在教学过程中，王老师随时观察和评价幼儿的行为表现，并以此为依据调整指导策略。该教师采用的评价方式是（　　）。

A. 诊断性评价　　　　　B. 标准化评价

C. 终结性评价　　　　　D. 形成性评价

【解析】D。本题考查的是评价类型。形成性评价是通过对幼儿学习进展情况的评价进而影响学习过程的一种评价模式。在教育活动的持续进行过程中，教师通过了解、鉴定教育活动的进展情况及时地获取调节或改进教育活动的依据，以提高教育活动的实效性。它是自始至终伴随着教育活动进程的一种动态性评价。通过这种方式，评价者获取的评价信息多、范围广。题干中强调的是在教学过程中，教师进行评价，并且会调整指导策略，由此表明是形成性评价。终结性评价是指在完成某个教育活动或某个单元性、阶段性活动之后进行的总结

① 施良方：《课程理论——课程的基础、原理与问题》，154 页，北京，教育科学出版社，1996。

和评定，它是与目标的达成程度紧密相关的。诊断性评价也称教学性评价、准备性评价，一般是指在某项教学活动开始之前对幼儿的知识、技能以及情感等状况进行的评价。A、B、C选项与题干无关，故本题选 D。

(二)课程评价者和评价指标

幼儿园课程的评价者由谁承担，取决于课程评价的目的、种类、评价者与被评价者的利益关系等因素。例如，如果课程评价的目的是总结性的(如向教育行政部门做有关课程发展的报告，决定课程的优劣等)，那么课程评价者应从那些不受评价对象制约和影响并具有评价知识和经验的人中去选择；如果课程评价的目的是形成性的(如为课程编制和改进提供指导意见，发现课程实施中存在的问题等)，那么课程评价者应从那些接近评价对象并具有评价知识和经验的人中去挑选。

课程评价者在评价课程时需要有能衡量课程设计、课程实施状况和课程效果的标尺。课程评价的标准就是这种衡量的标尺，而评价指标则是评价标准的具体化。从一般意义上说，课程评价理当客观、公正和标准化，课程评价的标准和指标也应规范化。但是，课程评价是极为复杂的事，它要对课程的价值做出判断，而价值观是相对的，拥有不同价值观的人会对同样的课程做出不同的判断。因此，评价者的价值观不同，就有可能选择不同的评价标准和指标作为课程评价标尺。评价者所做的课程评价的目的和方式不同，所选择的评价标准和指标也会不同。例如，在对以目标模式设计的幼儿园课程的效果进行评价时，评价者常把课程确定的行为目标作为课程评价指标。这些课程目标本身比较行为化和具体化，从上一级指标到下一级指标，多层次的指标构成一个完整的指标体系。课程目标中所确定的许多具体的、可观察的行为，都是评价这种课程效果的指标。又如，在对某一以幼儿经验为主展开的主题活动的效果进行评价时，评价指标就不会十分具体，所以评价者常常会采用无记名方式，让一些评价人员根据其经验，运用等级评定方式，评估各要素在评价指标中的重要程度，并进行加工，以此作为评价该课程效果的依据。在对同一主题活动的实施状况进行评价时，教师则可在课程评价专家的指导下，在幼儿园园长、其他教师、家长以及其他人员的参与下，发现、分析和解决课程实施过程中的问题，使课程的实施方法得以改进。

(三)课程评价的作用

幼儿园课程评价的作用大致有两个方面：其一是可以满足教师、课程研发人员、幼儿园行政管理人员以及课程编制人员的需要，使他们通过课程评价，检验或完善原有的幼儿园课程，或者开发新的幼儿园课程；其二是可以满足幼儿园课程政策制定者、幼儿园行政管理人员以及社会其他成员获得有关课程方面信息的需要，以便他们管理课程，制定出影响课程的各种决策。由于课程评价具有诊断功能，因此教师可以利用它及时发现课程中存在的问题，并以此为依据，调整和改进课程。课程编制者、课程研发者可以通过课程评价，提高课程编制的水准，从而检验或完善原有的幼儿园课程，或者开发新的幼儿园课程。在课程管理层面上，幼儿园课程政策制定者、幼儿园行政管理人员以及社会其他成员需要获得有关课程方面的信息，他们可以把课程评价结果作为对幼儿园课程质量的鉴定或推广的依据。由于课程评价具有鉴定功能，因此教师和课程编制者可以通过对课程中的各种成分以及它们之间的关系进行分析，或者可以通过对不同课程进行比较，对课程的实际效果进行评定，得出课程是否值得推广、在什么范围内推广以及如何推广等结论。

幼儿园课程评价可被用于三个方面，其一是对课程方案本身的评价，其二是对课程实施过程的评价，其三是对课程效果的评价。对幼儿园课程的每一种评价都有可能涉及这三个方面，只是其侧重点有所不同。对课程方案本身的评价主要是考察和评定幼儿园课程所持有的基本理念以及所强调的主要价值取向是否与幼儿园所在的社会文化背景相契合，是否与幼儿园教育实际状况相契合；考察和评定幼儿园课程的目标、内容、方法和评价等课程的各种成分是否在课程理念的统合之下形成一个协调的整体，并发挥其总体功能。对课程实施过程的评价主要是考察和评定课程实施过程中的诸多动态因素，如师生互动的质量、幼儿和教师在课程运行过程中的态度和行为、幼儿园环境的创设和利用，以及动态变化中的各种因素之间的关系，等等。对课程效果的评价也是课程评价的一个重要功用。课程效果有的是显性的，有的是隐性的；有的是长效的，有的是短效的；有的是预期的，有的是非预期的。对课程效果的考查和评定会涉及什么是效果以及如何去衡量效果的问题。

第三节　学前教育课程的典型模式

课程模式是指把某种理论或某几种理论综合为一种指导思想，据此制订某一具体的教育计划或者教育方案，并用于处理该计划或该方案中的各种成分之间的各种关系，使课程成为一个协调的整体，并发挥整体的教育功能。与幼儿园的一般教育方案有所不同，能称得上幼儿园课程模式的教育方案是一个把教育目的、管理政策以及课程内容和方法理想化的理性结构，它能为教育思想和观念转化为教育实践提供样板。

一、我国学前教育课程模式

在我国学前教育的发展历程中，幼儿园课程改革主要有三次，分别发生在 20 世纪 20 年代至 30 年代、50 年代以及 80 年代至今。我国早期儿童教育课程的改革与发展过程中也出现了一些有影响、有特点的教育课程模式。这里主要介绍六种。

（一）陶行知的生活教育课程模式

陶行知是中国近代伟大的教育家，毛泽东同志称赞他为"伟大的人民教育家"。

他是乡村幼儿园教育的开拓者、实验者，推广了乡村幼儿园，发起了幼儿园教育平民化的运动。他创办了我国第一所乡村幼儿园——燕子矶幼稚园，以及和平门幼稚园、迈皋桥幼稚园、新安幼稚园、上海劳工幼儿团，撰写了《创设乡村幼稚园宣言书》《幼稚园之新大陆》《如何使幼稚教育普及？》等有关幼儿园教育的著作。

1. 课程目标

陶行知指出，要为生活向上或向前的需要接受教育，这是受教育的目的。可见，陶行知的生活教育课程目标首先是培养儿童的生活力。此外，陶行知的生活教育课程目标还注重培养儿童手脑相结合的创造能力，培养儿童的多方面素质。

2. 课程内容

陶行知认为，早期教育课程的内容来源于生活，来源于幼儿园周围的人、事、物，凡是儿童感兴趣的均为生活教育素材。例如，石头、泥沙、松针、棉花、松果等自然物，纸袋、木头、旧邮票等废弃物，红豆、番薯等土产，都是幼儿园课程的好素材。课程内容的结构以年、月、周、日为时间单位，可分为全年、每月、每周、每日四种。全年纲要又称为"幼儿生活历"，其中包括节令、气候、动物、植物、农事、风俗、卫生、童玩八项；每月纲要依据全年纲要以及各幼儿园的需要来设定学习重点；每周纲要要将每项活动进行的步骤加以分析，并对活动词源、上周活动情况加以修正；每日纲要要根据全年纲要、每月纲要、每周纲要来设定，同时，也要考虑幼儿的兴趣及具体的学习情况。

3. 课程实施方法

陶行知强调课程实施应以生活为中心，课程应包括人类生活的全部。他认为全部的生活都是教育，全部的生活都是课程。陶行知主张对自然现象、社会现象、儿童故事、儿童歌谣、儿童游戏加以收集，将其作为教育幼儿的素材，并以"教学做合一"的方式进行课程实施。"教学做合一"是对传统教育教学方法的根本否定，是生活教育的课程实施方法。"教学做合一"的含义是教的法子要根据学的法子，学的法子要根据做的法子，其中做是三者的中心。陶行知强调在做上教、在做上学，认为不做无学、不做无教。

视频《中班剪纸》

4. 课程评价

陶行知重视幼儿教育，反对当时传统的旧教育。他所提出的生活教育课程深刻揭示了教育的本质和职能，是符合教育规律的，既反映了世界现代教育发展的趋向，又充分体现了本民族的特色。这一现代课程思想到现在也有其现实意义。

视频《中班烘焙体验》

(二)陈鹤琴的五指活动课程模式

陈鹤琴是我国现代教育史上著名的儿童心理学家和儿童教育家，是五四运动以后中国学前教育研究和实验的典范，是开创我国现代儿童心理和幼儿教育科学研究工作的代表人物。陈鹤琴于 1914 年至 1919 年在美国留学，在此期间，他深受杜威实用主义教育理论的影响。回国后，他结合中国国情，对杜威的理论进行了改造。1923 年，他在南京创办了鼓楼幼稚园，建立了我国第一个幼儿教育研究中心，并根据中国国情，从课程着手，亲自主持幼儿园课程的试验改革和研究工作，探索幼儿教育改革之路。

1. 课程目标

在主持鼓楼幼稚园课程试验之初，陈鹤琴就将缺乏具体的课程目标作为当时中国幼儿园的四大弊病之一提了出来。他说："我们办幼稚园究竟为了什么？我们教养儿童究竟要教到什么地步？什么技能、什么习惯是儿童应该养成的？什么知识、什么做人态度是儿童应当学得的？"陈鹤琴认为，做人是课程的首要目标，其"五指活动课程"的目标是让幼儿学会"做人，做中国人，做现代中国人"。

2. 课程内容

陈鹤琴指出，小孩子能够学的与应该学的东西本来是很多的，但是我们不能就这样无限制、无系统地去教，必定要有一种组织，在一定范围内，成为一个系统，并使各科目之间互相连接起来。他主张把幼儿园的课程打成一片，使其成为有系统的组织。但这种有系统的组织以什么为中心呢？他说："这当然要根据儿童的环境来定。"儿童的环境包括自然环境（动植物与自然现象）和社会环境（个人、家庭、集社等类的交往）。自然环境和社会环境是儿童每天都能接触到的，应该成为幼稚园课程的中心。"大自然、大社会，都是活教材"，从这两个中心出发，陈鹤琴构建了他的"五指活动课程"内容。一是健康活动，包括饮食、睡眠、早操、游戏、户外活动、散步、健康检查、排泄与清洁习惯的指导及安全教育等。二是社会活动，包括朝夕会、周会、纪念会、集会、每天的谈话讨论、政治常识、升降旗等。三是科学活动，包括自然观察与研究、种植、饲养、计数、研究自然、填气候图、认识环境等。四是艺术活动，包括音乐活动（唱歌、节奏、表演、音乐欣赏等）、图画、手工等。五是语文活动，包括听说故事、歌谣、谜语、笑话和看图画书等。

扫一扫，看资源

视频《着火了怎么办》

3. 课程实施方法

陈鹤琴深受五四运动以来科学与民主精神的陶冶，认为儿童不是成人的缩影，他们有自己独特的生理、心理特点。他主张教师应尊重儿童，做儿童的朋友，与儿童同游同乐同玩。儿童喜欢游戏，他们是以游戏的方法来生活的，还不能把学习和游戏严格分开。在游戏中，儿童能得到身体上的充分锻炼，能展开丰富的想象，缓解紧张的情绪，体验游戏带来的愉悦感。所以，游戏法是符合幼儿年龄特点的有效的课程实施方法。在游戏中，儿童学得快，学得好，印象深刻。另外，由于儿童的兴趣、智力等方面存在差异，因此采用小组教学法有利于教师区别对待、因材施教，使处于不同发展水平的儿童在相互作用中都能得到发展，都有所长进。

陈鹤琴把儿童看成教育的主体，为此，他特别强调儿童的"做"："凡是儿童自己能够做的，就应该让儿童自己做""你要儿童怎样做，就应当教儿童怎样学"。教师的责任是为儿童提供各种应用材料，并指导儿童操作所需要的材料。

图 6-1　PVC 管曲棍球比赛

图 6-2　神奇的水道

图 6-3　航海舰队

4. 课程评价

陈鹤琴受到美国进步主义教育思想的影响，对国内的教育进行了反思，提出了"活教育"的思想，并创编了"五指活动课程"。"五指活动课程"既有扎实的理论基础，又有丰富的实践经验，对当时的幼儿园课程理论与实践产生了深远的影响，主导了我国 20 世纪 20—40 年代的幼儿教育，使课程趋向中国化和科学化。传统幼儿教育的课程内容只是一些单调的、零星的知识、技能，而陈鹤琴提出的"五指活动课程"则是一个系统的、完整的课程体系，它所包含的课程内容相对比较全面，组织实施方法符合幼儿的身心发展特点。

(三)张雪门的行为课程模式

张雪门认为，行为课程"完全根据于生活：它从生活而来，从生活而开展，也从生活而结束。不像一般的完全限于教材的活动"。唯有"从行动中所得的认识，才是真实的知识；从行动中所发生的困难，才是真实的问题；从行动中所获得的胜利，才是真实的制驭环境的能力"。①

1. 课程编制原则

（1）整体性原则

张雪门认为，幼儿的生活经验是一个整体，他们心目中并没有学科分类的观念。一切引起幼儿注意的事物，都被幼儿视作自己的生活。所以，幼儿园的课程不能像小学或大学那样分科，而应该打破学科界限，让各种科目都变成幼儿整体生活的一面，构成一种有意义的整体活动，完整地表现幼儿的生活。

（2）偏重直接经验的原则

经验分为直接经验和间接经验两种。张雪门认为，直接经验就是儿童和环境直接接触而生的经验，"儿童从自己直接的生活，发现学习的动机，是非凡的自然。其学习也，不论尝试，不论直接参与，不论模仿，都有切实的内容"②。幼儿园要偏重直接经验，让儿童通过亲身活动来获得经验，这对儿童具有巨大的发展价值。间接知识的传授一般要借助文字和语言。幼儿一般不具备文字能力，也不具备成熟的语言能力，因此不可能接受大量的间接经验。更重要的是，直接经验是间接经验的基础。幼儿阶段掌握的丰富的、正确的、切实的直接经验，是进一步扩大生活和学习范围的前提。

（3）偏重个体发展的原则

教育不仅要促进受教育者的身心健康发展，还要把受教育者培养成符合特定社会要求、具备特定社会观念的一分子。张雪门称前者为个体的需要，后者为社会的需要，但他认为在幼儿园阶段，教育偏重个体身心发展的目标。

2. 课程内容

张雪门认为，幼儿园课程应来源于儿童的直接活动，即从儿童的生活环境中收集、选择和组织材料。可以构成幼儿园课程内容的儿童直接活动有：儿童的自发活动，儿童与自然界接触而产生的活动，儿童与人、事接触而产生的活动以及人类智慧活动所产生的合乎儿童需要的经验。

3. 课程实施方法

幼儿的心理特点决定了儿童在这一时期以获得直接经验为主，而直接经验是个体与环境直接接触而生的经验，儿童也只有亲自去行动、去做，才能和环境真正接触。所以，课程实施以行为为中心，强调的是让幼儿通过行为进行学习，在"做中学"。张雪门要求教师一定要注意儿童的实际行为，要常常运用自然和社会环境唤起其生活的需要，扩充其生活的经验，培养其生活的能力。课程实施采取单元教学的方法，彻底打破了各学科的界限。教师在各科教材中选择与学习单元有关的材料加以运用，配合幼儿实际行为的发展，使各科教材自然融合在幼儿生活中。在课程进

---

① 戴自俺：《张雪门幼儿教育文集》（下卷），1088～1089 页，北京，北京少年儿童出版社，1994。

② 戴自俺：《张雪门幼儿教育文集》（下卷），343 页，北京，北京少年儿童出版社，1994。

行过程中，教师要随时巡视指导，不重讲解，而是着重指导幼儿行为的实践，使幼儿在活动中养成基本习惯。

4. 课程评价

张雪门依据杜威的"教育即生活"理论、陶行知的"知行合一"思想，创编了"行为课程"，强调让儿童在亲身行动和活动中获得直接经验，同时要求教师根据儿童的能力、兴趣和需要组织教学，主张采用单元教学的方法，打破学科界限。这些理论对20世纪30年代我国幼儿园课程的改革和发展有很大影响。

(四)学习苏联的分科教学课程模式

20世纪50年代，我国开始学习苏联的分科教学课程模式。分科教学是根据国家规定的培养目标，对幼儿进行有目的、有计划和有组织的教育。分科教学将幼儿园的课程按学科分类，其内容以知识和技能为主，体现了对幼儿体、智、德、美全面发展的总要求。

1. 课程目标

分科教学课程目标体系涵盖了幼儿园最终的教育目标、各年龄段的中期目标、各学科的近期目标以及每次作业的具体目标。目标具有层次性和衔接性，符合儿童身心发展的顺序性和阶段性特征。

2. 课程内容

分科教学课程模式强调集体教学法，将幼儿按年龄分班，进行班级授课制。幼儿园教学活动包括体育、语言、常识、计算、音乐和图画手工六个科目。这些科目的内容注重纵向的连续性，按照各自的体系和幼儿的年龄特征提出要求，由浅入深、由近及远、由具体到抽象进行编排。

3. 课程实施方法

1981年，教育部颁布了《幼儿园教育纲要(试行草案)》，规定了学前教育的新任务，将幼儿园的教育内容分为生活卫生习惯、体育活动、思想品德、语言、常识、计算、音乐、美术八个方面，并强调通过游戏、体育活动、上课、观察、劳动、娱乐、日常生活等各种活动来完成。

4. 课程评价

这一阶段的课程标准相比之前的课程标准更成熟、完善。因此，我们可以说，从这个时候起，我国才算有了自己统一的、真正本土化的学前教育课程模式，并由此确立了中国幼儿园分科课程的格局。这一课程模式成为20世纪五六十年代我国学前教育中唯一的课程模式。

(五)综合主题课程模式

20世纪80年代以后，我国的经济建设和社会生活发生了深刻的变化。1992年，党的十四大报告指出："必须把教育摆在优先发展的战略地位，努力提高全民族的思想道德素质和科学文化水平，这是实现我国现代化的根本大计。"我国学前教育课程模式出现了百花齐放、百家争鸣的局面。20世纪80年代至今出现了多种课程模式，如游戏课程模式、情感课程模式、领域课程模式、生存课程模式、田野课程模式、发展能力课程模式等，形成了综合主题课程模式。

1. 课程目标

课程目标的设计具有完整性，基本兼顾了儿童的全面发展，在身体、认知、情感、社会性等方面都有要求。同时，在设计取向上也兼顾了多种取向，涵盖行为目标、生成目标和表现目标。

2. 课程内容

课程内容全面，关注儿童的现实生活和直接经验。在课程内容的组织上，从分科逐渐走向整合，以领域或主题统整各科内容。在课程活动类型的设置上，强调一日生活皆课程，活动设置基本涵盖三种类型：日常生活活动、游戏活动和教学活动。

3. 课程实施方法

在课程实施上，从强调集体教学走向交往、沟通、合作、对话；在教学手段上，要求纠正过往教育只重视上课、忽视其他活动的倾向，利用游戏、体育活动、上课、观察、劳动、娱乐和日常生活七大手段，共同完成教育任务。其中，游戏备受重视。根据幼儿的年龄特点，小班和中班尽量采用直观的、以游戏为主的活动形式，大班则逐步减少课中的游戏因素，为幼儿入小学做准备。

4. 课程评价

20世纪80年代以后，我国学前教育课程的发展，无论是理论方面还是实践方面，都取得了长足的进步。但是这些课程模式也存在一些共同的问题，主要表现在课程内容的选择和组织上。例如，内容选取时的标准混乱，导致课程内容庞杂重复；课程编排上内容与目标脱离，存在课程内容的缺失与超载现象；内容整合时更注重横向联系，对纵向联系的整合程度不够；主题与主题之间缺少逻辑上的铺垫，内容的前后联系往往是割裂的。

(六)生态式融合课程模式

生态式融合课程是以自然主义教育思想、人文主义教育思想等为理论基础，从主题入手，以审美教育为突破口，用"爱、美、生命"的人文主义精神启迪幼儿心灵，激发内在潜能，实现幼儿真、善、美和谐统一发展的课程。

1. 课程目标

课程目标由单一目标向兼顾多种目标扩展，对幼儿的身体、认知、情感和社会性等各个方面都有所要求，兼顾幼儿的全面发展；要求保持与发展幼儿主体性的本真状态，重视幼儿情感和社会性的发展。最终目标就是通过审美教育启迪幼儿的心灵，实现幼儿真、善、美的和谐统一发展。

2. 课程内容

这种课程模式将儿童的周围生活作为课程的设计基础，将促进儿童社会性发展、儿童与自然环境的互动、儿童认识自我等接近儿童生活的内容作为活动主题，形成社会(培养爱心)、科学(体悟生命意义)和艺术(体验美好事物)三大领域，强调从儿童的生活出发，让儿童在真实、丰富的生活情境之中体悟生命的美好。

3. 课程实施方法

通过主题的形式开展社会、科学和艺术三大领域的活动，让儿童亲自感受生命、关爱生命、表现生命。注重学前教育对儿童内在层面发展的影响。在课程实施上，强调课程的经验性、创生性和潜在性，主张结合集体教学、自我探索、游戏等活动方式，全方位发挥课堂、一日生活、区域活动等各个教学环节的教育价值。

4. 课程评价

生态式融合课程尤其重视幼儿的情感和社会性发展，最终目标就是通过审美教育启迪幼儿的心灵，实现幼儿真、善、美的和谐统一发展。21世纪初，我国的学前教育课程模式已由对学科和教学的关注转移到对幼儿本身的关注，从对幼儿认知发展的关注转移到对幼儿知、情、意、行全面发展的关注，以实现幼儿的全面发展和终身发展为努力的方向。

二、国外学前教育课程模式

在早期教育课程理论和实践的发展过程中，国外也曾出现过许多课程模式，对当地及其他国家和地区产生了深刻的影响。曾经对我国产生一定影响的国外学前教育课程模式主要有以下几种。

(一)银行街早期教育方案

银行街早期教育方案由露茜·米切尔(Lucy Mitchell)于1916年提出，现在仍是美国幼儿教育领域中的重要课程模式。这种模式的基本思想是只要为儿童提供一个良好的成长环境，他们就能选择适宜的活动并从中不断学习。银行街模式并不以向儿童传授烦琐的新概念为目的，而是帮助他们更为深刻地理解自己已经知道的事物。这一模式先后参与美国的"开端计划"和"随后计划"等国家教育项目，对美国和其他国家的幼儿教育产生过重要的影响。

1. 银行街早期教育方案的核心理念

如果要用一个词来概括银行街早期教育方案的特点以及它与其他教育方案的区别，那么这个词就是"发展—互动"。"发展"的含义是儿童生长的样式以及对儿童和成人成长特征的理解、反应的方式。"互动"首先强调的是儿童与环境，包括与其他儿童、成人和物质环境的交互作用；其次指的是认知发展和情感发展的交互作用，即认知和情感的发展并不是分离的，而是相互关联的。

2. 银行街早期教育方案的具体内容

银行街早期教育方案的目标首先是培养儿童有效地作用于环境的能力，包括各方面的能力以及运用这些能力的动机；其次是促进儿童自主性和个性的发展，包括自我认同、自主行动、自行抉择、承担责任和接受帮助的能力；再次是培养儿童的社会性，包括关心他人、成为集体的一员、关爱同伴等；最后是鼓励儿童的创造性。

银行街早期教育方案的课程是综合性的，主题网和课程轮是课程设计和实施中常运用的工具。课程轮的中央是主题，轮辐间的空间可由教师用来设计各个活动区或活动种类的内容，允许教师根据需要进行更改、增加或删除。课程的实施常分为以下几个步骤：第一，选择主题；第二，确定目标；第三，教师学习与主题有关的内容，并收集资料；第四，开展活动；第五，家庭参与；第六，高潮活动；第七，观察和评价。

银行街早期教育方案长期主张更宽泛的评价方法。这种评价立足于理解儿童如何了解属于自己的世界，并为儿童提供一系列机会，让他们表达自己的理解。银行街家庭中心邀请和鼓励家庭成员在一日中的任何时间访问和参与该中心的活动。该中心十分重视在家庭与教师之间建立起伙伴关系，并将它看作让每个儿童获得安全感、支持其成长和发展的基础。家长每天都能收到描述自己孩子日常生活和活动的记录，每个月都能看到介绍中心运行情况的信息。家长参加家长会，参加家长学校，支持由家长和教师组成的讨论家庭和中心教育问题的组织的工作。该中心还为家庭提供各种咨询和特殊教育的服务。①

(二)蒙台梭利课程模式

蒙台梭利课程模式是由意大利幼儿教育家玛丽亚·蒙台梭利基于1907年开设的"儿童之家"而逐步完善建立的，现在仍是世界幼儿教育领域中的重要课程模式。

1. 蒙台梭利课程模式的核心理念

"自发冲动、活动和个体自由"是蒙台梭利教育体系的基本因素。在教育体系中，感官教育占有特别重要的地位，自由、作业和秩序是蒙台梭利为儿童营造的三根主要支柱。

2. 蒙台梭利课程模式的具体内容

蒙台梭利课程模式以培养身心均衡发展的儿童为目标，通过作业的方式，让儿童把内在的生命力表现出来，在作业过程中培养儿童的注意力，在自由和主动的活动中让儿童自我纠正，使儿童在为其设置的环境中成为具有特质的人。

蒙台梭利课程模式的教育内容由四个方面组成，即日常生活练习、感官训练、肌肉训练和初步知识的学习。教师通过创设环境、提供蒙台梭利教具、对儿童进行观察和引导等方式，对儿童实施教育。感官训练是蒙台梭利教学法的主要特点，旨在通过视、听、触、味、嗅等感官的训练，增长儿童的经验，让儿童在考察、辨别、比较和判断的过程中提高自己的能力。蒙台梭利设计了16套教具，用于对儿童的感官进行训练。在蒙台梭利的感官训练中，触觉训练最为主要，因为蒙台梭利相信儿童常以触觉替代视觉或听觉。触觉训练有辨别物体光滑程度的训练、辨别物体冷热

---

① 胡娟：《幼儿园课程概论》，214页，上海，复旦大学出版社，2015。

程度的训练、辨别物体轻重程度的训练，以及辨别物体大小、长短、厚薄和形体的训练等。触觉训练的教具有立体几何体、触觉板、温度筒、重量板、布盒等。视觉训练包括识别物体大小、形状和颜色的训练。视觉训练的教具有各种几何图形板、立体几何体、颜色板、圆柱体组、粉红塔、长棒等。听觉训练包括辨别音高、音响和音色的训练。听觉训练的教具有发音盒、音感铃等。味觉训练包括识别不同味道的训练。味觉训练的教具有味觉瓶。嗅觉训练包括提高嗅觉灵敏度的训练。嗅觉训练的教具有嗅觉筒。

在蒙台梭利的学校中，教师扮演的角色是观察者，他们为儿童提供榜样。观察的目的是对儿童进行引导，在必要时给予指导或适当的刺激。教师为儿童提供合适的材料、教具、环境，让儿童在摆弄、实践中获得发展。蒙台梭利课程模式强调个别化的学习，她所设计的教具成为实施个别化教学的行之有效的手段。

(三)直接教学模式

直接教学模式的主要目标是帮助儿童获得进入小学所需的读、写、算的基本技能，并通过学业上的成就，提升儿童的自尊和自信。

1. 直接教学模式的核心理念

直接教学模式主要是建立在斯金纳的操作性条件反射的理论基础上的。斯金纳认为，教育是能够产生可以观察到的行为变化的过程，而强化则是产生这种变化的机制。

2. BE 直接教学模式

BE 直接教学模式是贝瑞特(C. Bereiter)和恩格尔曼(S. Engelmann)为帮助 4～6 岁低收入家庭的儿童在学业上能够追上中产阶级家庭出身的儿童所设计的教育方案。在该方案中，教师的角色类似"经理"，他们要能在每一天的每一分钟里使每一个儿童都得到最大量和最有效的学习。教师同时又类似"临床诊断师"，他们对儿童行为的反应总是预先准备好的和有目标的。例如，为了使儿童能够完成准确的语言行为，语言课由教师精心设计，儿童的行为和目标被仔细地分解为特定的语言行为样式，儿童根据能力被分成小组，教师进行直接教学。语言课要求儿童能够从完整的句子中学习词汇，能准确地陈述因果关系，并能以教师期待的方式做出反应。请看以下对话：

教师：这是一辆轿车。(儿童重复句子)这不是一辆轿车。(儿童重复句子)

教师：这是一辆轿车吗？(手里拿着一辆玩具轿车)

儿童：是的，这是一辆轿车。

教师：这是一辆轿车吗？(手里拿着一辆玩具卡车)

儿童：不，这不是一辆轿车。

教师：这是一辆卡车。(儿童重复句子)(向儿童展示几种类型的汽车，儿童重复所教的句子)

教师：这把叉不是一辆卡车。（儿童重复句子）（向儿童展示几种不是卡车的东西，儿童重复所教的句子）

教师：轿车是汽车吗？

儿童：是的，轿车是汽车。

教师：这把叉是汽车吗？

儿童：不，这把叉不是汽车。

在练习了这些句型以后，教师对汽车下一个定义。例如："汽车有轮子，你能坐在里面驾驶它。"如果儿童错误理解，将风筝看成汽车，教师可以运用以下方式向儿童提问：

教师：风筝有轮子吗？

儿童：没有。

教师：你能坐在风筝里驾驶它吗？

儿童：不能。

教师：风筝是汽车吗？

儿童：不，风筝不是汽车。

3. DI 直接教学模式

1967 年，贝赖特离开了伊利诺伊大学，这一课程模式几度更名。自 1981 年起，该课程模式被称为直接教学模式（Direct Instruction Model，DI）。DI 直接教学模式建立在两个基本点上，其一是儿童在教室内学习的品质取决于环境事件，其二是教师可以通过推动儿童与环境之间的交互作用而增加儿童在教室中的学习时间。DI 直接教学模式的核心内容是读、写、算，每一个方面都包括三个层次的目标，从而形成九套方案。小组教学是 DI 直接教学模式的最主要特征。一个班级通常被分成 4 个小组，每个小组有 4～7 人。在第一水平和第二水平的学科教学中，小组活动持续 30 分钟，第三水平的学科教学则包括 50 分钟的教学和 30 分钟的儿童自己练习。

在直接教学模式中，教师是儿童行为的训练者和强化者，是教育影响的主动施加者，而儿童则是被动接受者。教师根据计划，运用增强、塑造、惩罚和消退等方法，促进刺激与反应间的联结，或者消除刺激与反应间的联结，以达成教师预期的目标，使儿童产生计划中的学习行为。高度结构化的课程模式使儿童在学业上获得了成功，并使一些儿童因为学业的成功而建立了自信。然而，直接教学模式也有不少消极的方面。例如，经过这种课程训练的儿童经常将他们的成功归于他们的教师或他们之外的其他因素，而将失败归于他们自己。又如，他们在非语言性问题解决能力的测验中所获得的分数低于在认知性课程中学习的儿童。此外，研究者通过对这些儿童进行长期的追踪研究，发现这类课程的长期效应并不理想。也就是说，儿童在小学低年级获得的优势，在小学高年级就不明显了。

(四)海伊斯科普课程

国内也有人将海伊斯科普课程译为"高宽课程"或"高瞻课程"。该课程由韦卡特(D. Weikart)等人带动发起，是美国"开端计划"中第一批旨在帮助处境不利的学前儿童摆脱贫困的学前教育方案，在全世界范围内得以推广和运用。

1. 海伊斯科普课程的核心理念

海伊斯科普课程的设计者们声称，该课程的理论基础是皮亚杰的儿童发展理论。尤其在课程发展的第三个阶段，皮亚杰的儿童作为知识建构者的思想在课程中得到了体现。教师通过直接和表征的经验，以适合儿童发展水平的方式帮助儿童增强认知能力。课程设计者将儿童看作主动学习者，认为儿童能在自己计划并进行的活动中获得较好的学习。

2. 海伊斯科普课程的具体内容

海伊斯科普课程经历了三个发展阶段。第一阶段关注儿童入学准备的知识和技能学习方面。第二阶段接受了儿童处于不同发展阶段的观点，并尝试将那些代表该发展阶段水平的技能教给儿童。第三阶段的总目标依然是认知性的，但是与第二阶段相比，课程目标发生了三个方面的变化：第一，基本保留了那些被称为"认知发展的关键经验"的东西，但增加了"主动学习"这一部分。课程设计者强调他们的意图是将结构化的目标隐含在儿童活动的背景之中，这一改变是向建构主义方向的明显转变。第二，具体的目标领域也发生了一些变化，如数概念的目标已从排序中分离出来，具体包括——一对应、点数5以上的物体以及比较数量；空间关系增加了装拆物体，重新安排和改变物体的空间位置，从不同的空间角度观察季节的变化，认识钟表和日历；语言目标也增加了向别人讲述自己的经验，用言语表达自己的情感等交往方面的机能。第三，增加了儿童社会情感方面的目标。

海伊斯科普课程的实施是由"计划—做—回忆"三个环节以及其他一些活动组成的。"计划—做—回忆"这三个环节是课程实施的最重要部分。通过这些环节，儿童有机会充分表达自己所参与活动的打算，也能使教师密切地参与到整个活动的过程之中。在海伊斯科普课程中，教师的角色主要是儿童解决问题活动的积极鼓励者。

(五)方案教学法

方案教学法并不是一种教育儿童的新方法，而是进步主义教育运动的一个重要组成部分。在杜威进步主义教育思想的影响下，克伯屈(W. Kilpatrick)于1918年提出了方案教学法(我国多译为"设计教学法")，并倡导这种教学模式。从20世纪20年代起，艾萨克斯(S. Isaacs)已主张运用方案教学法实施教学，这一教学法在20世纪六七十年代的英国幼儿学校中曾被广泛运用。英国著名的《普劳顿报告》中提及的英国幼儿学校教学的核心部分就是方案教学。20世纪70年代，美国的开放教育也是以方案教学为主要特征的。凯茨(L. G. Katz)等人在20世纪80年代后期重新唤起了对方案教学法的兴趣。近些年来，引起全世界学前教育界广泛关注的意大利瑞吉欧教育体系的主要特征之一也是方案教学。

1. 方案教学法的核心理念

凯茨等人认为，方案教学法能丰富儿童的心灵世界，让儿童通过自身的经验认识外部世界。方案教学法鼓励儿童提出问题，解决问题，并积极地与环境发生交互作用。方案教学法还有平衡课程，产生教室社区化、教育机构生活化的效果。此外，方案教学法还能对教师的心智提出挑战，从而使其提高教学效果。

2. 方案教学法的具体内容

方案教学的组织和实施过程没有固定的程式。教育者根据时间、地点和条件灵活地确定活动的操作步骤。一般而言，方案教学可以包括以下三个步骤：第一，方案的起始阶段，主要包括方案教学主题的选择和方案教学主题网络的编制；第二，方案活动的展开阶段；第三，方案活动的总结阶段。

在方案教学中，教师的作用体现为创设环境和条件，激发儿童的兴趣，提升儿童的行为动机，使儿童能积极地投入活动中去；关注儿童已有的经验，尊重儿童自己的选择，以此作为组织和实施教育活动的出发点，在与儿童互动的过程中不失时机地介入儿童的活动，并对儿童提出挑战；与儿童一起学习与他人相处，与他人交流，认同和欣赏他人的工作；等等。

学前教育既要顺应儿童的自然发展，又要有效地将儿童的发展纳入符合社会需要的轨道，这是一个两难问题，也是东西方幼儿教育工作者共同追求的目标。方案教育较好地解决了这一两难问题，使教育应有的两种功能，即为社会服务的工具性功能和为人自身充分发展创造条件的功能得以较为完美的结合。

(六)瑞吉欧教育体系

瑞吉欧·艾米里亚(Reggio Emilia)是意大利东北部的一个小城。在过去的三十多年里，这里建立起一套公共的儿童保教体系。这套体系由创新的教育哲学和教育理念、学校的管理方法以及环境设计的想法构成，被人们称为瑞吉欧教育体系。它被视为欧洲教育改革的典范，并对世界各国的学前教育产生了重要影响。

1. 瑞吉欧教育体系的核心理念

瑞吉欧教育体系的理念来自三个方面，分别是欧洲和美国的进步主义思潮、皮亚杰和维果茨基的心理学理论以及第二次世界大战后意大利的左派政治改革。

2. 瑞吉欧教育体系的具体内容

瑞吉欧教育实践课程的主要特征之一就是方案教学。它的特征主要表现为以下几个方面：第一，创造性表现和表达是知识建构的基本要素；第二，共同建构在方案活动中有重要的地位；第三，记录既是学习的过程，又是学习的结果。在瑞吉欧教育体系中，教师是儿童的伙伴、养育者和指导者。无论是从教师与儿童和家长之间的互动关系来说，还是从时间的发生方面来说，课程的组织方式都是螺旋式进行的。"聆听"的动作行为，即对儿童全心全意的关注是瑞吉欧教师角色的中心任务。

随着知识社会（后工业社会）的到来，人们对整个世界的看法已经开始从赞同一般性、连续性、确定性，通过客观的方法论去发现可证实的真理，逐渐地转化为接受并倡导差异性、复杂性、不确定性，通过多种视角，历史地、强调情景特异性地思考和评价问题。瑞吉欧的教育实践反映了早期教师的这种世界观的变化，并向人们展示了他们对儿童、儿童期、早期教育机构、成人与儿童的关系、教师的职业身份等问题的崭新的理解。

幼儿园教师资格证考试·真题再现

2016年上半年《保教知识与能力》真题

1. 为了让幼儿在户外活动中能一物多玩，最适宜的方法是（　　）。

A. 教师集体示范　　　　　　　B. 幼儿自主探索

C. 教师分组讲解　　　　　　　D. 教师逐一训练

【解析】B。一物多玩属于幼儿的科学探索活动。《3—6岁儿童学习与发展指南》中明确指出，幼儿的思维以具体形象思维为主，科学探索活动中适宜的做法是引导幼儿通过直接感知、亲身体验和实际操作进行科学学习，而不是对幼儿进行灌输和强化训练。

2. 在"秋天的树"美术活动中，教师不适宜的做法是（　　）。

A. 让幼儿按照教师的范画绘画　　　B. 组织幼儿观察幼儿园的树

C. 提供各种树的照片组织幼儿讨论　D. 引导幼儿观察有关树的名画

【解析】A。《3—6岁儿童学习与发展指南》中明确指出："幼儿绘画时，不宜提供范画，特别不应该要求幼儿完全按照范画来画。"在绘画活动中，教师要尊重幼儿自发的表现和创造。让幼儿按照教师的范画进行绘画不利于幼儿的艺术表现力与创造力的发挥。

2019年上半年《保教知识与能力》真题

1. 某幼儿园为打造以艺术为特色的园本课程，决定将70%的课程安排为音乐、美术、舞蹈等内容。该幼儿园的做法（　　）。

A. 正确，有利于凸显幼儿园特色

B. 不正确，不利于幼儿的知识学习

C. 正确，有利于培养幼儿的艺术特长

D. 不正确，不利于促进幼儿的发展

【解析】D。本题考查的是儿童观的内容。对幼儿的教育要进行发展的教育，也就是在活动中要渗透德、智、体、美方面的特色的出发点是正确的，但是在实施过程中将70%的活动内容都设计为音乐、美术等，体现了整个教育侧重于美育的发展，忽视了幼儿其他方面的发展，故本题选D。

2. 下列有关幼儿美术教育的做法中，不正确的是（　　）。

A. 支持幼儿表达自己对美术作品的独特感受

B. 出示范画让幼儿模仿

C. 鼓励幼儿用自己的方式表现美

D. 为幼儿的美术创作提供丰富的材料

【解析】B。本题考查的是《3—6岁儿童学习与发展指南》中艺术领域的教育建议。《3—6岁儿童学习与发展指南》中指出，尊重幼儿的兴趣和独特感受，理解他们欣赏时的行为。创造机会和条件，支持幼儿自发的艺术表现和创造。幼儿绘画时，不宜提供范画，特别不应要求幼儿完全按照范画来画。题干要求选择不正确的指导方式，故本题选B。

2019年下半年《保教知识与能力》真题

下列不宜作为幼儿科学领域学习方式的是（　　）。

A. 直接感知　　　　　　　　B. 实际操作

C. 亲身体验　　　　　　　　D. 概念解释

【解析】D。本题考查的是《3—6岁儿童学习与发展指南》中科学领域的相关知识。《3—6岁儿童学习与发展指南》中指出，幼儿的思维以具体形象思维为主。教师应注重引导幼儿通过直接感知、亲身体验和实际操作进行科学学习，不应为追求知识和技能的掌握，对幼儿进行灌输和强化训练。A、B、C三个选项都符合《3—6岁儿童学习与发展指南》中科学领域的幼儿学习方式，D选项不属于幼儿科学领域的学习方式，故本题选D。

2019年上半年《保教知识与能力》真题

简答题：

列出幼儿园课程生活化的实施要求并分别举例说明。

【答案要点】《幼儿园教育指导纲要（试行）》中指出："幼儿园应为幼儿提供健康、丰富的生活和活动环境，满足他们多方面发展的需要，使他们在快乐的童年生活中获得有益于身心发展的经验。"

第一，幼儿园课程内容选择的生活化。

《幼儿园教育指导纲要（试行）》中指出，教育活动内容的组织应充分考虑幼儿的学习特点和认识规律，各领域的内容要有机联系，相互渗透，注重综合性、趣味性、活动性，寓教育于生活、游戏之中。例如，课程内容的安排可依据节日顺序展开，或者依据时令、季节变化规律来组织等。

第二，幼儿园课程资源利用的生活化。

陶行知主张"社会即学校"，认为学前教育机构的教育不能局限于狭小的教室，应让幼儿回归大自然、大社会的怀抱。例如，在组织主题活动"春天"时，教师可利用春天的树木、景色变化等自然资源；在组织"安全防火活动"时，教师可利用幼儿家长的职业这一资源。

第三，幼儿园课程教学实施的生活化。

教师可根据幼儿的年龄特点，将富有教育意义的生活内容纳入课程领域。在课程实施过程中，教师应提倡为幼儿创设多种多样的生活化的学习情境，加强教育同生活的联系，并将学前儿童在各种情境中的经验加以整合。例如，为幼儿提供丰富的材料与玩具，使其在操作探索中获得各种经验。又如，为了使幼儿了解秋天的变化，教师组织主题活动"金色的秋天"，带领幼儿到户外摘果实、捡树叶，满足幼儿的探索需求，使其真正了解秋天的特点。

本章小结

本章主要围绕学前教育课程的含义与特点、学前教育课程的编制以及典型的学前教育课程模式三个方面进行论述。从学前教育课程目标、内容、结构和实施四个方面论述了学前教育课程的特点。在学前儿童课程的编制中，提出应兼容并蓄，以每种课程目标取向的长处弥补他种课程目标取向的短处，为达成学前教育的总目标服务。在"典型的学前教育课程模式"部分，既介绍了中国的学前教育课程模式，也介绍了国外的学前教育课程模式。这些课程模式对我们的学习以及我国学前教育课程的改革都起到了十分重要的借鉴作用。

关键术语

生活教育课程模式　五指活动课程模式　行为课程模式　分科教学课程模式　综合主题课程模式　生态式融合课程模式　银行街早期教育方案　蒙台梭利课程模式　直接教学模式　海伊斯科普课程　方案教学法　瑞吉欧教育体系

思考题

(一)简答

1. 学前教育课程的基本特点有哪些？

2. 如何拟订幼儿园课程实施的计划？

3. 如何创设幼儿园课程实施的环境？

4. 我国学前教育课程模式有哪些？

5. 国外学前教育课程模式有哪些？

（二）论述

2011 年 12 月，针对幼儿园教育"小学化"现象日益突出的问题，教育部专门颁布了《关于规范幼儿园保育教育工作防止和纠正"小学化"现象的通知》，再次明确提出幼儿园"要坚持以游戏为基本活动""要创设多种区域活动空间，配备丰富的玩具、游戏材料和幼儿读物，为幼儿自主游戏和学习探索提供机会和条件"。你如何看待这一政策？你认为这对幼儿园课程的设计、组织和实施有什么启示？

建议的活动

请选择两所幼儿园，调查分析其课程实施情况。结合实践，讨论分析如何才能在幼儿园做到"以游戏为基本活动"。

拓展阅读

1. 石筠弢. 学前教育课程论. 北京：北京师范大学出版社，2014.

这本专著可称得上是我国学前教育领域中比较系统、比较全面地论述课程的一本书。作者博览古今中外已有的学前教育课程书籍和资料，取其精华，去其糟粕，比较深入地研究了我国当前幼儿园课程改革中存在的紧迫问题，加以理论上的概括和归纳，力图做到有的放矢，理论结合实际，在探讨课程本质的基础上，从学前教育课程的性质、基本价值取向、课程内容、课程组织等多方面入手，为学前教育课程的设置提出比较完整的理论指导。书中多处闪烁着智慧的光芒，颇有独到的见解，特别是对学前教育课程基本特性问题的多角度研究，具有一定的理论价值和实践意义，可为学前教育工作者进行课程的深入研究提供参考和借鉴，对现行的幼儿园课程改革有所补益。

2. 高敬. 幼儿园课程. 杭州：浙江教育出版社，2010.

在该书中，编者首先介绍了幼儿园课程的基本理论，包括幼儿园课程的定义、理念、特点、价值取向与四大要素等内容；接着介绍了东西方幼儿园课程的一些理论与实践流派，包括中外近现代著名的幼儿园课程模式和早期教育方案。此外，该书还深入幼儿园课程实践层面，首先介绍了幼儿园课程编制的理论与技术；其次具体对幼儿园课程的五大领域教育进行了课程实践方面的简要介绍；最后结合目前幼儿园新课程改革的理论与实践现状，论述了幼儿园课程的预设与生成主题。

第七章　学前儿童游戏

学习目标 ▶

1. 了解学前儿童游戏的含义并掌握学前儿童游戏的功能。
2. 了解具有代表性的游戏理论学说。
3. 深刻分析领会影响学前儿童游戏的各种因素。
4. 掌握各类游戏的特点与指导策略，正确评价学前儿童游戏。
5. 通过实践训练，能够掌握表演、构造等基本游戏技能。
6. 掌握设计与创编游戏的基本方法，初步具备创编各类教学游戏的能力。

学习导图 ▶

导入案例 ▶

　　教师在语言活动"小乌龟开店"的基础上，组织了一次表演游戏。教师一一出示早已准备好的道具。介绍完道具，配班老师带领全班幼儿"开火车"离开活动室，去"剧场"看表演，主班老师忙着在活动室里布置场景——一家花店、一家书店、一家气球店。场地布置好了，幼儿由配班老师带领进"剧场"。主班老师问："谁愿意上来表演？"唰！几十只小手举了起来。教师挑了五个没有举手且上次语言活动表现又不好的幼儿上来表演。表演时，教师不停地提示孩子们对话、做动作。第二轮，教师请了五个"坐得好的孩子"上来表演，五个孩子表演同一个角色。教师还时不时地按照故事情节规范孩子们的语言，纠正孩子们的动作。好多孩子忙着摆弄有趣的道具，忘了表演，教师又不停地提醒……

　　角色游戏的组织与指导要遵循自主性、接纳性原则。角色游戏是幼儿自主进行的活动，教师在游戏中至多只能充当游戏"脚本"的"改写者"，而不是游戏"脚本"的"编写者"，不能把自己的意志和想法强加给幼儿。而在案例中，幼儿在表演时，教师不停地提示孩子们对话、做动作，还时不时地按照故事情节规范孩子们的语言，纠正孩子们的动作。好多孩子忙着摆弄有趣的道具，忘了表演，教师又不停地提醒。在这一过程中，教师干涉过多，不能充分发挥幼儿游戏的自主性。

　　游戏是学前儿童的主要活动，儿童通过游戏学习和成长。为了充分发挥游戏在儿童身心健康发展中的作用，教师不仅要了解游戏的一般含义，领会相关游戏的理论学说，还要认识游戏的特点、种类，为组织儿童游戏做好各种准备工作，同时掌握正确合理的游戏指导评价方法，发挥儿童游戏的最大价值。

第一节　学前儿童游戏的含义与功能

　　对学前儿童游戏的认识至今尚无一个世界公认的定义，可谓仁者见仁、智者见智，本节将对游戏的含义进行简要的概述。

扫一扫，看资源

微课《学前儿童游戏的含义与功能》

一、学前儿童游戏的含义

　　柏拉图在《法律篇》中将游戏界定为那种无功利、非理性、不相类且结果也无害处的东西，可由存在于其中的魅力标准以及它所提供的愉悦感来加以最好的评判。这种不包含善或恶的愉悦感就是游戏。福禄培尔说：游戏是源自儿童内部需要和冲动的精神产物，儿童在游戏中常常表现出欢悦、自由、满足及平和的心情；儿童在游戏中也常显出快活、热心、合作的态度，非做到疲劳不止；儿童在游戏中更常表现出勤勉、忍耐和牺牲的精神。所以游戏为万善之源。[①] 著名心理学家皮亚杰对游戏曾做出以下解释：游戏是指不断重复一些行为，而主要是希望从中得到快乐。美国教育家杜威认为游戏是幼儿生活的一部分。他认为在幼儿阶段，"生活即游戏，游戏即生活"[②]。

综上所述，我们可对学前儿童游戏的含义做出以下解释。[③]

(一)游戏是幼儿最喜爱的活动，是幼儿生活的主要内容

游戏对于幼儿来说就是生活，是美好童年不可缺少的活动。我们可以看到，幼儿在一日生活中，除了吃饭、睡觉等日常活动外，绝大多数时间都是在游戏。甚至即使有时因游戏而"误了事"，受到成人的惩罚，他们也仍会继续寻找游戏的机会，并乐此不疲。即使是生活、劳动、学习等活动，幼儿也常常以游戏的形式进行，或者将生活、劳动、学习的过程变成游戏。可见幼儿喜欢游戏，还喜欢把他们的一切活动游戏化。

(二)游戏符合幼儿身心发展的需要

幼儿喜欢游戏是由于游戏符合幼儿身心发展的需要。幼儿在成长过程中有各种需要，如认知的需要、运动的需要、交往的需要、操作和探索的需要、自我实现的需要等。幼儿所面临的现实世界是一个按成人的规范组织起来的世界，他们既不能像成人那样做自己想做的事情，也做不了成人的事情，而他们又渴望参与成人的实践活动，渴望满足自己的多种需要，游戏就为幼儿提供了这种可能。游戏能解决幼儿身心发展的需要与实际能力之间的矛盾。幼儿通过假想装扮各种角色，进行各种活动来满足自身的多种需要，并从中获取经验，从而推动心理发展。

(三)游戏是幼儿特有的一种学习方式

幼儿游戏的过程是学习的过程。在游戏过程中，幼儿通过不断地与环境相互作用，学习与人交往，认识周围的环境，理解和掌握社会行为规范等。例如，幼儿在玩玩具时会不停地问问题，反复地去摆弄以期待得出答案：陀螺为什么会转动？汽车为什么会跑？轮船为什么不沉水底？……这些问题不仅激发了幼儿丰富的想象力，还成为他们认识世界和启迪智慧的工具。幼儿在游戏中的学习是一种自发的学习，它与其他学习活动相比有以下特点。

首先，学习的动力来自幼儿的内部需要。幼儿在游戏中学习是为了满足自身的需要，如好奇心、探索倾向等，而不是成人的要求。所以，游戏中的学习完全是由幼儿的兴趣、爱好等内部动机推动的。

其次，学习目标是隐含的。幼儿并非为了学习而游戏，而是为了玩而游戏。教师在创设游戏环境时，如果能将教育目标隐含其中，使幼儿积极、主动地参与游戏，就能自然地实现某些方面的发展目标，促进幼儿各方面的发展。

---

① 姜阳春：《论学前儿童游戏与社会技能形成的交互作用》，硕士学位论文，吉林大学，2006。
② 朱邓丽娟、吕卢婉儿、程德智等：《幼儿游戏(上)》，111页，北京，北京师范大学出版社，1994。
③ 岳亚平：《学前教育学》，110～115页，郑州，郑州大学出版社，2012。

最后，学习方式是潜移默化的。在游戏中，幼儿意识不到其中有学习，却在不知不觉中学到了很多东西。例如，幼儿玩积木游戏，就能认识许多几何形体；玩角色游戏，就能学会谦让、分享等。

游戏为幼儿提供了一个轻松愉快的、能自主学习的良好环境。在游戏中，幼儿可以获得安全感、自尊、自信，以及对学习的持久热情，从而终身受益。

图 7-1　测量植物

图 7-2　物体斜坡滚落探究

幼儿园教师资格证考试·考点预测

在下列选项中，关于幼儿游戏的说法不正确的是（　　）。

A. 游戏是幼儿最喜爱的活动，是幼儿生活的主要内容

B. 游戏是幼儿特有的一种学习方式

C. 游戏符合幼儿身心发展的需要

D. 幼儿参与游戏的动力来自教师的要求

【解析】D。游戏是幼儿自发的学习，而不是教师的要求。

二、学前儿童游戏的功能

(一)促进儿童的身体发展

游戏可以使幼儿身体的各种器官得到活动。游戏中有运动量大的活动，也有运动量小的活动，有全身运动，也有局部运动。这些活动和运动，不仅能促进幼儿骨骼和肌肉的成熟，锻炼他们的运动技能和技巧，而且能促进幼儿内脏和神经系统的发育。包含奔跑、跳跃、攀登、钻、爬等动作的游戏，可以锻炼幼儿大肌肉群的活动能力，促进幼儿对大肌肉运动的控制和协调；插塑、搭积木、穿珠等游戏可以提升幼儿手部小肌肉群的协调性，为今后的书写做准备；在户外进行的游戏不仅可以提高幼儿对环境的适应能力，还可以促进幼儿体能的发展。[1]

---

[1] 张琴秀、李春丽、王志刚：《幼儿游戏理论研究》，55页，太原，山西古籍出版社，2007。

图 7-3 双侧梯攀登取物

图 7-4 制作粘贴画

(二)促进儿童的心理发展

1. 促进儿童认知的发展

游戏是幼儿最喜爱的活动,可以为幼儿提供以各种方式认识外部环境的可能性。在游戏中,幼儿可以发挥自身的积极性,通过扮演角色,或使用各种玩具、游戏材料,或观察、感知、比较、分类、回忆、想象,实现对已有知识的更新,对生活经验的重组,对动作和想象情节的实践,进而了解事物之间的关系和联系。而在此过程中,幼儿的感知能力、记忆能力、抽象思维能力、解决问题的能力和创造能力等均可以获得发展。同时,在游戏中,幼儿需要与同伴进行沟通和交流,这可以使幼儿的语言学习过程变得愉快。游戏中不断出现的新情境又能够反复锻炼幼儿的语言能力,丰富幼儿的词汇。[1]

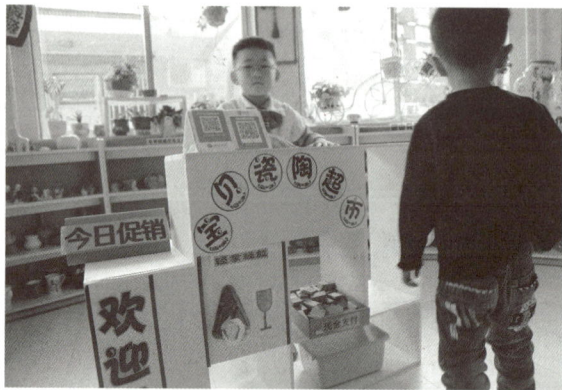

图 7-5 陶瓷超市

2. 促进儿童情感的发展

游戏是儿童调节情绪的主要工具。在游戏中,儿童具有完全的自主性,他们可以尽情地发挥想象力,自由地表达情感,实现自己的愿望。游戏能促进儿童的记忆力、思维能力和解决问题能力的发展。在游戏中,儿童时常会面临"怎么办"的情境。

---

[1] 岳亚平:《学前教育学》,111页,郑州,郑州大学出版社,2012。

这些情境促使幼儿思考，并运用直觉判断和逻辑推理能力解决问题。游戏可以帮助幼儿学会直面和疏导自己的不良情绪，协调好本我、自我和超我的人格冲突，更好地克服外界的障碍与困境。① 例如，幼儿可以玩"医院"的游戏，再现"打针"或"修牙齿"的痛苦体验，进而战胜恐惧。又如，幼儿有时会将搭好的积木用力推倒，并反复进行此类活动，这样做可以达到使幼儿宣泄情绪的效果。② 儿童的各种情感，不管是积极的还是消极的，都需要得到表现。游戏为他们提供了学习如何安全、妥当地表现自己情感的途径，从而使他们能够设法驾驭和控制不友好的、攻击性的行为。③

3. 促进儿童社会性的发展

游戏是幼儿进行社会交往的起点，为幼儿融入社会和群体提供了机会。在游戏中，幼儿可以发现自己与他人的不同，摆脱"自我中心"，逐步实现从自我角度到从他人角度看待问题的转变，而游戏规则也有助于幼儿自我意识的发展。为保障游戏顺利进行，幼儿要懂得分享、合作、协商，在解决矛盾中体验成功或失败，学会运用游戏规则引导自己的行为和协调人际关系，从而促进交往能力的发展。游戏还能培养幼儿的自控能力，锻炼幼儿的意志。由此看来，游戏在促进幼儿社会性的发展方面具有独特的价值。④

扫一扫，看资源

视频《合作制作火箭》

幼儿园教师资格证考试·考点分析

熟悉学前儿童游戏的主要功能。

幼儿园教师资格证考试·考点预测

材料分析题：

萱萱今天是公共汽车的小司机，她见自己车上没有乘客，于是就大声嚷道："快来乘车，我要开到动物园去了。"此时，"娃娃家"的妈妈推着娃娃来乘车，刚想上车，砚砚走来对"娃娃家"的妈妈说："这辆车不能乘，没有消过毒。"萱萱听到了，连忙从座位上站起来，跑到积木箱前拿出一块绿色圆形积木，告诉他们："我这辆车已经消过毒了，这是消过毒的标记。"经她这么一说，砚砚和"娃娃家"的妈妈都乘上了这辆公共汽车。萱萱的脸上露出了笑容。

问题：结合上面的案例说明游戏对儿童发展的重要意义。

① 刘光仁、游涛：《学前教育学》，125页，长沙，湖南大学出版社，2012。
② 岳亚平：《学前教育学》，111～112页，郑州，郑州大学出版社，2012。
③ ［美］B. D. 戴伊：《游戏在儿童早期教育中的价值》，刘焱译，载《比较教育研究》，1984(3)。
④ 岳亚平：《学前教育学》，111～112页，郑州，郑州大学出版社，2012。

【答案要点】游戏对儿童的成长具有重要的意义。

第一，游戏能促进儿童认知的发展。在游戏中，儿童可以潜移默化地学到许多知识。游戏有助于培养儿童的注意力、观察力和判断力，激发儿童的创造力和想象力。

第二，游戏有利于儿童情感的发展。游戏是儿童表现情感的一种重要方法，是儿童克服紧张情绪的一种手段。游戏有助于消除儿童的愤怒。

第三，游戏能促进儿童社会性的发展。儿童在游戏中作为集体的一员，开始学会相互理解，共同遵守规则，学会与人相处。借助游戏，儿童的社会交往能力可以得到锻炼与提高。

第二节　学前儿童游戏的理论流派

20 世纪以来，对儿童游戏研究影响较大的主要有三种游戏理论，即精神分析学派的游戏理论、皮亚杰认知发展的游戏理论和苏联的游戏理论。近年来，又出现了游戏的觉醒理论和元交际游戏理论。

一、精神分析学派的游戏理论

20 世纪 40—60 年代，弗洛伊德的精神分析理论在儿童游戏的研究领域中占据统治地位。精神分析学派对于儿童游戏的研究使游戏理论逐渐摆脱了美学的影响，成为发展心理学理论支配下的新的游戏理论。

我们要了解弗洛伊德关于游戏的思想，首先必须了解他的人格构成学说。弗洛伊德认为人格是由三个部分组成的，即本我、自我、超我。本我是人与生俱来的欲望或原始的生物内驱力，它只受唯乐原则的支配而盲目寻求满足；超我代表着人的理性或意识，是社会规则的内化；而自我是调节平衡本我和超我之间矛盾冲突的机制，它不受唯乐原则的支配，而在现实原则的指导下，试图既获得满足又避免痛苦。[1]

根据这种人格构成理论，弗洛伊德提出了自己对儿童游戏的看法。婴儿出生时，完全受到本我的影响，随着经验的积累，自我和超我才逐渐得到发展，而这种发展在某种程度上来说是从游戏中获得的。弗洛伊德认为，过去的游戏理论都力图发现引起儿童游戏的动机，但是它们都没有把"经济的"动机，即从游戏中能获得愉悦感放在突出的位置。驱使儿童游戏的不是别的，正是心理生活的唯乐原则。唯乐原则

---

[1] 刘焱：《儿童游戏通论》，100 页，北京，北京师范大学出版社，2004。

在儿童的游戏中表现为游戏能够满足儿童的愿望，使受压抑的敌意冲动得到发泄。[1]美国新精神分析学派的创立者埃里克森认为，游戏是儿童情感和思想的一种健康发泄方式。在游戏中，儿童实现了正常的自我发展，如通过表演害怕的样子，逐渐克服恐惧心理，促进心理正常发展。儿童还可以在游戏角色的自我表达中获得快乐，以提升社会技能，增强自我意识。[2]

幼儿园教师资格证考试·考点预测

"幼儿游戏是补偿现实生活中不能满足的愿望和克服创伤事件的手段。"这种对幼儿游戏的解释属于（　　）。

A. 弗洛伊德补偿说　　　　B. 认知动力说

C. 学习理论　　　　　　　D. 行为主义理论

【解析】A。弗洛伊德对儿童的游戏提出了补偿说，其主要观点为，儿童在现实生活中有很多不能实现的愿望。借助游戏，儿童可以从中获得一种非现实性的满足感和控制感，从而促进自我的发展。

二、皮亚杰认知发展的游戏理论

皮亚杰认为，同化和顺应是机体与环境相互作用的两种方式。所谓"同化"，从生物学意义上来说，意味着接纳和整合，是指把环境因素纳入有机体已有的结构中去。例如，当幼儿学会了"抓握"这一动作之后，他就试着去抓手边的每一件东西，以练习并巩固这一动作图式。所谓"顺应"，是指有机体在环境因素的作用下使自身发生变化以适应环境。例如，幼儿要想拿到一块积木，必须先移开一个障碍物。在他原有的"抓握"动作图式中并没有这一程序，因此，他必须根据这一现实要求，改变自己原有的"抓握"动作图式，否则他就拿不到积木。

个体正是通过同化与顺应的协同活动来适应环境的。由于认知结构发展得不成熟，儿童往往不能保持同化与顺应之间的协调与平衡。这种不平衡有两种情况：第一，顺应超过同化，即外部影响超过自身能力，表现为主体对客体的模仿。第二，同化超过顺应，即主体自身的兴趣与需要超过外部影响而占据主导地位。主体只是为了自我的需要与愿望去转变现实，而很少考虑事物的客观特征，这是游戏的特征。在皮亚杰看来，一种活动的性质是模仿还是游戏，取决于同化和顺应在认知结构中所占的比例。例如，皮亚杰的女儿把一个贝壳放在一个大盒子的边缘上让它滑下来，说"猫在墙上"，然后说"树"（但没有做任何动作），接着她把贝壳放在自己的头上，说"到（树）顶上去了"。她之所以玩这个游戏，是因为前两天她曾经看到过一只猫爬

① 刘焱：《儿童游戏的当代理论与研究》，39页，成都，四川教育出版社，1988。
② 刘光仁、游涛：《学前教育学》，123页，长沙，湖南大学出版社，2012。

到树顶上去了。猫在树上腾挪跳跃的情景给她留下了深刻的印象。她想再现这一"有趣的情景",以满足自己的兴趣愿望。于是,她把贝壳当作猫,完全按照自己的兴趣与愿望来对待客体而不考虑客体的特征,"转变"或"改造"现实而不考虑猫与贝壳之间有什么关系。贝壳在这里只起到了对被激活的表象的支持作用。① 皮亚杰认为,从认知活动的本质来看,游戏的主要功能在于对新的心理机能的练习,是同化和顺应之间不断平衡、失衡、再平衡的过程。

三、苏联的游戏理论

以苏联心理学家维果茨基为代表的社会文化历史学派强调社会在儿童发展中的作用,认为游戏是社会性的实践活动,这为儿童游戏研究提供了新的依据。维果茨基把游戏看作社会性文化历史作用的结果,认为儿童看到周围成人活动就会模仿,并把这些活动迁移到游戏之中,创造一种想象的情境,形成"最近发展区"(儿童在有指导的情况下,借助成人的帮助所能达到的解决问题的水平与独自解决问题所能达到的水平之间的距离)。情境中"假装"行为的出现,就是社会生活影响的结果。持这一观点的还有苏联心理学家鲁宾斯坦和艾里康宁。鲁宾斯坦认为,游戏是一种经过思考的活动,是儿童在积极地接受环境和现实、感受周围生活、表现自己的印象和体验的、模仿成人的活动。艾里康宁系统研究了儿童的角色游戏,认为角色游戏是儿童的经典游戏。在游戏中,儿童依据一定的社会发展环境,不仅模仿,而且创造。儿童在游戏中模仿成人,在自己的想象中加以创造,满足自己的需要以及与成人共同生活的愿望。②

四、游戏的觉醒理论

游戏的觉醒理论也可称为内驱力理论,它试图解释游戏的心理机制。觉醒理论的代表人物是美国心理学家伯莱恩和哈特。

觉醒理论有两个基本观点。第一,环境刺激是觉醒的重要源泉。新异刺激,除了对学习提供不可缺少的线索之外,还可能激活机体,改变机体的驱力状态。第二,机体具有维持体内平衡的自动调节机制。中枢神经系统能够通过一定的行为方式自动调节觉醒水平,使之维持最佳觉醒水平。③

五、元交际游戏理论

元交际游戏理论是由贝特森提出的。元交际是指交际活动中交际双方识别、理解对方交际表现中的隐含意义的活动。交际双方只有理解交际背后的深层含义才能达到真正的沟通。游戏正是一种元交际的过程,是一种以"玩"和"假装"为背景来表

① 刘焱:《儿童游戏通论》,110~111页,北京,北京师范大学出版社,2004。
② 刘光仁、游涛,《学前教育学》,123~124页,长沙,湖南大学出版社,2012。
③ 刘焱:《儿童游戏的当代理论与研究》,94页,成都,四川教育出版社,1988。

现种种现实生活的行为。它将人类的表层活动与活动的深层含义联系起来，引导游戏者在联系中增长知识。儿童游戏的价值不在于使儿童学会认知技能或承担某种角色，而在于向儿童传递特定环境中的行为意识，教儿童从所处的情境来看待和理解行为、评价事物。[1]

例如，在雪地里，一个孩子抓了一把雪，揉成一团，出其不意地向另一个孩子掷去，然后停下，笑着，等待着对方的反应。被雪块掷中的孩子吃了一惊，刚要恼怒，但看到同伴的表情，似乎明白了什么，随即也笑嘻嘻地抓起一块雪块，向对方掷去。于是，两个孩子打起了雪仗。为什么两个孩子没有真的打起来呢？这里有游戏信号的传递与理解的问题。第一个孩子动作的停顿、脸上的表情实际上构成了一个信号——这是玩啊，不是真的打仗，它是向对方发送的游戏提议。第二个孩子觉察到了这个信号，并做出了相应的反应，于是，游戏就发生了。[2]

第三节　影响学前儿童游戏的因素

扫一扫，看资源

微课《影响学前儿童
游戏的因素》

一、教师对学前儿童游戏的影响

（一）教师提供的游戏材料对学前儿童游戏的影响

在游戏中，材料对幼儿的作用至关重要。要使游戏健康、丰富、生动，教师必须配备适合的、充足的材料。在多数情况下，幼儿的游戏是由玩具引起的，如当幼儿看到关于医院的玩具(镊子、担架、照口腔的小镜子等)时便玩起了打针游戏，当他们看见积塑或积木时便玩起了结构游戏。总之，操作材料可以帮助幼儿认识周围世界，并在游戏中实现假想，满足愿望。为此教师要根据需要为幼儿提供丰富的游戏材料，及时更换或增添游戏材料，使幼儿乐于操作、参与其中。在中、大班，教师还可以为幼儿提供一些半成品或废旧物品，和幼儿一起制作所需的游戏材料，这样可以提高他们对游戏的兴趣，丰富游戏的内容，发展他们的创造力。

（二）教师的指导对学前儿童游戏的影响

在组织和安排幼儿游戏时，教师可根据需要进行指导。例如，小班幼儿对成人的依赖性强，教师可以直接参与到游戏中，扮演角色，促进游戏情节的发展。在中、大班，教师可以做一个旁观者，当幼儿游戏开展不下去或者出现问题时，再适当参与进去。在幼儿游戏时，教师应尽量不干扰幼儿的游戏行为，保持游戏的自然状态，避免因教师的干扰影响游戏的真实感。教师要仔细观察幼儿在游戏中的表现，如幼

---

① 刘光仁、游涛：《学前教育学》，123 页，长沙，湖南大学出版社，2012。
② 刘焱：《儿童游戏的当代理论与研究》，100 页，成都，四川教育出版社，1988。

儿的动作、对人的态度及情感等。对于表现良好的幼儿，教师要及时给予支持、赞许与鼓励；对于有不良表现的幼儿应加以引导。例如，在"娃娃家"游戏中，当看到有的幼儿将娃娃夹在腋下或头朝下抱着时，教师不要直接纠正，而是可以装作听到了娃娃的哭声，问幼儿"娃娃为什么哭了"，启发幼儿自己发现问题所在，自行纠正。这样做既可以尽可能少地干预幼儿的自由活动，又能有效地将易被幼儿接受的正确知识和技能传递给幼儿，将教学与游戏有机地融为一体。

(三)教师参与游戏的方式对学前儿童游戏的影响

游戏是幼儿发起并根据其意愿展开的。教师要了解幼儿玩游戏的动机和意愿，了解他们的生理发展特点和内心需求。如果教师按照自己的意愿和想法"左右"幼儿的游戏，那么游戏最终会演变为教师"导演"的一场"戏"。因此，教师应在尊重幼儿游戏的前提下，以完全平等的姿态参与幼儿的游戏，以讨论的方式与幼儿对话，较多听取幼儿的意见，支持幼儿的想法。这种以儿童为中心的游戏才能真正满足幼儿的需要，才会有益于幼儿健全人格的建构，才会使幼儿玩得更开心。

(四)教师解决游戏冲突的方式对学前儿童游戏的影响

在游戏过程中，幼儿之间产生矛盾冲突是很自然的事情。一般情况下，教师应让幼儿自己去解决，使他们通过协商、妥协或退让去消除矛盾冲突，学习与别人相处的技能。当幼儿在游戏中产生的矛盾冲突较为激烈，或在一定程度上影响了其他幼儿的活动时，教师应成为幼儿矛盾冲突的协调者，以讨论和协商的方式调节幼儿之间的矛盾冲突。教师绝不能以强制惩罚的方式解决矛盾冲突，这样只会加剧幼儿的紧张心理，不利于他们的心理健康。

二、环境对学前儿童游戏的影响

一般来说，游戏场地的空间密度、游戏地点、游戏场地的结构特征及游戏设备的位置对学前儿童游戏有一定的影响。[①]

(一)游戏场地的空间密度对学前儿童游戏的影响

游戏场地的空间密度包括游戏人口密度和游戏材料密度两个方面。它表现为儿童活动空间的大小，并且影响儿童所能获得的游戏材料(或玩具)的数量，也最终影响儿童具体的游戏行为及儿童之间的相互关系。一般而言，社会性游戏及打闹混战游戏多发生在较大的空间中，而个人的、安静的游戏一般多发生在较小、较封闭的空间中。

(二)游戏地点对学前儿童游戏的影响

游戏地点既可以是室(户)内，也可以是室(户)外。桑德斯和哈泼的研究表明，如果让儿童自由选择，年长的儿童比年幼的儿童更倾向于选择户外游戏，男孩比女孩更喜欢户外游戏，他们在户外游戏的时间和次数也高于女孩。但是在室内游戏中，男孩和女孩在游戏时间和次数上没有明显的差异。

---

① 丁海东：《学前游戏论》，108~110 页，济南，山东人民出版社，2001。

（三）游戏场地的结构特征对学前儿童游戏的影响

游戏场地的结构特征突出表现为各种设备（或玩具）及其构成的各区域之间的相互关系。从结构特征上看，户外游戏场地可以分为传统的游戏场地和创造性的游戏场地。传统的游戏场地较常见，这种场地中安放着一些固定的、常见的普通设备或器械，如秋千、跷跷板、转椅等，每种设备只有固定的几种玩法，各种设备之间缺少有机的可供想象的联系。这种场地虽然可以发展儿童的运动能力，但是不利于发展他们的想象力。而创造性的游戏场地中有多种多样的、可移动的且用途多样的设备，儿童可以根据自己的想象和爱好创造性地使用它们。坎贝尔和弗罗斯特通过比较这两种游戏场地对7岁儿童游戏的影响，发现传统的游戏场地中最有可能发生的是功能性游戏，而创造性的游戏场地中则经常发生象征性游戏。

（四）游戏设备的位置对学前儿童游戏的影响

游戏设备在场地中的安放位置对游戏也有一些影响，它影响游戏的发生频率及游戏设备的使用频率。维特和格瑞麦扎通过研究发现，比起放在角落的设备，儿童更愿意在安放在场地中心位置的设备上玩，且安放在场地中心位置的设备的使用频率也较高。[1]

三、游戏材料对学前儿童游戏的影响

（一）游戏材料的数量对学前儿童游戏的影响[2]

司马君的研究表明，在不同的活动区域，游戏材料投放的数量会引起不同的活动效果。在手工活动区，游戏材料投放要充足；在益智区，游戏材料投放的多少与活动效果无关。邱学青指出，材料多样化可以使儿童在解决问题时表现出更多的发散思维行为特征。刘焱认为，可以通过添加玩具或游戏材料来增加活动的数量与种类，提高活动的复杂程度。朱若华研究了活动区材料投放的数量与幼儿消极行为之间的关系。研究表明，当给小、中、大班幼儿投放的轮胎数量从20个减少到10个、5个的时候，幼儿的消极行为增加。这些消极行为包括无所事事、争抢和哭闹。同时，朱若华还研究了活动区材料投放的数量与幼儿社会性游戏行为之间的关系。研究表明，当投放的轮胎数量减少时，小班幼儿的联合游戏和合作游戏的频率明显提高，中班幼儿的平行游戏和独自游戏的频率降低，但联合游戏和合作游戏的频率没有显著差异，大班幼儿的合作行为减少。董素芳的研究结果表明，不同数量的彩色材料对大班幼儿的结构游戏行为会产生影响，具体表现为，当彩色材料数量减少到一半时，大班幼儿的游戏频率降低，游戏质量下降，争执行为增加。

---

① 丁海东：《学前游戏论》，110页，济南，山东人民出版社，2001。
② 李钦：《游戏材料的不同投放方式对幼儿角色游戏行为的影响》，硕士学位论文，华东师范大学，2013。

(二)游戏材料的种类及搭配关系对学前儿童游戏的影响①

1. 不同种类的游戏材料对学前儿童游戏的影响

第一,形象材料,主要有玩具娃娃、玩具动物、交通玩具、医院玩具、模拟日常用品的玩具(如碗、杯子、衣服)等。此类玩具在象征性游戏(如角色扮演游戏)中占有重要地位。

第二,智力材料,主要有拼图、拼板、镶嵌板、魔方、套塔、套碗、棋类、纸牌等。此类玩具侧重于促进儿童智力的发展,在智力游戏中较为常用。

第三,结构造型材料,主要有积木、积塑、橡皮泥、黏土、沙、雪等各种结构造型材料,既有人工的,也有天然的(有的将颜料、蜡笔、剪刀等辅助工具也归入此类)。儿童在建构活动中运用的主要是这类玩具。

第四,体育材料,主要指在体育活动中所使用的各种设备、器械、材料等。大型的有荡船、滑梯等,中型的有秋千、木马、平衡木等,小型的有皮球、跳绳、毽子等。这类玩具有助于发展儿童的运动能力,增强儿童的体质,促进儿童的身体发育。

第五,音乐材料,主要指各种能发出悦耳声响的玩具,如小铃铛、小喇叭、口琴、小铃鼓、花嘟棒等。

第六,娱乐材料,主要是一些小动物或人物的滑稽造型,如不倒翁、"小鸭游水"、"小猴打鼓"、"小鸡吃米"等。此类玩具主要给儿童以欣赏性的快乐。

第七,某些日常用品(往往是废旧的)或天然材料及自制材料,如小纸盒、小木块、树叶等。

2. 游戏材料之间的搭配关系对学前儿童游戏的影响

同一种类、不同数量的游戏材料的搭配影响儿童游戏的性质和主题。观察结果表明,给儿童一个娃娃和给他几个娃娃的效果是不一样的。当儿童只有一个娃娃时,他倾向于玩"过家家"的游戏,而有多个娃娃呈现在他面前时,他就可能会玩"托儿所"或"上课"等游戏。可见,同一种类、不同数量的游戏材料的搭配,会影响儿童的游戏选择。年幼的幼儿在面对较多的玩具时,缺乏独立选择自己需要的玩具的能力。数量较少且外部特征鲜明的玩具,更能引起幼儿的注意,有助于稳定游戏的主题情节,延长持续时间。年长的幼儿由于独立判断能力增强了,因此能更容易从众多玩具中选出自己需要的玩具并开展游戏。玩具过多或过少都会对儿童游戏产生不利影响:过多会降低儿童的感知反应水平,也更容易使幼儿出现不珍惜玩具的倾向;过少则不利于游戏内容的丰富和多样化。

不同特点(种类)、不同数量的游戏材料的搭配对游戏的影响更为复杂。人们试图从不同的角度去发现其中的规律。有人曾采用实验的方法研究玩具的不同组合对儿童游戏的影响。例如,派普勒把一些木质的益智游戏材料(如动物木块或交通工

---

① 丁海东:《学前游戏论》,100~108 页,济南,山东人民出版社,2001。

具)给 3～4 岁的儿童。给第一组儿童的是游戏材料以及一定形状的木块。儿童得到游戏材料和木块以后所进行的游戏，或者是建构性游戏，或者是与建构性游戏相关的游戏。第二组儿童只获得了游戏材料，而没有一定形状的木块。他们所进行的游戏不仅包括建构性游戏，还包括象征性游戏或戏剧性游戏。我国的一些研究表明，在幼儿游戏中，如果只给他们提供一些用具，如餐具、

扫一扫，看资源

视频《丰富而有层次的材料》

炊具等，而不提供"娃娃"，那么幼儿只对成人使用这些物品的方法感兴趣，游戏中较少出现角色，主要是使用用具的动作，而当出现"娃娃"之后，角色便会成为游戏的中心，使用用具的动作不再占据游戏的中心地位，游戏开始逐渐反映人与人之间的关系。为此，有许多研究者进一步指出，玩具在搭配上要注重系列化、联系性，这样对儿童的智力发展更有效。

四、游戏时间对学前儿童游戏的影响[1]

无论是哪类游戏，幼儿都需要有充裕的时间去探索和尝试。只有拥有充裕的时间，幼儿才可以尽情地投入，愉快地享受，也只有这样，才能真正达到游戏的目的。反之，如果游戏的时间很短，幼儿尚未掌握游戏的技巧或尚未了解玩具的特征便要停止游戏的话，他们就不能感受到游戏的乐趣，游戏对幼儿的价值也就降低了。

另外，游戏时间直接影响着儿童游戏的数量和质量。我国有研究者比较了 4～5 岁儿童在相同情境下长时间(30 分钟)游戏和短时间(15 分钟)游戏中的表现，发现在长时间游戏中，儿童更多地表现为积木游戏、小组表演游戏等；在短时间的游戏中，儿童更多地表现为闲散行为、旁观行为以及一些模仿游戏。此类研究表明，在充足的时间下，儿童会进行较高社会性水平和认知水平的游戏，儿童能从容地选择游戏伙伴，商讨必要的合作事宜。如果游戏时间短，儿童就无法去计划和编排游戏，不能完全沉浸于游戏之中，只能从事形式简单的游戏。

第四节 学前儿童游戏的特点、指导策略与评价

一、学前儿童游戏的特点与指导策略

苏联的学前教育教师注重从游戏功能的角度对游戏进行分类，并将游戏分为创造性游戏和有规则的游戏。[2]

---

[1] 丁海东：《学前游戏论》，110～111 页，济南，山东人民出版社，2001。

[2] 岳亚平：《学前教育学》，113 页，郑州，郑州大学出版社，2012。

（一）创造性游戏

创造性游戏是指儿童主动地、创造性地反映现实生活的游戏，是学前儿童典型的特有的游戏，也是他们依照自己的兴趣、爱好、能力而创造性地开展的游戏。幼儿园中的此类游戏包括角色游戏、结构游戏和表演游戏。在这类游戏中，幼儿可以无拘无束、自由自在地操作、摆弄玩具材料，充分表达自己的情感，实现自己的愿望，创造性地解决各种问题。[①]

1. 角色游戏

角色游戏是根据儿童身心发展的需要而产生的。3 岁之前的儿童以模仿动作为主，3 岁之后的儿童已不满足于简单地模仿动作了，他们开始对扮演角色表现出兴趣。随着儿童对现实生活中各种角色的认识与情感体验的逐渐加深，角色游戏也随之出现。[②] 因此，角色游戏是学前儿童按照自己的意愿，借助真实或替代的材料，通过扮演角色，用语言、动作、表情等，通过模仿和想象创造性地再现周围社会生活的游戏。[③]

（1）角色游戏的特点

角色游戏是儿童独立自主的活动。角色游戏源自儿童对社会现实生活的印象。角色游戏是儿童积极主动地再现现实生活的活动。游戏主题、角色、情节、材料的使用均与儿童的社会生活经验有关。儿童生活经验越丰富，角色游戏的水平也就越高。想象活动是角色游戏的支柱。角色游戏的过程是创造性想象活动的过程。在角色游戏中，创造性想象表现在以下三个方面。一是扮演儿童熟悉的角色，如扮演妈妈、教师、司机等。他们通过语言、表情、动作等表现出自己对这些角色的认识和体验，这一反映过程充满了儿童的想象活动。二是儿童在游戏中使用玩具，以物代物，往往一种物品在不同的时间里、在不同的情境中可替代多种真实物品，如小椅子一会儿当汽车，一会儿当火车，一会儿又当娃娃床。三是儿童扮演生活中的场景，他们常常通过想象以及一个或几个动作，将游戏情景进行浓缩或转换。例如，玩"娃娃家"时，"妈妈"一摸"孩子"的额头说："呀！小孩发烧了，送医院吧。"结果抱着"孩子"在院子里走一圈就回来了，说打针了，"孩子"病好了。这种替代正是儿童创造性想象活动的结果。有想象活动参与的角色游戏既富有假想性，又富有真实性，它是虚构性与真实性巧妙结合的产物。

（2）角色游戏的指导策略[④]

角色游戏指导的重心在于帮助幼儿按自己的愿望和想象自由地开展游戏，使幼儿能够在游戏中进行学习、发展情感与培养能力。不同年龄段的幼儿呈现出不同的

视频《小班娃娃家》

扫一扫，看资源

① 陈幸军：《幼儿教育学》，213～214 页，北京，人民教育出版社，2003。

② 梁志燊、陈俊恬、瞿金凤等：《学前教育学》，164～172 页，北京，北京师范大学出版社，1990。

③ 丁海东：《学前游戏论》，191～203 页，济南，山东人民出版社，2001。

④ 岳亚平：《学前教育学》，114～115 页，郑州，郑州大学出版社，2012。

游戏发展水平，教师应在充分了解幼儿游戏发展水平的基础上，有针对性地指导他们开展游戏，使幼儿在角色扮演、游戏内容、游戏技能和游戏的主动性、积极性、创造性及组织能力等各方面得到提高与发展。

指导小班角色游戏时，教师应根据生活经验为幼儿提供种类少、数量多且形状相似的成型玩具，满足幼儿平行游戏的需要。在具体指导过程中，教师可以以平行介入的方式指导幼儿的游戏，或以角色的身份加入游戏中。指导中班角色游戏时，教师可提供丰富的材料，鼓励幼儿玩多种主题的游戏，并注意观察幼儿游戏的发展情节，以平行或合作的方式指导。评价游戏时，教师可以引导幼儿之间分享游戏经验，以丰富游戏的主题和内容。指导大班角色游戏时，教师可以引导幼儿与自己一起准备游戏材料，布置游戏场地，在游戏中注意观察幼儿的游戏意图，提供适合的游戏条件和机会，鼓励幼儿在游戏中进行创造，并通过讲评游戏充分地讨论问题，分享经验，从而使幼儿学会学习和创造。

2. 结构游戏

（1）结构游戏的特点

结构游戏是儿童利用各种不同的结构材料，经过手的创作来反映周围现实生活的游戏。结构材料包括积木、竹制材料、积塑、金属材料以及黏土、纸浆等。利用自然材料，如沙土、雪、水等进行的游戏，也属于结构游戏。[①]

图 7-6 齐心协力建大船

图 7-7 垒高塔

图 7-8 围合城堡

① 梁志燊、陈俊恬、瞿金凤等：《学前教育学》，172 页，北京，北京师范大学出版社，1990。

(2)结构游戏的指导策略①

丰富和加深幼儿对物体和建筑物的印象，使幼儿对周围生活中的物体和建筑物有较细致的了解，是开展结构游戏的基础。教师在日常活动中要引导幼儿注意观察周围生活中的多种建筑，感知各部位的名称、形状、结构特征、组合关系与色泽特点，如楼房是有层次的，房顶有尖的、平的、圆的，桥梁是由桥面和桥墩组成的等，在此基础上引导幼儿根据需要选择合适的材料，创造性地表现自己对事物的认识。

教师应引导幼儿掌握构造物体的基本技能。第一，识别与使用材料的技能。引导幼儿认识结构玩具，识别结构元件的形状、颜色、大小等特征，使幼儿会选用结构元件去构造物体，会灵活使用材料。第二，结构操作技能。引导幼儿学会积木的排列组合(平铺、延长、对称、加宽、加长、加高、围合、盖顶、搭台阶等)，积塑的插接、镶嵌(整体连接、交叉连接、端点连接、围合连接等)，以及穿套编织、黏合造型等技能，这是幼儿构造物体的基础。第三，设计构思能力。引导幼儿整体构思构造计划，使幼儿能有目的、有计划、有步骤地进行构造活动，并在构造实践中能根据需要进行修改、补充。第四，结构分析技能。引导幼儿学会看平面图纸，能把平面结构变为立体结构，会评议结构物。第五，集体构造技能。引导幼儿在集体构造中学会分工和合作，共同完成任务。

教师应针对不同年龄段幼儿的特点进行具体指导。小班幼儿对搭建的动作感兴趣，常常把结构材料堆得很高，然后推倒，不断重复，从中获得快乐和满足感。他们没有明确的目的，只是随意地摆弄结构材料。只有当有人问他"你搭的是什么"时，他才会注意自己的结构物，思考"这是什么"的问题，然后根据自己的想象对结构物加以命名。因此，教师应侧重引导小班幼儿认识结构材料，学习初步的构造技能，稳定结构主题并建立结构游戏的规则，学会整理和保管玩具材料的最简单方法，养成爱护玩具材料的好习惯。中班幼儿不但对动作过程感兴趣，而且也关心结构的成果，目的比较明确，主题比较鲜明，因此应在进一步掌握结构技能的同时，大胆想象，共同构造。大班幼儿已有了较强的结构技能，目的明确，计划性较强，能围绕一个主题进行长时间的结构游戏，合作意识增强。因此，教师应侧重引导大班幼儿开展参加人数多、持续时间长的大型结构游戏，并引导他们进一步美化自己的结构物。

3. 表演游戏

表演游戏是儿童根据故事、童话内容进行表演的游戏，即儿童扮演作品中的角色，用对话、动作、表情等富有创造性的表演再现文学作品。②

---

① 陈幸军：《幼儿教育学》(新版)，221～223 页，北京，人民教育出版社，2003。

② 丁海东：《学前游戏论》，217 页，济南，山东人民出版社，2001。

图 7-9　评剧表演《五女拜寿》

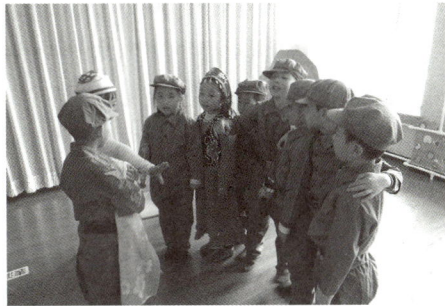

图 7-10　评剧表演《金沙江》

（1）表演游戏的特点[1]

表演游戏是幼儿根据文艺作品的内容进行表演的游戏，是以文艺作品为依据的创造性的自娱活动。

（2）表演游戏的指导策略[2]

第一，选择内容健康、符合幼儿生活经验、幼儿能理解且又适合幼儿表演的作品。健康活泼的思想内容有利于幼儿形成良好的习惯。反面角色过多、打斗场面过多的作品不宜表演。此外，作品要具有一定的表演性，具体体现在：有适合表演的动作；场景集中，易于布置；道具简单，可以利用现成的桌椅、积木、积塑及实物；情节发展节奏快，有起伏感，并按一定的主线发展，重点突出，枝蔓不多，引人入胜，易于表演；角色对话有适当重复，易于用动作表演，如游戏"小兔乖乖"中"兔妈妈"对"小兔"的交代，"大灰狼"与"小兔"的对话都生动有趣，容易用动作表演出来。

第二，帮助幼儿熟悉文艺作品，使幼儿创造性地表演作品内容。教师可以通过讲故事，放 PPT，让幼儿听录音等方式，帮助幼儿熟悉文艺作品，使他们掌握文艺作品的主题及情节，体验角色的语言与动作特点，激发他们对作品中人物形象的感情，引发表演欲望。教师切忌变成导演，使幼儿完全处在被动地位，这样会使幼儿感到索然无味，失去玩游戏的兴趣。只有当幼儿非常熟悉文艺作品，充分了解作品的内容和情节发展过程后，他们才会逐渐产生表演的兴趣。

第三，当幼儿熟悉文艺作品以后，教师要用启发性的语言引导幼儿创造性地表演作品内容。例如，当幼儿玩"小羊和狼"的表演游戏时，教师要组织幼儿讨论：当狼恶狠狠地说"谁让你喝我的水"时，语气是怎样的？表情又是怎样的？可以做什么动作？还可以怎样做？也可以请幼儿试一试，要求幼儿想办法表演得与别的幼儿不一样。对于文艺作品中人物的对话、动作以及作品情节的变化，教师都要鼓励幼儿大胆地表现自己的想法。只有幼儿能用动作、语言充分地表现自己对文艺作品的理解时，表演游戏的创造性才会真正体现出来。在表演游戏中，教师应尊重幼儿的意

① 丁海东：《学前游戏论》，217～220 页，济南，山东人民出版社，2001。
② 陈幸军：《幼儿教育学》（新版），223～226 页，北京，人民教育出版社，2003。

愿，让幼儿自己选择，自己设计，自己表演，充分发挥幼儿的自主性和积极性。

第四，针对不同年龄段幼儿的特点进行具体指导。小班幼儿不会玩表演游戏，教师可以示范表演，激发幼儿玩表演游戏的兴趣。中、大班幼儿玩表演游戏时，教师可适当予以帮助，但不能干涉幼儿表演，要使幼儿处于主动、积极和自由的状态。

(二)规则游戏①

规则游戏，即成人为发展儿童的各种能力而创编的有明确规则的游戏。它一般包括游戏目的、玩法、规则和结果四个部分，其中游戏规则是核心。此类游戏常常是依据教学需要而创编的，具有明确的教学目标，因此也被称为教学游戏。规则游戏主要包括智力游戏、体育游戏和音乐游戏三类。

1. 智力游戏

(1)智力游戏的特点②

智力游戏是指以生动有趣的形式使幼儿在积极愉快的情绪中增长知识、发展智力的游戏。智力游戏有丰富的种类：第一，感官游戏，如"听听是谁的声音""奇妙的口袋"等；第二，比较异同的游戏，如"哪一个不一样""哪里错了"等；第三，分类游戏，如把几种物品按颜色、形状、大小、性质、作用等标准来分类；第四，推理游戏，如A比B高，B比C高，谁最矮，谁最高；第五，记忆游戏，如记忆两张画的异同、记数字等；第六，计算游戏，如比多少，看谁算得快等；第七，语言游戏，如绕口令、猜谜语等；第八，纸牌和棋类游戏等。

视频《丰富多彩的智力游戏》

(2)智力游戏的指导策略

第一，根据幼儿的年龄特点，投放适宜的游戏材料。

一般来说，在智力游戏中，材料投放的适宜性包括游戏材料的数量、种类、外在特征和呈现搭配等方面的适宜性。首先，教师投放游戏材料的数量和种类要能够基本满足全班所有幼儿的需要，这样可以避免幼儿因材料短缺引起争抢、纠纷而导致游戏无法开展的情况。其次，教师要注意游戏材料的外在特征。色彩鲜艳、形象生动有趣的游戏材料能够更加吸引幼儿的注意力，从而维持幼儿参与游戏的兴趣。最后，幼儿主要通过操作和摆弄游戏材料来了解世界、探索世界，游戏材料的呈现方式和呈现时机直接关系到能否引发幼儿的探究兴趣以及能否引导幼儿逐渐发现事物间的各种关系。在幼儿园里，智力游戏材料有的是以开放式的呈现方式来呈现的，有的是以立体式的呈现方式来呈现的，还有的是以主题式或任务式的呈现方式来呈现的，即按照明确的主题内容或任务要求来呈现。开放式的呈现方式有助于引导幼儿自由选择自己感兴趣的材料，立体式的呈现方式有助于吸引幼儿的目光，并为幼

---

① 岳亚平：《学前教育学》，113页，郑州，郑州大学出版社，2012。
② 陈幸军：《幼儿教育学》(新版)，226页，北京，人民教育出版社，2003。

儿提供示范，而主题式或任务式的呈现方式指向性明确，相关游戏材料摆放集中，能启发幼儿完成一系列的探索。为此，教师要根据幼儿的年龄特点和游戏特点，选择适宜的材料呈现方式。另外，在投放游戏材料时，教师应注意根据幼儿的认知特点，为幼儿提供低结构的游戏材料，这样才能保证材料的可操作性。同时教师应注意在材料投放时要有梯度，由易到难，不断设置新的问题情境，从而激发幼儿的探索欲望。①

第二，注重幼儿的个体差异，提供适当的指导。

不同年龄段的幼儿会表现出不同的身心发展特点，而同一年龄段的幼儿也会呈现出个体差异。这些差异不仅表现在性格上，还表现在幼儿自身发展水平上。教师在进行指导时，应该特别注意幼儿之间的这种差异，为每个幼儿制定一个适合的目标。例如，在"走迷宫"游戏中，对于那些逻辑思维能力较强的幼儿，教师在指导时就可以适当提高要求，让他们试着找出比其他幼儿更多的路线。

幼儿对不同游戏的兴趣也存在差异。例如，有些幼儿比较喜欢单独操作的解谜类游戏，有些幼儿比较喜欢对弈竞争的棋类游戏，有些幼儿比较喜欢操作性强的组合分类游戏或拼接类游戏，而有些幼儿对益智游戏根本就不感兴趣。教师应尊重幼儿对游戏种类的偏好，不能强硬地规定幼儿必须玩什么或不能玩什么，要促使幼儿在自身感兴趣的游戏上得到更好的发展，同时引导幼儿关注其他游戏，激发他们对其他游戏的兴趣。②

2. 体育游戏

（1）体育游戏的特点

体育游戏是指以发展动作为主的游戏。此类游戏能培养幼儿的优良品质，如勇敢、坚强、遵守规则等。体育游戏大多是规则游戏，如"贴烧饼""木头人""老狼老狼几点了"等。有一些体育器械游戏，如拍皮球、踢毽子等，其规则性不是很突出，但在几个人玩时，也包含某种规则。

体育游戏符合幼儿身体活动的需求，其内容往往比较固定，有许多是民间流传下来的，如"捉迷藏""丢手帕""老鹰捉小鸡""跳房子""滚铁环"等。还有许多是教师们在长期的教育实践中为促进幼儿各种动作的发展而创编的，如"小青蛙跳田埂""吹泡泡""小蜜蜂采蜜"等。

（2）体育游戏的指导策略

首先，教师应注重激发幼儿参与体育游戏的兴趣。③

扫一扫，看资源

视频《丢手绢》

---

① 米娜：《幼儿园智力游戏开展现状与对策研究：以××市三所幼儿园为例》，硕士学位论文，东北师范大学，2014。

② 米娜：《幼儿园智力游戏开展现状与对策研究：以××市三所幼儿园为例》，硕士学位论文，东北师范大学，2014。

③ 林小环：《幼儿园体育游戏的设计与组织实施》，载《学前教育研究》，2011(5)。

兴趣是最好的老师，也是幼儿参与活动的原动力。教师组织的体育游戏只有能引发幼儿的兴趣，激起幼儿的好奇心与探究欲望，才能让他们积极主动地参与到游戏中去。教师可以采取以下策略来激发幼儿参与体育游戏的兴趣。

一是故事引导。生动有趣的故事情节容易引起幼儿的注意，使其置身于故事化的情境中，从而赋予游戏内容以"生命"，使教学目标这一外部要求被巧妙地内化为幼儿行为的愿望和动机，最终达到激励幼儿主动付出行动与努力的目的。[①]

二是器材吸引。在体育游戏中，器材往往是不可缺少的，器材的变化可以激起幼儿的好奇心和探索欲望。教师应充分利用现有的体育器材，鼓励幼儿在活动中创造性地使用各种器材，使他们尽量与单一的器材产生多种动作的互动。[②] 此外，教师平时要善于收集废旧物品，制作各种体育器材。

扫一扫，看资源

视频《体育活动》

三是创设情境。幼儿具有冒险精神，喜欢追求刺激，勇于接受挑战。因此，教师围绕游戏主题创设的情境往往能很好地吸引幼儿的注意力，激发他们参与的积极性。教师可以因地制宜，把幼儿园的花园、曲折小径、小山坡等作为游戏的天然场景，大胆设计能够激发幼儿想象力与兴趣的情境。

其次，教师应注意培养幼儿的主动性和规则意识。[③]

幼儿活泼好动，易兴奋，自觉性、自制力及坚持性都比较差。在规则游戏的指导活动中，教师要注意采用多种方法激发幼儿参与游戏的主动性，帮助幼儿在游戏过程中控制自己的行为，养成良好的规则意识。对于大班幼儿，教师还可以鼓励他们独立思考，创立规则，并在游戏中认真执行，互相监督，以有效增强幼儿的自主性和规则意识。

3. 音乐游戏

(1)音乐游戏的特点

音乐游戏是指幼儿在音乐伴奏或歌曲伴唱下进行的游戏，其主要作用是发展幼儿的音乐感知能力和动作技能，如"许多小鱼游来了""抢椅子""老猫睡觉醒不了"等。这些游戏生动有趣，受到幼儿的欢迎。

(2)音乐游戏的指导策略[④]

第一，教师应结合言语与非言语的方式进行指导。

幼儿在做游戏时不仅需要教师的言语指导，还需要教师的非言语指导。言语指导可以让幼儿更快、更好地理解游戏规则和玩法。非言语指导也有其独特的作用。例如，教师支持性的态度、一个微笑、一个鼓励的眼神、一个表扬的手势等都会让

---

① 王新晨：《根据幼儿体育游戏特点实施幼儿体育游戏教学》，载《教育导刊》，2002(C1)。
② 曾莉、申晓燕、彭丰：《幼儿园活动材料开发与利用的原则》，载《学前教育研究》，2010(10)。
③ 高艳：《幼儿园体育游戏的组织与指导》，载《教育实践与研究(C)》，2014(9)。
④ 张馨月：《幼儿园音乐游戏中教师指导策略研究》，硕士学位论文，西北师范大学，2015.

幼儿更积极地参与游戏，更乐于表现自己的能力。所以，在音乐游戏中，一方面，教师要用言语对幼儿提出要求，鼓励幼儿积极参与游戏。当遇到问题时，教师可以启发幼儿通过讨论的方式来发现解决问题的办法。另一方面，教师要充分运用非言语形式，给予幼儿情感上的支持。教师要做一个聆听者，倾听幼儿在游戏中的需求；做一个观察者，体察幼儿在游戏中的需要。

第二，教师在指导音乐游戏时应兼顾娱乐性与教育性。

游戏可以使幼儿身心愉悦。幼儿可以通过游戏体验自己想体验但是目前没有办法在现实生活中体验到的事情。幼儿园游戏发生在幼儿园这个特定的教育场所之中，它的"教育性"表现在游戏发生的各种条件上，如教师选择的音乐类型、设计的游戏环境、提供的游戏材料等。幼儿园音乐游戏是幼儿学习的重要途径。教师是幼儿园教育活动中的核心因素，幼儿园的一切教育活动都体现在教师的教育行为上。因此，教师在指导幼儿音乐游戏时，不仅要考虑音乐游戏的娱乐性，还要考虑音乐游戏的教育性，充分发挥游戏本身所具有的潜在教育价值，这对于幼儿的身心发展非常重要。

第三，教师要注重音乐游戏的"游戏性"。

音乐游戏是以音乐为媒介的游戏。长期以来，幼儿园音乐游戏中存在着"重表演，轻游戏""重音乐教育，轻游戏体验"的倾向。要避免这种现象的出现，教师就需要按照游戏的本质特点来组织和指导幼儿的音乐游戏，让幼儿在游戏中产生"游戏性"体验，这是幼儿在音乐游戏中的重要心理体验。教师应当保证幼儿拥有自由选择和自主决定的权利，即幼儿对音乐作品的理解和表达方式应当拥有一定的自由，而不是完全听从教师的规定。在组织音乐游戏时，教师要做积极的引导者而不是指挥者或导演。

二、学前儿童游戏的评价

游戏开展得好或不好，要依据一定的评价标准。过去曾有过很多未成文的，但在实际生活中起作用的评价标准，如玩具的多少、参加人数的多少、主题是否新颖等，这些标准虽各有一定的道理，但却有很大的片面性，忽略了儿童是游戏的主人这一评价游戏的根本点。教师应该从游戏的特点和游戏对儿童的作用出发，对游戏进行评价。[①] 具体评价原则如下。

第一，儿童能按意愿选择玩具做游戏。儿童在游戏中表现出积极主动的态度，有一定的计划性，摆脱了被动、服从或随从的状态。

第二，儿童玩游戏很认真，能克服困难，能遵守游戏规则，有独立游戏的能力。

第三，儿童会正确使用玩具，爱护玩具，会收放玩具。

第四，儿童在游戏中对同伴友爱、谦让，能与同伴合作，愿意帮助别人，不妨碍别人。

---

① 梁志燊、陈俊恬、瞿金凤等：《学前教育学》，185～186 页，北京，北京师范大学出版社，1990。

第五，游戏内容健康，有益于儿童的身心发展。

以上评价学前儿童游戏的五项原则对各年龄班都是适用的，但由于各年龄班的游戏水平是有差异的，因此教师应从各班的实际水平出发，提出具体的评价要求。教师必须从有益于儿童身心发展的角度去评价游戏，不可从成人的欣赏角度去评价，也不能从场面大小、热闹程度等表面形式去评价。

幼儿园教师资格证考试·考点分析

了解各年龄段幼儿的游戏特点，并能提供相应的材料支持幼儿的游戏，根据需要进行必要的指导。

幼儿园教师资格证考试·真题再现

2019 年下半年《保教知识与能力》真题

梅梅和芳芳在"娃娃家"玩，俊俊走过来说我想吃点东西，芳芳说我们正忙呢，俊俊说，我来当爸爸炒点菜吧，芳芳看了看梅梅，说"好吧，你来吧"。从俊俊的社会性发展来看，下列哪一项最贴近他的最近发展区？（　　　）

A. 能够找到一个自己喜欢的玩伴。

B. 开始使用一定的策略成功加入游戏小组。

C. 在 4～5 名幼儿的角色游戏中进行合作性互动。

D. 能够在角色游戏中讨论装扮的角色行为。

【解析】C。本题考查最近发展区的概念以及按幼儿的社会性发展水平进行的游戏分类。维果茨基认为，儿童的现有水平与即将达到的发展水平之间的差异就是最近发展区。题干中的俊俊通过主动询问的方式加入另外两个幼儿的游戏中，这说明他已经达到了"找到喜欢的玩伴"和"使用一定的策略加入小组"的现有水平。"我来当爸爸炒点菜吧"这一询问表明了俊俊本身已具备角色行为。因此 A、B、D 属于现有水平。另外，从俊俊的社会性发展来看，他只是加入了另外两个幼儿的游戏中，但他们之间并没有分工，也没有共同的目标，所以现有水平处于联合游戏阶段，而合作游戏需要幼儿之间有共同的目标，在游戏中相互合作并努力达成目标。俊俊显然并没有达到这一水平，因此"在角色游戏中进行合作性互动"属于俊俊的最近发展区。综上所述，本题选 C。

2019 年下半年《保教知识与能力》真题

材料分析题：

几个幼儿正在玩游戏，他们把竹片连接起来，想让乒乓球从一头开始沿竹槽滚动，然后落在一定距离外的竹筒里。在游戏过程中，他们遇到了很多困难，如球从竹片间掉落；竹片连成的"桥"太陡，球怎么也落不到竹筒里……他们通过不断努力，终于让球滚到了竹筒里。

幼儿可以从上述活动中获得哪些经验？请结合材料分析说明。

【答案要点】材料中的幼儿有共同的游戏目的，在游戏过程中采取分工合作的形式，这说明他们进行的是合作游戏。在此游戏中，幼儿可获得如下经验：

第一，社会性的发展。幼儿游戏中社会性交往水平最高的就是合作游戏。合作游戏可以增强幼儿的合作意识，促进幼儿交往能力的发展。材料中的幼儿通过彼此间的分工合作，使游戏得以继续。

第二，认知能力的发展。幼儿认知能力的发展包括想象、思维等方面的发展。材料中的幼儿在进行游戏时遇到了很多困难，经过不断尝试与探索，最终使小球落到了竹筒中。

第三，身体的发展。在游戏过程中，幼儿的身体协调能力和控制能力得到了提升。在游戏之初，小球总是会在竹片中间掉落，这说明幼儿的协调性和控制能力比较弱，但通过反复尝试，他们最终能够很好地控制两个竹片间的距离和坡度。

第四，成就感和自信心的获得。幼儿的成就感和自信心可以从成功完成某件事中获得。材料中的幼儿就是通过不断努力，克服了重重困难，最终取得了成功，感受到了成功的喜悦。

第五，坚持性的发展。幼儿园是幼儿坚持性发展的关键时期，有难度的体育游戏可以促进幼儿坚持性的发展。在游戏过程中，幼儿遇到了很多困难，他们通过不断的努力，最终成功把球滚到了竹筒里。

对于幼儿来说，游戏不仅仅是一种消遣，还是一种主要的学习方式。幼儿可以从游戏中获得多方面的发展。

2019年上半年《保教知识与能力》真题

简答题：

幼儿园集体教学活动和游戏的含义分别是什么？试述二者的区别与联系。

【答案要点】二者的含义如下：

(1)幼儿园集体教学活动是指全班一起进行的活动。这种活动的特点是集中性和统一性，即活动是全员参与的，并有统一的活动目标和活动要求。

(2)游戏是幼儿最喜爱的活动，是幼儿生活的主要内容；游戏是幼儿对成长过程的适应，符合幼儿的身心发展特点；游戏是幼儿的自发学习。对于幼儿来说，游戏不仅仅是一种消遣，还是一种主要的学习方式。幼儿在游戏中的学习是一种自发的学习，具有学习目标是隐含的、学习方式是潜移默化的、学习的动力来自幼儿内部的特点。

二者的区别与联系如下：

（1）区别。

①活动中的主体不同。游戏中的幼儿是游戏的主人，是活动的真正主体。幼儿可以自由支配自己的活动，教师更多起到的是观察者和指导者的作用，而集体教学活动是在教师的引导与支持下所进行的教学活动，教师的参与支配程度相对更高。

②活动的形式不同。集体教学活动是在教师的引导下有目的、有计划、全体幼儿在同一时间内所进行的活动，具有集中性和统一性的特征，而游戏中幼儿的活动是自主的，可以以集体的形式进行，也可以以小组或个体的形式进行。

（2）联系。

①教育目的一致。游戏应围绕教学目标展开。教师要使幼儿在游戏中获得的愉快体验与教学目标的实现有机统一起来。因此，教师既要熟悉游戏理论，了解幼儿的身心发展水平、年龄特点、兴趣爱好，又要找与之相适宜的教学活动，并与游戏结合在一起。

②两者互为补充。游戏是顺利开展集体教学活动的"温床"，集体教学活动又能丰富幼儿的游戏经验。因此，教师在进行集体教学活动时要体现"寓教学于游戏之中"的教育理念。在课程游戏化的大背景下，游戏可以辅助集体教学活动，或者以游戏的方式来开展集体教学活动，也可以把游戏作为集体教学活动的延伸，将游戏与集体教学活动有效衔接起来。

2016年上半年《保教知识与能力》真题

材料分析题：

大二班在教室里开展理发店主题游戏。教师为了提升幼儿的游戏水平，主动为幼儿制作了理发店的价目表（见下图）。

理发店价目表			
理发区		美容区	
洗发	10元	牛奶洗脸	10元
剪发	10元	美白面膜	15元
烫发	30元	造型设计	20元
染发	30元	身体按摩	20元

问题：请结合你对角色游戏的理解，分析教师提供价目表这一做法是否适宜，并提出建议。

【答案要点】案例中大二班的主题设计比较好，但是提供价目表的做法是不适宜的。

角色游戏是幼儿通过扮演角色、运用想象、创造性地反映个人生活印象的一种游戏，通常都有一定的主题。角色游戏是幼儿期最典型、最有特色的一种游戏。幼儿园角色游戏的共同特点是创造性、过程性和变化性。大班角色游戏的特点是游戏主题新颖，内容丰富，能主动反映多种生活经验和较为复杂的人际关系。大班幼儿处于合作游戏阶段，喜欢与同伴一起游戏，能按自己的愿望主动选择并有计划地游戏，在游戏中自己解决问题的能力增强。材料中的教师所创办的主题角色游戏符合幼儿的年龄特点，但是价目表的设定限制了幼儿的想象以及对角色、对生活的反映，所以是不适宜的。

对于以上案例的建议如下：

第一，让幼儿自主参与游戏。教师应根据游戏的特点，引导幼儿结合自己的生活经验商定理发店内不同的服务内容及其价目，培养幼儿自己解决问题的能力。

第二，多用语言指导游戏。教师应在游戏中观察幼儿游戏的种种意图，为幼儿提供开展游戏的练习机会和必要帮助，允许并鼓励幼儿在游戏中进行创造，通过讲评让幼儿相互学习，拓展思路，不断提高角色游戏水平。

幼儿园教师资格证考试·考点预测

简答题：

论述教师指导角色游戏的要点。

【答案要点】教师对角色游戏的指导主要是为了帮助幼儿按自己的愿望和想象开展游戏，充分发挥幼儿的积极性、主动性和创造性，使幼儿在游戏过程中能够自主地学习，而不是将教师自己的意图强加于幼儿。教师对该类游戏的指导主要表现在以下几个方面：第一，不断丰富幼儿的生活经验。第二，为幼儿提供时间、场地和玩具。第三，鼓励幼儿按自己的意愿提出游戏主题。第四，引导幼儿分配和扮演角色。第五，根据幼儿的不同特点进行个别指导。第六，教师以角色身份指导游戏。第七，使幼儿愉快地结束游戏。第八，根据需要，教师与幼儿共同对游戏做简要评价。

本章小结

　　游戏是学前儿童非常喜爱的一种形式，也是符合他们身心发展特点的活动方式。在游戏中，儿童可以积极地探索和发现，可以充分发挥想象力和创造力。本章主要介绍了学前儿童游戏的含义与功能以及理论流派，分析了影响学前儿童游戏的因素，阐述了学前儿童游戏的特点、指导策略和评价学前儿童游戏的方法。在介绍各类游戏时列举了一些幼儿园实例，以说明设计与创编游戏的基本方法和原则。

关键术语

　　学前儿童游戏的功能　　学前儿童游戏的理论流派　　创造性游戏　　规则游戏

思考题

　　1. 简述学前儿童游戏的含义。

　　2. 分析学前儿童游戏的功能。

　　3. 论述并评价三种游戏理论。

　　4. 简要概述影响学前儿童游戏的因素。

　　5. 简要论述角色游戏、结构游戏、表演游戏的特点和指导策略。

　　6. 教师对学前儿童游戏的评价应遵循什么原则？

　　7. 教师应如何指导学前儿童的游戏？请联系实际加以说明。

　　8. 试以实例分析角色游戏的特点和教育作用。

建议的活动

　　调查某一年龄班儿童游戏的特点(如游戏的种类、内容、参与人数，在一日生活中有多少游戏时间，每次游戏持续的时间等)。

拓展阅读

　　1. 刘焱. 儿童游戏通论. 北京：北京师范大学出版社，2004.

　　本书是作者在多年教学和研究的基础上，汲取国内外最新的研究成果而撰写的一部著作。本书试图把儿童游戏置于社会文化、儿童发展和学前教育学的多维视野下，综合运用人类学、哲学、心理学和教育学等学科的观点，多角度、多层面地探讨儿童游戏的意义、特点、价值和功能，揭示儿童游戏和社会文化、儿童游戏和儿童发展、儿童游戏和学前教育之间的复杂关系，以期建立一个视野较广阔、内容较全面，既注重理论研究、又关注教育实践的儿童游戏理论新体系。

2. 丁海东. 学前游戏论. 济南：山东人民出版社，2001.

本书以教育学、心理学、人类文化学的相关研究为基础，全面地阐述儿童游戏的含义与本质，儿童游戏的理论、研究概况与发展，游戏的类型与结构功能，幼儿园以游戏为基本活动的理论基础，科学的游戏观，幼儿园游戏的设计、实施与评价等内容。本书旨在帮助读者全面理解与掌握学前儿童游戏的基本理论、基本知识，掌握设计与组织幼儿园游戏的基本技能，确立科学的游戏观、儿童观、教育观，为从事幼儿教育工作奠定基础。

第八章 学前儿童德育

学习目标 ▶

1. 了解学前儿童德育的含义与目标。
2. 掌握学前儿童德育的任务与内容。
3. 了解学前儿童德育的原则。
4. 掌握学前儿童德育的途径与方法。

学习导图 ▶

玩具的家在哪里

一、活动目标

1. 游戏结束后能主动收整好玩具。

2. 按玩具的种类进行分类，并保持玩具柜的清洁、整齐。

二、活动准备

玩具柜、各种玩具、卡纸、水彩笔。

三、活动过程

(一)以谈话的形式导入主题

1. 提问：谁知道玩具的家在哪儿？

2. 教师向幼儿介绍玩具柜。（玩具柜是玩具的家，是专门摆放玩具的地方。）

(二)幼儿观察玩具柜中零乱的玩具，然后进行讨论

师：玩具柜中的玩具为什么很乱？乱了怎么办？

幼：摆好。

幼：一样一样摆放。

幼：分分类。

(三)教师以设疑的方法引导幼儿想出送玩具回家的方法

师：怎样让玩具的家变整齐？

幼：分分家。颜色相同的放在一起。

幼：方的放在一起，圆的放在一起。

幼：大的放在一起，小的放在一起。

幼：相同的放在一起。

幼：做标记。

幼：用盒子装，因为有的玩具太小，用盒子装起来就整齐了。

(四)将玩具分类，教师总结并选出最好的方法

1. 幼儿商讨，以小组的形式分玩具。

2. 通过实践活动确定分玩具的最佳方法。

师：刚才我们用了很多方法分玩具，你认为哪一种方法最合适？为什么？

幼：颜色相同的放在一起不合适，里面有大的又有小的，看起来很乱。

幼：方的放在一起，圆的放在一起不合适，里面有大的又有小的，找的时候很难找。

幼：相同的玩具放在一起最合适，看起来很整齐。

3. 教师对分玩具的最佳方法进行小结。

(五)引导幼儿做标记

师：今天，我们将玩具进行了分类，过几天如果小朋友忘记了，怎么办呢？

幼：做标记。把标记贴在玩具家里，以后摆放的时候一看就知道了。

(六)幼儿按标记分玩具

(七)延伸活动：幼儿根据标记整理玩具

本次活动取材于日常生活，活动中幼儿对玩具始终保持饱满的热情，氛围比较活跃。活动中教师的相关问题起到了引领作用，问题的设置为幼儿提供了想象、表达的机会，使幼儿通过想想、说说、实践等找到了摆放玩具的最佳方法，充分体现了幼儿是学习的主体。在活动中，幼儿通过反复练习，促进了良好行为习惯的养成。培养良好的行为习惯属于德育的内容，那么，学前儿童德育的含义、目标、任务与内容、原则、途径与方法分别是什么呢？本章将进行具体阐述。

第一节　学前儿童德育的含义与目标

一、学前儿童德育的含义

德行是人性的基石。中国自古就有"太上有立德，其次有立功"和"德为才先"的古训，因此，与才智等相比，"德"对于人的成长和社会发展更为重要。今日的儿童就是明日的社会。学前儿童德育关系到家庭、社会、民族、国家和人类的未来。

一提到德育，人们往往想到道德教育。"道"在古代的解释为事物运动变化的规律与规则，规范人与人、人与社会、人与自然之间的关系。"德"在汉代许慎的《说文解字》中的解释为："外得于人，内得于己也，从直从心。"古代的"德"由"彳"和上"直"下"心"组成。大道无言无形，我们看不见，听不到，也摸不着，只有通过内心去认识，去感知，将其内化为自己的思想情感，并外化为日常行为表现出来，这便是德了。德是道的载体，是道的体现，道是统一的，德是多样的，德与道恰如"月印万川"。"育"在《说文解字》中的解释为："养子使作善也。""育"的目的在于引导向善。简单地来解释德育，就是通过各方的教育使统一的"道"在人的内心得到认识，并内化成自己的思想情感，用一种善的言行表现出来，达到知、情、意、行和谐统一。

就学前儿童德育而言，教师首先必须认识到德育的施教对象是学前儿童。学前儿童的身心发展具有其自身的特点。与人一生中的其他阶段不同，学前儿童并不具备成人社会的道德观念。蒙台梭利曾说过："年幼儿童没有是非观感，他们生活在道德观念之外。事实上，我们并不认为他很坏或邪恶，而只是认为他挺调皮，即他的行为很幼稚。"道德是一个生长发育的过程。虽然学前儿童还未形成完整的道德观念，但道德一直在儿童的心中萌芽、发育、长大。学前儿童德育就是"在这里播一粒种子，等待花开"。教师要做的是正确地引导和耐心地等待。

学者们对于学前儿童德育含义的认识主要有以下三个方面。其一，幼儿德育是指向幼儿进行道德品质教育，即品德教育，培养幼儿良好的品德和文明的习惯。此种定义强调了学前儿童德育的内容。[①] 其二，幼儿德育是对幼儿道德品质方面的教育。幼儿教育工作者根据幼儿的年龄特点，依据社会的道德要求，引导幼儿掌握具体的、浅显的道德准则，使幼儿形成良好的道德行为习惯，为其未来道德品质的形成打下基础。这种定义注重学前儿童德育的特点，即初步的、浅显的，重视行为养成。其三，幼儿德育是成人根据社会的要求，对幼儿施加一定的影响，以促进幼儿道德自主建构的教育。这种定义强调了儿童的自主建构性，突出了德育过程中儿童个体的主体性和能动性。[②] 三种定义都强调培养学前儿童的道德品质，只是侧重点、倾向性有所不同。概言之，学前儿童德育是幼儿教育工作者在尊重学前儿童身心发展规律的前提下，采取有效的手段引导他们，使他们在内心建构起自己的思想情感，并通过日常行为表现出来的过程。

资料链接8-1

皮亚杰的儿童道德认知发展阶段论

皮亚杰根据儿童对规则的理解和使用、对过失和说谎的认识、对公正的认识，把儿童道德认知发展划分为三个有序的阶段。

一、前道德阶段(0～3岁)

皮亚杰认为，这一年龄段的儿童正处于前运算思维时期，他们对问题的考虑都还是以自我为中心的。他们忽视规则，按照自己的想象去看待规则。他们的行为易冲动，感情泛化，行为直接受行动的结果支配，道德认知不守恒。他们并不真正理解规则的含义，分不清公正、义务和服务。他们的行为既不是道德的，也不是非道德的。

二、他律道德阶段或道德实在论阶段(3～7岁)

这是比较低级的道德思维阶段，具有以下几个特点。

第一，单方面地尊重权威，有一种遵守成人标准和服从成人规则的义务感。其基本特征如下：一是绝对遵从父母、权威者或年龄较大的人。儿童认为服从权威就是"好"，不听话就是"坏"。二是对规则本身的尊重和顺从，即认为人们制定的规则是固定的、不可变更的。皮亚杰将这一阶段称为道德实在论阶段。

第二，从行为的物质后果来判断一种行为的好坏，而不是根据主观动机来判断。例如，认为打碎的杯子数量多的行为比打碎的杯子数量少的行为更坏，而不考虑打碎杯子是有意的行为还是无意的行为。

第三，看待行为有绝对化的倾向。道德实在论阶段的儿童在评定行为是非时，

---

① 黄人颂：《学前教育学》，170页，北京，人民教育出版社，1989。
② 曹能秀：《关于幼儿德育的若干理论思考》，载《学前教育研究》，2006(9)。

总是抱极端的态度，或者完全正确，或者完全错误，还以为别人也这样看，不能把自己置于别人的立场看问题。

第四，赞成严厉的惩罚，并认为受惩罚的行为本身就说明是坏的，还把道德法则与自然规律相混淆，认为不端的行为会受到自然力量的惩罚。例如，对一个7岁的孩子说，有个小男孩到商店偷了糖逃走了，过马路时被汽车撞倒，问孩子"汽车为什么会撞倒男孩子"，回答是"因为他偷了糖"。在道德实在论阶段的儿童看来，惩罚就是一种报应，目的是使过失者的遭遇跟他所犯的过失相一致，而不是把惩罚看作改变儿童行为的一种手段。

三、自律道德阶段或道德主观论阶段(7～12岁)

皮亚杰认为，儿童在7～12岁进入道德主观论阶段，这个阶段的道德具有以下几个特点。

第一，儿童已认识到规则是由人们根据相互之间的协作而创造的，因而它是可以依照人们的愿望加以改变的。规则不再被当作存在于自身之外的强加的东西。

第二，判断行为时，不仅考虑行为的后果，还考虑行为的动机，因而在实施惩罚时能注意照顾弱者或年幼者。

第三，与权威和同伴处于相互尊重的关系。儿童能较高地评价自己的观点和能力，并能较现实地判断他人。

第四，能把自己置于别人的立场，判断不再绝对化，能看到可能存在的几种观点。

第五，提出的惩罚较温和，更为直接地针对所犯的错误，带有补偿性，而且把错误看作对过失者的一种教训。

处于自律道德阶段的儿童在游戏时不再受年长者的约束，能与同年龄儿童平等地参与游戏，明白自己的立场与对方的立场，能与同伴共同制定规则、遵守规则，能独立举行游戏比赛。

皮亚杰认为，儿童道德发展的阶段顺序是固定不变的，儿童的道德认识是从他律道德向自律道德转化的过程。处于他律道德阶段的儿童根据外在的道德法则进行判断，他们只注意行动的外部结果，不考虑行为的动机，他们的是非标准取决于是否服从成人的命令或规定。这是一种受自身之外的价值标准所支配的道德判断。后期儿童的道德判断已能从客观动机出发，用平等或不平等、公正或不公正等新的标准来判断是非，这是一种为儿童自身已具有的主观价值所支配的道德判断，属于自律水平的道德。皮亚杰认为，只有达到了这个水平，儿童才算有了真正的道德。

[资料来源：周龙影. 教育心理学新论. 镇江：江苏大学出版社，2013.]

幼儿园教师资格证考试·考点分析

掌握幼儿道德认知发展的基本规律和特点，并能够在教育活动中应用。

幼儿园教师资格证考试·考点预测

根据皮亚杰的道德认知发展理论，在下列哪个阶段儿童对道德的看法是遵守规范，只重视行为后果，而不考虑行为意向？（　　）

A. 前道德阶段　　　　　　　　B. 他律道德阶段

C. 自律道德阶段　　　　　　　D. 公平道德阶段

【解析】B。处于他律道德阶段的大多是3～7岁的儿童。此阶段的儿童对道德的看法是遵守规范，只重视行为后果，而不考虑行为意向。

二、学前儿童德育的目标

学前儿童德育的目标是随着时代的发展而不断变化的，但不同时期的目标之间又存在着继承和发展的关系。我们简单回顾一下改革开放以来我国有关学前儿童德育的文件中提出的目标。

1986年颁布的《幼儿园德育大纲（试用）》中指出，幼儿园教育"应向幼儿进行礼貌教育，友爱教育，纪律教育，爱人民、爱劳动、爱祖国的教育，使他们养成礼貌待人，尊敬长辈，对同伴友爱，富有同情心，积极主动，遵守纪律，诚实、文明，爱劳动，爱祖国的思想情感和行为习惯"。学前儿童德育的重点是培养幼儿"最基本的思想行为习惯"，为小学教育做好准备，为一生的发展打下基础。

1989年颁布的《幼儿园工作规程（试行）》中提出的幼儿园保育和教育的主要目标是："萌发幼儿爱家乡、爱祖国、爱集体、爱劳动的情感，培养诚实、勇敢、好问、友爱、爱惜公物、不怕困难、讲礼貌、守纪律等良好的品德、行为、习惯，以及活泼、开朗的性格。"它基本上继承了《幼儿园德育大纲（试用）》的思想，强调"爱"的道德情感，培养幼儿基本的道德品质和良好的个性。

1996年颁布的《幼儿园工作规程》中提出的幼儿园保育和教育的主要目标是："萌发幼儿爱家乡、爱祖国、爱集体、爱劳动、爱科学的情感，培养诚实、自信、好问、友爱、勇敢、爱护公物、克服困难、讲礼貌、守纪律等良好的品德行为和习惯，以及活泼、开朗的性格。"相对于1989年的《幼儿园工作规程（试行）》来说，1996年版增加了"爱科学"和"自信"两项新目标，表达了国家对科学和知识的崇尚，以及对培养学前儿童独立人格的重视。

2001年颁布的《幼儿园教育指导纲要（试行）》延续并发展了《幼儿园工作规程》的基本价值取向。《幼儿园教育指导纲要（试行）》中把幼儿园的教育内容划分为健康、语言、社会、科学、艺术五大领域。德育是社会领域教育的核心。要探讨学前儿童的德育目标，我们有必要先了解社会领域的目标。社会领域的目标是："能主动地参与各项活动，有自信心；乐意与人交往，学习互助、合作和分享，有同情心；理解并遵守日常生活中基本的社会行为规则；能努力做好力所能及的事，不怕困难，有初步的责任感；爱父母长辈、老师和同伴，爱集体、爱家乡、爱祖国。"这就要求幼儿教育工作者既要重视学前儿童社会关系的发展，又要重视学前儿童心理结构的建设，还要重视学前儿童的需要。

2016年3月，教育部颁布了新修订的《幼儿园工作规程》。文中指出，幼儿园的任务是贯彻国家的教育方针，按照保育和教育相结合的原则，遵循幼儿身心发展特点和规律，实施德、智、体、美等方面全面发展的教育，促进幼儿身心和谐发展。其中，第二十五条指出，幼儿园的品德教育应以情感教育和培养良好行为习惯为主，注重潜移默化的影响，并贯穿于幼儿生活以及各项活动之中。

学前儿童德育的目标随着社会政治、经济等的发展变化而变化。从以上文件中我们可以看到，德育目标综合考虑了社会需求和个体需求，并越来越关注儿童自身的发展需要。我们要通过学前儿童德育让儿童逐渐认识到自己是社会中的人，并且是独一无二的个体。学前儿童德育的目标概括地说就是，培养合格的小公民，使其热爱生命，关爱生命，尊重生命，认识到自己是一个独立、自由、平等的主体，并拥有反思、批判和创造的精神和能力。

第二节　学前儿童德育的任务与内容

一、学前儿童德育的任务

所谓"任务"，就是我们要去做的并要达到特定要求或效果的事情。一谈到"任务"就会有一种责任感。要完成学前儿童德育这项任务，家庭、幼儿园、社会需要通力合作，并承担相应的责任。

家庭是进行学前儿童德育的重要场所。0~3岁的学前儿童一直处于家庭之中，3~6岁上幼儿园的儿童也有一大部分时间在家里度过，因此家长有必要承担起学前儿童德育的责任。一个家庭的家风往往影响一个人的一生，因此家长要为孩子创造一个温馨和谐的家庭环境，这是孩子身心健康发展的首要条件。家长要转变"重智轻德"的观念，认识到"德"才是孩子终身发展之本。家长要多了解儿童的年龄特点，同时多关注自己孩子的特点，做到因材施教。家长要为孩子做出示范，在生活的点滴中影响孩子。生活是最好的课堂，榜样是最好的老师。

案例8-1

我们家掏就是了！

明明在幼儿园和亮亮打架，亮亮的脸被抓破了。王老师看见后赶紧给亮亮进行了紧急处理，并要求明明向亮亮道歉。谁料到明明毫不在乎地说："我有钱给他医。"王老师听后非常诧异。幼儿园从来都教育孩子们要和平相处，谦让小伙伴，犯了错误要道歉，谁知明明根本都没记到心里去。

放学的时候明明的爸爸来接孩子，王老师把白天发生的情况跟明明爸爸说了一遍，并请他协助自己教育孩子，让明明向亮亮道歉。不料，明明的爸爸也是嘴巴一撇："打了多厉害？要多少医药费？我们家掏就是了！还要赔偿费不？要多少，我一起付了！"

[资料来源：董晓丽. 探究家庭结构调整背景下的幼儿品德养成策略[D]. 复旦大学硕士学位论文，2012.]

幼儿园在学前儿童德育方面扮演着重要的角色。幼儿园教育是整个教育体系的基础，是对幼儿进行预备教育的场所。幼儿园是幼儿的快乐天地，在幼儿的心中有着特殊的地位。幼儿园教师要对幼儿进行专业的德育，其自身要具备良好的品德。正如陶行知所说的："德高为师，身正为范。"幼儿园教师要系统地了解不同年龄段幼儿的特点，结合幼儿的年龄特点进行德育。幼儿园教师要学习指导幼儿行为的技巧，这样有利于更好地开展德育工作。幼儿园教师要在环境创设、一日常规、课程活动中渗透道德教育。

案例8-2

中班数学活动"买水果"

在一次数学活动课上，老师引导幼儿学习5以内的数物对应，并结合幼儿的生活进一步提出"为家人买水果"的要求。洋洋拿了数字5，却只买了4个水果。孩子们在讨论的时候说："洋洋错了，5口人应该买5个水果。"李老师暗想，帮助幼儿进一步理解数字意义的机会来了，便问洋洋："我们买的水果和家人一样多，你买得对吗？"洋洋被老师问得有些紧张，她涨红着脸对李老师说道："我家有5口人，应该买5个水果，但是我奶奶有糖尿病，不能吃很甜的东西，这里又没有别的东西可买，所以我只能买4个水果了。"话音落下，教室里出奇地安静，这出乎意料的回答让李老师很感动。很快李老师调整了情绪，表扬了洋洋在买水果时为家人着想的行为，并拓展了"家人喜欢什么水果，怎样买才能让每个家人都高兴"的话题，引发了一场"关爱家人"的道德教育。

[资料来源：吴月萍. 在教学中实施德育例谈. 幼儿教育（教育教学），2007（10）.]

家庭是社会组成的基本单位，家庭环境对幼儿的道德认知有重要影响，而社会又是学前儿童德育的大背景。我们都是社会中的人，不可能脱离社会而独立存在。学前儿童德育需要良好的社会环境。社会要重视学前儿童德育，树立正确的道德价值观念，给予儿童正确的引导。社会要重视学前儿童道德的发展，并为学前儿童德育提供一定的物力、财力保障。社会要净化网络环境，使学前儿童德育有一个良好的网络环境。

在谈到学前儿童德育任务时，我们需要注意的是，对于不同年龄段儿童的德育要求是不同的。从《3—6岁儿童学习与发展指南》中我们可以清晰地看到，不同年龄段的儿童有不同的发展目标，以"具有文明的语言习惯"为例，见表8-1。

表8-1 具有文明的语言习惯

3～4岁	4～5岁	5～6岁
1. 与别人讲话时知道眼睛要看着对方 2. 说话自然，声音大小适中 3. 能在成人的提醒下使用恰当的礼貌用语	1. 别人对自己讲话时能回应 2. 能根据场合调节自己说话声音的大小 3. 能主动使用礼貌用语，不说脏话、粗话	1. 别人讲话时能积极主动地回应 2. 能根据谈话对象和需要调整说话的语气 3. 懂得按次序轮流讲话，不随意打断别人 4. 能依据所处情境使用恰当的语言，如在别人难过时会用恰当的语言表示安慰

幼儿园教师资格证考试·真题再现

2016年上半年《保教知识与能力》真题

在商场，4～5岁的幼儿看到自己喜爱的玩具时，已不像2～3岁时那样吵着要买，他能听从成人的要求并用语言安慰自己："家里有许多玩具了，我不买了。"对以上现象合理的解释是（　　）。

A. 4～5岁幼儿形成了节约的概念

B. 4～5岁幼儿的情绪调节能力进一步发展

C. 4～5岁幼儿能理解玩其他玩具同样快乐

D. 4～5岁幼儿自我安慰的手段有了进一步发展

【解析】B。4～5岁幼儿的情绪调节能力进一步发展，能够在成人的指导下调节自己的情绪。案例中的幼儿能够在成人的引导下运用自我说服法进行情绪调节。

📎 **资料链接8-2** ✎

不同年龄段幼儿品德教育的主要内容

1. 托儿所幼儿(2~3岁)：行为水平的品德教育。
2. 幼儿园小班和中班儿童(3~5岁)：知识水平的品德教育。
3. 幼儿园大班儿童(5~6岁)：推理水平的品德教育。

📎 **资料链接8-3** ✎

埃里克森的人格发展渐成理论及其德育启示

第一阶段：婴儿期(0~1.5岁)，基本信任和不信任的心理冲突

此时不要认为婴儿是一个不懂事的小动物，只要吃饱不哭就行，这就大错特错了，此时是基本信任和不信任的心理冲突期。信任在人格中形成了"希望"这一品质，它起着增强自我力量的作用。埃里克森把希望定义为：对自己愿望的可实现性的持久信念，反抗黑暗势力、标志生命诞生的怒吼。

第二阶段：儿童期(1.5~3岁)，自主与害羞或怀疑的冲突

这一时期，儿童掌握了大量的技能，如爬、走、说话等。更重要的是他们学会了怎样坚持或放弃，也就是说儿童开始"有意志"地决定做什么或不做什么。这时候父母与子女的冲突很激烈，第一个反抗期出现。埃里克森把意志定义为：不顾不可避免的害羞和怀疑心理而坚定地自由选择或自我抑制的决心。

[资料来源：刘晶. 埃里克森的人格发展渐成理论及其德育启示. 现代教育科学，2009(2).]

二、学前儿童德育的内容

从《幼儿园教育指导纲要(试行)》和《幼儿园工作规程》中我们可以看出，学前儿童德育的内容主要包括社会性建设和独立人格建设两个方面。《幼儿园工作规程》中明确指出，幼儿园的品德教育应当以情感教育和培养良好行为习惯为主，注重潜移默化的影响，并贯穿于幼儿生活以及各项活动之中。幼儿园应当充分尊重幼儿的个体差异，根据幼儿不同的心理发展水平，研究有效的活动形式和方法，注重培养幼儿良好的个性心理品质。

幼儿园教师资格证考试·真题再现

2012 年下半年《综合素质》真题

根据《幼儿园工作规程》，幼儿园品德教育的主要内容是（　　）。

A. 纪律教育和培养遵纪守法意识

B. 情感教育和培养良好行为习惯

C. 艺术教育和培养审美情趣能力

D. 体育教育和培养生活自理能力

【解析】B。《幼儿园工作规程》规定，幼儿园的品德教育应以情感教育和培养良好行为习惯为主，注重潜移默化的影响，并贯穿于幼儿生活以及各项活动之中。

（一）幼儿社会性的发展

幼儿社会性的发展主要包括萌发爱的情感、发展交往能力和学习必要的社会行为规范。幼儿社会性的发展是通过自身的社会化过程实现的。社会化过程是个体了解社会对他有哪些要求与期望，并使自己逐步实现这些要求与期望的过程。社会化的内容反映了社会对人的道德行为、人际关系等方面的基本要求。学前儿童德育是幼儿社会性发展教育的核心和导向力量。

1. 爱的情感教育是学前儿童德育的主要内容之一

使幼儿萌发爱家乡、爱祖国、爱集体、爱劳动、爱科学的情感是幼儿思想品德发展的基础和动力，因此学前儿童应从小接受爱的情感教育。一个人只有从小就培养起爱的情感，进而学会爱他人、爱他物，才能体会到被爱，才能感受到生活中的喜怒哀乐，从而生发出感恩之心、同情之心。培养幼儿爱家乡、爱祖国的情感是指引导幼儿爱自己的父母、老师、同伴，爱各行各业的劳动者，爱自己的家，爱幼儿园，爱家乡和祖国的名胜古迹、历史文化等；了解有关祖国的简单知识，如认识首都、国旗、国徽等。培养幼儿爱集体的情感是指引导幼儿喜欢并逐步习惯幼儿集体生活，学会与人友好相处，有初步的集体荣誉感，遵守集体活动的规则等。培养幼儿爱劳动的情感是指引导幼儿认识与自己生活关系密切的成人劳动，初步体验劳动的快乐，爱护劳动成果，爱惜物品和公共财物，参加简单的自我服务和为集体服务的劳动等。培养幼儿爱科学的情感是指引导幼儿爱知识、爱探索、爱发问，初步体会到科学的神奇魅力。

2. 发展交往能力是学前儿童德育的重要内容

良好的人际交往能力可以使幼儿更好地适应集体生活和社会生活，因此交往能力是一项非常重要的社会性能力。教师要积极组织幼儿参加集体活动，并在集体活动中发展幼儿的人际交往能力。在与他人交往的过程中，幼儿会逐步熟悉并认识周围的人和事，学会处理与父母、教师、同伴以及其他人的关系。教师在发展学前儿童交往能力的过程中，应注意激发幼儿参加活动的积极性与主动性，使其树立互助合作意识，学会倾听和分享。

3. 学习必要的社会行为规范是学前儿童德育必不可少的一部分

社会行为规范主要包括讲文明、讲礼貌、讲卫生、讲秩序、讲道德、守纪律和爱护公物等。社会是由共同生活的人组成的。为了维护社会的稳定与安宁，每个人都必须遵守一些相应的行为规范。对社会行为规范的掌握不是与生俱来的，必须经过后天的学习和培养。

幼儿园教师资格证考试·考点分析

幼儿社会性的发展也称幼儿的社会化，是指幼儿通过掌握社会行为规范与社会行为技能，从一个自然人逐步成长为一个社会人的过程。幼儿社会性发展的主要内容有人际关系、性别角色、亲社会行为、攻击性行为。社会性发展是幼儿健全发展的组成部分，是幼儿未来发展的基础。

幼儿园教师资格证考试·考点预测

社会性的发展不包括(　　)。

A. 人际关系　　　　　　　　B. 性别角色

C. 攻击性行为　　　　　　　D. 需要的发展

【解析】D。幼儿社会性发展的主要内容有人际关系、性别角色、亲社会行为、攻击性行为。

(二)幼儿独立人格的建立

每个人在这个世界上都是独一无二的，都是独立的个体。幼儿独立人格的培养主要包括幼儿良好品德与行为习惯的培养以及幼儿良好个性品质的培养两个方面。

1. 幼儿良好品德与行为习惯的培养

良好的品德与行为习惯包括很多方面，如诚实、自信、好问、友爱、勇敢等。诚实的品质就是以忠诚老实的态度对待人和事，不说谎，不弄虚作假，不文过饰非，不歪曲事实真相等。成人要为幼儿树立诚实的榜样，不在幼儿面前撒谎、弄虚作假。自信是一种积极的心态，会给人一种阳光向上的感觉。成人应该学会倾听与等待，让幼儿自己动手、畅快表达，培养其自信。好问往往与勤学相连，是一种良好的学习行为。对于幼儿的提问，成人要给予及时的、正确的回答，保护幼儿对事物的兴趣和求知欲。友爱就是与亲人、朋友相互理解，相互信任，相互支持，相互帮助。在家庭教育当中，家长可以邀请其他小朋友到家里做客，与自己的孩子一起分享玩具、食物等。勇敢并不等于鲁莽、横冲直撞。幼儿的勇敢主要表现为积极参加各种活动，不害羞，能够经受住一定的苦痛，勇于克服自己在生活和学习中遇到的困难，自己想办法解决力所能及的问题等。成人应当鼓励幼儿积极参加各种活动，根据幼儿现有的身心发展水平，提出适合幼儿年龄与个体特点的任务与挑战，使幼儿有机会得到锻炼，体验克服困难后产生的成功感和愉悦感，增强幼儿的自信心。同时，成人要主动消除环境中的不安全因素，避免过多的行为限制，以免导致幼儿胆怯与过分谨慎。要冷静对待幼儿的失败，鼓励幼儿不怕困难，继续尝试。成人还应当帮助幼儿区分鲁莽与勇敢，在鼓励幼儿勇敢的同时，还要教育幼儿注意安全，制止幼儿从事危险的活动。

2. 幼儿良好个性品质的培养

一个人的个性品质主要体现在对自己、对他人、对事物的态度和言行上。个性品质对人的一生起着关键性的作用。自信、主动、独立、诚实守信、意志坚强等都是积极的个性品质，会推动幼儿与周围人与事的交往，有利于幼儿与周围人建立良好的人际关系，有利于幼儿适应环境，愉快、健康地生活。个性品质的形成受遗传因素、环境因素的影响。环境对幼儿个性品质的形成起着重要作用。成人对幼儿过多的限制或过多的批评、惩罚都会影响幼儿对自身的认识与评价，造成幼儿畏首畏尾、消极懦弱甚至恐惧的心理状态。成人对待幼儿应该以积极的鼓励与肯定为主，发现并欣赏幼儿的优点与潜能，并帮助幼儿认识自己的优点与潜能，支持、鼓励幼儿大胆地表现自己的想法与感受，使幼儿有机会体验和发展自己的能力，增强自我价值感与自信心。

第三节　学前儿童德育的原则

学前儿童德育的原则是向学前儿童进行德育时必须遵守的基本要求。它是人们根据学前儿童道德品质形成的基本规律和特点，在概括和总结学前教育实践经验的基础上总结出来的，对学前儿童德育具有很高的指导价值。学前儿童德育的主要原则如下。

一、以儿童为本与发挥成人的主导作用相结合的原则

成人要做到以儿童为本，首先要做到的就是爱幼儿和尊重幼儿。幼儿对成人有很强的依赖性，需要成人的爱与关怀。成人对幼儿的情感和态度，对他们的身心发展影响非常大。成人的爱和关怀会给幼儿安全感、亲近感、信赖感，使幼儿得到更好的发展。爱孩子是幼儿园教师做好教育工作的前提条件。爱孩子是家长的义务和责任，是良好亲子关系的基础。家长对孩子的爱应该是一种理智的爱，应该建立在有利于幼儿长远发展的基础上。"父母之爱子，则为之计深远"，同样，教师也应从幼儿的长远发展出发，对幼儿进行教育，要呵护幼儿的自尊心，尊重他们的人格，坚持正面教育，善于发现他们的优点并加以表扬，不能讽刺、挖苦、责骂幼儿，更

不能恐吓和体罚幼儿。

在进行学前儿童德育时，成人不仅要考虑到学前儿童整体的身心发展特点，还要注意到每个幼儿的个体发展差异。由于幼儿年龄小，以具体形象思维为主，知识经验贫乏，且其道德认识、道德意志发展水平较低，因此成人在进行德育时要从情感入手，把重点放在道德行为习惯的养成上。成人在进行德育时，应做到晓之以理、动之以情、持之以恒、导之以行，避免使幼儿德育成人化。每个幼儿都是一个特殊的世界。教师要充分认识幼儿身心发展水平、家庭背景、气质、性格等方面的差异，做到因材施教。

成人在进行德育时，不仅要坚持以儿童为本，还要发挥主导作用。成人的主导作用主要表现在正确道德观念的引导和对幼儿的严格要求上。学前儿童的道德意志较为薄弱，知识经验很少，自我意识、自觉性才开始发展，辨别能力差。因此，成人必须做好幼儿的领路人，对幼儿给予适当、积极、健康的引导。幼儿具有较强的模仿性，因此成人要注意自己的一言一行，为幼儿树立良好的榜样，并根据学前儿童德育目标向幼儿提出要求，培养他们良好的思想品质。对幼儿提出的要求必须是合理的，幼儿经过一定努力可以达到的。成人提出要求后，就要让幼儿严格执行，真正做到。如果成人对幼儿没有要求，或要求过高或过低，或虽有要求但并不要求幼儿严格执行，都会失去主导作用，不能收到良好的教育效果。

以儿童为本和发挥成人的主导作用是辩证统一、互为条件的。教师在教育中必须将二者紧密结合，不可孤立片面地强调某一方面。

案例8-3

在幼儿园里，秦老师看到美娟拉了毛毛的头发一下，她便拉住美娟的头发很严厉地说："老师跟你说过多少次了，不要拉别人的头发。老师拉你的头发你会痛，你拉其他小朋友的头发他们也会痛的！"美娟吓得哇哇大哭，护着自己的头发说："老师，我以后不拉了，我以后不拉了。"没过一会儿，美娟又拉了旁边小伙伴的头发。

[资料来源：董晓丽. 探究家庭结构调整背景下的幼儿品德养成策略. 复旦大学硕士学位论文，2012.]

二、知、情、意、行相结合的原则

道德品质由道德认识、道德情感、道德意志、道德行为，即知、情、意、行四个要素构成。道德认识是指人们对行为的是非、好坏、善恶及其意义的认识；道德情感是指个人依照一定的道德认识去评定自己或别人行为时产生的一种内心的情绪体验；道德意志是指道德行为中自觉、顽强地克服困难，抵制不良的诱惑，控制和调节道德行为的一种精神力量；道德行为是指符合道德准则和规范的行为与举止。道德品质的四个要素缺一不可。没有道德认识，其他三个要素就缺乏正确的指导；没有道德情感，道德行为就没有动力；没有道德意志，道德认识就容易动摇，道德情感就难以控制，道德行为就不能坚持；没有道德行为，道德品质就不能表现出来。良好的道德行为建立在道德认识、道德情感和道德意志的基础上。道德认识只有转化为道德行为，才能证明主体真正掌握和内化了某项道德认识。在幼儿德育过程中，教师照本宣科地给幼儿灌输道德知识的行为会严重影响幼儿良好道德品质的形成。幼儿德育，一般从树立榜样、激起情感入手，以培养幼儿良好的品德和行为习惯为主。知、情、意、行是一个循环的系统。在实际德育过程中，教育工作者或先从情感入手，或先从行为习惯入手。教师在进行学前儿童德育时必须坚持知、情、意、行相结合的原则。

三、集体教育与个别教育相结合的原则

集体教育与个别教育相结合的原则是指，在实施幼儿德育的过程中，教师既要通过集体道德的形成教育每个幼儿，又要通过每个幼儿道德的进步促进集体的发展，把培养集体道德与针对不同幼儿的特点因材施教统一起来。在幼儿园中，许多活动都是集体进行的，如早操、盥洗、吃饭、游戏、睡觉等。在这些活动中，幼儿要遵守集体活动的要求，体会到集体活动的乐趣，在集体中互相学习、互相帮助，建立团结友爱的关系，产生初步的集体观念。此外，集体荣誉、集体舆论、集体行为准则、集体中的榜样，对于幼儿德育是一种无形的力量。教师可以利用集体的力量来教育每个幼儿。集体教育和个别教育是相互联系、相互补充的。教师在重视集体教育的同时，也应关注个别教育，不能以集体教育取代个别教育。教师应该牢记，集体教育是为了更好地发展和提高幼儿的素质，在教育中必须考虑每个幼儿的个体差异，针对不同幼儿的特点和情况，给予个别培养和教育。教师应研究每个幼儿，了解他们的优缺点及其个性特征，使教育从每个幼儿的实际出发，做到有的放矢、因材施教。在教育过程中，集体教育与个别教育应该紧密配合，互相促进，互相补充。

四、教育的一贯性与一致性的原则

幼儿的道德认识、道德情感、道德意志和道德行为的养成是一个长期、反复、不断提高的过程。在培养幼儿良好道德品质的过程中，教育的一贯性和一致性起到了很重要的作用。幼儿的道德意志比较薄弱，很容易受到外界环境的影响。基于这个特点，教师必须长期、有计划地培养幼儿的道德品质，坚持一贯的要求，并经常督促和检查，只有这样才能保障幼儿良好品质的形成与发展。面对认识能力和辨别是非能力弱的幼儿，教师提出的教育要求必须是一致的。要想使幼儿在幼儿园所受到的德育在回家以后也能得到很好的延续，家庭教育和幼

儿园教育一定要一致。因此，教师要做好家园联系工作。另外，班上的教师和保育员在对幼儿的每一项具体要求上都必须一致，他们应共同分析幼儿的情况，共同制订工作计划，并在每日交接班中加强联系，取得家庭和幼儿园在教育上的一致。

幼儿园教师资格证考试·真题再现

2014 年下半年《综合素质》真题

汪老师平时对于儿童大声喧哗、乱扔东西的行为不予理睬，有人检查时才提要求。该教师的做法（　　）。

A. 体现宽容待生的教育要求　　B. 体现严慈相济的原则

C. 忽视儿童良好习惯的养成　　D. 影响儿童成绩的提高

【解析】C。该老师平时不管，有人检查时"临时抱佛脚"，可见他在日常教育教学中忽视了儿童良好习惯的养成。

第四节　学前儿童德育的途径与方法

一、学前儿童德育的途径

对学前儿童进行德育的途径主要有六种，分别是一日生活，专门的德育活动，游戏，环境熏陶，德育寓于美育以及家庭、幼儿园、社区三方共育。

（一）一日生活

日常生活是实施幼儿德育最基本的途径。幼儿德育具有启蒙性和整体性。生活是幼儿德育的起点，也是归宿。学前儿童德育应该回归生活，应该贯穿于幼儿的一日生活之中。在幼儿的一日生活中，除课堂教学活动时间和游戏时间外，大部分活动时间是生活活动时间。教师可以把握住其中的教育机会和教育资源并开展幼儿德育工作，通过各种行为练习，使幼儿在日常生活中了解人、事、物之间的关系以及行为准则，经过日积月累，逐步形成良好的行为品质。

下文以幼儿的一日生活为例，简要阐述一日生活中德育的作用。入园时，师幼相互问好，体会相互尊重的美好感受。幼儿自己整理衣物，进入教室，在教师的指导下打扫卫生、整理桌椅，培养爱劳动的意识，提高自理能力，感受劳动的光荣。在晨间活动中，教师鼓励幼儿按自己的兴趣选择活动内容，培养幼儿的自主意识。活动期间教师会提醒幼儿爱护活动用具，树立幼儿保护公物的意识。幼儿在户外自由活动时会相互接触交流，学会相互关心、相互帮助、相互体谅、热爱集体。在中间的喝水、如厕、洗手等常规环节中，教师教育幼儿按规则行事，学会忍耐和等待，自觉养成排队的规则意识。进餐时，教幼儿独立进餐，文明进餐，教育他们不能浪费粮食，培养幼儿珍惜劳动成果、尊重劳动人民的情感。幼儿进餐后，教幼儿自主收拾餐具和食物残渣，培养幼儿良好的生活习惯。午睡时，教幼儿心中想着他人，进出午睡室要轻手轻脚，不能影响别人。鼓励幼儿自己穿脱衣服、鞋子，并把它们放到指定位置摆好。引导幼儿为能力弱的同伴服务，培养友爱互助的精神。离园时，教师总结幼儿的一日生活情况，教幼儿学会回顾、反思、评价。从早上入园到下午离园，只要教师有心，善于抓住生活的细节，点点滴滴都是教育的机会。因此，幼儿德育应贯穿于幼儿的一日生活之中。

幼儿园教师资格证考试·考点分析

了解如何将幼儿所学习的知识、技能、情感、态度等融入幼儿日常生活的各个环节(如吃饭、睡觉、如厕、游戏、上课等)中，从而有效地促进幼儿身心健康发展。

幼儿园教师资格证考试·真题再现

2018年下半年《保教知识与能力》真题

简答题：

什么是幼儿园一日生活常规？试述培养幼儿一日生活常规的意义和方法。

【答案要点】(1)幼儿园一日生活常规指的是幼儿园为了培养幼儿良好的生活习惯和生活基本能力，确保幼儿健康成长而制定的幼儿园生活各环节的基本规则与要求。幼儿园一日生活常规是多方面的，具体包括卫生常规、行为习惯常规、学习活动常规等。

(2)培养幼儿一日生活常规的意义如下：

第一，一日生活常规可以使幼儿养成有规律的生活习惯和良好的行为习惯。

幼儿园里的幼儿来自不同背景的家庭，有些幼儿由于各种原因生活作息没有规律，而幼儿园按照幼儿的生理和心理需要做出了科学、合理的安排，因此幼儿生活在其中，能逐渐养成有规律的生活习惯，时间观念，有组织、有条理的办事能力，以及良好的行为习惯，如喝水要排队，上厕所不推挤等。

第二，一日生活常规可以帮助幼儿适应幼儿园环境，学习在集体中生活。

幼儿园一日活动是为满足幼儿的需要进行的。在活动过程中，幼儿需要具备一定的知识和技能，以适应集体生活。在自身需要和客观要求的交互作用下，幼儿逐步获得适应幼儿园环境的能力并不断学习在集体中生活的方法。

第三，一日生活常规可以培养幼儿的自律能力，维护班级秩序。

一日生活常规可以逐渐培养幼儿的自律能力，同时有助于班级秩序的维护以及幼儿园的游戏活动和教育活动的正常进行。

第四，一日生活常规能够增强幼儿的安全感，有助于幼儿健康成长。

幼儿在有规律的环境里生活才会感到安全。合理的常规有助于为幼儿创造一种有序的、和谐的生活环境，使他们在愉快的环境中自然地形成一种符合其身心发展水平的规则意识和规范行为，同时促进幼儿的身心健康发展。

（3）培养幼儿一日生活常规的方法有榜样示范法、渗透教育法、评价激励法、成果欣赏法、图示观察法、游戏练习法、家园共育法。

（二）专门的德育活动

专门的德育活动指教师根据幼儿的年龄特点和各年龄班德育的内容与要求，结合幼儿的实际情况，有目的、有计划地组织德育活动，也就是为实现某些德育目标而组织的德育活动。下面是来自一位幼儿园教师的工作总结记录。

第一，培养幼儿适应集体生活的能力，让他们感受到周围成人的关心和爱护。学期初，为了使小班幼儿尽快适应集体生活，我们首先组织他们参观幼儿园，然后通过故事《高高兴兴上幼儿园》和歌曲《我上幼儿园》使幼儿尽快适应幼儿园的集体生活。

第二，培养幼儿的生活自理能力。小班幼儿的生活自理能力较差，由于家长的过度爱护，大部分幼儿都不会独立进餐。因此，我们通过讲故事《大公鸡和漏嘴巴》，看图讲述《吃得真干净》，学习常识《认识餐具》和欣赏歌曲《好娃娃》等活动，有计划、有步骤地引导幼儿养成独立进餐、独立盥洗、独立睡觉等良好习惯。

第三，学会简单的礼貌用语，进行礼貌教育。礼貌教育是德育的重要内容。为此，我们在学习故事《有礼貌的好宝宝》和《两只羊》以及歌曲《我的好妈妈》和《好娃娃》的过程中，向幼儿进行礼貌教育。

从教学实践中我们可以认识到，专门的德育活动形式新颖生动，内容多姿多彩，方法灵活多样，在不知不觉中培养了幼儿良好的道德认识与道德情感，使幼儿养成了良好的道德行为。专门的德育活动可以以集体活动的形式进行，也可以以分组或个体活动的形式进行。这些有目的、有计划的德育活动保证了幼儿的认知、情感、行为朝着既定的方向发展。因此，专门的德育活动是进行幼儿德育的重要途径。

案例8-4 ✍

地球是我家——大班环保教育系列活动设计

目的：初步认识人与自然环境的关系，懂得要爱护周围的环境。

具体分为四个活动。

第一个活动：认识地球仪。让幼儿对地球的形状、地理面貌、国家位置、常见动植物分布等有一个粗略的了解。

第二个活动：地球生病了。教师通过讲述故事《地球生病了》，给幼儿演示、讲解臭氧层的作用以及臭氧层遭破坏的原因，并组织讨论：地球为什么会生病？怎样给地球治病？

第三个活动：做"地球小卫士"。家长带领幼儿观察周围环境中的污染现象，然后教师引导幼儿讨论、交流，并想办法解决，最后由幼儿口述，教师执笔给市环保局写信。

第四个活动：续编故事《地球的病治好了》。让幼儿再听一遍故事《地球生病了》，鼓励幼儿大胆想象，运用已有的环保知识编出故事的续集——《地球的病治好了》，并将幼儿编的故事录音。幼儿一边听续编故事的录音，一边将故事续集画出来。

［资料来源：陈瑜. 地球是我家——大班环保教育系列活动设计. 幼儿教育，1997(5).］

（三）游戏

游戏最符合幼儿的身心发展特点和需要，也是幼儿德育的基本途径。福禄培尔说："游戏具有一切善的来源。一个能够痛快地、有着自动的决心、坚持地游戏，直到身体疲劳为止的儿童，必然会成为一个完全的人、有决心的人，能够为了增进自己和别人的幸福感而自我牺牲的人。"游戏能反映幼儿的现实生活，反映人们的道德行为准则、人际关系和情感。教师利用游戏进行德育，可以避免空洞地说教，因而更容易被幼儿接受。

游戏对德育的价值大致有四个方面：第一，游戏为幼儿获取道德知识提供了最大的可能性，因为幼儿冲突解决的过程实质上就是幼儿认知结构失衡—建构—平衡的过程。在游戏中，幼儿会了解到什么是等待、合作、谦让、互助等。第二，游戏为幼儿提供道德情感体验升华的环境。幼儿在游戏中将体会到协商、自尊、尊他、责任、义务、荣誉、集体主义情感和爱国主义情感等积极、肯定的道德情感，并感受到这些道德情感带来的力量与快乐。第三，游戏为幼儿提供实践道德行为的机会，使幼儿逐步领会公正、协商、忍耐等社会的道德要求与期望，不断调整自身的行为，并将道德认知付诸行动，在反复练习中将其转化为比较稳定的道德行为，从知到信，从信到行，形成个性品质，进而迁移到实际生活中去，最终内化为优秀的品德。第四，游戏能够坚定幼儿的道德意志。如果成人对幼儿的行为在道德上加以肯定，就会更有利于强化幼儿的愉悦体验和从善的动机。如果幼儿在游戏中出现了道德问题，教师适时纠正，也可使之产生羞耻或内疚的负面情感，从而巩固道德体验。这个过程会使幼儿不断地提高自觉性，克服困难。由于游戏在幼儿教育中有着特殊的价值，因此教育者可以通过各种各样的游戏，对幼儿的道德发展施加影响。

(四)环境熏陶

环境对人的影响是潜移默化、润物无声的。从一定意义上来看，幼儿园的教育就是一种环境的不言之教。幼儿身心发展不成熟，易受外界影响，因此教师有必要为幼儿创造良好的环境。环境不仅是幼儿重要的生存基础，也是重要的教育资源，对幼儿品德的形成和发展起着不可替代的作用。《幼儿园教育指导纲要(试行)》中明确指出："应该通过环境的创设和利用，有效地促进幼儿的发展。"教师只要能够从幼儿的年龄特点出发，针对幼儿爱模仿、可塑性强的特点，有意识地对幼儿园的环境进行创设和利用，进而寓品德教育于环境之中，就能够达到"无声胜有声"的效果。

幼儿园的环境一般分为物质性环境和精神性环境。幼儿园的物质文化建设主要表现在环境文化创设上。幼儿园中可以创设和利用的环境资源是非常多的。例如，幼儿园草地上立着的"花草在微笑，请你勿伤它"及"爱护脚下草，莫折枝头花"等爱护花草树木的标语，可以时刻提醒幼儿要保护环境，爱护身边的一草一木。在幼儿园张贴的"早上好""再见""谢谢""对不起"等礼貌用语的标识，可以时刻提醒幼儿使用礼貌用语，使他们逐步养成良好的行为习惯。在幼儿园大门口、教室、活动区域、楼道、走廊等地悬挂的一些德育挂图、名人语录、反映中华民族传统美德的物品图片以及一些生动形象又富含哲理的德育漫画等可以将办园理念、幼儿园精神、良好园风、道德行为规范等加以体现。所有这些都可以使幼儿的情操在良好的环境中得到陶冶，使幼儿在享受童年快乐的同时，接受熏陶和浸染，养成良好的道德品质。

良好的精神环境建立在和谐的师幼关系和良好的幼儿同伴关系的基础之上。师幼之间应该建立一种平等、民主、充满爱的关系，这得益于幼儿教师良好的精神面貌、崇高的职业道德、优雅的言谈举止和整洁的衣着服饰。幼儿沐浴在良好的师幼关系氛围中，其道德品行涵养其中，从中获得无处不在的教育。同伴群体的作用对一个人价值观的形成影响很大，同伴的交往是幼儿道德发展的基础。同伴交往摆脱了成人权威的束缚，可以使幼儿亲身体验各种道德原则，从而习得并内化各种道德准则。

> **幼儿园教师资格证考试·考点分析**
>
> 了解幼儿园环境文化创设在物质环境中的重要作用，掌握创设环境文化的方法。思考创建良好师幼关系和幼儿同伴关系的途径。

（五）德育寓于美育

教师要将德育寓于美育之中，使美育和德育有机结合起来，以美促德。美育对提高幼儿的道德认识有较大的辅助作用。美育，即通过培养人们认识美、体验美、感受美、欣赏美和创造美的能力，使人们具有美的理想、美的情操、美的品格和美的素养。美育和德育的关系本质上是美和善的关系，它们像一对孪生姐妹。美育所要达到的美的理想、美的情操、美的品格和美的素养也是德育所要达到的目标的一部分。美育可以培养幼儿善于发现美的能力，可以在幼儿心中播下美的理想、美的种子，可以为幼儿提供正确价值观内化的氛围。美育的功能是寓教于美，使人在美的事物、美的形象、美的理想中得到感染，潜移默化地接受道德教育。

扫一扫，看资源

视频《创意格子画》

（六）家庭、幼儿园、社区三方共育

幼儿道德品质的形成受家庭、幼儿园、社区各方面的共同影响。家庭是幼儿接受教育的第一个环境，家庭环境对幼儿的成长具有深远的意义。《幼儿园教育指导纲要（试行）》中明确指出，家庭是幼儿园重要的合作伙伴，幼儿园应本着尊重、平等、合作的原则，争取家长的理解、支持和主动参与，并积极支持、帮助家长提高教育能力。家是幼儿日常生活中理想的避风港，是幼儿个性尽情展现的地方，又是幼儿接受教育的重要场所。家庭在幼儿的德育中发挥着不可替代的作用。在幼儿没有进入幼儿园之前，家庭几乎承担了教育孩子的全部重任。幼儿进入幼儿园后，家庭教育依然发挥着很大的作用。家庭教育和幼儿园教育相互支撑，共同为幼儿的发展起作用。父母应创造一种温馨、和谐的家庭氛围，和孩子建立一种合作、理解、协作、民主的亲子关系，这是幼儿道德成长的源泉。只有这样，家园一致的教育才能产生合力，否则教育的作用就会事倍功半，影响孩子的发展。家园共育的方式有很多种，如教师家访、日常交流、家园互动卡、家长会等。幼儿园可以发挥育儿的专业性特长，对家长的教养方式进行科学的指导。例如，幼儿园可以经常利用黑板报向家长宣传科学育儿的知识和正确的教育观，向家长介绍幼儿的心理特点和教养孩子的经验心得。家长们可以建立互动平台，经常交流育儿新感悟，还可以组织幼儿在家的集体活动，如集体出游、生日派对等。幼儿园还可以成立家长委员会，帮助家长了解幼儿园的工作计划和要求，同时发挥家长人才资源优势开展教育活动，及时反映家长对幼儿园工作的意见和建议，充分发挥家园互动的纽带作用。

社区是幼儿十分熟悉的生活区域，幼儿园也是社区的一部分。社区在幼儿教育中主要表现在服务功能和宣传功能上，它对支持幼儿园的德育工作有着不可或缺的作用。幼儿园要主动把教育活动从课堂搬到幼儿的实际生活中，让幼儿在社会实践中理解德育的概念，体会德育的教育意义，自觉遵守德育规范。幼儿园可以适时举办一些幼儿力所能及的社会服务活动，从而真正让德育回归生活。社区应该重视幼儿德育，为其良好开展提供必要的支持。

幼儿园教师资格证考试·考点分析

　　家庭教育在整个教育体系和人的一生中具有其他教育不能替代的地位和作用。幼儿园教育离不开幼儿家长的支持和配合，家园合作是非常有必要的。

幼儿园教师资格证考试·考点预测

　　教师了解幼儿最好的信息来源是（　　）。
　　A. 同伴　　　　B. 家长　　　　C. 保育员　　　　D. 社区人士
　　【解析】B。家长是教育幼儿的重要力量，是教师了解幼儿最好的信息来源。

幼儿园教师资格证考试·考点分析

　　了解家庭、幼儿园和社区对幼儿道德品质形成和发展的作用，思考在实践中如何使这三个方面形成合力，从而共同促进幼儿道德品质的发展。

幼儿园教师资格证考试·考点预测

　　有的幼儿园在课程中将社区的历史、风俗、革命传统等作为乡土教材来利用，使幼儿园教育内容丰富而有特色，这发挥了（　　）对幼儿园教育的意义。
　　A. 社区资源　　　　　　　　B. 社区环境
　　C. 社区习俗　　　　　　　　D. 社区文化
　　【解析】D。社区文化对幼儿园教育具有重要的意义。优秀的社区文化是幼儿园教育的宝贵资源。

二、学前儿童德育的方法

（一）榜样与移情

　　言传身教是我国自古就提倡的教育方法。道德典型的树立对幼儿德育具有良好的作用。人们经常会说，榜样的力量是无穷的。的确如此，榜样为先进事迹和高尚思想提供了有血有肉的形象化的价值标准，具有说服力、感染力、直观性等特点，因而在幼儿德育中发挥着极为有效和持久的作用。移情是根据已有经验去感知或理解当前情景的心理现象。通俗地讲，移情是指个体想象自己处于他人的境地，并理解他人的情感、欲望、思想及活动的能力，即设身处地为别人着想的能力。[1] 以"爱

---

[1]　梁志燊：《现代学前教育》，217页，北京，教育科学出版社，1993。

护草坪"为例。第一步,教师运用认知提示和情绪追忆技术,引导幼儿回忆、联想,如果自己被别人弄疼了会是什么感受,是否觉得痛苦,从而为下一步换位思考和情感迁移打下基础。第二步,教师利用感情换位、巩固深化、情景表演等基本训练技术,启发幼儿进一步思考:小草被我们踩坏了,会不会哭?我们应该怎样爱护它?第三步,教师展示假设的社会性情感情境,让幼儿产生移情,由自己的痛苦联想到小草的痛苦。第四步,教师运用巩固深化的技术,强化幼儿已经产生的关心、同情的感情,并要求幼儿落实爱草坪、保护环境的行动,从而提高幼儿关爱他人、同情弱小、善待环境等亲社会行为的水平。

榜样和移情的共同点是二者都有幼儿的认知因素和情感因素的参与,也都会使幼儿有自觉学习的心向。二者的区别也是很明显的:榜样是通过外界强化促成道德情感的萌发和意识的觉醒,而移情是经由内心的体验产生对人、对事、对物的迁移,是个体亲社会行为的推动器。[1] 榜样示范常常与移情训练结合使用。幼儿既可以向榜样学习,又可以增加情感体验,从而获得良好的德育效果。

(二)表扬与惩罚

表扬是教师对幼儿道德行为的一种肯定性评价,也是最常见的幼儿德育方法。表扬可以使幼儿心情愉悦,增强信心,促进幼儿心理健康发展,对于幼儿来说具有非常重要的作用。表扬一般伴随着奖赏,包括物质奖赏和精神奖赏,对道德行为起强化作用。表扬要符合以下要求。第一,表扬内容要具体,不要笼统地说"你真棒",要指出幼儿哪里做得好。例如,"你吃饭真棒",可以具体到"你吃饭时桌上、地面、碗里都干干净净,没掉一粒米,真的很不错"。第二,多用精神奖赏,慎用物质奖励,以免幼儿过早贪恋物质。第三,表扬要把握节奏,遵循由多到少的原则。开始表扬多一点,随着幼儿年龄的增长,好习惯的逐渐养成,表扬的次数逐渐减少,表扬的时间间隔也要拉大。第四,表扬要掌握分寸。成人对幼儿的表扬一定要适中,把握好轻重。吝啬表扬有可能导致孩子自卑,过度表扬有可能导致孩子自满。

惩罚是对失范行为的抑制和对幼儿的表现和行为进行的否定性评价,也是幼儿德育的一种基本手段。虽然惩罚有时可能成为批评的辅助手段和正面教育的一种手段,但惩罚绝不能等同于体罚。惩罚只能针对道德行为,最终目的是让孩子对自己的过失负责,改过迁善,而不是惩罚他的人格。[2] 惩罚要注意以下几点。第一,不要在盛怒之下惩罚孩子。盛怒之下的成人往往会做出错误的判断,给孩子幼小的心灵留下阴影。第二,清楚地告诉孩子错在哪里后,再对孩子进行惩罚。第三,惩罚不可随意为之,要有标准和度,并且不能经常对孩子实施惩罚。谈到惩罚,不得不提一下自然后果法。自然后果法是一种惩罚,是法国启蒙思想家、哲学家、教育家卢梭提出的教育方法,就是让孩子自己承担自己行为所带来的后果,这远比单纯地

---

① 李彦琳:《改革开放以来我国幼儿道德教育变革研究》,博士学位论文,西南大学,2012。
② 李彦琳:《改革开放以来我国幼儿道德教育变革研究》,博士学位论文,西南大学,2012。

说教或直接斥责孩子的过错更容易让孩子接受。不过，自然后果法也不意味着教师对幼儿的过失放任自流，置之不理，只是一种教育的手段，绝非目的。这就要求教师要善于观察，注意捕捉教育中暗藏的教育机会并正确运用。

（三）角色扮演

角色扮演是幼儿德育非常有效的一种教育方法。幼儿角色扮演的主要手段就是角色游戏，即模拟现实社会中的某些情境，让幼儿扮演其中的角色，学习按照社会的角色要求去分析问题、处理问题、体验情感，并通过及时的反馈，了解别人的需求和感受，从而更好地掌握与角色相适应的行为及道德规范。[①] 成人通过观察可以了解幼儿的道德需要，并给予适当的指导，最终使幼儿形成良好的道德行为倾向。一些研究表明，角色承担和幼儿亲社会行为呈正相关，角色扮演能显著提高大班幼儿的分享、帮助、合作以及利他等亲社会行为水平。教育者应根据幼儿的喜好和特点，为幼儿选择相应的角色，使角色扮演具有针对性。

一般来说，角色扮演有两种类型。一种是固定模式的角色扮演训练。例如，为改正幼儿缺乏耐心、怕吃苦、畏难、胆小等缺点，教师可以和幼儿比赛扮演哨兵，鼓励幼儿时刻把自己想象成哨兵，使幼儿在无意中习得哨兵所具有的忠于职守、坚韧不拔等品德。另一种是开放式的角色扮演训练。例如，为幼儿提供一个故事情境，让幼儿扮演情境中的主人公，并尝试给出故事的结尾。比如，明明到小刚家做客，小刚热情好客，拿出了自己喜爱的玩具给明明玩。但当小刚去给明明拿水果的时候，明明不小心弄坏了玩具。明明该怎么办呢？教师协助扮演，启发幼儿想出一个开放式结尾。[②] 幼儿在角色扮演中可以尝试多种角色，学习不同维度的道德规范和道德要求，学会从他人的角度和社会规则的角度看待事物，更好地掌握道德行为规范。角色扮演可以让幼儿在不知不觉中内化道德要求，并将良好的道德行为表现出来。

案例8-5

寻求帮助

活动目标：

初步体会"帮助"的含义，知道自己或别人遇到困难时可以寻求他人的帮助或主动帮助他人。体验帮助他人和获得帮助的快乐。

活动准备：

情景表演《小熊过桥》图片。

---

① 姜艳：《幼儿园活动设计与指导》，139～140 页，北京，中国传媒大学出版社，2014。

② 李彦琳：《改革开放以来我国幼儿道德教育变革研究》，博士学位论文，西南大学，2012。

活动过程：

1. 看情景表演，知道自己遇到困难时可以寻求帮助。

(1)看情景表演：一只美丽的小鸟正翩翩起舞，突然摔倒了，它痛苦地说："我受伤了，不能飞了，谁能帮帮我？"一位小朋友看见受伤的小鸟后，急忙取来药箱，给它包扎伤口，将它放在温暖的小窝里。小朋友不停地抚摸并安慰它："小鸟别害怕，你的伤很快就会好的。"不久，小鸟又展翅高飞了。

(2)幼儿讨论：小鸟受伤后最需要什么？它是怎样寻求帮助的？小朋友是如何帮助它的？小鸟获得帮助后心情会是怎样的？

2. 欣赏儿歌，知道别人遇到困难时，要主动给予帮助。

(1)欣赏儿歌：《小熊过桥》。

(2)幼儿讨论：小熊过桥遇到困难时，是哪些小动物帮助它的？小动物们是怎样帮助小熊的？帮助了小熊，小动物们的心情是怎样的？

3. 教师和幼儿共同讨论并进行小结。

(1)你们得到过别人的帮助吗？你们是怎样寻求帮助的？别人是怎样帮助你们的？

(2)你们有没有帮助过别人？你们是怎样帮助别人的？

(3)你们喜欢帮助别人吗？当别人得到帮助很高兴时，你们有什么感受？

(4)小结：每个人都需要别人的帮助，也需要学会帮助别人。在别人遇到困难时，我们要主动帮助别人，而自己遇到困难时，就要学会寻求别人的帮助。一句安慰的话、一个小小的行动就是帮助。遇到困难时，能给自己和别人带来快乐就是帮助。

4. 活动延伸。

鼓励幼儿在日常生活中互相帮助，从而获得助人为乐的情感体验。

[资料来源：安徽省教育科学研究所. 幼儿园教师指导用书(大班). 合肥：安徽少年儿童出版社，2004.]

(四)价值澄清法

价值澄清法又叫价值辨析法，是美国心理学家、教育家路易斯·拉斯在对传统的价值观教育法进行研究分析的基础上提出来的。价值澄清法是指把道德教育与幼儿的需要相联系，让幼儿在活动中思考一些价值选择的途径，使他们对社会生活和周围的人产生积极的态度。幼儿自出生之日起，便不是生活在与世隔绝的真空里，而是生活在形形色色的大千世界中，天天接触和感受着各种各样的价值观念。各种不同的，甚至彼此矛盾的价值观念通过家长、邻居、教师、亲戚、朋友的言行和电视、广播、网络等大众传播媒介影响着幼儿。而幼儿缺乏经验，往往对此感到困惑。价值澄清法的主要任务不是传授或帮助幼儿认同正确的价值观，而是帮助幼儿澄清其自身的价值观。价值澄清法的实质就是让幼儿利用情绪体验和思考来审查自己的行动，了解自己和他人的价值观念，与别人进行价值观念的交流。该方法能够结合幼儿道德发展的阶段特征，具有简单、灵活、生动、有趣等特点，是当前对儿童进行价值观教育的一种非常有效的方法。

资料链接8-4

价值澄清法的完整过程

价值澄清法的完整过程分为三个阶段、七个步骤。

一、选择

1. 自由选择：只有经过自由选择后产生的价值观念才能引导个人行为。

视频《好消息　坏消息》

2. 从多种选项中选择：真正的价值观念是经过选择的结果。个人若无选择的途径，就不可能产生选择的行为，真正的价值也就无法发展。因此，个人价值的建立要从多种可能的选项中选择才有意义。

3. 对结果深思熟虑后的选择：在感情冲动或未经思考时贸然做出的选择，不能主导真正的价值。只有对各种不同的途径的后果经过深思熟虑，并对利弊得失进行分析和比较后做出的决定，才真正有价值，才可作为生活的指南。

二、珍视

4. 珍惜、重视：珍惜、重视自己的选择，为自己能有这种理性的选择而感到自豪，并将其作为生活上的准绳。

5. 确认公开：以充分的理由再次肯定这种选择，并乐意公开与别人分享，而不会因这种选择感到羞愧。

三、行动

6. 采取行动：价值观念能左右行动的方向。当个人认为某种选择有价值时，一定会努力去实践，百折不挠、锲而不舍地采取行动。

7. 反复地行动：反复、坚定地把价值观付诸行动，使之成为某种生活方式或行为模式。

本章小结

本章分别介绍了学前儿童德育的含义、目标、任务与内容、原则、途径与方法等内容。对学前儿童进行德育时一定要坚持以儿童为本与发挥成人的主导作用相结合的原则，知、情、意、行相结合的原则，集体教育与个别教育相结合的原则，教育的一贯性与一致性原则，并在实践中积累经验，采用正确合理的教育方法。对学前儿童进行德育的途径主要有六种，分别是一日生活，专门的德育活动，游戏，环境熏陶，德育寓于美育以及家庭、幼儿园、社区三方共育。学前儿童德育的方法有榜样与移情、表扬与惩罚、角色扮演和价值澄清法。

关键术语

德育　环境熏陶　德育寓于美育　榜样与移情　表扬与惩罚　角色扮演　价值澄清法

思考题

1. 进行学前儿童德育的原则是什么？

2. 如何更好地开展学前儿童德育工作？

3. 在开展学前儿童德育工作中应注意哪些问题？

建议的活动

1. 请结合本章所介绍的内容，设计一个有关幼儿德育的活动。

2. 尝试记录幼儿的学习成长故事，从点滴中发现并认识每个幼儿的习性，促进幼儿快乐成长。

拓展阅读

1. ［英］约翰·洛克. 教育漫话. 杨汉麟，译. 北京：人民教育出版社，2007.

《教育漫话》是一部非常值得阅读的教育名著，以哲学家的睿智带你领略学前儿童德育的重要性。《教育漫话》是17世纪英国著名哲学家和思想家洛克的代表作之一。全书以"绅士教育"为主题，分为体育保健、道德教育、智育（包括学问、知识和技能）三个部分，阐明了如何才能培养出符合时代需要的有理性、有德行、有才干的绅士或者有开拓精神的实业家。

2. ［瑞士］让·皮亚杰. 儿童的道德判断. 傅统先，陆有铨，译. 济南：山东教育出版社，1984.

《儿童的道德判断》是一部值得研读的作品，以心理学家的视角展现学前儿童德育的问题。书中介绍了儿童对规则的态度、儿童对行为责任的道德判断、儿童的公正观念、儿童心目中的惩罚等内容。皮亚杰揭示了儿童道德发展的年龄特点与道德教育的关系。皮亚杰认为，儿童的道德发展阶段是一个不变的顺序。在道德发展的整个连续过程中，前面的阶段是后继阶段的必要组成部分，儿童必须经历了前面的所有阶段后才能发展到下一阶段。作者对学校道德教育的有关论述是非常值得研读和学习的。

第九章　托幼机构与家庭、社区的联系

学习目标▶

1. 理解托幼机构与家庭、社区联系的意义。
2. 了解托幼机构与家庭、社区联系的内容。
3. 初步掌握托幼机构与家庭、社区联系的方式、途径及合作的原则。

学习导图▶

托幼机构与家庭、社区的联系

托幼机构与家庭、社区联系的意义与内容
— 托幼机构与家庭、社区联系的意义
— 托幼机构与家庭、社区联系的内容

托幼机构与家庭、社区联系的方式、途径及合作的原则
— 托幼机构与家庭、社区联系的方式
— 托幼机构与家庭、社区联系的途径
— 托幼机构与家庭、社区合作的原则

导入案例▶

星期一，王老师抱怨道："孩子在家过了一个双休日，再回到幼儿园后，许多良好的行为习惯都没了，不认真吃饭，乱扔东西，活动时喜欢说话，真不知孩子在家时家长是怎么教育的。"站在一旁的张老师颇有同感地说："是啊，如果家长都能按我们的要求去教育孩子，我们的工作就好做多了！"张老师接着说："这些家长不按我们的要求去做倒也罢了，还经常给我们提这样那样的意见，好像我们当老师的还不如他们懂得多，真拿这些家长没有办法……"

第一节　托幼机构与家庭、社区联系的意义与内容

在当今快速发展的社会中，幼儿教育被纳入开放的社会系统中，幼儿园教育也

从封闭走向了开放。世界学前教育组织(OMEP)和国际儿童教育协会(ICEA)在1999 年召开的 21 世纪国际幼儿教育研讨会上通过了《全球幼儿教育大纲》。大纲中指出：儿童的发展是"家庭、教师、保育人员和社区共同的责任"，教师要和家长就儿童的成长以及和儿童家庭有关的问题经常进行讨论、交流，教师要和心理学工作者、社会工作者、健康卫生人员、工商人员、公共服务机构、学校、宗教组织、休闲娱乐机构及家庭联合会等建立合作关系。我国教育部在 2012 年印发了《关于建立中小学幼儿园家长委员会的指导意见》，充分说明了建立家长委员会的重要意义。《幼儿园工作规程》第九章第五十二条明确规定："幼儿园应当主动与幼儿家庭沟通合作，为家长提供科学育儿宣传指导，帮助家长创设良好的家庭教育环境，共同担负教育幼儿的任务。"第五十五条还明确规定："幼儿园应当加强与社区的联系与合作，面向社区宣传科学育儿知识，开展灵活多样的公益性早期教育服务，争取社区对幼儿园的多方面支持。"

幼儿园教师资格证考试·考点分析

> 理解协调家庭、社区等各种教育力量的重要性，了解与家长沟通、交流的基本方法。

一、托幼机构与家庭、社区联系的意义

(一)有利于学前教育法规的贯彻执行

在终身教育理念的影响下，家园社区合作共育已成为世界学前教育的趋势。世界各国政府都十分重视学前教育机构与家庭、社区的沟通与合作，并用法律的形式将它确立下来。《幼儿园教育指导纲要(试行)》中明确规定，幼儿园应与家庭、社会密切配合，共同为幼儿创造一个良好的成长环境。家园配合使幼儿在园获得的学习经验能够在家庭中得到延续、巩固，甚至发展。托幼机构的教育水平在一定程度上代表了一个国家的幼儿教育水平，直接影响着整个社会的幼儿教育。托幼机构不仅担负着教育幼儿的责任，还担负着指导家长，与家庭、社区交流合作等重任。

(二)有利于学前教育质量的提高

幼儿园与家庭是幼儿生活中两个重要的环境。幼儿园与家庭之间的衔接与合作，可以为幼儿身心健康发展创造良好的条件。托幼机构教育是学前公共教育的主要组成部分，是基础教育的有机组成部分，是学校教育的预备阶段。托幼机构教育具有群体性、计划性和专业性的特点。第二次世界大战之后，社区教育成为一种重要的教育形式，并逐步走向学校、社会、家庭相互服务、互惠互利的一体化教育形态。社区教育具有整体性、区域性和全面性的特点。家庭是人一生中最早接触且生活时间又最长的社会场所，是儿童出生后第一个重要的生活与学习的环境。很多研究证明，儿童年龄越小，家庭教育对他们身心发展的影响越大。幼儿的教育离不开家庭，

因为家庭是社会最基本的单元，也是幼儿成长最自然的生态环境，担负着养育幼儿的重大责任。

(三)有利于充分利用社区资源

在我国城镇化发展的背景下，社区教育越来越受到重视。许多幼儿教师已经意识到，托幼机构不仅应创设良好的园内环境，提高幼儿在园内的受教育水平，还应树立大教育观，积极开发、利用园外环境，即社区环境，从多方位、多渠道对幼儿产生影响，最大限度地促进幼儿的身心发展。社区资源指一个社区内一切可运用的力量，包括人力、物力、财力、知识与资料、历史传统、生活习俗、发展机会、地理与天然物质、人文社会环境等。[①] 联合国教科文组织强调，家庭、社区成员和社区内各组织的参与是确保教育质量的一个重要因素。社区资源具有很高的教育价值。社区中的普通事物可以转化为儿童的学习内容、学习材料或学习环境等，从而满足儿童的发展需要。每一类社区教育资源都具有自己独特的核心价值，都具有促进儿童认知、技能与情感态度全面发展的价值。

(四)有利于幼儿的身心发展

长期以来，我们比较重视的是幼儿园与小学之间的衔接，而忽视幼儿园与家庭、社区之间的衔接。事实上，从家庭到幼儿园，是幼儿从家庭迈向社会的第一步。这一步走得如何，关系到幼儿的个性发展情况以及他们对今后社会的适应情况。对于这种变化的"适应"，对幼儿今后的发展具有重要的影响。幼儿园与家庭都应当重视这个问题，帮助幼儿适应环境的变化。家长对托幼机构活动的参与，可以大大提高幼儿参加活动的兴趣和积极性，密切儿童与家人的关系，也能够让幼儿体会到托幼机构的重要性。由此看来，家园合作对幼儿的发展起着事半功倍的效果。

资料链接9-1

家长与老师配合得越好，教育就越成功

孩子成绩不理想？孩子在学校里遇到挫折？家长们听了心里着急，老师们听了也很着急。但是，家长光着急也没用，重要的是，要学会怎样和老师配合，怎样和老师沟通。家长与老师配合得越好，教育就越成功。

孩子的成长好比一面多棱镜，可以折射出家庭的养育、学校的教育以及全社会的方方面面。当家庭、学校和社会三方达成共识，形成教育合力时，孩子自然会闪耀出璀璨的光芒。

那家长和老师该如何沟通配合呢？知名教育家刘长铭给您建议：多一些理解，多一份从容，多一份等待。

---

① 沈丽华：《幼儿园课程开发中社区资源的整合》，载《学前教育研究》，2010(5)。

一、理解老师，冷静处理

我的同事曾给我讲过一个有关她女儿的故事。她女儿曾在少年宫舞蹈班里学跳舞，但不知为什么，也许是由于跟老师生疏而紧张的缘故吧，孩子总把动作搞错，学得不好，孩子也很沮丧。孩子的母亲，也就是我的这位同事，是一位曾在亚运会上得过七项全能亚军的优秀运动员，她深信女儿身上一定有着自己的良好基因，当她看到女儿频繁出错的动作时，感到十分困惑。孩子的教练是她的大学师妹，于是她就给教练发了一条短信。过了一会儿，教练回复了一条短信，大意是说，师姐，你别着急，其实我特别喜欢你家宝贝……我的这位同事兴奋地把短信读给女儿听。不多久，她惊奇地发现，不论学习多难的动作，孩子再也不出错了，而且学得又快又好。

孩子上学后，每个家长都很在意老师对自己孩子的态度，特别希望孩子能得到老师的特殊关注。但是老师很难像家长一样对待每个孩子——不是由于责任心的缘故，而是由于角色不同，关注的方式也不同。老师像父母那样关心和爱护学生，我认为未必是一件好事。老师应当比家长更有理智。

当孩子没有受到特殊关注而产生失落感时，家长应保持冷静，运用智慧做好"补台"的工作。最简单的方式就是悄悄地与老师进行沟通。我同事的处理方法就很好。其实我想，即使没有那条短信，家长在孩子面前编一个"善意的谎言"，也不失为一种教育的艺术。如果家长不能保持冷静和理智，在情绪上流露出对学校老师的不满，甚至当着孩子的面发一通牢骚，使孩子对学校和老师产生了成见，那后果是不堪设想的。

二、凡是家长不与学校配合的，结果都是悲剧

家长与学校配合得越好，教育就越成功。我可以非常负责任地说，凡是家长不与学校配合的，结果都是悲剧，这在我的教育经历中无一例外。因此，在孩子面前，家长要极力维护学校和老师——不是假惺惺地做戏（因为孩子都能觉察出来），而是要真心实意地用换位思考的方式做好孩子的工作。

我曾读过一篇短文，说是在一次儿童网球课后，老师不慎丢了一个小孩。等找到孩子后，孩子由于受到惊吓，哭得十分伤心。孩子的妈妈看到这情景，蹲下来安慰自己4岁的小孩，并且说："已经没事了，那个姐姐因为找不到你而非常紧张，并且十分难过，她也不是故意的，现在你必须亲亲那个姐姐，安慰她一下。"4岁的小孩踮起脚尖，亲了亲蹲在他身旁的老师的脸颊，并且轻轻地告诉她："不要害怕，已经没事了。"我想，一个善良、宽容、善解人意的孩子就是这样教育出来的。

三、教育需要耐心

中国常有"子继父业"之说。不论是从先天的遗传还是从后天的影响来看，"子继父业"都有一定道理。但是今天很多子女都对父母的专业不感兴趣，原因很复杂。社会不断进步，分工越来越细，选择越来越多，这可能是一个主要原因，但可能还有

另外的原因：家长越是有这样的情结，就越容易对孩子失去耐心，最终使孩子产生逆反心理。我想，如果我的同事把孩子数落一通，整天"恨铁不成钢"，很可能会使孩子彻底失去对舞蹈的兴趣。

我曾遇到过一对夫妇，他们有一个在我看来非常优秀的孩子。他们也许是由于自己过于优秀的缘故，对孩子从不满意，甚至对孩子说，我们都怀疑是不是当初在医院里抱错了，结果使孩子承受了巨大的精神压力，幸好没有造成不可收拾的后果。

急躁和揠苗助长可能会收到眼前的、显现的效果，但是在孩子精神上会造成什么缺陷（很多事例说明缺陷是存在的），很可能要等神经科学发展很多年以后才能知道。所以，我更欣赏这样一句话：教育是一个缓慢而优雅的过程。

二、托幼机构与家庭、社区联系的内容

托幼机构教育在整个幼儿教育系统中的作用表现在以下两个方面：一是辐射作用，即对各种形式的学前教育发挥指导作用、示范作用，并带动非正规的学前教育的发展；二是促进各种学前教育形式相互沟通，形成教育合力。托幼机构不仅要组织自己机构内的教育活动，还必须关心和帮助家庭教育和社区教育的发展，参与园所内外幼儿教育活动的组织与协调、交流与沟通，促进园所内外一切教育资源的综合利用，把托幼机构教育融入提高全社会幼儿教育水平的总体工程中。

（一）托幼机构方面

第一，指导和支持家庭教育，增强家长的合作意识。托幼机构对家庭教育进行指导，不仅是贯彻国家的教育法规、与世界幼儿教育事业接轨、发挥幼儿教育整体功能的需要，而且是提高幼儿家长教育素质、促进幼儿更好发展的需要。托幼机构的家庭教育指导工作是社会与儿童发展的客观需要，也是各种教育关系相互协调的客观需要。

第二，引导幼儿家长参与托幼机构的教育活动，加强幼儿园管理方面的合作，帮助家长树立正确的教育观念。随着时代的进步，家庭教育指导对象的需求也发生了较大的改变。现在大部分家长都受过良好的教育，见多识广，对托幼机构的教育管理参与热情高，但这并不意味着他们不需要引导。家长的教育观决定着家庭教育的内容、方法和教育的效果。幼儿园教师应主动用科学

扫一扫，看资源

视频《评剧家长进课堂伴奏》

的教育观和方法去引导幼儿家长，发挥托幼机构和家庭教育双方的优势，提高学前教育的实效性。托幼机构引导幼儿家长理解并支持托幼机构的保教工作，让幼儿家长参与教育决策，鼓励幼儿家长自愿为托幼机构服务。

第三，托幼机构与家庭在课程方面的合作。幼儿园可以鼓励家长参与课程计划的制订，听取家长的意见和建议。

第四，引导家长了解托幼机构及家庭教育的主要内容。托幼机构要借助家园合作的平台，向家长有意识地介绍有关托幼机构及家庭教育的主要内容，使家庭和托幼机构在教育内容上能够保持一致。原则上讲，家庭教育与托幼机构教育的目标是一致的，因此在教育内容上也是相互配合的。归纳起来，幼儿家庭教育的基本内容有如下三个方面：一是培养孩子良好的品德，重视文明礼仪教育；二是培养孩子良好的学习品质，发展孩子的智力优势；三是关心孩子的天赋，培养孩子的创造力。

(二)家庭方面

第一，托幼机构管理方面的合作。家长是幼儿的法定监护人，有了解并参与托幼机构各项管理决策的权利和责任。家长参与的范围应涉及托幼机构的人、财、物、时空、信息等各个方面。参与内容和重点应是具体的保教工作。同时，家长也应积极参与并配合保教人员的家访、调查等活动。

第二，幼儿家长应随时了解托幼机构对幼儿的教育要求以及教育内容，注意按照保教人员的要求在家庭中对幼儿进行相应的教育，以巩固幼儿在托幼机构中所获得的知识、技能、良好习惯和品质等。

第三，幼儿个别化教育方面的合作。幼儿期是儿童身心发展的关键期。在幼儿园内，虽然幼儿的年龄差别不大，但在身心发展上却有着明显的差异。幼儿发展的这种差异性就要求托幼机构和幼儿家长共同协作，以期促进幼儿的发展。家长要关心托幼机构的工作，主动参与托幼机构的教育活动。家长应主动向教师介绍幼儿的个性特点及其在家中的生活习惯和行为表现，以便配合教师做好个别化的指导工作。家长也可以根据日常生活中对孩子的了解，与教师一起制订针对孩子的个别教育计划，确定教育目标、内容、方法、步骤等。

(三)社区方面

第一，托幼机构应积极、主动地宣传科学的早期教育知识，帮助社区居民掌握合理的早期教育方法。托幼机构应主动宣传本机构的教育理念和方法，获得社区居民的支持。托幼机构教师可以发挥自己的专业特长，为社区群众举办教育讲座，开设学前教育、家庭教育等各种宣传专栏，在节假日时可以通过多种活动来宣传先进的教育理念和方法。

第二，托幼机构应充分利用社区的丰富资源，为托幼机构的课程建设与课程实施服务。社区的教育资源包括自然资源、社会资源、人力资源。社区作为一个生产功能、生活功能、文化功能兼备的社会小区，能为托幼机构提供教育所需要的人力、物力、财力、教育场所等多方面的支持，使托幼机构的教育内容变得更加生动，更富有时代气息。

第三，托幼机构应积极参加社区文化建设工作，从社区的反馈中提高自身管理与教育的质量。社区文化影响着托幼机构的教育，一是部分社区文化可以直接进入园所课程；二是社区文化渗透到托幼机构，成为园所文化的一部分；三是社区文化氛围和精神文明对托幼机构的教育活动起着潜移默化的影响作用。优秀的社区文化是托幼机构教育的宝贵资源。

第四，带幼儿到社区去开展教育活动。托幼机构可以借助社区的教育资源开展社区学前教育。例如，可以让幼儿感受社区里的自然景观，亲近自然，亲近社会，陶冶身心。托幼机构可以引导幼儿为保护社区环境等做些力所能及的事，并从中体验关心社区、为他人服务的快乐。

第二节　托幼机构与家庭、社区联系的方式、途径及合作的原则

一、托幼机构与家庭、社区联系的方式

(一)托幼机构与家庭联系的方式

在与家庭教育合作的过程中，托幼机构应积极主动地采取措施，对幼儿家庭施加正面的影响。托幼机构与家庭互动沟通的方式多种多样。当托幼机构面向多位家长进行互动交流时可采用集体方式，当面向个别家长时可采用个别方式。集体方式的沟通是使家长了解、熟悉学前教育的主要方式。托幼机构较多采用的形式有家长会、家长开放日、家长接待日、家长学校、家庭教育咨询。

1. 家长会

家长会是托幼机构与家庭相互沟通的一种经常而有效的形式。从时间上，家长会可分为三种：一是开学前的家长会；二是学期中的家长会；三是学期结束时的家长会。从形式上，家长会可分为两种：一是全所、全园家长会；二是班级家长会。

2. 家长开放日

为了使家长更多地了解幼儿教育工作，目前多数托幼机构都会定期或不定期地邀请家长来园所参观或参加活动，它是目前我国托幼机构工作中最常用的一种形式。

3. 家长接待日

家长接待日就是指托幼机构安排一个固定时间，由主管领导接待家长的来访，解答家长的疑问，听取家长的建议，从而更好地改进托幼机构的工作，拉近家长与托幼机构的距离。

4. 家长学校

家长学校是对承担抚养教育幼儿责任的父母和其他长者进行系统教育和培训的学校。家长学校的教育内容一般根据家庭教育的需要和家长的现状来确定，形式可以是专题讲座、定期育儿报告会，也可以是定期的课程，还可以是不定期的活动。

5. 家庭教育咨询

家庭教育咨询是帮助家长释疑解惑的有效途径，其形式有个别咨询、团体咨询、

电话咨询、现场咨询等。

除了集体沟通，个别沟通对家园共育也起着极其重要的作用。个别沟通的方法主要有家访、家园联系册或联系卡、电话联系、网络联系、每日家长接送幼儿时的随机交流等。家访是托幼机构教师深入家庭了解幼儿各个方面的情况，与家长就有关幼儿的教育问题进行交流、沟通的一种形式。家访一般分为幼儿入园前家访和入园后家访。入园后家访又分为常规性家访和重点家访两种。家园联系册是托幼机构与家庭相互沟通的一种既简便又经济的形式，通常由托幼机构教师和家长采用书面通信的方式进行。它是目前托幼机构广泛采用的一种家园合作形式。现代通信手段的多样化使托幼机构与家长的联系、沟通更为便利。校讯通、微信群的使用，极大地方便了教师与家长的沟通。托幼机构教师也可以选择每日家长来园接送幼儿时与家长沟通，这是最便捷、最直接的一种交流方式。

教师在与家长的沟通中要注意以下问题。第一，了解家长的基本情况，如年龄、职业、学历、家庭关系、工作单位、居住地点、特长、爱好等，以便有针对性地进行联系和工作。第二，主动与家长联系和沟通。第三，相互信任，实事求是。第四，掌握与家长交谈的技巧。

(二)托幼机构与社区联系的方式

一是在行政区或街道、居委会范围内，成立家庭教育指导委员会，建立不同形式、不同对象参与的家长学校，从而对辖区内的家长进行培训、指导，以及对家庭教育进行评估。托幼机构应与社区保持密切的沟通和联系，获得社区对托幼机构教育工作的支持。例如，可以以社区家长学校为阵地，托幼机构教师可参与社区举办的讲座、专题讨论等，向散居儿童家长宣传科学育儿知识，或为散居儿童家长解答育儿问题；也可以因地制宜，组织一些活动，吸收散居的2～6岁幼儿及其家长在双休日时来园所活动。通过这些工作，实现社区与托幼机构的资源共享，让每一个儿童都享受到教育的权利和机会，真正实现全民教育。

二是以社区为依托，依靠基层社区政府各部门的力量，因地制宜地创设条件，组织实施各种教育活动，推动托幼机构与社区的合作。例如，让儿童参与一些力所能及的社区活动，参与社区环保宣传，参加对街道孤寡老人的慰问，参加"我为社区添点绿"的植树环保活动等；帮助社区举行幼儿表演会、运动会、演讲会等，从而使社区的人文环境，特别是邻里关系等更加和谐。

二、托幼机构与家庭、社区联系的途径

(一)"请进来"和"走出去"是托幼机构与家庭、社区联系的主要途径

托幼机构应在社区教育委员会的领导与协作下，开展与社区的合作，密切联系社区内各种机构组织。家长的积极参与，也是推动托幼机构与社区合作的重要条件。

(二)以家庭为载体，推动托幼机构与社区合作

托幼机构组织家长与孩子一起参与社区的教育活动，一方面可以增进教师与家长的沟通以及家长与幼儿的情感交流，另一方面有利于培养幼儿良好的个性与健康的心理。

扫一扫，看资源

视频《走进剧院后台》

(三)通过课题研究促进托幼机构与家庭、社区的联动

在幼儿的发展过程中，社区教育具有独特的功能。个体的社会化始自家庭，家长是最初的教育者。人在社会化过程中，其潜在能力的有效开发程度，直接影响到他的社会化程度。家长作为教育者，不可避免地存在着角色行为与社会角色期待之间的差距。许多问题的出现与家长角色认知偏差、角色训练不足密切相关。当家长的这种问题靠自身难以解决，且其所在的职业群体也由于单位性质和职工的异质性无力承担起教育家长的责任时，帮助、训练家长正确履行教育者角色的职能就成为社区的重要职责。也就是说，家长作为教育者，其素质的提高有赖于社区的参与。所以，我们通过将社区资源引入幼儿园及家庭，不但可以丰富教育内容，还可以拓宽儿童的视野，促进儿童社会性的发展。

(四)办好社区示范园

示范性幼儿园，顾名思义就是能对本地区其他幼儿园起示范作用的幼儿园。示范性幼儿园应该从所处的社区环境出发，积极地为其他幼儿园服务，为社区幼儿教育水平的提高做出贡献。[①]

三、托幼机构与家庭、社区合作的原则

托幼机构教育与家庭教育、社区教育有各自的内涵，其特点、原则、方法、内容都有所不同，但它们的教育对象是同一的，教育目标也是一致的。《幼儿园教育指导纲要(试行)》中指出，家长是幼儿园教师的重要合作伙伴。幼儿园应本着尊重、平等、互惠的原则，吸引家长主动参与幼儿园的教育工作。托幼机构与家庭、社区合作应遵循以下原则。

(一)地位平等，相互尊重

托幼机构与家庭、社区共同承担着教育、教养儿童的责任和义务，有共同的目标、平等的地位，必须相互尊重。托幼机构教师不能把自己看作"专业工作者"，不能居高临下地把幼儿家长和社区工作人员看作教育对象和自己的助手，而应将其看作平等的合作伙伴，尤其要尊重家长作为教育者的主体地位和人格尊严。反之，幼儿家长和社区工作人员也要尊重托幼机构教师。

(二)合作伙伴，责任共担

托幼机构与家庭在幼儿的教育问题上负有共同的责任。家庭是人生教育的起点，父母是孩子生命中的第一任教师，家庭在个体发展中的特殊性决定了家庭教

---

① 虞永平：《关于示范性幼儿园建设和发展的思考》，载《早期教育(教师版)》，2007(5)。

育对儿童健康发展的重要作用。托幼机构是幼儿社会生活的起点，是幼儿跨进社会的第一步。托幼机构与家庭虽然有着不同的教育内容和方法，但却有着共同的目标和责任，即各自发挥好自身的特有价值，在彼此的合作中共同承担起教育好幼儿的责任。

(三)相互配合，互惠互利

一方面，托幼机构应使家长了解幼儿在托幼机构中学习、生活的方方面面；另一方面，托幼机构应积极开发和利用家长这一教育资源，丰富教学和活动内容，认真考虑家长的教育建议，邀请家长参与托幼机构的教育活动，帮助托幼机构改进教育工作，使家长真正成为托幼机构的教育合作伙伴。

总之，家园社区合作共育不仅指教育，还包括托幼机构对家庭和社区进行的指导工作。家庭是社区的细胞，社区是孩子成长的大环境。社区中隐藏着丰富的教育资源，同样社区中的家长们也需要汲取科学的育儿知识。家庭是连接托幼机构与社区的桥梁，它促使托幼机构更好地向社区开放，并与社区有机地联系起来。可以说，三者只有密切联系，统一思想，共享资源，才能形成巨大的教育合力。

想一想

在托幼机构与家庭合作的过程中如何遵循责任共担和互惠互利的原则。

本章小结

本章主要介绍了托幼机构与家庭、社区联系的意义与内容、方式与途径以及合作的原则。托幼机构、家庭和社区是儿童生活、学习和成长的三大重要环境。三方面资源的有效整合，对提高教育质量有着十分重要的意义和作用。一方面，以"走出去""请进来"的资源整合形式为主，充分发挥托幼机构的多渠道指导作用；另一方面，积极挖掘并充分利用家长和社区资源，分别采取以"家长"和以"社区"为核心的两种资源整合形式。家园社区合作共育，能够共同促进幼儿教育资源的整合和一体化。

关键术语

托幼机构　家庭　社区　家园社区合作共育　家长学校

思考题

1.托幼机构与家庭合作过程中应注意哪些问题？应该怎样解决这些问题？家园

合作应遵循哪些基本原则？

2. 托幼机构与家庭之间可以开展哪些方面的合作？

3. 教师在与家长的沟通中应注意哪些问题？

4. 托幼机构与家庭、社区合作的原则是什么？

建议的活动

阅读以下案例，想一想、说一说，如果你是这位老师，应该怎么办。

放学时，小小的外婆很生气地对丁老师说："老师，太气人了。我们现在教育小小不打人，可是昨天我看丁丁抱着他的脖子弄来弄去，他都不知道还手的。"一旁的小小正高兴地喝着同伴的牛奶，顺手把牛奶吸管扔到地上，外婆说："快捡起来。"小小不听，外婆大声地呵斥他："你今天不捡起来，我就打你。"然后去追打他，教室里就剩小小的哭声和外婆的打骂声，还有郁闷的老师。

拓展阅读

1. 王勇. 浅论家庭教育与儿童社会化. 学前教育研究，2005(12).

家庭教育是实现儿童社会化的有效途径。有效的家庭教育能够促进儿童习得社会生活的基本行为规范，培养儿童的亲社会行为和正确的角色意识，帮助儿童建立起和谐的友伴群体。家庭教育应该围绕儿童人格独立性培养这一主要任务，不断营造和谐的家庭育人氛围和良好的儿童社会化环境。

2. 李生兰. 幼儿园与家庭、社区合作共育. 北京：北京师范大学出版社，2016.

本书主要介绍幼儿园与家庭、社区合作共育的价值及理论，对国内外幼儿园与家庭、社区合作共育的历史和现状进行了分析介绍，还提供了幼儿园运用家庭、社区资源开展教育的方法、策略和实际案例，同时也阐述了作者对幼儿园与家庭、社区合作共育的理性思考，不仅具有理论创新价值，还具有实践指导意义。

第十章　幼小衔接

学习目标 ▶

1. 了解幼小衔接的意义。
2. 掌握幼小衔接的内容与方式。
3. 具有运用理论分析、解决幼小衔接问题的初步能力。

学习导图 ▶

导入案例 ▶

　　面对马上要升入小学一年级的孩子，许多幼儿园大班的家长们表现得尤为焦虑。有的家长说："孩子上了大班以后，看到同事都在教孩子认字或学习其他技能，我真的有点着急了。别的孩子都开始学习小学的课程了，自己的孩子没学，进了小学会吃亏的。没办法，我们只好开始教孩子。"可见，一直困扰幼儿园教师的幼小衔接问题在当下社会越来越被大家重视。

第一节　幼小衔接的意义与任务

　　"衔接"的原意是指事物之间的"连接"。教育学上所讲的"衔接"是指相邻教育阶段、不同教育机构之间的"连接"，为学生从一个环境顺利过渡到另一个环境创造良好的条件。

幼小衔接，即幼儿园与小学的衔接，主要阐述的是幼儿园与小学的衔接问题。一般来讲，幼小衔接就是指幼儿园与小学低年级阶段的连接。幼小衔接工作是指幼儿园和小学根据儿童身心发展的阶段性和连续性规律以及儿童终身发展的需要，做好幼儿园教育与小学教育两个阶段的衔接工作。《幼儿园教育指导纲要(试行)》中明确指出，幼儿园与小学相互衔接，综合利用各种教育资源，共同为幼儿的发展创造良好的条件。幼儿园与小学是两个根据儿童不同发展阶段的特点而设立的、具有不同教育任务的教育机构。儿童身心发展的阶段性规律决定了教育存在不同阶段，而连续性规律又决定了衔接存在的意义。

一、幼小衔接的意义

(一)做好幼小衔接工作是幼儿更快适应新生活的需要

做好幼小衔接工作，使幼儿更快地适应新生活，这项工作对于幼儿园教师来说是非常重要的。幼儿从幼儿园进入小学，其生活和发展的外部条件都发生了突变。幼儿园阶段和小学阶段在主导活动、生活环境、规章制度、师生关系和社会要求等方面均存在较大差异。这些差异给幼儿带来了诸如身体、精神、社会适应等多方面的不良反应。做好两个阶段的衔接工作，可以使幼儿尽快地适应新生活，避免或减少因两个阶段存在的差异而造成的幼儿身心发展问题，有利于幼儿的长远发展和全面发展。

(二)做好幼小衔接工作是幼儿园教育内容的重要组成部分

作为基础教育的重要一环，幼小衔接是幼儿园教育内容的重要组成部分。对于幼儿园来说，幼小衔接工作的重点是做好幼儿的入学准备。入学准备应是全面素质的准备，包括身体、学习和社会适应性等方面，这些准备应从幼儿入园时就开始，贯穿于幼儿园教育的全过程。

二、幼小衔接的任务

幼小衔接的任务就是要解决衔接中断层的问题，具体来讲，是要解决幼儿的生理、心理、能力及学习适应方面可能出现的问题。

(一)生理适应

生理适应是指幼儿在升学之前必须具备适应小学紧张而有序的学习生活的身体条件。健康的身体是适应小学生活并进行各种活动的基础。幼儿园教育与小学教育在作息制度与生活管理方式上不同，环境设备的选择与布置方式也不同，这些都对幼儿在生理适应上提出了更高的要求。幼儿园阶段要保证幼儿有充足的营养和休息，注意幼儿安全，使幼儿身心健康；要重视体育活动，使幼儿体能正常；关心幼儿的情感和自我调节能力，使幼儿心理健康；要保护和训练幼儿的视力和听力，充分锻炼幼儿的小肌肉群；要培养幼儿的自理能力，使幼儿能独立进餐、如厕、劳动、游戏、整理学习用品、完成力所能及的任务。

(二)心理适应

心理适应是指幼儿在心理上能够接受离开幼儿园的小朋友和教师这件事，并做好当一个小学生的心理准备。幼儿园应提前为幼儿呈现小学生活的情境，让幼儿对新生活有一个全面的认识，这样当幼儿在小学面临与幼儿园不同的学习任务时，才能有足够的勇气和信心去面对，并主动解决问题，完成任务。幼儿心理上的不适应主要表现为以下几点：第一，对完成学习任务的要求不适应；第二，对严格而又繁多的纪律约束不适应；第三，对缺乏关怀和照顾不适应；第四，对新的人际关系不适应。因此，幼儿园与家庭应充分了解小学生活，共同合作，培养幼儿的主动性、独立性、规则意识等，从而使幼儿在进入小学之后能够以一种积极的心态去面对新环境和新问题。

(三)能力适应

能力适应是指幼儿具备进入小学之后所必须具备的基本学习能力、交往能力等。国家教委(现更名为教育部)与联合国儿童基金会历时5年的合作项目"幼儿园与小学衔接"研究结果显示，我国在幼小衔接方面突出的两个问题之一是儿童在社会性方面的准备严重不足。而大量的科学研究则表明，社会适应能力与学业成绩之间呈正相关。因此，幼儿园应有意识、有目的地培养幼儿的任务意识和责任感、规则意识和执行规则的能力、独立性和生活自理能力以及人际交往能力，以逐步提高幼儿的社会适应能力。

(四)学习适应

小学阶段属于义务教育阶段，它要求小学生必须完成规定的学习任务，达到一定的学习要求。这对于习惯于以游戏为主的幼儿园生活的幼儿来说是有难度的。幼儿不适应小学生活的表现如下：第一，缺乏必要的学习习惯和学习品质；第二，认知能力不足；第三，思维能力不足。幼儿只有具备良好的学习品质并拥有一定的学习能力，才能适应小学阶段的学习生活。因此，从幼儿园大班开始，教师就应将小学生应达到的基本要求融入幼儿园的一日活动之中，逐步使幼儿养成小学生应有的学习品质和行为习惯，如按时作息，按时上学，遵守上课纪律，不做小动作，勤于动脑等。

在完成上面的任务时，家庭、幼儿园及小学教师要通力合作，共同培养幼儿在过渡时期所需的各项能力，以提高幼儿的适应性。总之，如果以上任务完成得好，就有利于幼儿顺利地实现幼小过渡，反之会影响他们的发展。

第二节　幼小衔接的内容、方式与原则

进入幼儿园大班以后，幼儿有着强烈的成长欲望，他们已不满足于幼儿园的生活模式，他们渴望系上红领巾，背着书包，自由愉快地去读书……家长们在这个阶段可能也经常嘱咐幼儿："你长大了，要当小学生了。"这就更加强化了幼儿入学的意识，但同时一些问题，如小学和幼儿园有什么不同，小学的老师会不会喜欢自己，等等，也都困扰着幼儿。

一、幼小衔接的内容

幼小衔接工作对于幼儿园来说就是为幼儿入小学做好准备工作。幼儿园入学准备的含义有广义和狭义之分。广义的入学准备是指幼儿园的全部教育过程。狭义的入学准备是指对大班幼儿进行的适应小学一年级学习和生活的相关工作。幼儿教育是小学教育的基础，儿童在小学阶段的发展是建立在幼儿园阶段发展的基础之上的。因此，幼儿的体、智、德、美、劳各方面在幼儿园阶段的充分发展，对于儿童适应小学的学习和生活有重要作用。幼儿园要做好幼儿的入学准备工作，主要应从以下几个方面着手。

(一)身体上的准备

目前，很多幼儿园在开展幼小衔接方面有个误区，即只注重智力、社会适应性等一些具体方面的衔接，忽视儿童体能的训练和体质的增强。实际上，小学生的学习负担是很重的，身体健康的孩子的适应能力远远高于身体不健康的孩子。很多孩子就是由于没有健壮的体格、较好的耐力和抵抗力，在入学初期难以适应生活上的急剧变化和紧张的学习任务，因而接连生病，经常缺课，甚至厌学。因此，幼儿园除了要保证儿童所必需的营养，做好保健工作之外，还要积极锻炼儿童的身体，发展儿童的能力，增强儿童的体质，为其小学阶段的学习打下良好的身体基础。

(二)心理上的准备

心理上的准备是一个长期系统的过程。幼儿园应努力做好以下几个方面的准备工作。

第一，培养幼儿的学习兴趣和求知欲。幼儿园应采取多种方式激发幼儿对知识本身的学习兴趣，从而使其能从学习中获得满足感和愉悦感，进而产生学习的主动性和积极性。

第二，培养幼儿良好的学习习惯。学习习惯是学习活动中比较稳定的行为方式。教师应注重培养幼儿专心听讲、举手发言、爱提问、爱思考等良好的学习习惯。

第三，培养幼儿良好的个性品质。心理学家认为，良好的个性品质对一个人的成功起着决定性的作用，但良好个性品质的形成是一个从幼儿时期就应注重培养的过程。幼儿园应通过一日生活中各个环节的渗透，逐步培养幼儿活泼开朗、乐意合作、友爱互助、自信进取和持之以恒的个性品质，努力提高幼儿的是非观念和评价同伴行为的能力。

第四，提高幼儿的智力水平。在幼儿园的教育活动中，游戏、手工操作、观察、参观等是幼儿的主要学习方式。幼儿园应借助这些有效的方式与途径，使幼儿获得初步的基础性知识，并在逐步发展幼儿的感知力、观察力、注意力、记忆力、思维能力、语言表达能力和创造力的过程中，提高幼儿的智力水平，为他们的小学学习打下坚实的基础。

二、幼小衔接的方式

(一)采取形式多样的教育活动

幼儿园应在幼儿一日生活的各项活动中，利用恰当有趣的方法，向幼儿进行汉字的渗透，培养幼儿的早期阅读能力；结合幼儿的实际活动需要，培养幼儿的规则意识；通过适当的活动培养幼儿的任务意识；贴近幼儿生活，引导他们学会分工合作；以主题活动的方式帮助幼儿了解学校，了解小学生的生活，了解小学教师；通过主题活动，引导幼儿在参观活动中有目的地向别人进行提问，体验在探究答案的过程中与人交往的快乐；扩大幼儿的活动范围，抓住契机，鼓励幼儿与他人主动交往；提供不同的材料，让材料去刺激幼儿开展合作，并使幼儿体验合作成功后的快乐。

(二)组织观摩与交流活动

幼儿园应组织观摩与交流活动，帮助幼儿园教师了解小学的特点，并从教育观念、教育方法、教育形式、教学要求等多方面与小学教师进行交流、沟通。

(三)进行入学意识教育

入学意识教育是幼儿园大班下学期一项必要的教育工作。幼儿园教师主要可以从以下几个方面着手。第一，培养幼儿向往进入小学的情感，激发良好的入学动机和学习态度。教师可适当向幼儿讲述有关小学和小学生学习生活的情况，向幼儿提出要求，使其逐步养成小学生应有的生活习惯、学习习惯、作息习惯等。第二，组织幼儿参观小学，培养幼儿对小学生活的热爱和向往之情。幼儿通过亲自观察，了解小学的环境，了解小学的课堂教学情况、课外活动情况，从而对小学的环境和学习有一些感性的认识。第三，组织幼儿与小学生一起参加一些活动，培养幼儿对小学生活的适应性。第四，进行毕业离园教育。

(四)加强交往能力与合作能力的培养

大班幼儿注意的广度提高了，交往能力也增强了，他们不仅会注意自己的活动，还会注意同伴的活动，有了主动向别人学习的愿望。教师应及时抓住这点，培养幼儿的交往能力。合作能力的培养是指教师让幼儿在交往过程中不断地体验合作的意义，引导他们认识到怎样与别人合作，让他们明白在与人合作的过程中要改正自己的缺点和不良的行为习惯，这样才能更好地与人合作。

三、幼小衔接的原则

(一)循序渐进原则

幼小衔接工作不是一蹴而就的，不可能在短时间内突击完成，它是一个循序渐进的过程。我们不能仅仅把幼小衔接工作视为两个教育阶段的过渡问题，而应把它置于终身教育的大背景下去考虑，也就是说，要以儿童的长远发展为目标，把幼小衔接工作贯穿于幼儿园教育的各个阶段，而不仅仅是大班后期。幼儿园应从幼儿入园之初就开始逐步开展衔接工作。教师要将幼儿入学前应具备的各方面素质分解成不同层次、不同水平的教育目标，并划分到不同阶段的教学中去完成。

(二)全面性原则

全面性原则是指幼小衔接工作应当从学前儿童的体、智、德、美、劳各方面全面进行，不应仅偏重某一方面。入学准备是全面素质的准备，包括身体、学习和社会适应性等方面。教师和家长最关心的是儿童的学习，最苦恼的是他们的社会适应能力，而儿童的身体素质和社会适应能力对学习又有很大的影响，所以幼小衔接应是全面的衔接。

(三)多方合作原则

幼儿园教育应和社区、家庭、小学密切联系，相互配合，有效推进两个阶段教育的相互衔接。幼小衔接不是幼儿园单方面的工作，也不是幼儿园大班的逐步小学化，而是幼儿园、小学和家庭多方共同努力完成的过程。这个过程不但需要幼儿园领导和教师与小学的沟通与合作，更需要小学教师们的支持与配合；既要保持幼儿园的独立性、特殊性，又要努力使幼儿园与小学保持连续性，为幼儿一生的发展奠定基础。

(四)正面激励原则

大量教育家的跟踪研究证明，幼儿时期所实施的教育，无论是对幼儿的认知发展，还是对幼儿的人格发展，都有直接的影响。这种影响是全面的、丰富的、潜移默化的。幼儿时期所实施的教育还深深影响着幼儿的记忆习惯、思维模式，乃至创造力等的形成与发展，影响着幼儿的成长。表扬、鼓励等正向的激励方式有助于儿童在强大的自信心支配下，更好地去完成各项学习活动和学习任务。批评和惩罚等负面的教育方式则容易使儿童自信心减弱，进而产生较多的负面情绪。尤其对于刚刚进入小学的儿童来说，较多的批评和惩罚更易使其产生厌学心理，并将学习当成额外的压力和负担。在幼小衔接工作中，教师要善于观察发现儿童的优点，抓住机会表扬、鼓励儿童，帮助其树立自信心、培养学习兴趣、激发学习动力。

第三节　幼小衔接存在的问题与对策

　　幼小衔接问题是长期以来为广大教师所密切关注却一直没有得到很好解决的难题。做好幼小衔接工作对幼儿一生的学习和生活都可能产生积极的影响，否则会对幼儿造成生理或心理上的不良影响。幼小衔接问题早已引起教师的高度重视，他们做了大量的工作和研究，取得了一定的成效，但从总体来看，还存在不少问题。

一、幼小衔接存在的问题

（一）幼儿园"小学化"现象严重

　　幼儿园"小学化"是指"幼儿园在教育教学实践中将幼儿当作小学生来要求，在幼儿园阶段教授小学课程，企图揠苗助长的一种做法。它属于一种超前教育，是当前幼儿教育的误区之一。"[1]从长远角度来看，这种揠苗助长式的做法无论是对幼儿的生理发育还是对幼儿的心理成长都可能造成不利的影响，这也是众多学者对其深恶痛绝的重要原因。然而，这种现象却屡禁不止，近些年来更是愈演愈烈。例如，幼儿园把入学准备片面地理解为认字，做数学题，给幼儿像小学生一样留作业，让幼儿背诵课文。由于教学内容不符合幼儿的年龄特点，导致幼儿不能或不甚理解，体会不到学习的乐趣。这样不但不利于幼儿思维能力的发展，而且极大地挫伤了幼儿学习的积极性，进而影响他们今后的学习。

（二）幼小衔接的片面性

　　幼小衔接是全面素质教育的重要组成部分，具有全面性，不应仅偏向某一方面。目前的幼小衔接工作中偏重智育的倾向比较严重。近年来，幼儿园对幼儿智力因素极为重视。实际上，非智力因素在儿童个体发展中的作用越来越显现出来。健康的身体、积极的学习态度、浓厚的学习兴趣以及良好的人际交往能力、独立性等对幼儿顺利适应小学生活是至关重要的。幼儿园教育有时忽视了幼儿的学习兴趣及良好学习习惯的重要性，忽视了对幼儿独立生活能力、交往能力、承受能力等的培养，这样会使幼儿缺乏美好的情感和良好的行为习惯，对学校的规矩和课堂常规缺乏了解。

（三）幼小衔接的单向性

　　做好幼小衔接工作，小学方面也是重要的一环。目前，我们面对的情况是，幼儿园方面把幼小衔接当作一项重要工作来做，积极开展幼儿入学前的准备工作，无论是在教学要求、内容、方法还是作息时间方面都主动向小学靠拢，但小学方面却缺乏主动性和积极性，这就形成了衔接上的一边倒，造成衔接工作的单向性。幼小衔接既不是幼儿园小学化，也不是小学幼儿园化，双向准备才是解决幼小衔接问题

---

　　[1]　虞永平：《"小学化"现象透视》，载《幼儿教育》，2011(10)。

的有效途径。小学方面也要做好幼小衔接工作。例如，小学教师可以到幼儿园，了解幼儿园的教学情况，提高幼小衔接意识，适当调整低年级的课程设置和制度设置，减轻作业负担，激发学生的学习兴趣，等等。

(四)幼小衔接的突击性

从某种意义上说，幼小衔接工作在幼儿一入园就开始了，整个幼儿教育时期都要为儿童入小学和今后的成长做好最基本的素质准备，而在大班时期则要侧重做好儿童入小学的特殊准备，如通过游戏和绘画等活动培养幼儿写字所需的基本功，带领幼儿熟悉田字格、四线三格等。但大多数幼儿园都是在大班下学期才开始做衔接工作，这样的准备是不够充分的。因为如果在最后时期才进行强化训练，急于求成，会使幼儿在生理、心理各方面压力骤然加大，难以适应。这样不但教育效果不佳，而且还使儿童对小学和未来的学习产生畏惧情绪。幼小衔接是一项长期的工作。

(五)幼小衔接的表面性

在幼小衔接工作实践中，幼儿园和小学都开展了一些有意义的活动。比如，幼儿园方面会在大班幼儿毕业前，带领幼儿熟悉附近小学的环境，而小学方面也会带领儿童回访幼儿园，和大班幼儿开展联谊活动，等等。然而有不少幼儿园的幼小衔接工作只停留在表面上，如按小学的教学方式上课，改变课桌的摆放形式，延长课时等，而儿童的适应能力，有意注意的持久性，学习的主动性、积极性、自制力等常常被忽略了。因此，幼小衔接工作不能只流于表面，幼儿园教师应创造性地开发出一些新的活动方式，从而跟上幼儿身心发展的需要。

二、幼小衔接的对策

即将升入小学的幼儿面临着学习形式、生活环境、师生关系、教育方法等方面的变化，因此幼小衔接问题是摆在教师和家长面前的一道难题。那么该如何做好幼小衔接工作，让孩子们走得更顺畅一点呢？针对这 问题，幼儿园应重点做好哪些工作呢？

> **想一想**
> 在我国，幼儿园教育和小学教育的差异主要表现在哪些方面？

(一)幼儿园与小学的"双向衔接"工作

儿童要为入学做好准备，学校也要为儿童入学做好准备。事实证明，"双向衔接"是解决幼小衔接问题的必由之路。在幼小衔接工作中，幼儿园与小学的双方配合与协作是不容忽视的环节。国内有研究者考察了幼儿园教师和小学教师对幼小衔接效果的看法。考察结果显示，在幼儿园教师中，仅有 1.5% 认为幼儿的入学适应情况"非常好"，64.6% 认为"较好"，26.2% 认为"一般"，7.7% 认为"较差"。在小学教师中，1.6% 认为"非常好"，40.3% 认为"较好"，46.8% 认为"一般"，11.3% 认为

"较差"。[①] 以往的幼小衔接工作更多的是幼儿园向小学靠拢。例如，适当调整幼儿园大班后期的一日生活内容与时间，使幼儿的身心状态和学习环境与小学生活的内容与节奏逐渐协调起来。幼小衔接应是双向的，幼儿园教师与小学教师要多交流、沟通，共同研究教育理论，探讨教学方法，研究孩子的心理状况。在幼儿入小学初期，小学教师应减少教学内容中抽象性的语言和符号，增加具体、形象、有趣的内容；减少使用呆板的上课模式，多使用趣味性强和活动性强的教学方式。衔接工作要系统化，保证教育的连续性。幼儿园与小学相互开放，幼儿园活动与小学课堂互动开放。幼儿园教师可以带幼儿参观小学，让幼儿熟悉小学并激发入学的兴趣，还可以与小学生联欢，搞"大手拉小手"活动，使幼儿从思想上、情感上做好入学准备。这对于消除多年来一些幼儿园教师与小学教师因交流太少引起的误会，打消大班家长的一些顾虑都具有直接作用，也有效降低了幼小衔接的坡度。

(二)教师的观念衔接

目前，幼儿园和小学的教师们在教育观念上仍存在着较大的分歧，主要是对待孩子在活动中出现的问题方面，幼儿园教师多是从自己的教育方法上找问题，而小学教师多是以教学内容和课堂要求为中心，找孩子和家长方面的问题，这是造成许多幼儿入学后不适应的主要原因。提高广大教师的素质是幼小衔接工作取得成功的保证。提高教师素质的关键在于转变现有观念，提高教师对幼小衔接工作意义的认识，加深教师对儿童过渡期特点的理解，从而使教师能够自觉地研究过渡期中每个儿童不同的发展特点及需要，有计划、有针对性地开展衔接工作。

(三)社会适应能力的衔接

教师要进一步加强幼儿自理能力和独立生活能力的培养。进入小学后，课间时间和课余时间都由小学生自己支配，这就要求他们有较强的自理能力。学校可以组织各种形式的竞赛活动来强化幼儿的自理能力。大班幼儿教师还要特别注意培养幼儿的时间观念，增强幼儿的独立意识，让幼儿学会自理、自立，逐渐脱离成人的直接照顾，培养幼儿的自信心和主动性。

(四)思维能力的衔接

对于初入学的儿童来说，读写和数学有很大难度，这主要是由幼儿园对幼儿的思维能力培养不够导致的。观察力、分析判断力弱会影响小学生对形近字的辨析、偏旁部首的归类等；方位知觉、空间知觉差会影响小学生对汉字和拼音书写的正确把握。逻辑思维能力是小学生系统学习的基础，无论是数学还是语文，都离不开这一基础。因此，在幼小衔接期，幼儿园教师应在各种活动中培养幼儿观察、比较、分析、综合、概括和推理等能力，促进幼儿逻辑思维能力的发展，同时培养幼儿的有意注意，激发幼儿的好奇心，调动幼儿的多种感官，提高幼儿的认知能力。

---

① 尹芳：《新时期幼小衔接问题的调查与思考》，载《早期教育(教师版)》，2008(6)。

（五）规则意识的衔接

在规则意识方面，幼儿园教师要教育幼儿养成遵守规则的好习惯。在现实生活中，部分幼儿在上一年级后，不能自觉遵守学校的规章制度，需要别人提醒。为此，幼儿园教师需要采取有效措施，使幼儿在幼儿园养成遵守规则的好习惯。例如，开展规则游戏，让幼儿逐步了解规则，有意识地发展他们的自控能力；帮助幼儿建立良好的生活、学习常规，加强规则意识；从培养幼儿的责任感入手，增强幼儿对任务的责任心。

（六）兴趣和情感的准备

莎士比亚曾经说过："有准备，才有一切。"幼儿入学前的准备不在于学几个汉字或会几道算术题，更重要的是学习兴趣。幼儿园教师一方面应培养幼儿阅读图书的兴趣，另一方面应培养幼儿对汉字的兴趣，以便为幼儿在小学阶段的学习打下良好的基础。幼儿园教师可以经常在班中举行看图书讲故事的活动，鼓励幼儿带自己最喜欢的故事书来园，利用餐前、餐后、离园前等空闲时间进行讲故事比赛，或者在"大带小"活动中，讲故事给小、中班的弟弟、妹妹听。这样，幼儿在心理上就会减少对学习的畏难情绪。同时，幼儿园教师可适当增加一些有关握笔姿势及书写习惯的教学。幼儿对小学生活的态度、看法、情绪状态等，对入学后的适应状况具有很大影响。因此，幼儿园教师应注意增加幼儿对小学生活的积极的情感体验，通过多种教育活动让幼儿逐步了解小学，喜欢小学，最后愉快、自信地跨进小学。

（七）尝试混龄教学

对于幼儿的入园和编班，《幼儿园工作规程》中规定，幼儿园可按年龄分别编班，也可混合编班。根据蒙台梭利的教学定义，混龄教学是指把3～6岁的幼儿编排在同一个班级内进行生活、学习、游戏的一种教育组织形式。这种教育组织形式打破了过去以幼儿年龄为界限的班级组织形式，把不同年龄的幼儿编制成班，这样每个年龄的幼儿就有更多的机会与其他不同年龄的幼儿接触与交往，并且在此过程中学会认知，学会做事，学会生存，学会与他人共同生活。不同年龄的幼儿混合在一起共同活动，通过社会交往，他们都能学到大量知识，并获得社会能力的发展。

幼小衔接工作仅仅依靠幼儿园与小学的力量是不够的，还应该依靠家庭与社区的力量，四方互相配合，形成影响幼儿成长的教育合力。在幼儿园和小学阶段，家长在教育方面的作用十分重要。无论是生活起居，还是社会性行为、学习习惯，儿童都受到家长行为和态度的影响。因此，做好家长工作，转变家长观念，引导家长与幼儿园和小学共同配合搞好过渡期的教育是十分必要的。幼儿园可以通过开办家长学校、邀请家长参加亲子活动、个别家访、家园联系册、家长委员会等多种途径组织家长配合幼儿园、小学做好教育衔接工作。幼儿园还应加强与社区的沟通与协作，大力宣传做好衔接工作的重大意义，使全社会对此达成共识，共同配合，做好衔接工作。

幼儿园教师资格证考试·真题再现

2013年下半年《保教知识与能力》真题

下列有关幼小衔接的说法，正确的是（　　）。

A. 幼儿入学适应困难，是因为幼儿园教育过于游戏化

B. 幼小衔接完全是幼儿园的责任

C. 幼儿园的幼小衔接工作不仅仅在大班，小、中班也应该开展

D. 幼小衔接主要是教幼儿拼音、认字等内容

【解析】C。幼小衔接是指幼儿园与小学两个教育阶段平稳过渡的教育过程，也是幼儿在其发展过程中所面临的一个重大的转折期。这不仅仅是幼儿园的责任，也是家庭和社会的责任。幼小衔接工作不能只在大班开展，在小、中班也应当适当开展，以便让幼儿尽快适应。

2013年上半年《保教知识与能力》真题

简答题：

简述幼儿教育与小学教育的主要区别。

【答案要点】幼儿教育与小学教育的主要区别体现在以下几个方面。

第一，学习环境的改变。

幼儿园为幼儿选择和操作提供了丰富的材料，环境的布置比较活泼、生动。学习、生活设施一般都相对集中，幼儿生活起来很方便。在小学阶段，教室环境布置相对简单和严肃，座位是固定的，自由活动时间较少，学生还要受到纪律的约束，并有一定的学习任务。

第二，生活制度不同。

在学前教育阶段，教师的重要职责之一就是做好保育工作，关注幼儿的生活和身体状况。活动方式以游戏为主，轻松舒适，管理上不强制，没有出勤的要求，作息时间比较灵活。当幼儿进入小学以后，生活节奏发生了巨大变化。小学教学主要以课堂教学为主，每节课有固定的时间，课间自由活动和游戏的时间很短。生活节奏是快速而紧张的，有较为严格的作息制度，对儿童的纪律和行为规范的要求带有一定的强制性。

第三，师生关系的变化。

幼儿园注重保教结合，一日生活都有固定的教师与幼儿朝夕相处，加之幼儿年龄较小，他们完全独立活动的机会较少，因此对教师产生依恋感。在小学阶段，每个班级虽然有一个固定的班主任，但教师与学生除了课堂接触以外，其他时间接触得相对较少。

第四，幼儿的学习方式不同。

在学前教育阶段，丰富多彩的游戏是幼儿的主导活动。幼儿通过动手操作等实践活动获得各种感官体验和社会生活知识。小学阶段的教育形式主要是课堂教学。小学阶段对小学生有明确的学习目标和教学任务的要求，有严格的考试和一定的家庭作业来验证学习效果和巩固学习内容。小学的教学方式和组织形式与幼儿园有很大差别。

第五，成人的教育要求不同。

在学前教育阶段，幼儿的学习是非义务的，成人大部分时间致力于促进幼儿的正常发育和身心健康发展，培养幼儿的求知欲，开发幼儿的智力，丰富幼儿的感性经验，带幼儿积累粗浅的知识经验，学习认识事物的简单方法和技能，培养良好的生活、行为习惯等。幼儿进入小学后，社会和成人对他们的要求较具体、严格，他们经常要接受各种考试，课业压力较大。

本章小结

幼小衔接问题一直以来都备受广大教师，尤其是幼儿园教师的关注，解决好幼儿的入学适应问题也一直是教师的一个工作重心。

本章主要论述了幼小衔接的意义与任务，内容、方式与原则，以及当前幼小衔接存在的主要问题和基本对策，为教师了解幼小衔接工作以及解决幼小衔接工作中的问题提供了依据。

关键术语

幼小衔接 入学准备 混龄教学

思考题

1. 幼儿在入学适应过程中会出现哪些问题？这些问题的原因是什么？怎样帮助幼儿解决这些问题？

2. 如何帮助幼儿做好入学准备？

3. 幼小衔接的内容与方法是什么？

4. 幼小衔接的原则是什么？

建议的活动

阅读下面材料，分析这位母亲胜诉的原因。

1968年，美国内华达州一个叫伊迪丝的3岁小女孩告诉妈妈，她认识礼品盒上"OPEN"的第一个字母"O"。小女孩的妈妈非常吃惊，问她是怎么认识的。伊迪丝说："是薇拉小姐教的。"妈妈在表扬了女儿之后，一纸诉状把薇拉小姐所在的劳拉三世幼儿园告上了法庭。这位母亲提起诉讼的理由是：她认为女儿在认识"O"之前，能把"O"说成苹果、太阳、足球、鸟蛋之类的圆形东西，然而自从劳拉三世幼儿园教女儿识读了26个字母，伊迪丝便失去了这种能力。她要求该幼儿园为这种后果负责，赔偿伊迪丝"精神伤残费"1000万美元。此案在内华达州州立法院开庭。法庭最终裁决劳拉三世幼儿园败诉。因为陪审团的23名成员认为，该幼儿园的做法犹如剪去了伊迪丝想象的翅膀，并早早地将她投进了那片只有ABC的小水塘，使孩子在智力的启蒙阶段不能在想象的天空中振翅翱翔。

这个案例后来成了内华达州修改《公民教育保护法》的依据。现在美国《公民权法》中规定，幼儿在学校拥有玩的权利。

📖 **拓 展 阅 读**

1. 商晓娜. 准备好，去上学. 南京：江苏少年儿童出版社，2014.

这是一部充满趣味的儿童小说。五岁的小女孩周佳彤，被爸妈亲切地称为"小朋友"。《准备好，去上学》讲述的就是"小朋友"的心理成长故事和生活故事。"小朋友"还在上幼儿园大班，但她很想上学，很想快快长大。"小朋友"也想系红领巾，想当小队长……"小朋友"有好多好多的向往。在准备着上学的日子里，怀着小小兴奋的"小朋友"会怎样面对那么多因为渴望上学而引起的小小烦恼和困惑呢？学前幼童成长过程中的美好、尴尬和烦恼，活灵活现，令人莞尔，引人深思。周佳彤因为准备上学而遇到的种种问题及解决办法，能够给予即将上学的孩子以全方位的启发。

2. 张春炬. 幼儿教师的家长工作技巧. 北京：中国轻工业出版社，2014.

对于幼儿教师来说，家长工作需要技巧。家庭教育的实施者——家长，对幼儿的影响甚至比教师更重要、更深远。作为熟悉和了解学前阶段幼儿身心发展规律、教育规律的专业幼儿教师，我们必须把"指导家庭教育向更科学的方向发展"的理念渗透到日常工作中来，发挥专业教师的引领和带动作用。因此，如何有效"诊断"家庭教育的现状，如何将家长工作与日常带班活动相结合，如何讲究技巧地开展家长工作，不仅是当今幼儿教师工作的重要内容，而且是国家人才发展战略给予幼儿教师的责任和使命。本书作者经过深入分析和讨论，用简洁的语言介绍了幼儿园教师开展家长工作所需的技巧，节约了幼儿教师的时间和精力。真实案例与理论分析相结合，使本书具有较强的实践指导性和可读性。

3. 教育部. 关于大力推进幼儿园与小学科学衔接的指导意见. 2021.

2021 年，教育部印发《关于大力推进幼儿园与小学科学衔接的指导意见》(以下简称《指导意见》)，意在全面推进幼儿园和小学实施入学准备和入学适应教育，减缓衔接坡度，帮助儿童顺利实现从幼儿园到小学的过渡。《指导意见》中提出了五项主要举措。第一，幼儿园做好入学准备教育。第二，小学实施入学适应教育。第三，建立联合教研制度。第四，完善家园校共育机制。第五，加大综合治理力度。

第十一章　学前教育理论流派

学习目标 ▶

1. 了解国内外一些主要的学前教育理论流派。
2. 掌握国内外主要学前教育理论流派的观点及实施方法。
3. 明确国内外学前教育理论对当代学前教育的价值及意义。

学习导图 ▶

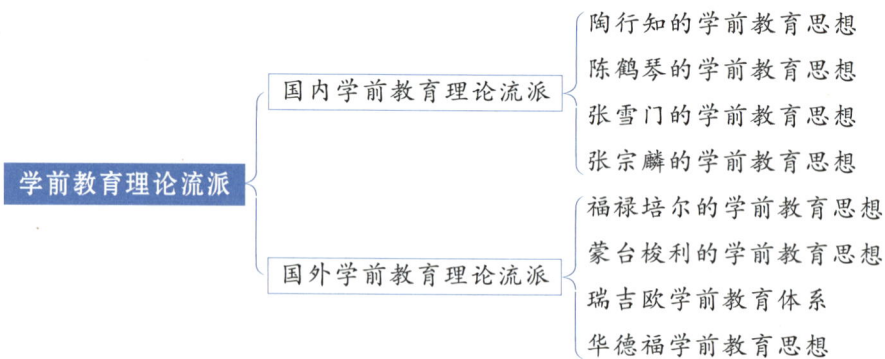

导入案例 ▶

　　父母们都希望自己的孩子能够享有高质量的教育，希望孩子与人和睦相处，幸福快乐并积极学习。怎样才能达成父母们的愿望，使每一个孩子都能够健康成长呢？蒙台梭利说过："如果我们总是沿着一种仅仅是知识传授的陈旧路线来构思教育，那么教育是没有多少希望的……如果每个生命个体的总体发展滞后的话，传授知识又有什么用呢？因此我们发现，教育不是由教师来完成的事，而是每个人自我发展的自然过程。"

　　在学前教育学形成与发展的历程中，不同历史时期的教育家为学前教育学的创建与发展做出了不可磨灭的贡献。他们的教育思想和教育实践活动对学前教育的发展具有重要的价值。

第一节 国内学前教育理论流派

一、陶行知的学前教育思想

陶行知一生积极进行教育实践与研究。他以为贫苦大众办幼儿教育为指导思想，发起了幼儿教育的平民化运动，创办了我国第一所乡村幼儿园和劳工幼儿园。他的教育思想体现了科学的儿童教育观，尤其是他的"生活教育"思想，对今天的学前儿童教育具有重要的现实指导意义。

(一)强调学前教育的重要性

陶行知十分重视学前教育。他形象通俗地阐明了学前教育的重要性："凡人生所需之重要习惯、倾向、态度多半可以在六岁以前培养成功。""六岁以前是人格陶冶最重要的时期。这个时期培养得好，以后只须顺着他继长增高的培养上去，自然成为社会优良的分子；倘使培养得不好，那末，习惯成了不易改，倾向定了不易移，态度决了不易变……"①因此，绝不能漠视小孩子的需要、能力、兴味、情感，从而不知不觉地漠视了他们的教育。他大声疾呼："我们必须唤醒国人明白幼年的生活是最重要的生活，幼年的教育是最重要的教育。"②

(二)重视幼儿教育的中国化

陶行知指出，国内的幼儿园普遍害了"三种大病"。一是外国病。一切照搬外国的东西，弹的是外国钢琴，唱的是外国歌曲，讲的是外国故事，玩的是外国玩具，甚至吃的是外国点心，中国的幼儿园几乎成了外国货的贩卖场。二是花钱病。这些幼儿园花钱太多，在贫困落后的中国很难普及。三是富贵病。幼儿园收费很高，只有富贵人家的子女才上得起，一般平民子弟则望而却步，因而也就失去了受教育的机会。他相继发表了一系列文章，不仅强调了学前教育的重要性，而且对如何创办中国式的幼儿园也提出了自己的设想。陶行知指出，要想普及幼儿教育，必须创办适合中国国情的幼儿园。具体来说，就是要利用现有的音乐、诗歌、故事、玩具及自然界来陶冶儿童，自编幼儿教材，使之"中国化"；因陋就简，以少的投入办出好的幼儿园，使之"经济化"；加强对乡村幼儿教育师资的培养，在工厂区和乡村大量创办幼儿园，让平民的子女都有受教育的机会，使之"平民化"。

经过调查研究，陶行知认为，工厂区和农村是幼儿园可以发现的新大陆。他对创办平民幼儿园的可行性及发展前景做了充分的、令人信服的论证。陶行知指出，创办平民幼儿园不仅是儿童身心发展的需要，而且对于广大工人和农民朋友来说也

---

① 陶行知：《创设乡村幼稚园宣言书》，见《中国教育改造》，56页，武汉，长江文艺出版社，2018。
② 陶行知：《如何使幼稚教育普及？》，见《中国教育改造》，100页，武汉，长江文艺出版社，2018。

是现实的需要。如果有既能使小孩子受到教育，收费又便宜的幼儿园，家长们肯定都会乐意将孩子送去就读。陶行知认为，普及教育的最大难关是教师的训练。为了解决这一难题，陶行知提出了培养幼儿教育师资的两种途径：一是大力创办幼儿师范学校，培养幼儿教育师资力量；二是采用"艺友制"培训幼儿园教师。陶行知解释：艺是艺术，或可作手艺解。凡用朋友之道教人学做艺术或手艺便是艺友制。这种艺友制的师范教育在当时培养了一批乡村幼儿园教师。

(三)提倡尊重、理解、信任的儿童观

陶行知认为，儿童有巨大的创造潜能，教师应尊重儿童，信任儿童，要向儿童学习，了解儿童的需要，将儿童的创造力解放出来。他提出了儿童六大解放观：解放儿童的头脑、双手、眼睛、嘴、空间和时间。除此之外，他在如何培养儿童的创造力方面还提出了独到的见解。具体方法如下。第一，提供充足的营养。儿童的身心发展需要适当的营养，有了适当的营养，才能产生高度的创造力，否则创造力只是空中楼阁，无从谈起。第二，帮助儿童养成良好的习惯。儿童只有在日常生活中养成良好的习惯，才能向更高层次飞跃发展。良好习惯的养成需要通过教育来实现，而幼儿时期正是良好习惯养成的关键期。第三，因材施教。培养儿童的创造力需要教育者认识每个儿童的特点，提供适宜的教育，这样才能大力开发出儿童的创造力。第四，发扬民主。陶行知说："创造力最能发挥的条件是民主。"[①]只有在民主、教育机会均等的条件下，教育者充分了解儿童，以宽容的心态对待儿童，儿童的创造力才能充分解放出来，达到最高峰。

陶行知指出，儿童社会要充满简单之美。儿童教育要回归简单和追求简单，即针对儿童的认知特点，采用易于儿童理解和接受的方式，让儿童感知各种具体形象的事物，丰富他们的各种体验，在活动中激发他们探索未知世界奥秘的兴趣。最好的教师，便是近于儿童的成人。当儿童有不能解决的困难时，教师就给予暗示，暗示不足，则给予辅助和指导，务必使儿童能自己用过一番心力去研究，教师不该心急地代为设法。[②]

(四)秉持"回归生活"的生活教育理论

生活教育理论是陶行知教育思想的核心内容，主要观点是：生活即教育，社会即学校，"教、学、做"合一。[③] 陶行知深信生活是教育的指南针，是教育的中心。这就是说生活是第一性的，人人过生活，人人受教育，人人是受教育者，人人是教育者。社会使教育的材料、方法、工具等都得到增加，使教育环境得到扩大，家庭、社区等都成为我们学习的教育资源。"做"，也是指活动，是儿童主动参与的过程。"做"是教与学的基础，教与学以"做"为中心。在学前教育中，处处让儿童亲自去经

① 胡晓风等：《陶行知教育文集》，521 页，成都，四川教育出版社，2007。
② 胡晓风等：《陶行知教育文集》，249 页，成都，四川教育出版社，2007。
③ 杜秀荣、蔡淑兰：《论陶行知教育思想中的学前儿童教育观》，载《集宁师专学报》，2009(3)。

历一番，手脑并用地去做，在自主的活动中获得经验，增长能力，这种方法是幼儿教育的最佳方法。"做"的过程就是儿童发明和创造的过程，甚至是破坏和探寻的过程。只有"做"才能提升儿童感知世界的能力，才能增强生活的能力。

幼儿园教师资格证考试·真题再现

2014 年上半年《保教知识与能力》真题

陶行知的生活教育理论注重"教、学、做"合一，强调（　　）。

A."学"是中心　　　　　　　　B."教"是中心

C."做"是中心　　　　　　　　D."教"与"学"是中心

【解析】C。陶行知认为，教与学都是为了生活实践的需要，教与学都必须以"做"为中心，故本题选 C。

幼儿园教师资格证考试·考点预测

认为清末民初中国幼儿教育机构存在三大弊病——"外国病""花钱病""富贵病"，并指出幼儿教育应面向大众的教育家是（　　）。

A. 陶行知　　　B. 陈鹤琴　　　C. 张雪门　　　D. 张宗麟

【解析】A。陶行知重视幼儿教育的中国化，分析了清末民初中国幼儿教育机构存在的三大弊病，指出幼儿教育应面向大众。

二、陈鹤琴的学前教育思想

陈鹤琴是中国著名的教育家，同时也是中国学前教育的重要奠基者及幼儿心理学开拓者，被誉为"中国幼儿教育之父"。他毕生从事学前教育，创办了中国历史上第一个幼儿教育基地——南京市鼓楼幼稚园，并创办了中国第一所公立实验幼儿师范学校，在中国学前教育史上有着重要地位。

（一）倡导学前"活教育"思想

陈鹤琴深刻认识到我国传统教育存在的弊端，同时也看到了中国面临的民族危机和存亡中的危难，教育救国是他的思想理念。"活教育"的核心就在于让当时社会背景下的老百姓能够觉醒，要"做人，做中国人，做现代中国人"。陈鹤琴的活教育思想与陶行知的生活教育理论有着密切的联系。他尤其注重主体人格的培养，同时反对剥夺儿童自由的学前教育模式。陈鹤琴强调儿童的自主权利。他认为，儿童的世界应由他们自己去探索、发现，这样得来的知识才是真知识、真世界。所以，凡是儿童能自己做的就应让他们自己做。陈鹤琴的学前教育思想注重儿童在教学活动中的主体地位，从儿童的天性出发，培养他们的自主意识。

1."活教育"课程

陈鹤琴的"活教育"课程强调在学习中恰当地运用参考书籍,以自然及社会为中心,采用游戏、团体式的教学方式,并相应设立考查儿童成绩的标准。陈鹤琴认为,幼儿园的课程不应停留在书本上,教师应该带领儿童走出去,进入更加广阔的空间,到大自然中学习,到社会中学习。

2."活教育"思想的实施方法

陈鹤琴强调"做中学,做中求进步"的教育理念。他指出,儿童的各类活动都应该在户外进行,儿童应多与大自然接触,教师要与学生共同参与活动,并不断对学生进行指导。另外,教师还应多组织幼儿直接观察事物,以此来丰富他们的经验。陈鹤琴强调,凡是儿童能够自己做的,一定要让他们自己做,将"做"放在他们获得知识、经验的首位。儿童在做的过程中,不但能提高动手能力,而且能提高创新能力。

3."学做中国人"的学前教育思想

在教育目的上,陈鹤琴的"活教育"思想中还蕴含着"做人"的教育。幼儿园的教育目的是不仅要让幼儿获得知识,还要让幼儿学会做人及待物,体现一种爱国精神。他强调,幼儿园所使用的教材及举办的活动等都应符合民族特色,体现一种与时俱进的精神。同时,他指出:幼儿园要培养不但具有良好体质,而且还应具有创新能力及服务精神的现代中国人,这对于提高幼儿整体素质有着重要意义。[①]

(二)坚持"健康第一"、全面发展的教育主张

通过长期的观察与实践,陈鹤琴认为,常年多病对幼儿的学业有着很大的影响,所以,幼儿园首先要注重幼儿的健康问题。陈鹤琴提出"强国必先强身,强身就要注重幼儿体育"的观点,强调幼儿教育要把幼儿健康放在首位。除此之外,幼儿教育要重视培养幼儿的良好道德品质,教导幼儿互相谦让、敬爱父母、尊敬师长、爱祖国、爱人民、爱大自然;提高幼儿对自然美、社会美、艺术美的认识能力、鉴赏能力和创新能力,发展幼儿的艺术才能;重视幼儿的感觉训练和智力发展,特别是观察力的提高。

(三)注重幼儿教育的多样性,倡导以游戏为主的教育形式

幼儿是在游戏、作业、劳动、生活等丰富多彩的活动中得到成长和发展的。教师要竭尽全力为幼儿创造游戏的环境、工作的环境,并组织幼儿参加一些力所能及的劳动,随时随地向大自然、向社会汲取教育资源。陈鹤琴指出,幼儿天生喜欢游戏及运动,甚至他们的生活都可以被称作游戏,所以幼儿园应当采用游戏的方式去教导幼儿。陈鹤琴还将游戏作为主要教学方式,将每个幼儿都能参与作为重要准则,这体现了陈鹤琴对幼儿个别差异的尊重及学前教育的公平性思想。

---

① 刘海红:《"幼儿教育之父"陈鹤琴先生的学前教育思想》,载《兰台世界(上旬)》,2013(9)。

(四)提倡幼儿园要和家庭紧密结合

陈鹤琴认为，儿童教育是幼儿园与家庭共同的责任。他指出，儿童教育是一件很复杂的事情，不是家庭一方面可以单独胜任的，也不是幼儿园一方面可以单独胜任的，必定要两方面共同合作方能得到充分的功效。幼儿园可以通过恳亲会、讨论会、报告会、探访家庭等形式，取得家长在教育上的密切配合，使家庭教育与幼儿园教育步调一致，保证儿童得到合理的教养，从而健康快乐地成长。

(五)重视幼儿教育师资的培养

为发挥教师在学前教育中的指导作用，陈鹤琴指出，必须从多方面加强对幼儿教育师资的培养。他曾在江西泰和创建江西省立实验幼稚师范学校，并将其作为培养幼儿教育师资的重要基地。他指出，幼儿园教师要有这样一些本领：能讲动听的故事，能编儿歌谜语，能画图，能做手工，能唱歌，能奏一种乐器，能养花、种菜，能玩简单的把戏，能布置教室，能烧菜和做点心。

幼儿园教师资格证考试·真题再现

2012 年下半年《保教知识与能力》真题

创建"活教育"体系的教育家是(　　　)。

A. 陈鹤琴　　　　　　　　B. 福禄培尔

C. 杜威　　　　　　　　　D. 蒙台梭利

【解析】A。陈鹤琴是中国学前教育的奠基者。他主张中国儿童教育的发展要适合国情，创建了"活教育"理论体系。

资料链接 11-1

陈鹤琴的"活教育"实践

陈鹤琴长期致力于"活教育"教学方法的实践研究中。他强调儿童的生活方式和儿童特有的活动是"活教育"课程的基本形式安排，只有符合儿童与他人、社会、自然的交往方式才是真正意义上的课程模式。所以，陈先生将传统的学科组织教学模式转变为以主题为中心的单元教学模式。儿童科学活动(如植物栽培、动物饲养、认识自然等)、儿童健康活动(如饭前便后洗手、自己的事情自己做、安全第一等)、儿童社会活动(如学会分享合作、了解不同的职业、学会角色分配等)、儿童艺术活动(如学习唱歌、节奏，掌握绘画技能，了解民族戏剧等)、儿童文学活动(如阅读童话、了解民间故事、学唱儿歌等)这五大活动形式正是陈先生所提倡的核心课程模式。

[资料来源：成洁萍. 陈鹤琴学前教育思想及其实践. 兰台世界(上旬)，2013(7).]

三、张雪门的学前教育思想

张雪门是我国著名的幼儿教育专家，他希望通过幼儿教育来拯救中国，因为幼儿教育是教育的基础，儿童是祖国未来的主人。他创办了宁波市第一所由中国人独立创办的幼儿园——星荫幼稚园，以及一所两年制的幼儿师范学校——星荫幼稚师范。张雪门的学前教育思想来源于实践，又应用于实践，其思想具有一定的现实意义。

(一)教育目的要与时俱进

张雪门对幼儿教育目的的看法有过两次转变，第一次是着重阐述学前教育应以发展儿童的个性为目标，第二次是从"以儿童为本位"的教育目的向"以民族为本位"的教育目的的转变。

1. 以发展儿童个性为目标

在第一次幼儿教育目的的转变过程中，张雪门批判了以培养士大夫为目标的幼儿教育。他认为以培养士大夫为目标的幼儿教育，其目的是向儿童灌输陈腐的学问和忠孝的道德，为造就士大夫服务。张雪门主张开办普通式的幼儿园，其教材是以生活为中心、促进儿童身心发展的工具。教师担任指导者的角色，其职责是指导儿童在自由的环境中自发地活动，以提高儿童的思考力和创造力。

张雪门认为，幼儿教育的目的应完全以儿童为本位，成就儿童在该时期内的身心发展，并培养其获得经验的根本习惯，以适应环境。为应对时代变迁和社会环境的影响，张雪门把儿童本位的幼儿教育改为民族本位的幼儿教育，目的是将儿童和社会联系起来，走中国化的幼儿教育之路。

2. 以培养新一代国民为目标

"九一八"事变之后，张雪门的幼儿教育目的发生了第二次转变。随着当时民族危机的加深，他批判以宗教为本位的幼儿教育。他认为，教会幼儿教育的目的是试图把儿童培养成为虔诚的基督教徒。他在强烈地抨击教会幼儿教育思想的同时，也深刻地意识到教育目的应该随着时代的变迁而转变，以儿童为本位的教育目的已不能适应我国当时的国情和社会的需要，所以张雪门提出了"以培养新一代国民"为目标的幼儿教育理念。他认为儿童是新一代的国民，但是其本身不具备"新国民"的生理和心理素质，因此我国要努力发展幼儿教育事业，一方面促使儿童健康快乐地成长，另一方面使儿童具备新一代国民的素质，为培养儿童的民族精神做准备。

(二)源于生活的行为课程

1. 兼顾"个人与社会"的课程目标

张雪门根据儿童本位和民族本位的教育目的，提出了兼顾"个体与社会"的课程目标。首先，张雪门提出满足个人需要的课程目标。其次，他提出兼顾"个人与社会"的课程目标。个体与社会有着密切的联系，个体不能脱离社会而单独生活，就像个体的身心发展有赖于环境一样。所以在设置课程目标时，应该将二者紧密地结合在一起。就像张雪门所说的："应该把社会需要建筑在儿童的生活之上。"例如，劳动适合我国当时社会的需求，但教师绝不可能让儿童去种地或耕田，只要在课程上使儿童自己动手做出合用的东西来，就已经是有价值的劳动了。因为只有既符合社会需求，又满足儿童发展需要的课程，才是有价值的课程。

2. 生活化的课程内容

张雪门认为，行为课程，完全根据于生活：它从生活而来，从生活而展开，也从生活而结束。可见课程源于儿童的生活，儿童的生活包括自然生活和社会生活，所以课程内容来源于自然环境和社会环境。从儿童的生活中选择课程内容，不仅容易激发儿童的学习兴趣，还可以调动儿童学习的主动性，所以他主张以儿童的生活需要为出发点，力图促进儿童健康快乐地成长。他根据幼儿园课程的特点编制行为课程的内容，具体如下。

（1）整体性

张雪门指出，生活的课程第一当注意整个的活动。他认为儿童看世间的一切都是整个的，所以教师在编制课程内容时，要把握课程的整体性特点，在兼顾个人与社会需要的前提下，将各科目打成一片，让它们都变成儿童整体生活的一方面，构成一种具体的整个活动。

（2）偏重个体发育

张雪门指出，生活的课程第二当注意儿童特殊的身心。他认为"幼稚生时期，满足个体的需要，实甚于社会的希求"。因为儿童六岁以前的生理发展速度比其他时期要迅速，而知识和情感等都随着生理的发展而变化，所以幼儿园的课程内容应该比小学的课程内容更注重儿童的身心发展。然而这里所说的在编制课程内容时偏重个体发育，并不是要忽略社会的需要，而是在满足社会需要的前提下，更注重儿童的个体发育。

（3）直接性

张雪门认为，幼儿园的课程，须根据儿童的直接经验。儿童的学习动机，从自己的生活中产生的比从间接经验中产生的要强得多。因为直接经验与间接经验相比较，虽然没有间接经验整齐和系统，但是它较为深刻，不论是直接参与还是模仿，都是切实的内容。例如，教儿童认识玫瑰花时，让儿童欣赏玫瑰花的图片，肯定不如让儿童亲自与玫瑰花接触，通过多种感官获得对玫瑰花的认识来得印象深刻。所以张雪门认为，在编制课程内容时应注重儿童直接经验的获得，因为儿童只有在直接经验的基础上，才能更好地吸收间接经验，从而支配间接经验。例如，没有被冷风吹过和接触过冰的人，是想象不到北极有多么冷的。

3. 知、情结合的课程实施

(1)课程实施的原则

①经过人工精选

张雪门指出，课程固由于自然的行为，却须经过人工的精选。他认为儿童的行为不是孤绝的，无论是由于内部需要，还是环境的刺激，都足以唤起其行为的反应。把这种自然的行为，当作幼儿园学习的课程，就是行为课程。然而这种自然的行为本身存在着缺点，所以需要经过人工精选。

②在劳力上劳心

张雪门说过，课程固由于劳动行为，却须在劳力上劳心，任何行为都离不开劳动，但劳动并不一定都有价值。于是他将劳动行为分为四种，并指出"只劳力不劳心"是妄作盲动；"只劳心不劳力"则是胡思乱想；"又劳心又劳力"则是将劳力和劳心分成两件事，看似是有价值的行为，其实是将一个人的生活分成了两截；只有"在劳力上劳心"才是有价值的行为。因为只有在做上用心思，才能克服困难，才能发明创造。

③树立远大目标

张雪门主张，课程固由于儿童生活中取材，但须有远大的客观标准。如果幼儿园课程内容是从儿童生活中取材，但却没有树立远大的目标，那么教师在教育儿童时，就有可能将神权思想与科学知识等都传授给儿童，造成教育价值的相互抵消，导致幼儿产生矛盾的意识。所以他认为教师在课程实施时，应该树立远大的目标，如以实现中国梦为目标，这看似与儿童相距甚远，实则与儿童关系密切。

(2)课程实施的过程

张雪门认为，在课程实施前教师应该做好"知"与"情"的准备，所谓"知"的准备是指知识、技术、作业程序分析、工具和材料的准备，而"情"的准备则是指集中心力的准备。

张雪门认为，"指导"就是要求教师抛弃成人的主观意见，满足儿童的需要，并时刻注意他们在活动中遇到的困难，帮助他们加以解决。在课程实施过程中的指导主要就是教师对学生"知"与"情"的指导。"知"的指导包括计划、知识、技术的指导，而"情"的指导则是兴趣、习惯、态度的指导。

4. 师生共进的课程评价

张雪门认为，教师在课程实施后应有评价，评价的对象是儿童和教师自己。教师针对儿童的评价包括检讨儿童的行为和继续注意儿童的行为，教师针对自己的评价则包括记录儿童的行为和估计儿童的行为经验。这样的评价才是客观的、有效的，才能促使师生共同进步。因此，教师在开展课程评价时，要将其分为以下四个方面。首先，教师要检讨儿童的行为。在检讨儿童行为时，教师可以对儿童进行总的评价和个别评价。其次，教师要继续注意儿童的行为。再次，教师要记录儿童的行为。

张雪门认为，教师应该把儿童每天在活动中的重要动作，按照次序详细记录下来，这样不但可以供教师将来参考，而且可以使教师发现自己在教学中失败和成功的原因。最后，教师要估计儿童的行为经验。张雪门强调，教师要对儿童活动结束后所产生的经验进行细致的分析，然后选出其价值，并将这些价值都综合起来与预定的目标进行比对，看达到了哪种程度，这才是从行动中获得的真实成绩。

(三)培养理想的幼儿教育师资

张雪门认为，教师受家庭和社会的托付，对儿童的学习负有完全的责任。教师在课程中，与其说是教育儿童，不如说是指导儿童。教师的职责，不单在于传授知识，还在于能够利用儿童对活动的自然倾向使之和几种境遇相接触，从而唤起其需要知识的觉悟。由此看出，教师在幼儿教育中起着重要的作用，担任着指导者和辅助者的角色，其职责就是为儿童创造良好的环境，唤起儿童生活的需要和学习的需要。因此，张雪门主张培养理想的幼儿教育师资，希望通过提升教师的人格素养和学识修养，来实现幼儿教师的培养目标。

1. 幼儿教师的培养目标

张雪门指出，幼儿教师的培养目标为：能为普及平民幼儿教育和广大农村幼儿教育、造就新一代国民而献身的幼儿教师。他们既具有一个理想的幼儿教师应有的熟练的技能技巧，更有坚定、牢固的专业思想。为实现这一目标，幼儿教师必须提升自身的人格素养与学识修养。

2. 幼儿教师必备的修养

张雪门指出，教师要具有广博的学识和高尚的人格，因为教师只有具备广博的学识，才能做到教书育人；只有具备高尚的人格，才能做到为人师表、以身作则，成为儿童学习的榜样。

3. 重视实习的培养方式

张雪门非常重视有系统和有组织的实习。他认为，有系统、有组织的实习，第一须有步骤，第二须有范围，第三须有相当的时间，第四须有适合的导师与方法。因此，张雪门将实习过程分为四个阶段：参观阶段—见习阶段—试教阶段—辅导阶段。张雪门非常重视实习的培养方式。在时间上，他将师范生的实习时间由传统师范教育规定的一学期，延长到师范生的三个学年；在空间上，他将师范生的实习场所，从幼儿园扩大到整个社会。所以他提出的实习方式，加强了学校与社会的联系，改变了师范生缺乏实践经验的现状，从师资来源上提高了未来幼儿教师的教育教学能力。

四、张宗麟的学前教育思想

张宗麟是研究中国乡村教育的教育家。他自从事乡村教育工作以来，将许多精力放在了儿童教育上。张宗麟的幼儿园课程理论是建构在幼儿的"社会"基础之上的。

张宗麟认为，在遵循儿童发展需求的教育理念指导下开展的各种活动都应倾向于社会性的培养，因为"养成适合于某种社会生活的人民"的培养目标才是教育的"灵魂"。张宗麟的乡村幼儿教育思想虽然已不契合当今的教育形势，但是他所提出的教育思想与理念仍有较高的借鉴价值。

(一)生活化的乡村幼儿教育观

1. 以生活为中心建构幼儿园课程

张宗麟在实验乡村幼儿园课程时，以"生活"为理论建构的基点，重视"生活"对儿童的教育作用，并把"生活"的概念贯穿整个课程体系。张宗麟受陶行知"生活教育"理论的影响，在南京鼓楼幼稚园从事幼儿园课程实验时，就在其著作《幼稚教育概论》中鲜明地指出，人生实际活动为幼儿园课程的根源。他认为幼儿园课程内容的来源有四个方面，一是幼儿自发的活动，二是幼儿与自然界接触所生成的活动，三是幼儿与社会接触所产生的活动，四是符合幼儿需要的人类流传的经验。1932年，他在《幼稚教育》中再次阐述了幼儿园课程的来源：一是幼儿本身，即幼儿的需要、幼儿原有的经验，以及幼儿目前的生活与将来生活的全部；二是幼儿与社会的关系，无论任何幼儿都是社会的成员，必须与社会建立联系。

2. 乡村幼儿园课程与小学课程的衔接

20世纪二三十年代，幼儿园课程与小学课程是完全隔绝的，存在"不问本身之课程如何"的情况。张宗麟针对此情况，提出了小学与幼儿园应该"相互调和，以造成新课程"的观点。他指出"相互调和"，即幼儿园在教学形式上要以游戏为主，在课程内容上要趋向于小学，与小学相衔接，以此标准拟定的幼儿园课程大纲才是符合实际的。

张宗麟提出的"相互调和"的幼小衔接思想，即加强幼儿园、小学、家长的多方衔接，对做好幼小衔接工作具有重要的启发意义。因此，幼儿园应通过调整幼儿园一日生活的内容和安排，加强幼儿园教师、小学教师及家长的交流与沟通，使有效衔接工作落到实处，如通过开办家长学校、组织亲子活动向家长介绍幼小衔接的重要性及做法，通过开展幼小教师座谈会、幼小衔接课程教研会等帮助幼小教师转变观念，切实做好幼小衔接工作。

(二)以"社会性"培养为核心的课程观

1. 乡村幼儿园课程的目标观

张宗麟指出，幼儿园课程须以发展儿童全部为目标。幼儿园课程的首要目标是促进儿童身心全面、和谐地发展。他指出，儿童的生活是一个整体，教育应使儿童各方面均得到发展。"养成适合于某种社会生活的人民"是张宗麟提出的幼儿园课程的另一重要目标。在拟定幼儿园课程标准时，张宗麟提出在幼儿园增设"社会"科。张宗麟认为，幼儿园课程的总目标是增加幼儿的快乐体验，使其养成良好的行为习惯、卫生习惯，提高其生活自理能力，促进其身心健康发展。

2. 乡村幼儿园课程的内容观

张宗麟在《幼稚教育》一书中指出，生活便是教育，整个社会便是学校。幼儿所生活的环境不外乎自然环境与社会环境，因此幼儿教育工作者在选择幼儿园课程内容时也应该考虑幼儿应获得的自然经验与社会经验。但张宗麟认为，并不是所有的生活经验都应被融入幼儿园课程之中，在选择课程内容时还要看学习者当时的生活情形。由于幼儿的生理与心理发展尚不够成熟，所以幼儿教育工作者在选择课程内容时需注意以下四点：第一，多注意动的工作；第二，多与自然界接触；第三，多注意个别的活动；第四，多注重幼儿的直接经验。

(三)本土化的游戏教学观

1. 游戏要符合幼儿的自然趋势

张宗麟认为，玩游戏是幼儿成长过程中的自然趋势，而游戏对幼儿能否产生影响也取决于游戏内容和形式是否顺应了幼儿发展的自然趋势。首先，幼儿处于身体的迅速发育期，好活动，游戏为幼儿提供了活动的契机，这是游戏的自然趋势之一。因此，张宗麟强调游戏的地点宜多在户外，并且动的游戏要多。其次，幼儿易受到周围环境的刺激。幼儿的世界与成人的不同。在幼儿眼里，成人的工作、劳动、人际交往等社会活动都是游戏，所以幼儿经常模仿成人的行为，如"过家家"等游戏。年龄较大的幼儿常常会带着年龄较小的幼儿玩游戏，这也是农村传统游戏传习的方式。最后，喜欢玩经过组织的幼儿游戏也是自然趋势。幼儿游戏的自然趋势并不只是对身体发展和周遭环境的简单适应，也是对规则和观念的掌握。幼儿喜欢模仿别人的表演，又喜欢听了一件事就表演出来，这也是极其重要的自然趋势。

2. 幼儿园应创设丰富的游戏环境

张宗麟认为，幼儿园里不必有什么规定的游戏，只要为幼儿提供丰富的"原料"和玩具以及一定的环境刺激与提醒就可以了。张宗麟在实验研究的基础上对幼儿园课程中比较符合幼儿需要的游戏进行了分类，并列举了具体的例子。第一，竞赛游戏。幼儿园里最常玩的"抢椅子"就是此类游戏。第二，追逐游戏，如"猫捉老鼠"。第三，寻找游戏，有寻物和寻人两种，如"捉迷藏"。第四，"盲人"游戏。此类游戏为感觉游戏，如"盲人寻盲人"。第五，猜中游戏。此类游戏也是感觉游戏，如"谁敲门"。第六，故事游戏。此类游戏与故事表演类似，但是重在游戏。第七，唱歌游戏。此类游戏是指唱歌或跟随歌曲做表情。第八，表达思想的游戏。此类游戏是指完全由儿童自由支配、自动地表达思想、不受任何支配与限制的游戏，如玩积木、"娃娃家"等。第九，工作成绩比赛的游戏。第十，反应试验的游戏。这是一类练习反应快慢的游戏。第十一，科学游戏。这是一类具有科学趣味的游戏，如吹肥皂泡、放风筝、玩不倒翁、排色板等。第十二，模仿游戏。此类游戏很多，玩法各异，如竹马、射箭、玩偶人等。第十三，手部游戏。此类游戏也很普遍，如手指游戏、拍手歌。

(四)德才兼备的精英化教师观

1. 乡村幼儿教师应树立正确的专业理念

张宗麟指出：一方面，我们极力喊叫师资缺乏；另一方面，又有成千上万的师范生改行，不愿做教师，这是师范教育失败的证据之一。因此，张宗麟认为，师范教育的首要培养目标是培养具有坚定信念的幼儿教师。这一思想与《幼儿园教师专业标准(试行)》中的提法类似，即幼儿教师首先应具备的素养是专业理念与师德，应热爱儿童，热爱幼儿教育事业。

2. 乡村幼儿教师应具有广博的学识和扎实的技能

张宗麟认为，幼儿教师既要掌握历史、地理、社会、科学、生物、数学等方面的普通知识，又要掌握教育学、教育心理学、儿童心理学等方面的专业知识，努力做到学识广而博、精而专。张宗麟对幼儿教师在能力方面的要求是很高的。其一，幼儿师范生在校期间除听讲、讨论、实践以外，还要养成随时进修的习惯以及肯进修的态度。其二，幼儿教师，尤其是乡村幼儿教师，要具备"找新材料"的能力，如能够选择一篇适宜的儿童文学作品，开发一些当地的民间游戏，并从日常生活和自然界中取材制作玩教具等。是否具备这种能力关系着教师的教学是否有效，关系着课程内容是否适宜儿童的发展。其三，幼儿教师要具备研究能力。对于乡村幼儿园来说，专家型、研究型幼儿教师是非常紧缺的，这也是当今农村学前教育发展所面临的问题之一。

3. 乡村幼儿教师应具备符合农村幼儿教育需求的新本领

张宗麟曾说，有志于幼儿教育的青年们，倘若都肯牺牲物质享受而去尽人类应尽的互助责任，到农村去，到贫民窟去，这给孩子们造就的福利、对社会所做的贡献，比办任何幼儿园都来得大。他认为，乡村幼儿园教师还要掌握一些新的技能与常识，如能说话，能演讲，会写文件、书信，会医小病，会做日用手工等。乡村幼儿教师必须掌握一些与乡村生活息息相关的知识与技能，只有这样，才能更好地开展乡村幼儿教育工作。

第二节　国外学前教育理论流派

一、福禄培尔的学前教育思想

福禄培尔是 19 世纪德国著名的学前教育家。他创办了世界上第一所幼儿园，建立了一整套幼儿园教育体系，大力倡导幼儿园运动，在教育史上开创了新纪元。他的学前教育思想和方法主要体现在《人的教育》(*The Education of Man*)、《幼儿园教育学》(*Pedagogies of the Kindergarten*)等著作中。由于他创立了幼儿园，并提出了许多对后世产生很大影响的教育思想，因此被称为"幼儿教育之父"。他提出的学前教育思想主要内容如下。

(一)学前教育是"人的教育"的基础

福禄培尔非常重视学前儿童教育，他自从事教育工作以来，大部分时间都致力于学前儿童教育的理论研究与实践。他认为，幼儿时期对发展中的人来说是非常重要的。一个人对自然的认识、对与父母及社会的关系的认识主要取决于这个时期的生活。如果幼儿期的教育不当，发展不佳，不仅会对以后的教育、发展造成不良影响，而且这种不良影响在以后的教育和生活中往往需要以极大的努力去弥补。他认为，从幼儿阶段"真正的人的教育就开始了"[1]，此阶段是儿童以后各个阶段的教育与发展的基础。

(二)学前教育应促进儿童的全面发展

福禄培尔主张儿童应全面发展。他认为，学前教育的任务是为儿童的全面发展进行全面的引导，而不是使其过早接受某一特殊领域的专业训练。"因而，儿童从刚刚出生到世界上起，人们就应当和必须按照他的本质去理解他和正确对待他，让他自由地、全面地运用他的能力。"[2]他还指出，幼儿在许多方面都还没表现出特殊的、固定的方向，因此学前教育的内容应该是广泛的、多样的，既包括语言、数学、社会方面的知识和能力，也包括音乐、美术、体育等方面的知识和能力。绘画配色的作业并不是要培养一个未来的画家，进行唱歌的教学也不是有意地训练一个未来的音乐家，这些课程设置的目的，只是使儿童获得全面的发展，并揭示他的本性。

(三)学前教育应顺应儿童的天性

福禄培尔把教育顺应自然作为儿童教育的基点和中心。教育顺应自然的思想贯穿了他的教育思想的始终。福禄培尔认为，教育应当顺应儿童的活动本能和兴趣需要，教师、父母和其他成员应为儿童提供发展的条件和空间，运用正确而行之有效的手段，顺应儿童的天性，促使儿童健康、茁壮地成长。他指出，幼儿园的主要任务是增强儿童的体质，发展他们的感官，加深他们对周围生活的认识与理解，提高他们的语言表达能力和创造力，帮助他们适应集体生活，养成守秩序的好习惯，并对他们进行初步的道德教育等。

(四)作业教学和恩物教学

作业是福禄培尔为幼儿园确定的一种教育活动形式。福禄培尔为幼儿设计了许多适合他们完成的作业，如绘画、纸工、用小木棒或小环拼图、串联小珠、刺绣等，还包括一些劳动活动，如初步的自我服务和照料植物等，并开辟劳动园地，组织儿童进行栽种。"恩物"是福禄培尔为幼儿设计的、在幼儿游戏和作业时使用的教具，寓意"神赐予幼儿的恩宠物"。他以自然界的法则、性质等为依据，采用简单、明了的

① 张焕庭：《西方资产阶级教育论著选》，310页，北京，人民教育出版社，1979。
② ［德］福禄培尔：《人的教育》，孙祖复译，18页，北京，人民教育出版社，2001。

物体制作而成，并将其作为儿童认识、了解自然的初级训练工具。福禄培尔的恩物教学，以整体—部分—整体的形式，培养幼儿的直观能力，帮助幼儿了解自然界的规律与法则。

(五)游戏对学前儿童的发展具有重要作用

福禄培尔是第一位宣扬游戏功能及价值的人，他把游戏的教育价值提高到了前所未有的地位。他以活动和游戏为主要内容建立了一套完整的课程体系，并详细论述了儿童游戏的教育价值。他指出："儿童早期的各种游戏，是一切未来生活的胚芽；因为整个人就是在游戏中，在他最柔嫩的性情中，在他最内在的倾向中发展和表现的。"[①]他强调成人要允许幼儿自由地、尽情地游戏，不可以随意干涉和破坏，同时要求成人要关注和指导幼儿的游戏。他说幼儿时期的游戏并非无关紧要的小事，它具有高度的严肃性和深刻的意义。

幼儿园教师资格证考试·考点预测

创办了世界上第一所幼儿园、被世人誉为"幼儿教育之父"的人是（　　）。

A. 裴斯泰洛齐　　　B. 福禄培尔　　　C. 卢梭　　　D. 洛克

【解析】B。福禄培尔于1840年在勃兰根堡建立了第一所真正意义上的幼儿教育机构，并将其命名为幼儿园。福禄培尔被世人誉为"幼儿教育之父"。

二、蒙台梭利的学前教育思想

蒙台梭利是意大利著名的幼儿教育学家、蒙台梭利教育法的创始人，是意大利历史上第一位学医的女性和第一位女医学博士。她对20世纪的教育，特别是学前儿童教育做出了很大的贡献。主要著作有《蒙台梭利教学法》《蒙台梭利手册》《童年的秘密》《发现孩子》等。

(一)蒙台梭利的学前教育理论

蒙台梭利以她广博的医学、生物学、哲学、心理学、教育学、人类学和精神病理学等学科的知识为基础，在教育实践过程中创建了她的学前教育理论。

1. 儿童的内在生命力

蒙台梭利认为，儿童具有与生俱来的内在生命力，或者叫作内在潜力。这种生命力具备积极、活泼、发展的特质，且具有无穷的发展空间和力量。儿童的生长过程其实就是其内在生命潜力发展的过程，教育目的就在于发现儿童的"生命法则"，激发儿童的内在潜力，并按照儿童生命发展的自身规律，促进其自然和自由地发展。

2. 儿童成长的敏感期

蒙台梭利对敏感期的解释为：在某一发展阶段，儿童对某种事物或活动特别敏

---

① 张焕庭：《西方资产阶级教育论著选》，323页，北京，人民教育出版社，1979。

感，或产生一种特殊兴趣和爱好，在此期间学习也特别容易而迅速，这是儿童学习动机最强的时候，也是成人对儿童进行教育的最好时机。这种现象会在一定的年龄段出现，过了这个阶段儿童的敏感性则会自然减弱。在儿童发展的敏感期进行感觉训练和智力发展训练是蒙台梭利研究的重点。她给教育者带来的启示是，应该经常留意儿童的日常生活表现，发现和把握儿童在各个阶段出现的这种心理现象，并及时地进行鼓励和引导，确保儿童各阶段特性的充分发展。

3. 儿童具有吸收力的心理

蒙台梭利强调，儿童是发展着的个体，这个发展是个体与环境交融产生的结果。蒙台梭利认为，儿童具有一种与生俱来的、强烈的内在能力和不断发展的积极力量，就像海绵吸水一样，能持续不断地从环境中吸收感觉信息。[1] 这种吸收力的心理发展过程经历了无意识吸收阶段(0～3 岁)和有意识吸收阶段(3～6 岁)。儿童有发展的需要，我们必须通过自由活动、自我控制、自我教育的方式与途径来满足和强化这种需要。蒙台梭利强调了儿童的早期经验对以后阶段发展的重要性，尤其是对儿童智力发展的重要意义。她特别重视丰富儿童的早期经验，重视儿童的早期教育。

(二)蒙台梭利教育法

为了实现教育理想，蒙台梭利在 1907 年开始建立学前教育机构——儿童之家，并进行教育实验，逐步创建了一套独特、系统的教育方法，即著名的蒙台梭利教育法。

1. 有准备的环境

蒙台梭利认为："儿童在一个准备好的环境中能够学得最好。"[2]教室、游戏场所和家庭都可以创设这种"有准备"的环境。在这个环境中，自由是最主要的特征，儿童可以自由探索他们所选择的材料，按自己的意愿创造物体，依据自己的兴趣吸收信息。

有准备的环境能充分发挥孩子的生命力。这个环境要让孩子有安全感，有美感(让孩子形成爱整洁的习惯)，有限制(让孩子适应，而不是因为好奇而吸引他)，有秩序(随孩子成长而有渐进的变化)。

2. 谦虚的"导师"

自我教育是蒙台梭利的典型教育方式。在蒙台梭利的"儿童之家"，教师被称为"导师"。蒙台梭利教育中的教师是儿童活动的指导者，在引导儿童的过程中，使儿童成为教育活动的主体。教师要很有耐心地观察儿童，根据观察所得设计出适合儿童成长的环境。当儿童在学习过程中遇到困难时，教师引导他们达到知识的顶峰。教师与儿童之间的地位是平等的，教师与儿童之间不仅仅是引导与被引导的关系，更是一种亲密的朋友关系。教师本人要时常保持谦虚的心态，改变"唯我独尊"的旧观念，重新认识潜力无穷的儿童，学会以儿童为师。

---

① 李生兰：《学前教育学》(第 3 版)，7 页，上海，华东师范大学出版社，2014。
② 李生兰：《学前教育学》(第 3 版)，8 页，上海，华东师范大学出版社，2014。

3. 科学的教具

蒙台梭利教育法的一大特色就是教具。蒙氏教具是根据儿童的身心特点及环境的需要来设计的，主要包括日常训练的教具、感官教具、学术性教具和文化艺术性教具。在游戏过程中，幼儿可以快乐地接受枯燥的概念，并且活学活用。蒙氏教具能激发他们的学习兴趣和学习热情，使之保持旺盛的求知欲。

4. 自由教育原则

自由是蒙氏科学教育学的基本原则。蒙台梭利认为，在教育过程中，教师应该挖掘儿童自身的潜能，尊重他们的自由选择，激发他们的学习能力。为此，她积极倡导自由教育原则，但是蒙氏教育的自由却并非放任和为所欲为。在蒙氏教室中，儿童并没有被允许去做"任何他喜欢的事"，他只能自由地选择有益与有用的事物，即允许儿童依其"内在需要"，自由地去选择"工作材料"——教具，自由地进行"工作"。

三、瑞吉欧学前教育体系

瑞吉欧·艾米里亚是意大利东北部一个美丽富饶的小镇，以低失业率和低犯罪率、广泛而高质量的社会服务以及高效的地方管理机构而闻名。这里的人们具有良好的互助合作传统，崇尚自由、民主，热爱和关心儿童的教育。著名的瑞吉欧幼儿教育法在这里萌芽、形成、发展并向世界各地传播。瑞吉欧学前教育体系是以洛里斯·马拉古兹(Loris Malaguzzi)为核心的一大批教师、家长和社区成员的集体智慧结晶。

(一)瑞吉欧的教育理念

1. 儿童具有潜能和强烈的求知欲

瑞吉欧人认为，儿童是社会的一分子，儿童有权利发表自己的看法，与成人一样，是拥有独特权利的个体。儿童是积极主动的学习者，他们有强烈的好奇心和求知欲。他们有巨大的潜能，有能力认识世界；他们是坚强的，有能力担当自我成长过程的主角。他们有自己的经验和认识，不是空的容器。他们拥有自己独特的学习方式，并非单纯地接受灌输的知识，渴望主动探索和认识整个未知世界。他们在与外部世界的相互作用中主动地建构自己的知识与经验，寻求对这个复杂世界的理解。瑞吉欧人认为，教育应以儿童为中心，从儿童的兴趣、需要和经验出发。他们反对传统的单向灌输，反对把语言文字作为获取知识的捷径。他们认为教育就是要为儿童带来更多的可能性，让他们去发现和创新。教育在于给儿童创设学习的情境，帮助儿童在情境中的人、事、物相互作用的过程中主动建构知识。教育的目标就是要充分发展儿童的创造力，使儿童形成健全的人格。瑞吉欧人认为，在"教"与"学"二者之间，更应尊重后者，所以瑞吉欧一向以学定教。

2. 一百种语言

瑞吉欧教育理念特别强调儿童语言(包括各种语言)的发展对促进儿童认知和人格发展的重要性。马拉古兹认为,孩子有一百种语言、一百只手、一百种想法,有一百种思考、玩耍、说话的方式。[①] 马拉古兹所说的一百种语言指的是绘画、建筑、雕塑、讨论、发明、发现等。

这些语言从性质上大致可分为两类,一类是儿童自发生成的,另一类是儿童从外部习得的。当儿童主要运用前一类语言时,他会处于一种游戏状态,这种状态的表现和表达是自由的,富有创造性的,并能最原始地反映出他的所见、所思、所感和所需。这种状态能使儿童的情绪、情感得以自然流露,使其心理得以平衡。后一类语言是人类约定俗成的符号系统,主要靠教师呈现和传递,让儿童习得和运用。因此,教师应积极为儿童创设环境,使他们能够在所创设的环境中更好地使用这一百种语言。

幼儿园教师资格证考试·真题再现

2012 年下半年《保教知识与能力》真题

材料分析题:

孩子是由一百组成的

孩子有一百种语言

一百只手

一百个想法

一百种思考、游戏、说话的方式

有一百种快乐,去歌唱,去理解

一百个世界,去探索,去发现

一百个世界,去发明

一百个世界,去梦想

问题:

(1)你能从诗中读到儿童心理发展的什么特点?

(2)依据这些特点,教师应该怎样对待儿童?

【答案要点】(1)这首诗是由瑞吉欧理论体系的创始人马拉古兹创作的。它体现了瑞吉欧创办者对儿童无限潜能的尊重、赞赏和期待。瑞吉欧教育理念的核心就是真正地追随儿童,真正地走进儿童的心灵世界。他们强调尊重、体现并维护儿童的权利。

---

① [美]乔治·S. 莫里森:《学前教育——从蒙台梭利到瑞吉欧》(第 11 版),祝莉丽、周佳、高波译,159 页,北京,中国人民大学出版社,2014。

幼儿的心理发展特点如下。

第一，儿童是一个独立的人，是处于不断发展中的个体，是一个主动的环境探索者。

第二，儿童有其自身发展的差异性，每个儿童的心理发展都有自身的优势领域，如有的儿童有良好的语言能力，有的儿童在动作发展上有相当强的协调能力。在同样的心理发展过程中，每个儿童在其发展水平上均可以呈现出差异性。

(2)第一，教师要树立科学的儿童观和教育观。现代的儿童观与教育观告诉我们，儿童是人，他们具有生存权，具有人的尊严以及其他一切基本人权；儿童是一个全方位不断发展的人，他们具有满足生存和发展需要的权利。

第二，教育不是教教材，而是教儿童。儿童有其特有的身心发展特点，教师必须依照这些特点，并在此基础上构建课程的目标体系、内容体系和方法体系。

3. 强调互动关系和合作参与

互动合作是瑞吉欧教育体系的一个重要理念，包括教师和学习者的互相沟通和关怀，以及在教育活动中相互引导的过程。瑞吉欧教育认为，知识是灵活的，儿童的学习不是独立建构的，而是幼儿在与同伴、教师和父母的相互关系中建构的。由于个人、小组和社会背景不同，幼儿对知识的理解也有所不同，在对知识的建构过程中常常会有辩论、争吵和冲突。瑞吉欧人认为，冲突的出现是好的，它是促使更高水平思考的重要途径。在瑞吉欧，教育的目标不是单独传授知识信息或复制思想，而是促进幼儿思考。瑞吉欧的教育鼓励幼儿用一种或多种语言来表达他们的计划、想法和理解。

在互动过程中，儿童既是受益者，又是贡献者。互动合作的理念也体现在瑞吉欧的幼儿教育机构管理方面，他们认为教育是整个市镇活动和文化的重要组成部分。

(二)瑞吉欧幼儿教育体系的基本内容

1. 组织管理

瑞吉欧幼儿教育体系采用的是教育者、儿童、家庭和社区互动交流的管理方式。这种社区为本、多方合作的方式能充分发挥教育的一致性和一贯性作用。在瑞吉欧，0~6岁的保育和教育是一项十分重要的市政工程，享有12%的政府拨款。家长也是这个体系中重要的构成要素。社区委员会中有不少家长代表，这些家长代表根据他们各自的水平、班级的情况，通过参加学校的部分或全部会议，参与学校的工作和生活。

幼儿学校没有主管，在教研员的帮助下，由教师和职员小组经营。这是一个以儿童为中心的联盟，一个教师与儿童同样能获得"家一样感觉"的地方。这些学校中没有我们在一般机构所见的那些行政事务，教师之间也没有任何层次等级之分，他们是平等的共享者与合作者。幼儿学校实行三年一贯制随班教学，以便教师和幼儿保持长期稳定的联系。①

2. 课程与教学方法

瑞吉欧幼儿教育法中没有明确规定的课程内容，更没有固定的"教材"或预先设计好了的"教育活动方案"。他们认为日常生活是取之不尽的课程来源，课程内容可来自周围的环境或幼儿和教师感兴趣的事物、现象和问题，也可来自各种活动。生成课程是瑞吉欧的一大特色，他们的课程来源多元化，课程内容非常丰富多彩。瑞吉欧的教育方法主要是方案教学，小组探究是主要表现形式。探究没有限定的时间，可长可短。儿童在探究中可以积极表达、争论，甚至发生激烈的思想冲突。瑞吉欧幼儿教育法注重合作、关系和记录，鼓励儿童积极合作，根据自己的知识和经验进行联系，鼓励教师对他们探究的过程和成果进行详细的记录。

3. 环境及设施

瑞吉欧人非常重视环境的教育作用，认为环境是"第三位老师"。儿童的活动空间很自由，可以在教室、艺术工作室、长廊、校园、操场等地活动学习，也可以根据方案教学的需要到校外去探究。瑞吉欧的环境舒适、温暖、轻松，每一个学校的环境都是根据儿童、家长、教师的需要创设的。瑞吉欧人努力营造一种有利于儿童发展的学习氛围，以调动儿童的兴趣，为儿童提供一个探索与交流的场所。环境也是"记录"儿童成长的最佳方式之一，对教师的工作与成长，儿童的自我认识以及家长对儿童、对学校教育的了解这三个方面都发挥着不可比拟的作用。

四、华德福学前教育思想

华德福学校教育理念的创始人鲁道夫·斯坦纳（Rudolf Steiner）是奥地利的科学家、哲学家与艺术家。他对教育过程中精神层面的发展非常感兴趣，认为教育是改革社会的力量，文明的社会秩序来自个人精神。1919年，斯坦纳博士协助企业家埃米尔·摩尔特（Emil Molt）在德国的斯图加特，为改善华德福卷烟厂员工子女的教育品质，创办了第一所华德福学校。之后，华德福学校在欧美乃至全球迅速发展。根据华德福教育网站提供的数据，截至2020年5月，全球已有1214所华德福学校分布在67个国家和地区，1857所华德福幼儿园分布在超过54个国家和地区。

华德福学校强调儿童的全身心（他们的头脑、双手、内心）发展。斯坦纳相信教育应该是全面的。华德福学校在创建之初就没有根据智力情况给孩子划分等级，没有班级名单，没有留级和升级，没有奖励，没有荣誉榜，没有报告，没有家庭作业，

---

① 刘存刚、张晗：《学前比较教育》（第2版），113页，北京，科学出版社，2012。

没有惩罚性的额外学习。华德福学校是一所教师和学生聚在一起分享人类知识和世界发展情况的学校。①

(一)华德福教育的基本理念

1. 人智学

人智学是华德福教育思想的理论基础。斯坦纳认为，所谓"教育艺术"，只能奠基在真正的人类本质的知识上。他把人的本质分为四重：物理性躯体、生命体或以太体、知觉体或星芒体、自我意识。斯坦纳的四重人类本质学说实际上是他在大自然的矿物性、植物性以及动物性之外再加一个人类特有的自我意识以人智学思想为基础发展而来的。

根据人智学的"人类四重本质"学说，人的成长可以被划分为三个阶段：第一阶段是从出生到乳齿的脱落(0～7岁)，第二阶段是从第二个出牙期到青春期的开始(7～14岁)，第三阶段是从青春期到成年(14～21岁)。每个阶段的教育原则分别是模仿、权威和独立。斯坦纳认为，适当的模仿能够发展自由，权威的力量能够发展人人平等的权利，友爱和博爱的力量能够发展人的经济，从而使他们的感觉发展成独立的存在。

2. 遵循儿童的发展规律

华德福教育非常尊重儿童的发展过程和发展规律。儿童需要自身发展的时间与空间。华德福主张教育应该符合儿童的身心发展特点，还给孩子更多的自由空间，适时而教，让孩子在自由的王国里慢慢长大。这就要求华德福教育机构的教师考虑好什么时候以及如何引入课程的主题。教育不仅要顺应儿童个性的发展特点，还要遵循自然的发展规律。华德福教育认为，学前教育应该更多的是一种环境教育和榜样教育。儿童的想象并非凭空出现的，而是以周围的环境和接触到的事物为基础的。所以在这一时期，教育者应该把"真、善、美"的自然世界展现给儿童。

华德福非常重视节奏的教育。除了独特的韵律舞，让儿童亲近自然、感受生命的另一个目的就是让他们体会自然与生命的节奏。儿童个性的发展不应该受到过多的干预。怀抱自然，让儿童的成长顺应自然的节奏，才能逐渐展现儿童"真我"的个性。

(二)华德福教育思想的基本内容

1. 华德福教育的课程目标：激发生命内在的活力

华德福教育的课程安排主要是依据大自然的韵律，以自由活动(呼气)、团体活动(吸气)交替的方式来呈现大自然里的动静交替原理。同样的活动在每周的同一天进行，孩子们通过每个星期的重复课程能感受到规律性及循环性。华德福幼儿园教

① [美]乔治·S.莫里森：《学前教育——从蒙台梭利到瑞吉欧》(第11版)，祝莉丽、周佳、高波译，163～164页，北京，中国人民大学出版社，2014。

育课程培养幼儿外显的手、心、脑能力，并配合幼儿成长的阶段性发展，启发幼儿内在的意志、情感、思想。

2. 华德福教育的课程内容：体验各种艺术的创造与美

在儿童完善自身和提高能力的过程中，让他们亲身体验艺术的创造过程，不仅可以丰富他们对情感的体验、对美的领悟，还可以培养他们丰富的想象力和灵敏的创造力。主要内容包括自由创造游戏、晨圈、温馨的点心时间、户外探索游戏、童话故事、蜂蜡捏塑、湿水彩画、蜂蜡砖画、节庆活动、生日庆典、结束圈等。

斯坦纳认为，宇宙不仅是各种自然规律的组合、联结，还是一件艺术品，所以要真正认识人与大自然，就必须把对科学的理解和对艺术的感知结合起来。华德福学校非常重视艺术教育。艺术教育的内容包括童话故事、湿水彩画和蜂蜡砖画、音乐、韵律游戏、手工艺术等。华德福学校在重视艺术教育的同时，更注重教育过程与教育方法的艺术化。华德福教育认为，儿童本身就是艺术家，教育的任务之一就是保护好儿童自然而然地接受新鲜事物的天性。华德福的艺术化教育主要体现为教育过程中的开放与自由，让儿童进行自主的艺术创造，体现了儿童真正的主体地位。

3. 华德福教育的教学方式：模仿、规律和重复①

华德福对幼儿进行教育的方式有两种，一是模仿与典范，二是规律与重复。模仿与典范：幼儿是通过模仿来学习的，同时经由感官来认识世界。为幼儿提供"典范"供其模仿是华德福幼儿园强调的部分。华德福幼儿教育的重点在于使教师成为一个值得被模仿的典范，从而有方向性地引导幼儿的意志，使幼儿能进行模仿与创造。规律与重复：斯坦纳说，"规律是健康之柱"，人类、大自然都在规律中演进，配合大自然的规律是促使幼儿生理与心理健康成长的要件。幼儿经由"规律与重复"获得保护、爱、安全及和谐。"规律与重复"可以让幼儿的内在产生一种秩序感、安全感和信任感。

4. 华德福教育的环境创设：体现自然的静谧与和谐

环境与人之间散发出无形的整体气氛与力量，会深刻地影响孩子内在感官的成长与发展。华德福教育非常重视幼儿与学习环境的互动，因此尽力为幼儿创造出最适合其健康成长的环境，包括园所建筑、景观规划与每一个角落空间的布置，如依据幼儿身心发展所对应的色彩与气氛布置教室，运用季节性的自然植物布置出季节桌、游戏角落，幼儿与教师共同参与植物的栽培等。

---

① 郭景云：《华德福幼儿教育思想及对我国早期教育的启示》，硕士学位论文，河北师范大学，2013。

资料链接11-2

华德福教育模式简介

一、学校(幼儿园)农园

每一所华德福学校或幼儿园都有一个有机农园。不同的学校条件不一样，农园的大小也各不同。城里的华德福学校，有的农园小得只限种些花、菜、香草、少量的浆果灌木，养些鸡、兔之类的小动物；城郊或乡下的华德福学校占地面积都较大，还可种些谷物，养蜂，或养些羊、牛、马、驴等较大的动物，有的学校甚至还拥有一片森林或一个附属农场。

欧洲国家的学校农园基本上都有一个或多个温室或温棚，用于早春育苗及夏天种些番茄、辣椒、黄瓜、茄子等喜温热的作物，耕种的过程中都绝不施用化肥或农药。园艺老师会向学生介绍垃圾分类知识，把果皮、厨余、树叶、杂草、动物粪便收集起来做堆肥，让从地里产出的东西尽可能地回到地里去，循环起来，补养地力。虽时有小虫子来光顾，但并不成问题。

在学校农园里，学生在园艺老师的带领下亲耕亲作，体验人类在地球上最基本的生产活动。农园是学生学习有关植物、动物、季节、气候、环境与生态等方面知识的绝佳场所。

二、农园教室

和普通教室一样的是农园教室里都有黑板、桌椅，不一样的是农园教室里还有厨具和餐具。园艺老师带领学生在此将农园的收获加工之后摆上餐桌，如南瓜汤、烤土豆、苹果派、沙拉等，他们尽享新鲜采摘的有机蔬果和劳动后丰收的快乐，其乐融融。对于草莓、树莓、黑加仑、醋栗之类的浆果，他们收获后除了吃新鲜的，还在农园教室里将它们加工成果酱。许多农园教室都配备一台烘干机，用于制作干花和果脯。

园艺课大都在户外进行。天冷或下雨不能在户外干活时，老师就会带领学生在农园教室里做一些室内的工作，如磨香草盐，将香草装袋，并设计制作产品的标签及说明。在冬天的园艺课上，老师还会教学生用树枝、树叶、干花、松果等做些圣诞节的装饰品。养了蜜蜂的学校农园也会在冬天用蜂蜡做些蜡烛出来。许多农园教室里都有一个可生木柴火的烤炉，老师带领学生一边干活，一边烤上饼干或蛋糕，甚是温馨。

农园教室的桌子既是书桌，也是餐桌，亦是加工产品的工作台。为了保持农园教室的整洁干净，许多学校都在农园教室外另设一个专门的农具房，各种农具，如锄头、铲子、耙子、镰刀、枝剪、斗车等一应俱全，手套、帽子、雨鞋、急救箱也都备上。

本章小结

　　随着学前教育实践的深入，学前教育理论也在不断发展中走向了丰富和完善。本章从国内和国外两个方面，介绍了现代学前教育的主要理论观点，国内包括陶行知、陈鹤琴、张雪门和张宗麟的教育理论，国外包括蒙台梭利、福禄培尔的教育理论以及瑞吉欧学前教育体系和华德福学前教育思想。通过学习国内外一些主要的学前教育理论流派，我们应该掌握他们的观点及实施方法，明确国内外学前教育理论对当代学前教育的价值及意义。

关键术语

　　活教育　敏感期　恩物　一百种语言　人智学

思考题

　　1. 陶行知主张要解放儿童，其主要内容是什么？

　　2. 陈鹤琴学前教育理论与实践的现实意义是什么？

　　3. 福禄培尔对学前教育的重要贡献是什么？

　　4. 蒙台梭利学前教育理论与实践述评。

　　5. 华德福学前教育思想的基本内容有哪些？

建议的活动

　　深入学习教育家的教育思想，结合理论开展实践。

　　在我国，蒙台梭利教育法于 1994 年开始流行，至今已有约 300 多个蒙台梭利教室。然而，我国的蒙台梭利教育在实践过程中还存在许多误区。只有将蒙台梭利教育法"中国化"，即实现蒙台梭利教育理论与中国幼儿教育的现实特点相结合，才能真正促进我国幼儿教育工作的改革和发展。请结合本章所学，选择一个蒙氏班进行调研，分析蒙氏教育实施过程中的成功和不足之处，并提出改进建议。

拓展阅读

　　[美]乔治·S. 莫里森. 学前教育——从蒙台梭利到瑞吉欧(第11版). 祝莉丽，周佳，高波，译. 北京：中国人民大学出版社，2014.

　　本书是美国最权威、最受欢迎的学前教育经典。自 1976 年初版以来，30 余年历经 11 次修订，始终关注世界最前沿的学前理论动向和课程研究。读过本书的学生和教师对它的一致评价是：覆盖面广，专业性强，话题新颖，洞察热点，易于理解。无论是幼儿园教师，还是学前教育专业的学生，抑或是对学前教育感兴趣的家长，读过本书后都会了解该如何给儿童一个高质量的童年。

　　本书几乎囊括了学前教育最前沿、最精华的内容,包括儿童早期教育的历史与现状;幼儿教育理念的发展——蒙台梭利、高瞻课程、瑞吉欧、华德福;0～8 岁儿童的发展阶段、特点和需要给予的教育支持;幼儿教师的专业化;当代幼儿教育公共政策和热点话题;家庭、社会和社区的合作等。

第十二章　学前教育政策与法规

学习目标 ▶

1. 掌握我国在不同历史时期颁布的学前教育政策与法规的内容。

2. 了解我国学前教育政策与法规的发展历史及特点。

3. 了解美国、英国、日本、俄罗斯等国学前教育政策与法规的内容。

4. 结合中外学前教育政策与法规，理解学前教育政策与法规的制定依据。

学习导图 ▶

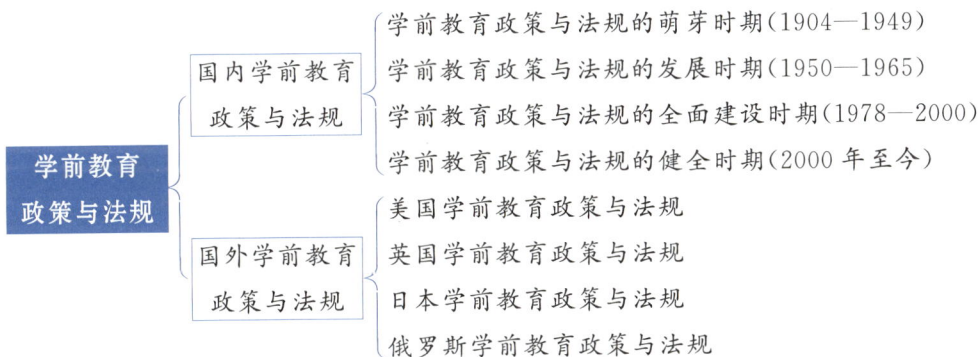

导入案例 ▶

幼儿园老师为阻止 4 岁女孩哭闹用胶纸粘住其嘴

　　为了阻止 4 岁的女孩月月（化名）哭闹，幼儿园老师竟用胶纸将其嘴粘住。月月的父母后以侵害健康权为由将幼儿园园长和老师起诉至当地法院，索赔共计 3 万余元。近日，在当地法院的调解下，双方达成调解协议。被告赔偿原告医疗费、精神抚慰金共计 1 万元。

　　原告称，被告聂某是一所民办幼儿园的园长，被告左某是该幼儿园的老师。今年(2011年)4月份的一天下午,左老师为了不让月月哭闹,用胶纸把她的嘴粘住。月月的监护人发现后报警。月月虽经医院治疗,但还是情绪低落,害怕去幼儿园,天天尿床。因此,原告认为被告的行为使自己女儿的身体、精神均受到巨大创伤。

经法院主持调解,被告认识到自己的行为有不当之处,愿意进行相应赔偿,达成调解协议后,被告向原告方赔礼道歉,原告方表示不会再追究被告的法律责任,双方握手言和。

> **想一想**
>
> 儿童健康成长和学前教育政策与法规有什么关系?

学前教育政策与法规是为解决社会中的教育问题而制定的,受到教育改革理念等因素的影响。中外的学前教育政策与法规有哪些?它们是怎样起到保护幼儿的作用的?

第一节　国内学前教育政策与法规

一、学前教育政策与法规的萌芽时期(1904—1949)

(一)清末的学前教育政策与法规(1904—1911)

西方的坚船利炮打开中国大门之后,西方资本主义思想相继涌入中国。清政府于1904年颁布的《奏定学堂章程》正是西方资本主义冲击的产物,其中的《奏定蒙养院章程及家庭教育法章程》是我国正式出台的第一部学前教育法规。

清末学前教育政策与法规的特点如下。一是以国外的学前教育政策与法规为模板。例如,《奏定蒙养院章程及家庭教育法章程》和日本于1900年出版的《幼稚园保育及设备规程》如出一辙,明显是效法日本而来。二是"中体西用"的指导思想及"家庭教育"的取向。在内忧外患之际,"洋务派"提出"中学为体,西学为用"的思想。《奏定蒙养院章程及家庭教育法章程》中明显表现出既欲用西学又处处顾及中国封建体制的"中体西用"主张。三是笼统而不系统。这一时期的学前教育政策与法规还处于萌芽阶段,相关的规定模糊笼统,要求不明确,虽然基本上包含了蒙养院的课程、教学、管理、教师等方面的内容,但是没有形成系统。

(二)民国时期的学前教育政策与法规(1912—1949)

1. 在自主创造和本土化实验的基础上制定适合中国国情的学前教育政策与法规

辛亥革命后,1912—1913年,南京临时政府颁布了《壬子癸丑学制》。它是中国第一个正式实施的现代学制,沿袭了日本模式。该学制规定:儿童从六岁入学到二十三四岁大学毕业,整个学程为17年或18年。此外,下设蒙养院,上有大学院,不设年限。1912年颁布的《师范教育令》中确立了蒙养院的体制，规定师范学校要培养幼儿园教师。1916年10月修正的《国民学校令实施细则》中，有10条是关于蒙养院保育教育及设施的。1922年颁布的《学校系统改革案》，又称"壬戌学制"，是仿照美国的学制编制而成的，规定在小学下设幼儿园，"幼稚园收受六岁以下之儿童"，并把幼儿园正式列入学校系统，确定了学前教育机构在学制中作为国民教育第一阶段的地位。

1922年，蒋介石成立了南京国民政府。在国民政府时期，欧美的教育思想对中国的影响与日俱增，中国由主要学习日本转而学习欧美。同时，以陈鹤琴、陶行知、张雪门为代表的学前教育专家开始探索适合中国国情的学前教育之路，开展了广泛的教育实践调查。在此基础上，国民政府制定了相关的学前教育政策。1932年10月，国民政府颁布了由陈鹤琴主持编制并修改的《幼稚园课程标准》。这是我国第一个由政府颁布的幼儿园课程标准。它参考了西方资产阶级的学前教育思想，以中国学前教育实践经验为基础，依照当时的国情制订，富有民族特色。该标准的颁布有利于学前教育现代化水平的提高。

1938年4月，国民党临时全国代表大会上通过了《战时各级教育实施方案纲要》，确定了抗战时期的战时教育方针。其中规定："幼稚园教育应为协助家庭教养幼稚儿童，借以辅助家庭教育之不足，故保育与教导并重，增进幼儿身心之健康，使其健全发育，并培养其人生基本的良好习惯，以为养正之始基……今后施教之对象，应推广及于贫苦儿童，凡在工厂附近及乡村中，应多设幼稚园及托儿所，以收容父母出外工作者之子女，代为教养。"纲要中要求将学前教育进行推广，并提出创立托儿所，这些做法推动了近代学前教育体制的发展。

1939年，南京国民政府教育部颁布了《幼稚园规程》。1943年，颁布了《幼稚园设置办法》。这一法规的颁布，是近代学前教育体制逐步走向成熟的标志。

民国时期的学前教育政策与法规在爱国民主人士、学前教育专家和民间团体的积极努力下，由学习日本经验转向学习欧美。特别是在美国教育家杜威访华之后，其实用主义教育思想在中国广为传播。中国的教育家，如陈鹤琴、陶行知等，深受其影响。这一时期出台的学前教育政策在课程内容及教学方法方面明显地打上了杜威的"实用主义"烙印，如反对分科教学，强调以儿童为中心，强调幼儿园的教学内容要贴近幼儿的生活和实际等。相比清末，民国时期的政策更具体，更系统化。这一时期的学前教育政策第一次提出了较为详细的幼儿园课程标准，并且制定了相应的幼儿发展目标、课程大纲、教学方法等。幼儿园课程开始有了系统性的原则要求。

2. 革命根据地的学前教育政策与法规

这里所说的革命根据地是指1927年大革命失败后至中华人民共和国成立期间，在中国共产党的领导下建立起来的农村革命根据地、苏区抗日根据地、解放区。1928年，中国共产党第六次全国代表大会通过的《妇女运动决议案》中指出："保护母性……解除幼儿在工厂中工作，组织儿童院和幼稚院等。"

1934 年，苏区中央人民政府内务部颁发了《托儿所组织条例》，对苏区兴办托儿所运动进行了规范。其中规定：组织托儿所代替妇女担负婴儿的一部分教养责任，使每个妇女尽可能参加苏维埃的生产及其他工作，并且使小孩得到更好的教育与照顾，在集体中养成共产儿童的生活习惯。托儿所接纳 1～5 岁的婴幼儿，重在婴幼儿的身体健康和良好习惯的养成。

1941 年，陕甘宁边区政府在工作报告中将实行儿童保育列为中心工作，同年颁发的《陕甘宁边区政府关于保育儿童的决定》中对儿童保育工作的管理体制、保育人员的训练、建立保育院的条件、孕母及产妇的保健待遇、婴儿的保育、保姆的待遇等做了十分具体的规定。

1942 年，陕甘宁边区政府发出《关于二届边区参议会有关保育儿童问题之各项规定》的通知，强调建立管理保育行政组织系统，增加孕妇及女公务员的相关待遇，规定儿童的各项保育经费及保姆的待遇。1949 年，《陕甘宁边区妇女第二届代表大会关于保育工作的提案》中建议政府成立与扩大保育机关，开展群众保育工作，成立保育工作委员会。由此可以看出，解放区的学前教育政策非常关注对妇女及儿童的保护，体现出社会福利的倾向。

由于这一时期社会局势的急剧变化，有关学前教育的政策多见于一些政府文件或是报告中，专门性的学前教育政策与法规较少，也比较零散，缺乏一致性和系统性。内容上多为强调妇女和儿童保育和保护的条款，缺少有关儿童教育的内容、方法等。

二、学前教育政策与法规的发展时期(1950—1965)

这一时期主要指中华人民共和国成立初期至"文化大革命"前。主要学前教育政策与法规有《关于改革学制的决定》《幼儿园暂行规程(草案)》《幼儿园暂行教学纲要(草案)》《关于托儿所幼儿园几个问题的联合通知》等。

(一)《关于改革学制的决定》

1951 年，政务院颁布了《关于改革学制的决定》。这是中华人民共和国第一个学制改革法规。其中规定：实施幼儿教育的组织为幼儿园。幼儿园收三足岁到七足岁的幼儿，使他们的身心在入小学前获得健全的发育。幼儿园应在有条件的城市中首先设立，然后逐步推广。

(二)《幼儿园暂行规程(草案)》和《幼儿园暂行教学纲要(草案)》

1952 年，教育部颁布了《幼儿园暂行规程(草案)》，明确规定了幼儿园的双重任务："根据新民主主义教育方针教养幼儿，使他们的身心在入小学前获得健全的发育；同时减轻母亲对幼儿的负担，以便母亲有时间参加政治生活、生产劳动、文化教育活动等。"该草案中指出，幼儿活动项目有体育、语言、认识环境、图画、手工、音乐、计算。

《幼儿园暂行教学纲要(草案)》于 1952 年由教育部颁发，阐述了各班幼儿的年龄特点和教育要点，规定了按年龄分班的学习期限，各科教学的目的、内容、教学要点及设备要点等。

这两个草案基本上是以苏联的相关教育理论和思想为指导拟定的，使全国的幼儿教育工作者在新旧交替的历史转折时期明确了努力的方向，工作有章可循，有力地推动了中华人民共和国幼儿教育事业的发展。

(三)《关于托儿所、幼儿园几个问题的联合通知》

1956 年 2 月，教育部、卫生部、内务部联合发布了《关于托儿所、幼儿园几个问题的联合通知》。通知中指出，全国的保教事业已有很大发展，但在发展的过程中还存在不少问题，最主要的问题是托儿所和幼儿园的发展方针不明确，托儿所和幼儿园的界限和领导关系不明确，缺乏应有的制度，缺乏经常性的监督和领导，提出"应当按照'全面规划、加强领导'和'又多、又快、又好、又省'的方针，根据需要与可能的条件，积极兴办托儿所和幼儿园"等对策。

从中华人民共和国成立初期至"文化大革命"前所出台的学前教育相关政策与法规是在全面学习苏联的基础上，针对具体问题制定的。学前教育政策与法规体系已经基本成型。

三、学前教育政策与法规的全面建设时期(1978—2000)

这一时期是指改革开放初到 21 世纪前。1978 年 12 月，党的十一届三中全会召开，国家进入社会主义建设发展的新时期，教育工作也走上了健康发展的轨道。有关学前教育的重要政策与法规相继出台。

(一)《幼儿园教育纲要(试行草案)》

1981 年 10 月，教育部颁发了《幼儿园教育纲要(试行草案)》，要求在全国范围内试行。该纲要对幼儿年龄特点与教育任务、教育内容与要求、教育手段与注意事项等都做了说明，使幼儿教育工作有法可依，因此被各类幼儿园普遍采用。

(二)《幼儿园工作规程》

1989 年 6 月，国家教委发布了《幼儿园工作规程(试行)》，并于 1990 年 2 月 1 日起施行。该法规包括总则，幼儿园的招生、编班，幼儿园的卫生保健，幼儿园的教育，幼儿园的园舍、设备，幼儿园的工作人员，幼儿园的经费，幼儿园与幼儿家庭，幼儿园的管理工作及附则，共 10 章 60 条。1996 年 3 月，国家教委又对其进行了重新修订完善，并正式颁布了《幼儿园工作规程》，共 10 章 62 条。其各项条款均体现了原则性与灵活性的结合，是目前我国幼儿园管理中最重要的专门规章之一，对幼儿园工作的开展具有指导意义。2015 年 12 月 14 日，第 48 次教育部部长办公会议审议通过了新的《幼儿园工作规程》，自 2016 年 3 月 1 日起施行。随着新规程的施行，1996 年颁布的《幼儿园工作规程》予以废止。关于新规程，之后我们再做相关介绍。

幼儿园教师资格证考试·真题再现

2019 年上半年《综合素质》真题

1. 陈老师发现班里的幼儿玲玲有遭受家庭暴力的迹象，对此陈老师应当采取的措施是（　　）。

　　A. 对玲玲的家长进行批评教育

　　B. 向当地公安机关报案

　　C. 对玲玲的家长处以一定的罚款

　　D. 向当地法院提起诉讼

【解析】B。本题考查的是《幼儿园工作规程》的相关内容。《幼儿园工作规程》第十五条明确规定："幼儿园应当结合幼儿年龄特点和接受能力开展反家庭暴力教育，发现幼儿遭受或者疑似遭受家庭暴力的，应当依法及时向公安机关报案。"故本题选 B。

2. 何老师发现班里的幼儿萌萌感冒了，于是在课间休息期间，喂萌萌服下了儿童感冒药。何老师的做法（　　）。

　　A. 合法，教师可以喂食非处方药

　　B. 合法，有利于防止疾病传播扩散

　　C. 不合法，幼儿用药应先征得监护人同意

　　D. 不合法，幼儿园应在医师指导下用药

【解析】C。本题考查的是《幼儿园工作规程》的相关内容。《幼儿园工作规程》第二十条明确规定："幼儿园应当建立患病幼儿用药的委托交接制度，未经监护人委托或者同意，幼儿园不得给幼儿用药。幼儿园应当妥善管理药品，保证幼儿用药安全。"故本题选 C。

2019 年下半年《综合素质》真题

依据《幼儿园工作规程》，下列说法正确的是（　　）。

　　A. 幼儿园的规模一般不超过 500 人

　　B. 入园幼儿只能由法定监护人接送

　　C. 幼儿一日活动的组织应当动静交替

　　D. 幼儿入园可进行健康检查和认知测查

【解析】C。本题考查的是《幼儿园工作规程》的相关内容。《幼儿园工作规程》第十一条明确规定："幼儿园规模应当有利于幼儿身心健康，便于管理，一般不超过 360 人。"选项 A 中"规模一般不超过 500 人"不符合《幼儿园工作规程》中的规定，故选项 A 错误。《幼儿园工作规程》第十三条明确规定："入园幼儿应

当由监护人或者其委托的成年人接送。"选项 B 中"入园幼儿只能由法定监护人接送"不符合《幼儿园工作规程》中的规定，故选项 B 错误。《幼儿园工作规程》第十条明确规定："幼儿入园前，应当按照卫生部门制定的卫生保健制度进行健康检查，合格者方可入园。幼儿入园除进行健康检查外，禁止任何形式的考试或测查。"选项 D 中"幼儿入园可进行认知测查"不符合《幼儿园工作规程》中的规定，故选项 D 错误。《幼儿园工作规程》第二十六条明确规定："幼儿一日活动的组织应当动静交替，注重幼儿的直接感知、实际操作和亲身体验，保证幼儿愉快的、有益的自由活动。"故本题选 C。

(三)《幼儿园管理条例》

1989 年 9 月 11 日，国家教委发布了《幼儿园管理条例》，这是中华人民共和国成立以来第一个经国务院批准颁发的有关幼儿教育的行政法规，标志着我国幼儿教育开始走向法治化建设的道路。该条例列出了幼儿园各项工作的管理细则，全面规范了幼儿园建立及运行各个环节的条件、标准与要求，推动了我国幼儿园管理的规范化，促进了我国学前教育的发展。

在学前教育政策与法规的全面建设时期，针对我国幼儿教育发展过程中出现的问题，国家也制定了相应的政策与法规。例如，1983 年，针对我国农村幼儿教育中出现的问题出台了《关于发展农村幼儿教育的几点意见》。1991 年，针对当时学前班教育和管理存在的问题发布了《关于改进和加强学前班管理的意见》。该意见就学前班的性质、举办原则、领导和管理、保育和教育要求、改善办班条件的要求以及教师的管理和培训等方面做出了相应的说明和规定。1995 年，针对我国企业办园存在的问题，国家教委、全国妇联等单位联合发出《关于企业办幼儿园的若干意见》。

此外，一系列相关法律法规开始颁布实施，如《中华人民共和国未成年人保护法》(1991)、《中华人民共和国教师法》(1993)、《中华人民共和国母婴保健法》(1994)、《中华人民共和国教育法》(1995)。它们从不同层面对我国学前教育政策做了进一步的规范。

从以上法规的陆续颁布我们可以看出，我国的学前教育法规更加具体、系统，有针对性，学前教育越来越走向法治化。

四、学前教育政策与法规的健全时期(2000 年至今)

21 世纪以来，教育理论更新明显加快，时代对幼儿教育的发展提出了更高的要求。为了适应形势的发展，我国也相继出台了一些重要的政策与法规。

(一)《幼儿园教育指导纲要(试行)》

为了推进幼儿园实施素质教育，全面提高幼儿园的教育质量，2001 年 7 月，教育部印发了《幼儿园教育指导纲要(试行)》,并于9月开始试行。该纲要具体规定了我国幼儿园教育的基本内容、目标及基本的实践规范和要求,分为总则、教育内容与要求、组织与实施、教育评价四部分,将教育内容划分为健康、语言、社会、科学、艺术五大领域,强调各领域的内容要有机结合、相互渗透。这一纲要的颁布标志着我国幼儿教育改革迈上了新台阶。

(二)《关于幼儿教育改革与发展的指导意见》

2003年,针对现实存在的一些问题,教育部、中央编办、国家计委、民政部、财政部、劳动保障部、建设部、卫生部、国务院妇儿工委、全国妇联等部门联合发出《关于幼儿教育改革与发展的指导意见》,在全面总结改革开放以来我国学前教育工作经验的基础上,分析了学前教育面临的形势,深刻阐述了学前教育的重要地位,提出了幼儿教育改革与发展的目标及措施。内容涉及幼儿教育改革与发展目标、幼儿教育管理体制和机制、事业发展、教育质量、师资队伍建设等方面,提出2003—2007年幼儿教育改革的总目标是形成以公办幼儿园为骨干和示范,以社会力量兴办幼儿园为主体,公办和民办、正规与非正规教育相结合的发展格局。根据城乡的不同特点,逐步建立以社区为基础,以示范性幼儿园为中心,灵活多样的幼儿教育形式相结合的幼儿教育服务网络,为0~6岁儿童及其家长提供早期保育和教育服务。由此我们可以看出,我国学前教育政策的制定更具实时性、敏感性和针对性。

(三)《国家中长期教育改革和发展规划纲要(2010—2020年)》

2010年7月,党中央、国务院颁布了《国家中长期教育改革和发展规划纲要(2010—2020年)》。这是21世纪以来我国第一个中长期教育规划纲要,是我国教育发展史上又一里程碑式的文件。该纲要把学前教育作为2010—2020年教育事业八大发展任务之一,提出到2020年,在科学保教的基础上,基本普及学前教育的目标,重点发展农村学前教育。该纲要体现了国家对学前教育的高度重视,是国家为实现更高水平的学前教育而做出的重大决策。

> ### 幼儿园教师资格证考试·真题再现
>
> **2016年上半年《综合素质》真题**
>
> 《国家中长期教育改革和发展规划纲要(2010—2020年)》中要求,学前教育发展的一大任务是重点发展(　　　)。
>
> A. 西部地区学前教育　　　　　　B. 边远地区学前教育
>
> C. 城镇学前教育　　　　　　　　D. 农村学前教育
>
> 【解析】D。《国家中长期教育改革和发展规划纲要(2010—2020年)》中明确规定:"重点发展农村学前教育。"

(四)《国务院关于当前发展学前教育的若干意见》

为贯彻落实党的十七届五中全会、全国教育工作会议精神和《国家中长期教育改革和发展规划纲要(2010—2020 年)》，积极发展学前教育，着力解决"入园难"问题，满足适龄儿童入园需求，促进学前教育事业科学发展，2010 年 11 月 21 日，国务院印发了《关于当前发展学前教育的若干意见》。该意见立足当前，兼顾长远，把积极发展学前教育、着力解决"入园难"问题作为发展学前教育的突破口和紧迫任务。该意见中指出：把发展学前教育摆在更加重要的位置；多种形式扩大学前教育资源；多种途径加强幼儿教师队伍建设；多种渠道加大学前教育投入；加强幼儿园准入管理；强化幼儿园安全监管；规范幼儿园收费管理；坚持科学保教，促进幼儿身心健康发展；完善工作机制，加强组织领导；统筹规划，实施学前教育三年行动计划。地方政府是发展学前教育、解决"入园难"问题的责任主体。教育部会同有关部门对各地学前教育三年行动计划进展情况进行专项督查，组织宣传和推广先进经验，对发展学前教育成绩突出的地区予以表彰奖励，营造全社会关心支持学前教育的良好氛围。

(五)《中国儿童发展纲要(2001—2010 年)》和《中国儿童发展纲要(2011—2020 年)》

2001 年，国务院颁发了《中国儿童发展纲要(2001—2010 年)》，从儿童健康、教育、法律保护和环境四个领域提出了发展的主要目标和策略措施。十年间，我国儿童生存、保护、发展的环境和条件得到明显改善，儿童权利得到进一步保护，儿童发展取得了巨大成就。2011 年，国务院又颁发了《中国儿童发展纲要(2011—2020 年)》，提出这十年儿童发展的总目标、发展领域、主要目标和策略措施。

(六)学前教育三年行动计划

《国务院关于当前发展学前教育的若干意见》中明确要求各省(区、市)以县为单位编制实施学前教育三年行动计划，切实解决人民群众十分关心的"入园难"问题。其主要内容包括三年内的发展现状、发展目标与任务、主要举措及重大工程项目。为了支持各地实施好三年行动计划，教育部会同财政部、发展改革委实施了八个国家学前教育重大项目，重点扶持中西部农村地区和城市薄弱环节。截至 2013 年年底，第一期学前教育三年行动计划各项目标任务圆满完成，全国在园幼儿增加了 918 万人，相当于之前十年增量的总和，"入园难"问题初步缓解，学前教育改革发展取得历史性成就。

(七)《托儿所幼儿园卫生保健管理办法》

随着经济社会的发展和法制的健全，托幼机构卫生保健管理需要进一步规范和完善。《托儿所幼儿园卫生保健管理办法》于 2010 年 3 月 1 日经卫生部部务会议审议通过，并经教育部同意，自 2010 年 11 月 1 日起施行。由卫生部、国家教委于 1994 年 12 月 1 日联合发布的《托儿所、幼儿园卫生保健管理办法》同时废止。《托儿所幼儿园卫生保健管理办法》条理更加清晰，可操作性更强，在目的、适用范围、基本方针、不同部门职责、餐饮、考核、第一责任人、保健室或卫生室要求、人员配备比例、人员培训、工作人员健康检查等方面都做了明确说明。

（八）《幼儿园收费管理暂行办法》

为促进学前教育事业的科学发展，规范幼儿园的收费行为，保障受教育者和幼儿园的合法权益，国家发展改革委、教育部、财政部于 2011 年 12 月 31 日联合印发了《幼儿园收费管理暂行办法》。该办法共 24 条，自发布后 30 日施行。

为规范幼儿园各种名目的收费，该办法规定：幼儿园收费统一为保育教育费、住宿费。幼儿园为在园幼儿教育、生活提供方便而代收代管的各类费用应该遵循"家长自愿，据实收取，及时结算，定期公布"的原则，不得与保育教育费一并统一收取。严禁幼儿园以任何名义向入园幼儿家长收取赞助费、捐资助学费、建校费、教育成本补偿费等与入园挂钩的费用，严禁以开办实验班、特色班、兴趣班、课后培训班和亲子班等特色教育为名向家长另行收取费用。

该办法要求：幼儿园应该通过设立公示栏、公示牌、公示墙等形式向社会公示收费项目、收费标准等相关内容；招生简章应写明幼儿园性质、办园条件、收费项目和收费标准等内容。各地要加强对幼儿园收费的管理和监督检查，对违反收费政策的行为，要依法严肃查处。

（九）《幼儿园教师专业标准（试行）》

幼儿园教师是履行幼儿园教育工作职责的专业人员，需要经过严格的培养与培训，具有良好的职业道德，掌握系统的专业知识和专业技能。为促进幼儿园教师专业发展，建设高素质幼儿园教师队伍，根据《中华人民共和国教师法》，教育部于 2012 年 2 月印发了《幼儿园教师专业标准（试行）》。它包括基本理念、基本内容和实施建议三部分，贯穿的基本理念是师德为先、幼儿为本、能力为重和终身学习。它是国家对合格幼儿园教师专业素质的基本要求，是幼儿园教师开展保教活动的基本规范，是引领幼儿园教师专业发展的基本准则，是幼儿园教师培养、准入、培训、考核等工作的重要依据。

《幼儿园教师专业标准（试行）》的基本内容构架包含了专业理念与师德、专业知识和专业能力三个维度。它具有五个突出特点：第一，对幼儿园教师的师德与专业态度提出了特别要求；第二，要求幼儿园教师高度重视幼儿的生命与健康；第三，充分体现幼儿园保教结合的基本特点；第四，强调幼儿园教师必须具备的教育教学实践能力；第五，重视幼儿园教师的反思与自主专业发展能力。

幼儿园教师资格证考试·真题再现

2014 年上半年《综合素质》真题

李老师认真学习了《幼儿园教师专业标准（试行）》，并制定了自己的专业发展规划。李老师的做法体现了（   ）。

A. 终身学习的理念 B. 先进的管理策略

C. 良好的沟通能力 D. 高超的教育技能

【解析】A。由李老师认真学习《幼儿园教师专业标准（试行）》并制定自己的专业发展规划可以看出，李老师在工作实践中贯彻落实了终身学习的理念。

(十)《学前教育督导评估暂行办法》

教育督导是保障教育法律法规和方针政策落实的重要机制。地方政府是发展学前教育、解决"入园难"问题的责任主体。为促进地方政府及相关部门切实履行发展学前教育的职责，全面实施学前教育三年行动计划，满足适龄儿童入园需求，规范办园行为，教育部在深入调研和广泛征求意见的基础上，研究制定了《学前教育督导评估暂行办法》，建立了学前教育的督导评估制度和工作机制，并于2012年2月12日下发，决定从2012年起开展学前教育的督导评估工作。要求各地根据办法要求，结合本地的实际情况，制订本省（区、市）学前教育督导评估实施方案，做好督导评估工作。规定从2012年开始，每年7月31日以前，各省（区、市）将学前教育发展状况监测统计表、学前教育督导评估自评报告单一式三份报送国家教育督导团，同时报送电子版。

该办法分为4章共13条，包括总则、督导评估内容与形式、表彰与问责、附则，对学前教育督导评估中要坚持的原则、学前教育督导评估的主要内容、学前教育进行督导评估的方法、使用学前教育督导评估结果的要求等方面做了明确规定。

(十一)《校车安全管理条例》

校车夺命事故频发，引起了社会各界的担忧，儿童校车安全问题越来越被人们重视。为了加强校车安全管理，保障乘坐校车学生的人身安全，2012年4月，国务院发布《校车安全管理条例》。该条例分8章，共62条，包括总则、学校和校车、服务提供者、校车使用许可、校车驾驶人、校车通行安全、校车乘车安全、法律责任和附则，对校车的提供者、使用者、同行者和法律责任等问题做了具体的要求，体现了政府对学前教育中具体问题的重视。

(十二)《3—6岁儿童学习与发展指南》

2012年10月，教育部印发了《3—6岁儿童学习与发展指南》，要求相关部门贯彻落实。该指南把为幼儿后继学习和终身发展奠定良好素质基础作为目标，核心任务是促进幼儿体、智、德、美各方面的协调发展，提出3~6岁幼儿的学习与发展目标及相应的教育，帮助幼儿园教师和家长了解3~6岁幼儿学习与发展的基本规律和特点，建立对幼儿发展的合理期望，实施科学的保育和教育。

该指南中指出，要珍视游戏和生活的独特价值，创设丰富的教育环境，合理安排一日生活，最大限度地支持和满足幼儿通过直接感知、实际操作和亲身体验获取经验的需要，严禁"揠苗助长式"的超前教育和强化训练。

(十三)《幼儿园园长专业标准》

为促进幼儿园园长的专业发展，建设高素质的幼儿园园长队伍，深入推进学前教育的改革与发展，根据《中华人民共和国教育法》等有关法律法规，教育部教师司委托教育部幼儿园园长培训中心负责制定了《幼儿园园长专业标准》，并于2015年1

月 10 日由教育部印发。该标准包括办学理念、专业要求、实施意见三方面的内容，是对幼儿园合格园长专业素质的基本要求，是引领幼儿园园长专业发展的基本准则，是制定幼儿园园长任职资格标准、培训课程标准、考核评价标准的重要依据。

(十四)《幼儿园工作规程》

《幼儿园工作规程》自颁布起，对加强各级各类幼儿园的规范管理发挥了重要作用。随着经济社会的发展，学前教育改革发展的大环境发生了巨大变化，学前教育事业规模不断扩大，普及程度大幅提高。为了有针对性地解决当前存在的突出问题，有效规范幼儿园管理，教育部于 2016 年 1 月 5 日公布了审议通过后的《幼儿园工作规程》。

新规程包括 11 章 66 条，包括总则，幼儿入园和编班，幼儿园的安全，幼儿园的卫生保健，幼儿园的教育，幼儿园的园舍、设备，幼儿园的教职工，幼儿园的经费，幼儿园、家庭和社区，幼儿园的管理以及附则。新规程自 2016 年 3 月 1 日起施行，同时，1996 年 3 月由国家教委颁布的《幼儿园工作规程》予以废止。新规程主要在四方面提高了标准，增加了细节要求，即幼儿身心健康、幼儿安全问题、家园共育、幼儿园管理规范化。在推进学前教育基本普及的新形势下，修订《幼儿园工作规程》具有重要的现实意义。

资料链接12-1

新《幼儿园工作规程》主要做了哪些方面的修订

一、坚持立德树人

进一步强调幼儿园要坚持国家的教育方针，遵循幼儿身心发展特点和规律，实施体、智、德、美诸方面全面发展的教育，促进幼儿身心和谐发展。

二、强化安全管理

专设"幼儿园的安全"一章，明确要求幼儿园要建立健全设备设施、食品药品以及与幼儿活动相关的各项安全防护和检查制度，建立安全责任制和应急预案。在"幼儿园的卫生保健"一章中，对建立与幼儿身心健康相关的一系列卫生保健制度做了明确规定。

三、规范办园行为

新规程对幼儿园的学制、办园规模、经费、资产、信息等方面的管理提出了明确要求。

四、注重与法律法规和有关政策的衔接

一方面，做好与现行法律政策规定的衔接，如近些年颁布的《幼儿园教育指导纲

要(试行)》《3—6 岁儿童学习与发展指南》中对幼儿园的教育目标、内容、教育活动组织等提出了清晰而具体的要求，修订《幼儿园工作规程》时将这些方面的要求改为一些原则性规定；《托儿所幼儿园卫生保健管理办法》中对幼儿园卫生保健工作提出了很多新要求，新规程与之做了相应衔接；《反家庭暴力法》中增加了"幼儿园应当进行反家庭暴力教育和发现家暴情况及时报案"的规定。另一方面，《中华人民共和国教育法》《民办教育促进法》《语言文字法》等法律法规对学校一些具体办学行为做了明确规定，新规程不再重复提出要求。

五、完善幼儿园内部管理机制

要求幼儿园进一步加强科学民主管理，强化家长委员会的职能作用。家长委员会应参与幼儿园重要决策和事关幼儿切身利益事项的管理。强调幼儿园应当建立教研制度，加强教育教学研究，研究解决教师在保教工作中遇到的实际问题。

(十五)《关于规范幼儿园保育教育工作防止和纠正"小学化"现象的通知》

为进一步贯彻落实《关于当前发展学前教育的若干意见》和《幼儿园教育指导纲要(试行)》，规范办园行为，防止和纠正"小学化"现象，保障幼儿健康快乐成长，教育部于 2011 年下发了《关于规范幼儿园保育教育工作防止和纠正"小学化"现象的通知》。该通知针对防止和纠正"小学化"现象分别从认识、管理、质量和监督四个方面提出了要求，幼儿园要为幼儿创设适宜的环境和条件，以达到幼儿健康快乐成长的目标。

(十六)《关于加强教师队伍建设的意见》

为贯彻落实《国家中长期教育改革和发展规划纲要(2010—2020 年)》《关于当前发展学前教育的若干意见》和《关于加强教师队伍建设的意见》，教育部、中央编办等部门于 2012 年 9 月联合印发了《关于加强幼儿园教师队伍建设的意见》，要求大力加强幼儿园教师队伍建设。该意见明确了幼儿园教师队伍建设的目标，建立了幼儿园教师长效补充机制，完善了幼儿园教师资格制度，建立了幼儿园园长任职资格制度，完善了幼儿园教师职务(职称)评聘制度，提高了幼儿园教师培养培训质量，同时要求全面落实幼儿园教师专业标准，提高幼儿园教师专业化水平。该意见还建立了幼儿园教师待遇保障机制，确保了各项政策措施落实到位。

(十七)《幼儿园教职工配备标准(暂行)》

为促进幼儿园教师队伍建设，确保幼儿接受基本的、有质量的学前教育，2013 年1 月，教育部印发了《幼儿园教职工配备标准(暂行)》，指出幼儿园应当按照服务类型、教职工与幼儿以及保教人员与幼儿的一定比例配备教职工，全日制幼儿园每班配备 2 名专任教师和 1 名保育员，或配备 3 名专任教师，使幼儿园在师资配备方面更加完善。

(十八)《关于实施第二期学前教育三年行动计划的意见》

自 2011 年各地以县为单位实施学前教育三年行动计划以来，学前三年毛入园率达 67.5%，三年提高 10.9 个百分点，学前教育改革发展取得了历史性成就。不过，尽管全国公办幼儿园增加了 1.7 万所,但总体占比仅为 33%,仍难以满足群众对子女接受公益普惠性学前教育的需求。

2014 年 11 月,教育部、国家发展改革委、财政部联合印发了《关于实施第二期学前教育三年行动计划的意见》。该意见中指出,进一步加大学前教育投入,将家庭负担控制在合理范围。实施二期行动计划的重点任务是扩大普惠性资源,满足入园需求;构建长效机制,确保合理收费;完善监管制度,消除安全隐患,并在实施过程中提出具体要求。

二期行动计划要求到 2016 年将全国学前三年毛入园率提高至 75%,继续把大力发展公办幼儿园作为扩大普惠性资源的重要举措。二期行动计划还将在继续落实用地、税费等优惠政策,以多种方式吸引社会力量办园的基础上,进一步加大对普惠性民办幼儿园的扶持力度,着力构建学前教育长效投入机制。

(十九)《中央财政支持学前教育发展资金管理办法》

学前教育事业的发展离不开资金的支持,但是在如何管理资金方面缺乏支持性的文件。为规范和加强中央财政支持学前教育发展资金管理,提高资金使用效益,扩大学前教育资源,提高幼儿资助水平,2015 年,根据国家有关规定,财政部、教育部制定了《中央财政支持学前教育发展资金管理办法》。该办法共包含 6 章 28 条,并在资金使用范围、资金分配与拨付、资金申报、资金管理和监督等方面进行了详细具体的说明。《财政部 教育部关于印发支持中西部地区利用农村闲置校舍改建幼儿园实施方案的通知》(财教〔2011〕406 号)、《财政部 教育部关于印发支持中西部地区利用农村小学增设附属幼儿园实施方案的通知》(财教〔2011〕407 号)、《财政部 教育部关于印发支持中央财政扶持民办幼儿园发展奖补资金管理暂行办法的通知》(财教〔2011〕408 号)、《财政部 教育部关于印发支持中央财政扶持城市学前教育发展奖补资金管理暂行办法的通知》(财教〔2011〕409 号)四个文件同时废止。

(二十)《幼儿园建设标准 建标 175-2016》

幼儿园的建设不同于其他建筑物的建设,设计人员应该既具备幼儿园设计的知识和能力,又了解幼儿园的特点和各种要求,懂得幼儿的心理需求和审美情趣,根据建筑物的使用功能、所处环境和相应标准,综合运用物质手段、科技手段和艺术规律,创设出功能合理、舒适优美、特征鲜明,符合幼儿身心发展要求的幼儿园环境,使幼儿在幼儿园里快乐地生活和学习,从而获得丰富的经验。

为了使幼儿有良好的幼儿园环境,2017 年,教育部编制了《幼儿园建设标准 建标 175-2016》。该标准将为幼儿园的建设项目提供可行性的依据和决策服务,共包含 6 个章节和 2 个附录,对幼儿园建设规模和服务人口数量做出了详细规定,并在幼儿园选址、园区面积等方面进行了说明,使幼儿园的建设更加标准化、科学化,有利于幼儿的学习与发展。

(二十一)《关于开展幼儿园"小学化"专项治理工作的通知》

近年来，各地坚持发展与质量并重的原则，不断提高幼儿园的保育教育水平。但一些幼儿园违背幼儿身心发展规律和认知特点，提前教授小学内容，强化知识技能训练，"小学化"倾向比较严重，这不仅剥夺了幼儿童年的快乐，更挫伤了幼儿的学习兴趣，影响了幼儿的身心健康发展。为深入贯彻落实《幼儿园工作规程》《幼儿园教育指导纲要（试行）》和《3—6岁儿童学习与发展指南》，推进幼儿园科学保教，促进幼儿身心健康发展，2018年，教育部办公厅印发了《关于开展幼儿园"小学化"专项治理工作的通知》。这次治理任务主要是针对幼儿园教授小学的课程内容、"小学化"的教育方式与教育环境以及师资力量的不合格问题提出要求。该通知提出治理工作分四个阶段进行，即全面部署，自查与摸排，全面整改，专项督查，并对存在"小学化"倾向的幼儿园提出了明确要求。

(二十二)《关于学前教育深化改革规范发展的若干意见》

2018年11月，中共中央、国务院印发了《关于学前教育深化改革规范发展的若干意见》，对新时代学前教育的深化改革和规范发展做出了重大决策部署，进一步明确了学前教育改革发展的前进方向和重大举措，这是中华人民共和国自成立以来第一次以中共中央、国务院的名义专门印发的关于学前教育工作的意见。该意见具有里程碑意义。

习近平在党的十九大报告中强调要"办好学前教育"，并把实现"幼有所育"作为"七有"重大民生问题之首，要求加强学前教育的系统谋划。《关于学前教育深化改革规范发展的若干意见》是贯彻落实"办好学前教育"、实现"幼有所育"的实际行动，进一步确立了学前教育公益普惠的基本方向和发展目标，完善了学前教育的政策保障体系，在规范办园行为、提高保教质量等方面也做出了明确的规定。该意见明确了到2020年的发展目标和到2035年的中长期目标，提出到2020年，学前三年毛入园率达到85%，普惠性幼儿园入园率达到80%，也就是说公办幼儿园和普惠性民办幼儿园的占比达到80%，基本建成广覆盖、保基本、有质量的学前教育公共服务体系。这样一个目标的提出实际上就是让绝大多数孩子都能够享受普惠性的学前教育，从而有效地破解"入园难""入园贵"的问题。到2035年，全面普及学前三年教育，建成覆盖城乡、布局合理的学前教育公共服务体系，为幼儿提供更加充裕、更加普惠、更加优质的学前教育。

《关于学前教育深化改革规范发展的若干意见》中所提出的9个部分35条重大政策举措，是以习近平同志为核心的党中央对学前教育事业做出的重大战略决策部署，是新时代学前教育深化改革规范发展的行动指南，必将对切实办好新时代学前教育、更好地实现"幼有所育"、满足人民群众对幼儿接受有质量的学前教育的美好期盼发挥极为重要的推动作用。

(二十三)《关于开展城镇小区配套幼儿园治理工作的通知》

城镇小区配套建设幼儿园是城镇公共服务设施建设的重要内容，是扩大普惠性学前教育资源的重要途径，是保障和改善民生的重要举措。2018年11月，中共中央、国务院印发《关于学前教育深化改革规范发展的若干意见》，提出规范小区配套幼儿园建设使用，并对小区配套幼儿园规划、建设、移交、办园等情况进行治理作出部署。2019年，国务院办公厅印发了《关于开展城镇小区配套幼儿园治理工作的通知》，对开展治理工作提出了总体要求："以习近平新时代中国特色社会主义思想为指导，全面贯彻党的十九大和十九届二中、三中全会精神，落实全国教育大会部署，坚持以人民为中心的发展思想，认真履行政府责任，依法落实城镇公共服务设施建设规定，着力构建以普惠性资源为主体的学前教育公共服务体系，聚焦小区配套幼儿园规划、建设、移交、办园等环节存在的突出问题开展治理，进一步提高学前教育公益普惠水平，切实办好学前教育，满足人民群众对幼有所育的期盼。"

（二十四）《托育机构设置标准（试行）》和《托育机构管理规范（试行）》

为加强托育机构专业化、规范化建设，按照国务院办公厅印发的《关于促进3岁以下婴幼儿照护服务发展的指导意见》的要求，国家卫生健康委组织制定了《托育机构设置标准（试行）》和《托育机构管理规范（试行）》。

《托育机构设置标准（试行）》包括5章24条，对托育机构的设置提出了多种要求，明确指出托育机构设施的选择与配备需要符合一定的规范，在人员的安排上更加细致化、标准化。而《托育机构管理规范（试行）》则包括9章42条，内容包含了托育机构的备案管理、收托管理、保育管理、健康管理、安全管理、人员管理、监督管理，在这些方面有了具体的要求。

从以上内容我们可以看出，21世纪以来，我国学前教育政策与法规的制定开始走向法治化，以幼儿的全面、和谐发展为本，更加关注幼儿的发展及自我保护。学前教育政策与法规的范围进一步拓展，以满足幼儿多方面发展的需要。这些都充分说明，我国学前教育政策与法规的制定与世界和时代同步而行，做到了与时俱进。

幼儿园教师资格证考试·真题再现

2019年上半年《综合素质》真题

某幼儿园教师陈某在教育幼儿时，经常敲打、拖拽幼儿，造成幼儿身体多处瘀伤。陈某侵犯幼儿的权利是（　　）。

A. 受教育权　　　　　　B. 人格尊严权

C. 人身自由权　　　　　D. 生命健康权

【解析】D。幼儿享有生命权与健康权，幼儿教师应尊重幼儿的生命健康权。题干中幼儿教师的行为危害了幼儿的生命健康，不利于幼儿的身心健康发展。选项B，人格尊严权是指幼儿的意愿、想法、需要等受到关注和尊重的权利。题干中并未体现，故本题选D。

第二节 国外学前教育政策与法规

一、美国学前教育政策与法规

(一)第二次世界大战到 21 世纪初出台的教育政策与法规

1.《朗哈姆法案》

1939 年，第二次世界大战爆发。作为盟国的兵工厂，美国国内对劳动力的需求量急剧增加，这使得越来越多的妇女走出家门开始就业。因妇女外出就业带来的幼儿看管问题也随之凸显出来。为了解除参加军工生产的父母们的后顾之忧，同时保障儿童获得应有的发展，美国于 1941 年通过了《朗哈姆法案》(Lanham Act)，关于儿童保育的问题首次被纳入该法案中。法案中规定，联邦政府和地方政府拨专款资助与战争有关的工厂设立学前教育机构。1942 年年初，依据《朗哈姆法案》，国会批准公共事业振兴署拨款 600 万美元用来为母亲外出工作的儿童提供保育设施，为所有参加军工生产的家庭的孩子提供全天的服务，不设年龄门槛。此时创建的儿童保育中心，为越来越多的儿童提供了入学机会。1944 年，《朗哈姆法案》用于儿童保育服务的专款获得批准。罗斯福总统又从战争经费中拨出 40 万美元，用来配合儿童保育项目的开展。①《朗哈姆法案》中的儿童保育中心于 1946 年 2 月正式宣布停办，虽然存在时间较短，却是联邦政府在法律的支持下干预学前教育的一次尝试，也挑战了幼儿教育是家庭私事的传统观念。

2.《社会安全法案》及其修正案

1935 年，罗斯福总统在任时所颁布的《社会安全法案》(The Social Security Act)对美国福利事业的发展产生了重要而深远的影响。该法案开篇即点明，"本法案旨在使一些州得以为老人、盲人、受抚养的残障儿童提供更为可靠的生活保障"，并且在第四款中提到要实施"家庭援助计划"。然而，在该法案颁布后的一段时间里，对抚养未成年儿童家庭援助的关注远逊于法案中的其他规定。第二次世界大战结束后，妇女解放和参与社会生活的呼声日益高涨，联邦政府不得不关注为职业妇女提供托儿服务的问题。为此，杜鲁门政府和艾森豪威尔政府都对《社会安全法案》中关于母亲和未成年儿童的部分进行了多次修正和完善，以满足妇女和幼儿的保障需求。在艾森豪威尔总统任职期间，联邦政府在 1956 年通过的《社会安全法案修正案》(The Social Security Act Amendments)中提出了为职业妇女提供托儿服务的计划。

---

① 任寒：《二战后美国联邦政府学前教育政策研究》，硕士学位论文，南京师范大学，2014。

3.《国防教育法案》

第二次世界大战结束后，美苏开始"冷战"。1957年，苏联成功发射人类历史上第一颗人造地球卫星，使美国民众感到羞耻和恐惧。面对国内政治、经济发展的新环境和国际竞争的新要求，美国联邦政府改变了传统以来不插手教育事务的做法，加强了对各级教育的干预。在不到一年的时间里，国会议员们提出了近1500个涉及教育的提案，其中最具战略意义的当属1958年通过的《国防教育法案》(National Defense Education Act)。它是第二次世界大战后美国联邦政府颁布的第一个重要教育法案。《国防教育法案》在美国历史上第一次将教育与国家安全联系在一起。它的颁布标志着联邦政府大规模资助教育的开始。《国防教育法案》中指出，教育应该从孩子抓起，应该重视天才儿童的选拔和教育。它在一定程度上推动了民众对学前教育重要性的认识。

《国防教育法案》中规定了联邦政府对教育财政拨款的有关事项，其基本精神是要求将适应生活的教育转向重视科技的教育，以提高教育水平，加速人才培养。其主要内容是加强普通学校的自然科学、数学和现代外语(所谓"新三艺")的教学；职业技术教育方面设立相应的领导机构，为青年提供技能培训；强调"天才教育"，发掘资质卓越的学生，并鼓励他们在完成中等教育后报考高等教育机构；资助高校提高科研水平以及设立"国防奖学金"。①

4.《开端计划法案》及其修正案

1965年，美国政府通过了"向贫穷宣战"的《经济机会法案》(Economic Opportunity Act)。这一法案的目的是帮助贫困家庭的学前儿童接受早期保育。根据这一法案，当时的联邦教育总署在1966年开展了旨在帮助贫困家庭的学前儿童接受早期保育和教育的"开端计划"，以期实现教育机会均等。该计划由联邦政府与地方当局合作实施，向贫困家庭3~5岁的儿童与残障儿童免费提供学前教育、营养与保健。基于人们对该项目效果的认可以及项目在实施过程中所产生的种种问题，联邦政府在1981年出台了《开端计划法案》(Head Start Act)，对"开端计划"的拨款数量和款项的使用做出了明确规定。

由于意识到3岁前孩子发展与教育的重要性，1994年，联邦政府又提出了"早期开端计划"，把教育的对象延伸到贫困家庭的两岁孩子。1994年，克林顿总统签署了《开端计划法案修正案》(Head Start Act Amendments)。其主要内容包括授权拨款；拨款建立质量标准化的"开端计划"机构和方案；修订教师资格和豁免的要求(到1996年，所有"开端计划"的教师必须拥有资格证书)；拨款用于改善"开端计划"的质量；重新组织和扩大对教师的培训和技术援助；拨款为低收入家庭的年幼儿童提供以家庭为中心的服务、培训以及技术援助；修订贫困地区的定义，将现行计划扩展为全日制和全年制服务等。该法案在2007年乔治·沃克·布什("小布什")总统执

① 周采：《外国教育史》，359页，上海，华东师范大学出版社，2008。

政期间又得到了完善。项目拨款从 1965 年的 9640 万美元逐年大幅增加到 1993 年的 27.7 亿美元。1997 年，"开端计划"拨款 39.8 亿美元。"开端计划"从 1965 年一直延续至今，在美国针对学前儿童保育和教育的所有计划中持续时间最长，影响最大。这一计划帮助广大家长提高了教养水平，训练了大量的教师与助手，开展了一系列科学研究，制定了一系列教育标准，成效显著，对美国学前教育事业的发展起到了重要作用。①

5. 《残障儿童早期教育援助法案》和《全体残障儿童教育法案》

1968 年，联邦政府颁布了《残障儿童早期教育援助法案》(Handicapped Children's Early Education Assistance Act)。这是第一个明确体现残障儿童学前教育重要性的联邦法案，旨在为 0～6 岁的残障儿童提供资金，为特殊学前教育建设现代化设施，以及开展有关残障儿童的研究项目。

1975 年，福特总统签署了具有里程碑意义的《全体残障儿童教育法案》(Education for All Handicapped Children Act)。该法案为所有残障儿童的平等受教育权提供了保障。《全体残障儿童教育法案》中不仅提出残障儿童应该接受免费和合适的公立教育，而且提出了零拒绝、最小受限制环境、免费合适的公立教育、非歧视性评价、适当程序以及学生和家长参与等一系列改进教育的原则。这部法案的实施使以前被排除在公立学校门外的残障儿童得到了应有的特殊教育服务，也促使美国社会达成了共识：每一个儿童，无论家庭财富、社会地位、身体状况如何，都有平等接受教育的权利。

6. 《儿童保育与发展固定拨款法案》和《个人责任与工作机会协调法案》

1990 年，为了改善低收入家庭的幼儿保育服务质量，美国国会通过了《儿童保育与发展固定拨款法案》(Child Care and Development Block Grant Act)。该法案明确提出了其立法宗旨，即要"促进各州和地方儿童保育服务的开展，特别是提高对低收入家庭儿童的早期看护与教育的关注程度"②。联邦政府专门设立了"儿童保育与发展固定拨款"项目，每年拨款用作托幼事业专款。

1996 年，克林顿总统签署了《个人责任与工作机会协调法案》(Personal Responsibility and Work Opportunity Reconciliation Act)。该法案将"儿童保育与发展固定拨款"项目与"强制性资金"和"配套资金"整合起来，继续推动联邦贫困家庭儿童早期保教服务的发展，并将其正式命名为"儿童保育与发展基金"(Child Care and Development Fund，CCDF)。这是联邦政府为贫困家庭儿童提供保育和教育服务专项资金的项目，是仅次于"开端计划"的联邦第二大贫困家庭儿童早期保教项目，大部分经费用于为 5 岁及 5 岁以下儿童提供保教服务。

---

① 刘存刚、张晗：《学前比较教育》(第 2 版)，81～82 页，北京，科学出版社，2012。
② 庞丽娟：《国际学前教育法律研究》，392 页，北京，北京师范大学出版社，2011。

7.《美国2000：教育战略》和《2000目标：美国教育法案》

1991年，乔治·赫伯特·沃克·布什("老布什")总统签署了《美国2000：教育战略》(America 2000：An Education Strategy)。在这份报告中，"老布什"政府提出了迈向21世纪的全国六大教育目标。首要目标便与学前教育领域密切相关："到2000年，美国所有孩子必须入学，在参加学校教育之前，为学习做好准备。"具体要求是：所有儿童都能参与到高质量的、适合儿童身心发展需要的幼儿园项目中。这些项目能够帮助儿童做好入学准备。美国的每一位父母都是儿童的第一任教师，他们每天付出时间帮助学龄前儿童学习。同时，父母将使用各种办法培养和支持儿童的需要。儿童将获得营养、身体活动经验并受到健康护理。这种健康护理是儿童带着健康心理与健康身体进入学校所需要的，也是保持准备学习所必要的智力上的觉醒所需要的。①

1994年，克林顿总统签署了《2000目标：美国教育法案》(Goals 2000：American Education Act)，继承了"老布什"政府在《美国2000：教育战略》中提出的六大教育改革目标，又在原有目标基础之上新增了两大目标，对相关条文做了适当的补充和调整。《2000目标：美国教育法案》的立法宗旨为"不论种族、肤色、宗教、性别、年龄、健康状况、国籍或社会阶层，为每个人提供受高质量教育的平等机会"②，以法律形式明确了今后教育政策的主线，即公平与质量相统一。

8."幼儿教育五年计划"

1998年，克林顿总统提出了一项"幼儿教育五年计划"(Five-year Plan for Early Childhood Education)。这项计划被誉为"美国历史上最大的幼儿教育单项投资计划"，投资金额高达200亿美元。计划的主要内容如下。第一，帮助工薪阶层家庭支付儿童保育费用。到2003年，接受保育补助的儿童数量达到200万，在目前的基础上翻一番。第二，促进儿童的早期学习和健康发展，提高托幼机构的教育质量。采取的主要措施是加强师资培训；控制就业人员的资格；加强对托幼机构质量的评价；缩小班级规模，倡导个别化教学。第三，五年内为学校社区合作性的"21世纪社区实习中心计划"投资8亿美元。第四，建立为学龄儿童服务的校外服务机构，使每年有50万儿童能获得校外服务中心提供的服务。第五，通过减免税收，鼓励企业为雇员提供儿童保育服务。第六，加强与扩展学前教育师资培训，帮助儿童保育工作者达到行业认证标准；设立专项奖学金(每年5万个名额，五年共投入2.5亿美元)，帮助与鼓励立志从事幼儿教育工作的学生。③

---

① [美]乔治·S. 莫里森：《当今美国儿童早期教育》(第8版)，王全志等译，48页，北京，北京大学出版社，2004。

② 国家教育发展研究中心：《发达国家教育改革的动向和趋势(第六集)》，31页，北京，人民教育出版社，1999。

③ 杨莉君：《学前教育政策法规概论》，252~253页，长沙，湖南师范大学出版社，2008。

(二)21 世纪以来出台的教育政策与法规

1.《不让一个孩子掉队法案》

20 世纪 70 年代，一场"回归基础"的教育改革运动席卷全国，美国各界为改善基础教育状况做出了一系列的努力和尝试。在随后的 80 年代和 90 年代，也曾经出现过一系列的教育改革文件。虽然在基础教育改革上投入了大量的人力、物力，但美国特殊的教育行政管理体制和复杂的教育现实导致这些改革政策和措施难以迅速扭转基础教育薄弱的局面。21 世纪，随着经济全球化时代的到来，追求公平和卓越成为世界教育发展的新趋势，而 21 世纪初的美国基础教育仍然存在许多问题，其中最突出的例子就是美国学生在参加历届国际奥林匹克数学、化学和物理竞赛中大多名落孙山。调查数据显示，近些年来，美国的基础教育质量在发达国家中一直处于较低水平，很多四年级的学生都不具备正常的阅读能力，这与其他发达国家同龄的学生相比差距很大。美国中小学培养学生读、写、算的能力的基本目标远未实现。由于学习基础差，很多学生在进入大学阶段学习之前要先进行预科性质的补偿教育，否则可能无法跟上大学的课程进度。联邦政府为了改善基础教育质量，不断加强对教育的干涉，从收集整理教育信息，为各州教育行政管理提供政策咨询，逐步转型到亲自制定教育法案，对各州进行政策指导和管理。

在这样的背景下，"小布什"政府于 2001 年 1 月公布了《不让一个孩子掉队法案》(No Child Left Behind)的蓝图，并于 2002 年 1 月 8 日正式签署该法案。美国政府试图通过《不让一个孩子掉队法案》的实施保留其原有的自由、灵活、开放的教育体系，在培养和发展学生创造力的同时加强基础知识教学，进一步完善美国的中小学教育体系。该法案一方面给予低收入家庭的孩子资助，并增强他们在选择学校上的主动权；另一方面又通过建立标准、强化考试、回归传统经典来提高教育质量与水平，增强联邦政府在教育政策过程中的权力，强化国家的责任与控制。在这部法案中，涉及学前教育的主要是教师质量问题和教师教育问题。根据该法案的思想，2002年，"小布什"又发表了以"良好的开端，聪明地成长"(Good Start，Smart Growth)为题的改革动议。这份动议督促各州各地方社区加强学前教育项目的建设，确保学前儿童接受高质量的教育和保育，为中小学教育奠定了良好的基础。

2."0～5 岁教育计划"

奥巴马上台后更加重视学前教育的发展。"0～5 岁教育计划"(Zero to Five Plan)是奥巴马上台后倡导的一项学前教育计划。根据该计划的设想，每年由联邦政府拨款 100 亿美元资助各州普及学前教育，希望借助该项目使每个儿童(不分贵贱)在幼年时期都能获得平等的教育，在入学前都能做好充分的准备。奥巴马提倡确保儿童得到高质量的早期教育和照料机会，聘用有资格的教师，奖励具有专家能力的、有责任心的教师，让科学教育和数学教育成为全国的优先工作。让父母在孩子的学校教育和家庭教育中扮演更大的角色，使他们能够培养出健康和成功的孩子。他说，

《不让一个孩子掉队法案》的整体目标是正确的，但这项法律存在重大的缺陷。因此，他建议每年投入 100 亿美元，用于增加有资格参加"早期开端计划"的儿童人数，增加接受学前教育的儿童数量，提供可支付的和符合质量的儿童照管，以及增进联邦、州和地方政府的协作。

二、英国学前教育政策与法规

(一)21 世纪之前出台的学前教育政策与法规

1.《费希尔法案》

英国学前教育历史悠久，其学前教育水平一直处于世界前列。1918 年，英国政府颁布了《妇女及儿童福利法案》(Women and Children Welfare Act)，要求地方行政当局为幼儿设立保育学校，招收 5 岁以下的幼儿。同年，又颁布了著名的《费希尔法案》(Fishier Act)，提出在英国建立一个包括保育学校、小学、中学和专科学校在内的公共学校系统，将小学分为 5～7 岁(幼儿部)和 7～11 岁(初级学校)两个阶段，并正式承认保育学校是国民学校制度的一部分，要求地方政府设立和援助保育学校，并实行免费(伙食费、医疗费除外)入学制度。但由于经费问题，该法案有关扶持保育学校的规定的执行力很差。1919—1929 年，英国保育学校仅增加了十几所。

2.《巴特勒法案》

1944 年，丘吉尔政府通过了以《费希尔法案》为蓝本制定的《巴特勒法案》(Butler Act)。该法案明确指出，以教育 5 岁儿童为主要目的的初等学校就是保育学校。保育学校由国家教育部门和地方教育当局管辖，其主要作用是"培养全面发展的正常儿童，主要是进行教育，其次是进行补偿"。该法案规定 2～5 岁的儿童都应该进保育学校，地方教育当局应该提供保育学校和保育班的经费。该法案还规定初等教育由三种学校实施：第一，为 2～5 岁的儿童设保育学校(这不属于义务教育范围)；第二，为 5～7 岁的儿童设幼儿学校；第三，有的地方如果设立 5～11 岁的初等学校，则可在校内设保育班，招收 3～5 岁的儿童。该法案把保育学校或保育班的设置规定为地方教育行政当局的义务，但未能将保育学校和幼儿学校连贯起来，幼儿学校仍属于初等教育阶段，这就把幼儿教育以 5 岁为界割裂开来。

3.《普洛登报告》和《教育：扩展的架构》白皮书

1966 年，英国教育咨询委员会委员长普洛登女士发表了《普洛登报告》(Plowden Reports)。该报告第九章"为义务教育前的幼儿提供教育设施"呼吁大力发展英国的幼儿教育，尤其是在教育不发达地区，并提出增加幼儿教育机构，资助非营利私立保育团体，对保育团体和幼儿机构进行规划管理，在幼儿教育活动中增加教育因素，加强幼儿教育机构的设备配备和师资，为贫困家庭儿童和有语言障碍或潜在学习困难的儿童提供学前受教育机会等建议。1968 年，英国又制定了《都市发展纲要》(Outline of Urban Development)，规定在纲要颁布的 12 年中，由政府拨款资助城市贫民子女，包括为他们设立专门的幼儿教育机构，进行身心发展方面的社会服务等。1972年12月，教育科学大臣萨切尔发表《教育：扩展的架构》(Education：A Framework for Expansion)白皮书，对《普洛登报告》中具有实践意义的建议给予了充分的肯定并制订了实施计划，打算在10年内实现幼儿教育全部免费。《普洛登报告》和《教育：扩展的架构》白皮书极大地推进了英国学前教育的发展。

4. "确保开端"项目

"确保开端"项目(Sure Start)开始于1998年。当时英国为5岁以下儿童提供的教育服务与其他发达国家相比较落后，政府也没有给予足够的重视。英国政府决定对5岁以下的学前教育进行改革，希望通过教育政策的改革来提供高质量的公共服务，使幼儿拥有良好的开端，从而全面提高学前教育质量。

"确保开端"项目的目标有以下四个。第一，促进儿童的社会性和情感的发展。通过增进亲子依恋感加强家庭成员之间的紧密联系，同时对儿童的情感和行为发展困难加以鉴定，并提供相应支持。第二，促进儿童的身体健康发展。通过提倡父母对孩子的抚育，促进儿童健康发展。第三，促进儿童学习能力的发展。通过提供高质量的教育环境和儿童教养服务来促进儿童早期学习能力的发展，并为有特殊需要的儿童提供早期鉴定和支持服务。第四，加强家庭和社区建设。鼓励儿童家长参与社区建设，以保证项目计划的延续，同时也为贫困家庭提供摆脱贫困的机会。[①]

"确保开端"项目强调为儿童提供包括卫生、教育、职业培训在内的全方位服务，同时为家长提供参与社会工作的条件和机会，以增加家长的收入，使家长建立信心，更加关注子女的受教育情况。自项目实施到2003年4月，"确保开端"项目取得了较好的成效。与过去相比，中央政府的相应预算拨款有较大增长，各地政府已宣布了524个"确保开端"地方计划，其中已正式实施的地方计划有450个；已有46个小型"确保开端"地方计划专门针对贫困地区和农村地区展开，其中有13个集中在农村地区的地方计划得到政府2200万英镑的支持，预计7500名4岁以下儿童将会受益。已有24个"确保开端"专门试点计划在那些18岁以下少女低龄怀孕现象突出的地区展开，其目的是为低龄怀孕者和低龄家长提供综合性建议，以便他们提前为将来的生活做好准备，同时低龄家长们还会得到包括住房、卫生保健、父母必读、教育和养护等方面的协调援助服务。

(二)21世纪以来出台的学前教育政策与法规

1.《每个儿童都重要》绿皮书

"确保开端"项目的实施，使英国学前教育改革取得了显著的成果。与1997年相比，2003年，低收入家庭的儿童人数减少了50万，重新犯罪的青少年人数已经减少了22%。1998年以来，青少年怀孕比例下降了10%。这些成果给予英国政府和

---

① 刘保卫：《英国"确保开端"项目研究——英国政府支持学前教育的综合措施》，硕士学位论文，福建师范大学，2008。

公众极大的信心。2000 年 2 月，英格兰的 8 岁女孩维多利亚·科里比亚（Victoria Climbie）受虐待致死，这在英国引起了极大的轰动。英国政府为此成立了专门的调查组。通过对该事件及对公众的调查，英国政府发现，除了此类严重的儿童伤害事件，部分儿童还存在逃学、沉溺网络等行为问题，儿童肥胖问题也有待解决，应该改革与儿童有关的机构与制度，加强对儿童的保护。因此，英国财政部于 2003 年颁布了《每个儿童都重要》（Every Child Matters）绿皮书，将政策转向以预防为主，以期为英国的学前教育发展提供更好的条件和环境。

《每个儿童都重要》的实质性改革措施是构建并完善跨部门合作的儿童服务体系。该合作涉及教育与技能部、卫生部、财政部、文化部和工商部等十几个部门，体现出政府对儿童管理方式做出的重大改革，由此促进儿童全方位的整合式发展。该政策是英国政府为促进儿童安全、健康地发展而制定的最基本的框架和行动计划，针对的是英国所有儿童。该政策旨在拓展英国现有的免费学前教育年限，努力实现全国 3 岁幼儿的免费教育。该政策通过四大核心原则构建了加强预防性服务的计划，并将支持父母及抚养者、早期干预及有效的防护、责任性与集成性（本地的、区域的及国家的）、劳动力改革四个主要区域的行动作为执行的基础。

2.《家长选择与儿童最好的开端：儿童保育十年战略》

2004 年 12 月，英国财政部、教育与技能部和劳工部等联合发布了题为"家长的选择与儿童最好的开端：儿童保育十年战略"（Choice for Parents，the Best Start for Children：A Ten-Year Strategy for Childcare）的学前教育战略规划。该战略是在《每个儿童都重要》的规划基础上，对其中的关键部分——学前教育与保育问题而专门制定的，是英国政府继"全国儿童保育战略"之后关于未来十年英国儿童保育的又一战略性发展规划。该战略基于三方面考虑：一是确保每个孩子拥有最好的生命开端；二是应对不断变化的就业形势，并确保父母（尤其是母亲）能够继续工作；三是家庭的合理期望，即家庭成员可以在工作与家庭生活平衡上做出自主选择。① 该战略对 21 世纪第一个十年内英国学前教育发展的宗旨、原则、核心目标等做出了阐释与规划，是指导当时英国学前教育发展的基本政策。

该战略明确了未来十年英国儿童保育的四大战略目标：一是更好地支持家长在工作与家庭责任上做出选择；二是使所有家庭均可获得儿童保育，并能灵活地满足他们的需求；三是使儿童保育服务质量成为世界最好；四是使所有家庭都能够担负得起高品质的适合其需求的儿童保育服务。围绕这四大战略目标，工党政府确立了相应的战略行动计划，具体体现在：通过一年的带薪产假、更加灵活的工作和儿童保育制度，使家长在如何平衡工作与家庭职责上能有更多的选择；为所有 14 岁以下儿童家庭提供担负得起的、灵活的、高质量的、满足其实际所需的儿童保育场所；使英国的儿童保育成为世界最好，具有更好、更多训练有素的员工，鼓励更多的父

① 何伟强：《新工党执政时期英国学前教育改革述评》，载《全球教育展望》，2011(12)。

母参与规划和提供服务，改革规范与监督制度，加强质量保证；使家庭能够担负得起适合自身需求的、灵活的、高质量的儿童保育。①

3.《2006 儿童保育法案》

2006 年 7 月 11 日通过的《2006 儿童保育法案》(Childcare Act 2006)是英国第一部专门关注早期儿童保育的法律。它落实了"儿童保育十年战略"中的关键承诺，赋予免费学前教育以法律地位。《2006 儿童保育法案》制定的目的是协助父母实现儿童保育所规定的目标，为儿童选择最好的开端。此外，该法案改革并简化了早期教育的管理及检查条款，将其整合为新的保育质量框架，并形成了新的保育注册体系。

该法案分为以下四部分。第一部分规定有关英格兰地方当局的新职责。第二部分规定有关威尔士地方当局的新职责。法案中明确指出，地方当局必须确保有工作的父母和那些准备工作的父母对儿童实施充分的保育；地方当局有责任定期评估当地儿童保育经费的需求和供应状况，并以提供信息、咨询和培训的方式支持当地托幼机构。第三部分是有关英格兰儿童保育管理和检查制度的规定。该部分对实施建议建立了立法规定，改革了"儿童保育十年战略"中规定的监管和检查建议，如引入新的法律框架，综合监管和检查早期教育及托儿服务；建立一个单一的框架，为 0～5 岁的儿童提供学习和发展的高品质综合教育和保育。第四部分是其他内容和通则，规定了从事儿童保育的有关人员的信息收集等。此外，该法案对当地政府的职责提出了要求：确保儿童保育供应与其他儿童服务的有效交叉融合，并且同《每个儿童都重要》中的早期儿童服务部分保持协调一致；降低这些成果之间的不均衡性；为双职工父母提供足够安全的儿童保育服务；提供更好的家长信息服务。

4.《儿童计划：构建更加美好的未来》

2007 年 12 月，英国政府发布了《儿童计划：构建更加美好的未来》(The Children's Plan：Building Brighter Futures)。该计划将儿童和家庭的需要摆在教育工作的中心地位，成为指导英国儿童教育的纲领性文件，为英国的基础教育描绘了一幅新蓝图，希望将英国建设成世界上最适合儿童成长的国家。

该计划总共分为七章：第一章，快乐和健康；第二章，安全和保护；第三章，优秀和平等；第四章，领导和合作；第五章，坚持过去；第六章，正确的道路；第七章，实现方式。这七章内容充分体现了政府对儿童教育的重视。该计划也对未来的儿童教育工作做出了规划与展望。②

在不断讨论和反复论证的过程中，英国政府制定了五条主要原则：第一，家长是儿童真正的抚养者，而不是政府，因此政府要通过各种政策措施帮助和支持家长；第二，所有儿童都有成功的潜能，因此政府应该尽力提供各种条件，以保证他们潜能的发挥；第三，儿童应该尽情享受童年，同时为其未来的成年生活做准备；第四，

---

① 何伟强：《新工党执政时期英国学前教育改革述评》，载《全球教育展望》，2011(12)。
② 张红娟：《近十年来英国学前教育政策研究》，硕士学位论文，云南师范大学，2011。

各类服务设施应当依据儿童及家庭的需要而创建，并能对其需求做出良好响应，而不是按照专业级标准进行相关设计；第五，努力预防教育失败，将问题消除在萌芽状态。

在以上五条原则的指导下，英国政府提出了六点主要战略目标。一是健康与幸福：保证每个儿童和青年的身心健康。二是确保安全与免遭伤害：包括游戏与信息空间安全，避免各类意外事故，免遭欺凌或恐吓，防止酗酒与吸毒等多个方面。三是实现世界一流的教育：包括提供一流的早期教育、课堂教学、领导与发展、培训与专业发展等数个方面，旨在使全部学校达到世界一流，为儿童潜能的发展创造条件。四是缩小不同背景学生之间的学业差距：采取一定措施缩小处境不利儿童与普通儿童之间的学业差距，消除处境不利儿童的学习障碍，促进入学公平。五是确保儿童安心学习，积极发展儿童潜能：采取一定措施增加儿童的各类学习或实习、培训机会，确保他们在18岁以前(甚至在18岁以后)都可以安心学习，具备继续教育或者就业所需要的能力。六是保证儿童走向成功：采取一定措施保障儿童各类需求得到满足，积极预防各类危险行为或倾向，对其成长发展给予充分的支持与指导，即确保儿童享有幸福、健康与安全的童年，从而为成年生活做好准备。[1]

此外，《儿童计划：构建更加美好的未来》中还设定了到2020年要实现的十大目标。关于学前教育的部分包括以下几点：第一，提高儿童和青少年的福利，特别是在他们生活中的关键过渡时期给予积极的支持；第二，学校要为每个儿童的发展做好准备，依据《儿童早期阶段教育成绩标准》，对90%以上的5岁儿童的发展做好早期教育阶段的各项测试；第三，为每个儿童进入中等学校做好准备，为90%以上的11岁儿童在英语和数学能力上达到或超过该年级平均水平提供帮助；第四，要使家长对他们所获得的信息和支持感到满意；第五，要使儿童健康状况得到改善，并把儿童肥胖的比例降低至2000年的水平；第六，到2010年，贫困儿童的数量减少一半，到2020年完全消除儿童贫困。[2]

《儿童计划：构建更加美好的未来》中还宣布将对12个方面的政策进行重新评估，其中包括毒品教育、性教育、心理健康教育、治理校园欺凌、防止商业化对儿童的危害，以及父母投诉处理程序等，还包括拓展学校的服务功能、增加私人资本投资的学园数量等正在实施的一些政策。

三、日本学前教育政策与法规

日本的学前教育从1876年在东京女子师范学校创办的第一所幼儿园至今已有140余年的历史了。重视幼儿教育立法，以法律为依据实施科学管理，是日本幼儿教育迅速达到世界先进水平的重要原因。

---

① 邵兴江、赵凤波：《创造更美好的未来：英国〈儿童计划〉述评》，载《外国中小学教育》，2008(8)。

② 张红娟：《近十年来英国学前教育政策研究》，硕士学位论文，云南师范大学，2011。

(一)《幼儿园保育及设备规程》

由于社会舆论对制定专门的幼儿教育令的呼声日益高涨，因此日本文部省于1899 年颁布了《幼儿园保育及设备规程》。这是日本首次由政府颁布的关于幼儿园的正式法令，是日本幼儿教育走向制度化的重要开端。该规程的主要内容是：第一，入园年龄为 3～6 岁；第二，每天的保育时间为 5 小时；第三，每个保姆照料儿童数在 40 人以内；第四，每所幼儿园招收儿童数为 100～150 人；第五，保育目的在于促进幼儿身心健全发育，培养幼儿的良好习惯，辅助家庭教育；第六，保育内容为游戏、唱歌、谈话、手技 4 项；第七，园舍应为平房，设有保育室、游戏室和职员室等；第八，保育室的大小，每 4 名幼儿不得少于 3.3 平方米；第九，室内应备有恩物、绘画、玩具、乐器、黑板、桌椅、钟表、温度计和取暖设备等；第十，有关占地、饮水、采光等要求，均按照小学标准执行。①

(二)《幼儿园令》

1926 年 4 月 22 日，日本政府颁布了《幼儿园令》。这是日本教育史上第一个单独的幼儿教育法令。该法令首次明确了幼儿园在日本教育制度中的位置，规定幼儿园教育为学校教育体系中的一环；幼儿园的教育目的是保证幼儿身心健康发展，培养幼儿的善良性格和辅助家庭教育；入园年龄由原来的 3 周岁放宽到不满 3 周岁也可入园；废除了对保育时间的规定，使幼儿园带有托儿所的性质；保育内容在原来4 个项目的基础上增加了"观察"项目。此外，还规定了幼儿园园长和保姆的资格，并要求提高幼儿园保姆的社会地位和工资待遇。该法令的颁布促进了日本幼儿园的迅速发展，平均每年新增幼儿园 100 所。

(三)《教育基本法》《学校教育法》和《保育大纲》

1947 年 3 月，日本文部省颁布了《教育基本法》和《学校教育法》。《教育基本法》是日本教育的根本大法。它规定了国家的教育方针、教育目的、教育机会均等、免费教育等原则性内容，其中提出了鼓励发展幼儿教育和家庭、社会教育等方面的原则条款。在这些原则下制定的《学校教育法》，将幼儿园、小学、中学、大学作为平行的立法对象，规定幼儿园是受文部省管辖的"正规学校"的一种，以 3 岁至小学就学前的幼儿为招收对象，制定了幼儿园发展的基本框架。从此，幼儿教育成为日本学校教育中的法定组成部分。1948 年，根据《学校教育法》的规定，日本文部省公布了《保育大纲》，其中规定了 12 项保育内容，目的是要赋予幼儿以愉快的经验，让幼儿通过实际经验去实现自我发展和完善，使日本的学前教育进入"保育 12 项目时代"。

(四)《幼儿园设置标准》和《幼儿园教育大纲》

1955 年，日本文部省公布了《幼儿园设置标准》，1956 年又颁布了《幼儿园教育大纲》，从微观方面明确了幼儿园教育的具体目标、教育内容、指导计划，标志着日本的幼儿教育进入了稳定发展时期。

---

① 刘存刚、张晗：《学前比较教育》(第 2 版)，42 页，北京，科学出版社，2012。

(五)"振兴幼儿教育决议"

根据政府提出的"培养人才"政策，1961 年，日本参议院文教委员会通过了"振兴幼儿教育决议"，三次制订并实施幼儿教育振兴计划，旨在创造条件让更多的幼儿进入幼儿园。1964 年，文部省制订了"幼儿教育七年计划"，目标是使 1 万人以上的市、镇、村的幼儿入园(所)率达到 60％以上。达到目标后，1972 年，文部省又制订了"振兴幼儿教育十年计划"，目标是使 4～5 岁幼儿全部入幼儿园或保育所。1991 年，文部省又制订了第三次幼儿教育振兴计划，目标是让 3～5 岁幼儿有充分的入园机会。由于 4～5 岁幼儿的教育已基本普及，因此新计划重点放在 3 岁幼儿的保育上。

(六)《幼儿园教育纲要》

1964 年，文部省颁布了《幼儿园教育纲要》。20 世纪 80 年代中期起着手修订，1990 年 4 月，文部省颁布了新的《幼儿园教育纲要》。该纲要指明"通过环境进行教育是幼儿园教育的基本特征"，提出"以游戏为中心进行综合指导"的基本方针，重视培养和发挥孩子的主体性，强调注重个体差异和个性发展，进行个别指导。在课程内容的设置上，对原有的六大领域内容重新整合，最终确定了五大领域的课程内容，即健康、人际关系、环境、语言和表现。它对日本幼儿教育的改革产生了很大的影响。

为了迎接 21 世纪，针对当时幼儿教育存在的问题，文部省于 20 世纪 90 年代后期又一次修订了纲要。第二次修订后的《幼儿园教育纲要》于 1998 年 12 月公布，并于 2000 年开始实施。新纲要重点突出儿童人际关系以及人际交往能力的熏陶和培养。重视心灵教育，萌发幼儿的道德是新纲要的显著特点。

新纲要在"人际关系"领域的教育内容、注意事项、原则、要求等方面都做了一些修改和调整，在原有教育内容的基础上又增加了部分内容，如"和同伴一起做事时，下定决心做到底""和同伴的交往不断加深，具有同情心"等。同时，在表述方式上也进行了较大调整，更加强调幼儿的主体性，使幼儿在集体活动中获得愉快的情感体验。与之前纲要中的"注意事项"相比，新纲要中增加了两点内容：第一，注重幼儿与其他人的交往，并使幼儿在交往中学会换位思考，体会他人的意思，表现出对他人想法和行为的尊重，同时注重培养幼儿的同情心以及对他人的信任感。第二，让幼儿在同那些与自己生活关系密切的人们相互接触、表达自己的情感和意愿时，获得相互沟通的愉快体验，并通过这些体验，对社区的老年人以及其他人产生感情，感受到与人交往的快乐和帮助别人的喜悦。

(七)《天使计划》《紧急保育对策等五年事业》和《儿童成长计划指南》

1994 年文部省、厚生省等几个部门联合颁布了《天使计划》，意在调动全社会的力量，对学前儿童进行教育，形成"育子的社会"。为了确保这一计划的实现，政府又相继发布了《紧急保育对策等五年事业》和《儿童成长计划指南》等文件。

《天使计划》的主要目标是：国家应创设一个舒适、放心的育儿环境；支持在家育儿，以家庭养育为基础，构筑所有社会成员相互协助的社会系统，即育儿援助型社会；最大限度地尊重和保证孩子的利益。具体做法如下：企业应完善雇佣环境，各地区应加强多样化的保育服务设施建设，健全母子保健医疗体制，改善住宅及生活环境，充实学校教育、校外活动、家庭教育，减轻因养育子女而出现的经济负担。计划中指出，为了消除"待机儿童"①现象，以民营化为主的团体应灵活运用规定，并指出最大限度地增加保育所的数量，提供多样化的保育服务。

《天使计划》实施后，并没有改善日本社会的现状。因此，在新的 2004 年《天使计划五年发展纲要》中，政府提出以提供多种需求的保育服务、整顿育儿咨询·援助体制、整顿妇幼保健医疗体制为三大支柱，健全母子保健医疗体制和妇女孕产期医疗网络，设立不孕专门咨询中心 47 所，对 360 个地区的小儿急救医疗设施进行援助。②

（八）《从幼儿期开始进行心灵教育》

20 世纪 90 年代，日本青少年犯罪激增，犯罪的低龄化现象加剧，连续发生多起中学生残害同学和教师的恶性事件，尤其在神户发生的儿童碎尸案更是震动全国。该案凶手是一名年仅 14 岁的初中生。他之所以如此残忍，是因为他自幼心灵受到创伤。他两岁时失去母爱，后来唯一疼爱他的姥姥也故去。他没有受到应有的爱的教育，对生命毫不珍惜，终于从杀小虫子、小鸡、小猫到最后杀人。就此事，桥本首相强调，教育者不能只重视功课，进行心灵教育也是十分重要的。文部省长官也声称作为教育行政负责人，他受到极大的冲击，并痛感加强心灵教育的必要性。幼儿期是心灵开始成长的时期，所以心灵教育要从幼儿期抓起。

日本中央教育审议会接受文部省的委托，对孩子的心灵教育问题进行了 10 个月的专门研究，于 1998 年 6 月提出了题为"从幼儿期开始进行心灵教育"的报告（副题为"为了培育开拓新时代的心灵"）。1999 年，文部省公开发表了《从幼儿期开始进行心灵教育》，主张在幼儿期应有意识地培养幼儿初步的道德认知。具体做法是保育所和幼儿园应重新审视幼儿道德教育，将其作为学前教育的重要一环，通过确保道德教育课程的课时数，重视道德实践活动的开展，合理使用电视、网络等多媒体工具来实施幼儿德育。另外，通过在日常生活和游戏中逐步渗透道德教育的理念，培养幼儿良好习惯的同时，使幼儿掌握未来社会生活所必备的道德素养。该报告受到朝野各方高度重视，他们认为它对日本今后的改革与发展具有重要的指导意义。文部省及有关方面制定措施，拨出专项经费，予以贯彻实施。

（九）《全国儿童计划》和《紧急三年战略》

为了落实《从幼儿期开始进行心灵教育》这一文件，针对家庭教育和地区社会教育薄弱与孩子的生活体验和自然经验不足等问题，1999 年，文部省又颁布了《全国

---

① "待机儿童"是指那些够了进幼儿园或上小学学龄，却因为一些原因没有办法上学的小孩子。
② 高飞：《人口少子化问题及育儿援助社会政策研究——以日本为例》，载《社会科学辑刊》，2007(3)。

儿童计划》和《紧急三年战略》，其中提出了 12 项工程与重大措施，指出要通过提升家庭和社区的教育力，协调好各个方面，促进幼儿的全面发展。例如，公立、私立博物馆、美术馆在星期六向儿童免费开放，各都、道、府、县设立 24 小时家庭教育电话热线，广泛开展家教咨询等。政府提出的这些措施在加强社区、家庭作用的同时，还弥补了学前教育机构的某些不足，从而有效提高了学前教育的质量。

（十）《关于幼儿教育、保育一体化的综合机构》和《关于适合环境变化的今后的幼儿教育的应有状态——为了幼儿的最佳利益》

2004 年 12 月，文部省中央教育审议会发表了《关于幼儿教育、保育一体化的综合机构》的咨询报告。2005 年 1 月，中央教育审议会又发表了《关于适合环境变化的今后的幼儿教育的应有状态——为了幼儿的最佳利益》的咨询报告。报告的意义在于使人们在正确认识日本学前教育现状的基础上，了解到其发展的不足之处，并有针对性地提出解决的措施。

（十一）新《教育基本法》

2006 年 12 月 15 日，日本参议院通过了全面修订的《教育基本法》的法律草案。2006 年 12 月 22 日，日本新《教育基本法》正式公布施行。与 1947 年颁布的《教育基本法》相比，新《教育基本法》首次把幼儿教育纳入其中。由此可见，日本政府对幼儿教育给予了高度重视。其中第十一条"幼儿期的教育"指出："鉴于幼儿期的教育在培育健全人格方面具有重要作用，国家和地方公共团体必须通过整顿有助于幼儿健康成长的良好环境和采取其他适当的方法致力于幼儿期教育的振兴。"

新《教育基本法》在前言部分指出要"建设既有民主又有文化的国家，为世界和平和人类的福祉做出贡献"，其教育目标为"在期望培养注重个人尊严并追求真理和爱好和平的人才的同时，必须彻底普及以全面发展和创造富有个性的文化为目标的教育"。新《教育基本法》的正文包括"教育目的""教育方针"等，强调教育必须以培养健全的人格为目的。此外，教育必须培养和平国家和社会的建设者，必须以培养身心健全的国民为目的。

新《教育基本法》最大的争论焦点在于将第二次世界大战后在日本被视为禁忌的培养狭隘的"爱国心"作为教育目标，把"爱国思想"和"集体精神"纳入教育教学内容，明确将"热爱祖国和乡土""尊重传统和文化"等表述写入其中。批评者认为，新《教育基本法》是对第二次世界大战前倡导效忠天皇的日本教育的缅怀，是对第二次世界大战期间的教育的回归，是日本政府修改《日本国宪法》计划的前站。由于历史和现实的原因，"爱国心"在日本已经成为一个有特定含义的名词，不同于我们所说的一般意义上的爱国。不管新《教育基本法》如何表述"爱国心"的内容，都和民族主义情绪脱不清干系。它践踏了日本国民内心的自由，打通了国家权力无限制地介入教育内容的通道。日本在野党一直反对将"爱国心"写入新《教育基本法》，谴责这是对日本 1945 年之前鼓励日本学生为天皇和国家做出自我牺牲的教育体系的缅怀。

四、俄罗斯学前教育政策与法规

1991 年年末，苏联解体，俄罗斯走上了私有化的道路。在教育上，俄罗斯的教育体制受到了社会制度转变的强烈冲击。苏联时期集中化的国家统一管理教育模式被打破，自此俄罗斯完全走上了"西化"之路，而具有 70 多年历史的国家公有制国民教育体系则在经济领域的私有化背景之下，进行了彻底而激烈的转变。这一时期的俄罗斯教育界深受西方"社会化"和"私有化"教育思想的影响，教育的"社会化"思想成为这个阶段俄罗斯教育改革的重要指导思想。

20 世纪 90 年代初开始，俄联邦政府颁布和实施了众多的法律政策，对儿童接受学前教育的权利进行了保障。俄联邦政府法律政策主要从四个层面对学前教育进行了规定。第一层面：俄罗斯的基本法——《俄罗斯联邦宪法》规定了儿童拥有接受学前教育的权利，其中规定"保证国家或地方教育机构和企业中的学前教育、基础普通教育和中等职业教育的普及性和免费性"。这表明《俄罗斯联邦宪法》规定每一个儿童都有免费接受学前教育的权利，从总体上保证或基本保证了学前教育的普及性及免费性。第二层面：俄罗斯教育领域的基础性法律——《俄罗斯联邦教育法》。第三层面：俄罗斯学前教育领域的基础性法律——《学前教育机构基础条例》。第四层面：在《俄罗斯联邦教育法》和《学前教育机构基础条例》的基础上制定各项具体的学前教育政策文件，如《学龄前和学龄早期教育机构条例》《有关为成长偏离的儿童组织短日制学前班级》等。《俄罗斯联邦教育法》和《学前教育机构基础条例》对俄罗斯学前教育体系的形成和发展起着关键作用，是一切俄罗斯学前教育政策的基石。[①]

（一）《俄罗斯联邦教育法》

1992 年 7 月 10 日，俄联邦政府颁布的《俄罗斯联邦教育法》是俄罗斯的第一项国家级宏观教育政策。但由于当时俄罗斯社会发生的急剧变化，该法未能得到切实实施。为了使《俄罗斯联邦教育法》更符合俄罗斯的实际国情，俄联邦政府于 1994 年对《俄罗斯联邦教育法》进行了修改和补充。1996 年 1 月 23 日，正式颁布了修订补充后的《俄罗斯联邦教育法》，并于当日生效。修订后的《俄罗斯联邦教育法》分为五章，包括总则、教育系统、教育系统的管理、教育系统的经济和实现公民受教育权利的社会保障，包含了五十八条规定。（2006 年，《俄罗斯联邦教育法》调整为六章，新补充的第六章为"教育领域的国际性活动"。）

《俄罗斯联邦教育法》将学前教育列入了正规国民教育体系，使之成为俄罗斯国民教育体系的基础和有机组成部分，规定了普通教育大纲里包括学前教育大纲，教育机构类型中包括学前教育机构，在学前教育机构中实行普通学前教育大纲，学前教育机构和普通初等教育机构的教育大纲具有连续性。在第十八条中则明确了父母、

---

① 庄嘉嘉：《俄罗斯学前教育政策变迁研究（1991—2010）》，硕士学位论文，南京师范大学，2012。

国家、学前教育机构和家长、地方当局等在学前教育中的责任。《俄罗斯联邦教育法》从法律上对学前教育进行了明确的规定，确立了学前教育在俄罗斯教育体系中的地位，并为《学前教育机构基础条例》的制定提供了法律依据和理论基础。

《俄罗斯联邦教育法》规定学前机构可以在国家标准大纲的指导下，结合本地、本机构的具体情况制定具体的新大纲。因此，许多学前教育机构的工作仍按统一的标准大纲进行或以它为参照自编了教育大纲，改变了以往那种统一大纲、统一教材、统一上课的局面，教育内容丰富、灵活又有特色。从此，各地幼儿园可以根据本地实际情况和教师及家长的愿望加以选择，显然，这是有利于学前教育繁荣和发展的一项积极措施。

2000 年以后，俄联邦政府多次对《俄罗斯联邦教育法》中有关学前教育的规定进行较大的修订，特别是 2006 年 12 月 5 日，时任总统普京签署了《关于修改对有子女的公民的入园杂费进行国家补助的法令》。该法令于 2007 年 1 月 1 日生效，对《俄罗斯联邦教育法》中的学前教育机构的学费以及对父母实行的物质补偿进行了补充。

(二)《学前教育机构基础条例》

1995 年 6 月 1 日，俄罗斯教育部颁布了《学前教育机构基础条例》，并于 1997 年 2 月 14 日对其进行了修订和补充。该条例分六章，包含五十三条，其中明确规定了学前教育的基本目的是保护儿童健康，增强儿童体质，确保儿童的智力、生理以及心理健康地发展，对成长发生偏差的儿童进行必要的纠正，使儿童了解全人类的价值，与家庭展开协作，以确保儿童全面发展。《学前教育机构基础条例》中将学前教育机构的类型划分为幼儿园、普通发展类型幼儿园、补偿型幼儿园、照料和保健型幼儿园、联合型幼儿园、儿童中心六种类型。条例中还对学前教育机构的教学过程、组织活动以及对机构的鉴定和有关法律形式，学前教育机构接收儿童入学，学前教育过程的参与者，学前教育机构的管理，学前教育机构的物产权、办学资金来源以及学前教育机构的班级容纳量等方面进行了规定。

2008 年 9 月 12 日，俄联邦政府出台了新修订的《学前教育机构基础条例》。修订后的《学前教育机构基础条例》在内容上得到了较大的调整和扩充。

幼儿园教师资格证考试·真题再现

2012 年上半年《综合素质》真题

联合国《儿童权利公约》确保儿童从多种国家和国际来源获得信息和资料，要求缔约国采取的措施不包括(　　)。

A. 鼓励儿童读物的著作和普及

B. 保护儿童免受不良信息的影响

C. 散播有利于儿童发展的信息资料

D. 鼓励开发有益于儿童的玩具和游戏

【解析】D。《儿童权利公约》第十七条规定，缔约国确认大众传播媒介的重要作用，并应确保儿童能够从多种国家和国际来源获得信息和资料，尤其是旨在促进其社会、精神和道德福祉和身心健康的信息和资料。为此目的，缔约国应：第一，鼓励大众传播媒介本着第二十九条的精神散播在社会和文化方面有益于儿童的信息和资料；第二，鼓励在编制、交流和散播来自不同文化、国家和国际来源的这类信息和资料方面进行国际合作；第三，鼓励儿童读物的著作和普及；第四，鼓励大众传播媒介特别注意属于少数群体或土著居民的儿童在语言方面的需要；第五，鼓励根据第十三条和第十八条的规定制定适当的准则，保护儿童不受可能损害其福祉的信息和资料之害。

本章小结

本章从国内和国外两个方面介绍了一些学前教育政策与法规。国内部分主要介绍了我国学前教育政策与法规的发展历史、主要政策与法规的内容及特点；国外部分选取了美国、英国、日本、俄罗斯四个国家，介绍了一些主要的学前教育政策与法规的制定及相关内容。

关键术语

《幼儿园教育指导纲要(试行)》　《3—6岁儿童学习与发展指南》　"开端计划"

思 考 题

1. 简述我国改革开放至21世纪前的主要学前教育政策与法规，以及这一时期学前教育政策与法规发展的特点。

2. 试分析美国"开端计划"和英国"确保开端"项目的异同。

建议的活动

阅读下面材料，依据相关的学前教育政策与法规对幼儿园的做法进行分析。

某幼儿园门前的"壮观"场景让许多家长记忆犹新。为给孩子争取一个宝贵的入园名额，一百多名家长搬来了帐篷、行军床、躺椅、板凳，在门口排成长龙日夜坚守，来得最早的坚持了九天八夜，但很多人却依然未能如愿。该园原只招80个孩子，却收到800多张"打招呼"的条子。最后，园方决定，对前来报名的幼儿进行测试选拔，并把各个班的招生人数扩大，小班(3～4周岁)40人，中班(4～5周岁)50人，大班(5周岁至入小学前)55人。

拓展阅读

李生兰，等. 学前教育法规政策的理解与运用. 南京：南京师范大学出版社，2012.

自中华人民共和国成立以来，特别是最近几年，我国颁发了一系列学前教育政策与法规，进入了"依法治教""依法执教"的新时期，这就需要我们认真思考、深入研究、全面实施各项学前教育政策与法规，并不断地加以总结提升。该书正是应需而生。该书共分为七章，主要内容包括对《幼儿园管理条例》的思考、研究与实施，对《幼儿园工作规程》的思考、研究与实施，对《幼儿园教育指导纲要(试行)》的思考、研究与实施等。

主要参考文献

[1]董晓丽. 探究家庭结构调整背景下的幼儿品德养成策略[D]. 复旦大学硕士学位论文，2012.

[2]郭景云. 华德福幼儿教育思想及对我国早期教育的启示[D]. 河北师范大学硕士学位论文，2013.

[3]姜阳春. 论学前儿童游戏与社会技能形成的交互作用[D]. 吉林大学硕士学位论文，2006.

[4]冷雪. 张雪门幼儿教育思想研究[D]. 哈尔滨师范大学硕士学位论文，2016.

[5]李钦. 游戏材料的不同投放方式对幼儿角色游戏行为的影响[D]. 华东师范大学硕士学位论文，2013.

[6]李彦琳. 改革开放以来我国幼儿道德教育变革研究[D]. 西南大学博士学位论文，2012.

[7]刘永凤. 瑞吉欧幼儿教育法述评[D]. 华中师范大学硕士学位论文，2008.

[8]孟庆艳. 少子化社会日本学前教育政策研究[D]. 辽宁师范大学硕士学位论文，2009.

[9]任寒. 二战后美国联邦政府学前教育政策研究[D]. 南京师范大学硕士学位论文，2014.

[10]陶涛. 20世纪90年代后美国联邦政府学前教育政策研究[D]. 西南大学硕士学位论文，2009.

[11]王蜜蜜. 改革开放以来我国学前教育课程模式演变的研究[D]. 西华师范大学硕士学位论文，2019.

[12]王霞. 张宗麟乡村幼稚教育思想研究. 信阳师范学院硕士学位论文，2017.

[13]张红娟. 近十年来英国学前教育政策研究[D]. 云南师范大学硕士学位论文，2011.

[14]张娜. 学前教育课程模式设计研究[D]. 华中师范大学博士学位论文，2013.

[15]庄嘉嘉. 俄罗斯学前教育政策变迁研究(1991—2010)[D]. 南京师范大学硕士学位论文，2012.

[16]曹能秀，樊倞，张丽花. 当代美英日三国的幼儿教育改革研究[M]. 昆明：云南大学出版社，2010.

[17]陈世联. 幼儿社会教育[M]. 海口：南海出版公司，2009.

[18]陈幸军. 幼儿教育学(第3版)[M]. 北京：人民教育出版社，2010.

[19][德]福禄培尔. 人的教育[M]. 孙祖复,译. 北京：人民教育出版社,1991.

[20]丁海东. 学前游戏论[M]. 济南：山东人民出版社,2001.

[21]高岚. 学前教育学[M]. 广州：广东高等教育出版社,2001.

[22](汉)许慎. 说文解字[M]. 上海：上海古籍出版社,2007.

[23]黄济,王策三. 现代教育论[M]. 北京：人民教育出版社,1996.

[24]黄人颂. 学前教育学[M]. 北京：人民教育出版社,1989.

[25]李季湄. 幼儿教育学基础[M]. 北京：北京师范大学出版社,1999.

[26]李生兰. 学前教育学(第3版)[M]. 上海：华东师范大学出版社,2014.

[27]李生兰. 幼儿园与家庭、社区合作共育[M]. 北京：北京师范大学出版社,2016.

[28]梁志燊. 学前教育学(第3版)[M]. 北京：北京师范大学出版社,2014.

[29]刘存刚,张晗. 学前比较教育(第2版)[M]. 北京：科学出版社,2012.

[30]刘光仁,游涛. 学前教育学[M]. 长沙：湖南大学出版社,2012.

[31]刘焱. 儿童游戏的当代理论与研究[M]. 成都：四川教育出版社,1988.

[32]刘焱. 儿童游戏通论[M]. 北京：北京师范大学出版社,2004.

[33]卢新予. 学前教育学[M]. 郑州：郑州大学出版社,2012.

[34]芦苇. 学前教育学[M]. 北京：中国人民大学出版社,2015.

[35][美]奥兹门,[美]克莱威尔. 教育的哲学基础(第7版)[M]. 石中英,等,译. 北京：中国轻工业出版社,2006.

[36][美]约翰·杜威. 学校与社会·明日之学校[M]. 赵祥麟,等,译. 北京：人民教育出版社,1994.

[37][美]刘易斯·A. 科瑟. 社会学思想名家——历史背景和社会背景下的思想[M]. 石人,译. 北京：中国社会科学出版社,1990.

[38][美]乔治·S. 莫里森. 学前教育——从蒙台梭利到瑞吉欧(第11版). 祝莉丽,周佳,高波,译. 北京：中国人民大学出版社,2014.

[39][美]谢弗,等. 发展心理学——儿童与青少年(第8版)[M]. 邹泓,等,译. 北京：中国轻工业出版社,2009.

[40]牟映雪. 学前教育学[M]. 海口：南海出版公司,2010.

[41]宋林飞. 西方社会学理论[M]. 南京：南京大学出版社,1997.

[42][苏]维果茨基. 维果茨基教育论著选[M]. 余震球,译. 北京：人民教育出版社,2005.

[43]陶行知. 陶行知全集(第7卷)[M]. 成都：四川教育出版社,1991.

[44]王振宇. 儿童心理发展理论[M]. 上海：华东师范大学出版社,2000.

[45]薛烨,朱家雄,等. 生态学视野下的学前教育[M]. 上海：华东师范大学出版社,2007.

[46]杨善华. 当代西方社会学理论[M]. 北京：北京大学出版社，1999.

[47]于海. 西方社会思想史[M]. 上海：复旦大学出版社，1993.

[48]虞永平，王春燕. 学前教育学[M]. 北京：高等教育出版社，2012.

[49]岳亚平. 学前教育学[M]. 郑州：郑州大学出版社，2012.

[50]岳亚平. 学前教育原理[M]. 北京：高等教育出版社，2014.

[51]张焕庭. 西方资产阶级教育论著选[M]. 北京：人民教育出版社，1979.

[52]中国学前教育史编写组. 中国学前教育史资料选（全一册）[M]. 北京：人民教育出版社，2002.

[53]朱邓丽娟，等. 幼儿游戏（上）[M]. 北京：北京师范大学出版社，1994.

[54]朱家雄. 建构主义视野下的学前教育[M]. 上海：华东师范大学出版社，2009.

[55]朱家雄. 幼儿园课程（第2版）[M]. 上海：华东师范大学出版社，2011.

[56][美]B. D. 戴伊，刘焱，卢乐山. 游戏在儿童早期教育中的价值[J]. 比较教育研究，1984(3).

[57]曹能秀. 关于幼儿德育的若干理论思考[J]. 学前教育研究，2006(9).

[58]谷禹，王玲，秦金亮. 布朗芬布伦纳从襁褓走向成熟的人类发展观[J]. 心理学探新，2012(2).

[59]黄慧娟. 鲁道夫·斯坦纳教育思想述评[J]. 福建师范大学学报（哲学社会科学版），2011(1).

[60]乐元芬. 试述游戏在幼儿发展中的地位及作用[J]. 高等函授学报（哲学社会科学版），2005(A1).

[61]廉慧. 西方主要社会学理论述评[J]. 高校社科信息，2003(4).

[62]刘贵华，朱小蔓. 试论生态学对于教育研究的适切性[J]. 教育研究，2007(7).

[63]刘晶. 埃里克森的人格发展渐成理论及其德育启示[J]. 现代教育科学，2009(2).

[64]刘静，张菊妹，成菲菲. 美国学前教育政策的实施特点及对我国的启示[J]. 青年文学家，2013(2).

[65]陆炎，张天军. 华德福学前教育思想及其对我国少数民族学前教育的启示[J]. 民族高等教育研究，2014(5).

[66]罗朝猛. 日本《教育基本法》修订的历程、动因、内容及其争论[J]. 比较教育研究，2007(8).

[67]孟庆艳. 二战后法规保障下的日本学前教育的发展及其启示[J]. 当代学前教育，2008(6).

[68]彭海蕾，王楠，姚国辉. 中国学前教育政策发展历程及其特点研究[J]. 教育导刊（下半月），2010(3).

[69]钱海娟. 让孩子成为幼儿园的主人——蒙台梭利教育思想对我国学前教育的启示[J]. 教师，2012(35).

[70]文军. 社会学理论的发展脉络与基本规则论略[J]. 学术论坛，2002(6).

[71]杨达. 蒙台梭利教育理论在学前教育中的应用[J]. 中国科教创新导刊，2012(27).

[72]张传武. 论社会学的研究对象与逻辑起点[J]. 理论学刊，1991(5).

[73]周彦作，吴雨婷. 论陶行知的学前教育思想及对当今的启示[J]. 南京特教学院学报，2008(2).